20
24

José Luiz
de Moura **Faleiros
Júnior**

Responsabilidade Civil do Estado e Tecnologia

Uma Releitura da Teoria do Risco Administrativo

Prefácio de
Felipe Braga Netto

Apresentação de
Thiago Marrara

Dados Internacionais de Catalogação na Publicação (CIP) de acordo com ISBD

F187r Faleiros Júnior, José Luiz de Moura

Responsabilidade Civil do Estado e Tecnologia: uma Releitura da Teoria do Risco Administrativo / José Luiz de Moura Faleiros Júnior. - Indaiatuba, SP : Editora Foco, 2024.

320 p. ; 17cm x 24cm.

Inclui índice e bibliografia.

ISBN: 978-65-5515-910-3

1. Direito. 2. Direito civil. 3. Responsabilidade Civil. 4. Teoria do Risco Administrativo. I. Título.

2023-2317   CDD 347   CDU 347

Elaborado por Vagner Rodolfo da Silva - CRB-8/9410
Índices para Catálogo Sistemático:
1. Direito civil 347   2. Direito civil 347

José Luiz
de Moura **Faleiros
Júnior**

Responsabilidade Civil do Estado e Tecnologia

Uma Releitura da Teoria do Risco Administrativo

Prefácio de
Felipe Braga Netto

Apresentação de
Thiago Marrara

2024 © Editora Foco
Autor: José Luiz de Moura Faleiros Júnior
Diretor Acadêmico: Leonardo Pereira
Editor: Roberta Densa
Assistente Editorial: Paula Morishita
Revisora Sênior: Georgia Renata Dias
Capa Criação: Leonardo Hermano
Diagramação: Ladislau Lima e Aparecida Lima
Impressão miolo e capa: FORMA CERTA GRÁFICA DIGITAL

DIREITOS AUTORAIS: É proibida a reprodução parcial ou total desta publicação, por qualquer forma ou meio, sem a prévia autorização da Editora FOCO, com exceção do teor das questões de concursos públicos que, por serem atos oficiais, não são protegidas como Direitos Autorais, na forma do Artigo 8º, IV, da Lei 9.610/1998. Referida vedação se estende às características gráficas da obra e sua editoração. A punição para a violação dos Direitos Autorais é crime previsto no Artigo 184 do Código Penal e as sanções civis às violações dos Direitos Autorais estão previstas nos Artigos 101 a 110 da Lei 9.610/1998. Os comentários das questões são de responsabilidade dos autores.

NOTAS DA EDITORA:

Atualizações e erratas: A presente obra é vendida como está, atualizada até a data do seu fechamento, informação que consta na página II do livro. Havendo a publicação de legislação de suma relevância, a editora, de forma discricionária, se empenhará em disponibilizar atualização futura.

Erratas: A Editora se compromete a disponibilizar no site www.editorafoco.com.br, na seção Atualizações, eventuais erratas por razões de erros técnicos ou de conteúdo. Solicitamos, outrossim, que o leitor faça a gentileza de colaborar com a perfeição da obra, comunicando eventual erro encontrado por meio de mensagem para contato@editorafoco.com.br. O acesso será disponibilizado durante a vigência da edição da obra.

Impresso no Brasil (10.2023) – Data de Fechamento (10.2023)

2024
Todos os direitos reservados à
Editora Foco Jurídico Ltda.
Rua Antonio Brunetti, 593 – Jd. Morada do Sol
CEP 13348-533 – Indaiatuba – SP

E-mail: contato@editorafoco.com.br
www.editorafoco.com.br

"With such technologies, there are growing opportunities for government to learn from members of the public—to identify the likely consequences of decisions in advance, to reduce the risk of error, and to correct mistakes after they are made. [...] Modern technologies also make it increasingly possible to inform people about the nature and effects of their past decisions, to assemble and apply statistical data, and to expose false or deceptive claims".

Cass R. Sunstein

(*Simpler*: the future of government. Nova Iorque: Simon & Schuster, 2014, Cap. 4.)

AGRADECIMENTOS

Primeiramente, quero começar dizendo que a gratidão a Deus é algo que não posso deixar de mencionar. É como aquele ponto de partida inegável, um alicerce que sempre esteve presente, e é importante dar destaque a isso.

Agradeço igualmente aos corações zelosos de meus pais, José Luiz e Magda, que se erguem como colunas de força, sustentando-me nas marés da pesquisa, sempre me encorajando a buscar além dos horizontes conhecidos. Minhas irmãs Marcelle e Ana Carolina (*in memoriam*), bem como minha madrinha Maria Inês, meu padrinho Sebastião e tantos outros elos familiares que, como fios de ouro, tecem o manto da minha jornada, merecem ser lembrados com carinho.

Após a devida catalogação desses registros, é oportuno enfatizar que a gênese deste livro não é recente. Anos atrás, engendrado primordialmente pela minha inquietação quanto à necessidade de aprofundar minhas reflexões acerca da teoria do risco administrativo, que fundamenta a responsabilidade civil objetiva do Estado, em um cenário global caracterizado pela vertiginosa metamorfose tecnológica, foram se tornando mais evidentes as interseções entre uma doutrina centenária e um mundo em constante e acelerada mutação.

Tendo sempre me reportado aos autores clássicos para o estudo do tema, passei a perceber que as mudanças na estruturação dogmática da responsabilidade civil do Estado sempre ocorreram como consequência da inovação (inclusive tecnológica) que marcou cada uma de suas etapas, desde o absolutismo e da busca por respaldo teórico nas teorias civilistas até o período da "culpa administrativa" francesa (*faute du service*) para, enfim, culminar no delineamento do risco como pressuposto central da responsabilização objetiva.

E, na contemporaneidade, poucos pesquisadores se dedicaram tão atentamente à matéria quanto o Professor Felipe Braga Netto, que lança provocações importantes em seu "Manual da Responsabilidade Civil do Estado", o qual, aliás, tenho lido desde sua primeira edição.

Foi em setembro de 2018, por ocasião do 2º Congresso Internacional de Responsabilidade Civil, do Instituto Brasileiro de Estudos de Responsabilidade Civil (IBERC), que tive a oportunidade de conhecer o Professor Felipe pessoalmente. Naquela oportunidade, não hesitei em lhe revelar minhas inquietações sobre o tema, com a promessa de que desenvolveria estudo específico para transformar tais ideias em um livro. Assim fiz e, aproveitando o tempo livre entre um projeto e outro, finalmente concluí o trabalho, que decidi nomear como "Responsabilidade civil do Estado e tecnologia: uma releitura da teoria do risco administrativo".

Gostaria de expressar minha sincera gratidão ao Professor Felipe Braga Netto – a quem hoje tenho o orgulho de chamar de amigo – por ter dedicado seu tempo e conhecimento para prefaciar o livro. Sua contribuição foi determinante para permitir que a ideia original da pesquisa se desenvolvesse, uma vez que seus escritos me propiciaram a perspectiva acadêmica inovadora sobre o assunto. O seu gesto de aceitar redigir o Prefácio não apenas honra o meu trabalho, mas também valoriza o comprometimento com o compartilhamento de ideias e o avanço do conhecimento. Muito obrigado, Professor Felipe Braga Netto, por ter tornado o meu livro ainda mais significativo e inspirador através das suas palavras!

Da mesma forma, é com imensa satisfação que endereço meus agradecimentos ao Professor Thiago Marrara por sua notável contribuição como autor da Apresentação do livro. Seu destacado protagonismo acadêmico, como administrativista, trouxe profundidade e embasamento singular à Apresentação da obra, que, como se sabe, é o texto-guia para o leitor que decidir se aventurar pelas ideias expostas nos capítulos do texto. A generosidade do Professor Thiago Marrara em compartilhar seu conhecimento é verdadeiramente admirável e imensamente apreciada. Muito obrigado, professor!

Na sequência, permitam-me direcionar ao Professor Luiz Carlos Figueira de Melo, um guia seguro e sábio em minha odisseia acadêmica desde meus primeiros passos na Graduação em Direito, meus mais sinceros votos de gratidão. Suas aulas brilhantes eram faróis nas estradas do saber, suas orientações me direcionaram com precisão na conclusão de meu trabalho de conclusão de curso e, anos depois, de minha dissertação de Mestrado, ambas na Universidade Federal de Uberlândia – minha eterna *alma mater* –, e seu conhecimento, vasto como oceanos, foi o alicerce que sustentou cada palavra escrita nesta jornada de descoberta das interseções entre a tecnologia e o Direito Público.

Também é essencial ressaltar minha profunda gratidão aos amigos e amigas que, imersos nas explorações do Direito Público, desempenharam um papel fundamental na construção deste texto. Registro com grande ênfase os agradecimentos dirigidos a Nelson Rosenvald, Guilherme Magalhães Martins e João Victor Rozatti Longhi, amigos fiéis e sinceros, cujo incentivo incessante me impulsiona a perseverar no campo do Direito. Também agradeço a Mafalda Miranda Barbosa, Pietra Daneluzzi Quinelato, Arthur Pinheiro Basan, Michael César Silva, Gustavo Silveira Borges, Cíntia Rosa Pereira de Lima, Chiara Spadaccini de Teffé, Felipe Teixeira Neto, José Fernando Ferreira Brega, Daniela Copetti Cravo, Eduardo Jobim, José Sérgio da Silva Cristóvam, Tatiana Meinhart Hahn, Romualdo Baptista dos Santos, Cristiano Colombo, Juliano Madalena, Bárbara Dayana Brasil e Guilherme Spillari Costa, com quem sempre compartilhei estudos específicos e sustentei diálogos aprofundados abordando os variados aspectos ligados à disseminação do Direito Digital.

Ademais, desejo expressar um profundo reconhecimento e transmitir sinceros votos de gratidão aos meus estimados orientadores de Doutorado. O Professor Eduardo Tomasevicius Filho, da renomada Universidade de São Paulo, e o Professor Leonardo Netto Parentoni, da notável Universidade Federal de Minas Gerais, merecem um lugar de destaque. Suas contribuições transcendem o âmbito acadêmico, tendo sido fundamentais para alicerçar meu caminho nesse período de investigação e aprendizado. A confiança que depositaram em mim constituiu uma bússola que orientou meus passos em meio às complexidades do conhecimento. Além disso, o apoio constante que ofereceram, permeado de *insights* e orientações valiosas, não apenas forneceu clareza à minha trajetória, mas também fortaleceu minha determinação em superar desafios e perseguir a excelência acadêmica. Mais do que meros mentores, esses notáveis acadêmicos se transformaram em verdadeiras fontes de inspiração. Suas trajetórias marcadas pela integridade, o profissionalismo exemplar e a dedicação inabalável ao campo acadêmico moldaram não somente a minha jornada de pesquisa, mas também os princípios que guiam minha própria conduta como acadêmico.

Da mesma forma, gostaria de externar minha apreciação à Roberta Densa, com quem compartilho uma amizade genuína enriquecida ao longo do tempo. Sua incansável instigação a avançar nos domínios dos estudos e pesquisas acadêmicas merece ser destacada com a mais profunda gratidão. À equipe completa da Editora Foco, cuja colaboração estreita tem sido alicerçada, permitindo-me dar continuidade às minhas ideias e investigações, transmito também minha mais sincera expressão de reconhecimento.

Em relação aos demais amigos e amigas, colegas de coautorias em diversas pesquisas – mesmo que tais colaborações não estejam diretamente ligadas a esta obra –, é essencial sublinhar meu entusiasmo ao registrar meus efusivos agradecimentos pela colaboração acadêmica contínua. Cada um de vocês, por meio de suas abordagens únicas, contribuiu para a profundidade e amplitude de minha trajetória intelectual.

Por fim, mais importante: dirijo um agradecimento sincero e caloroso a todos os leitores que se aventuraram nas páginas desta obra. É a vocês que dedico meus esforços, compartilhando ideias e perspectivas, pois a jornada da escrita ganha sentido graças à vossa disposição em explorar os caminhos que tracei. Que este trabalho possa acrescentar valor e inspiração aos vossos horizontes de conhecimento. A todos, meu profundo obrigado por embarcarem nessa jornada intelectual junto comigo.

Belo Horizonte, agosto de 2023.

José Luiz de Moura Faleiros Júnior

PREFÁCIO

O que é a teoria do risco administrativo, hoje? Um dos enganos comuns – e inconscientes, até certo ponto – dos juristas é supor que a teoria de ontem é a teoria de hoje, que aquilo que serviu ao passado continuará a servir ao presente e talvez ao futuro. Esse conservadorismo teórico (chamemos assim), se nunca traduziu a melhor postura científica diante dos fatos, atualmente se mostra notoriamente inadequado. Em relação à responsabilidade civil do Estado isso se torna evidente. O tema não experimentou o avanço observado em outras áreas. Houve avanços assombrosos nos estudos do direito civil nas últimas décadas – não é exagero dizer que esse campo teórico se reinventou – e o próprio direito administrativo passa por mudanças. Porém a responsabilidade civil do Estado, que transita entre o direito civil e administrativo – embora com sede constitucional, no caso brasileiro –, não recebeu a mesma atenção epistemológica, sendo frequentemente tratada com o mesmo enfoque de décadas atrás, com mudanças puramente cosméticas.

Aliás, as formulações teóricas tradicionais do direito administrativo dificilmente escondem certo gosto autoritário. Marçal Justen Filho significativamente destaca que "o conteúdo e as interpretações do direito administrativo permanecem vinculados e referidos a uma realidade sociopolítica que há muito deixou de existir. O instrumental do direito administrativo é, na sua essência, o mesmo de um século atrás"[1]. Por exemplo, grande parte das formulações teóricas partem, não dos direitos do cidadão, mas dos poderes do administrador, como se esse unilateralismo, algo autoritário, pudesse explicar a complexidade das relações dos nossos dias. Obviamente, não temos, hoje, súditos (expressão que espantosamente ainda lemos em alguns livros de direito administrativo), mas cidadãos, titulares de direitos fundamentais (oponíveis ao Estado, mas não só a ele).

Não exagero ao dizer que as expectativas da sociedade atual em relação ao Estado são bem distintas daquelas que observávamos nos séculos passados. Exige-se do Estado progressiva eficiência, e não se tolera – ou se tolera cada vez menos – autoritarismos e desvios de poder. Há certa democratização da atividade administrativa, buscando-se progressivamente instrumentos que a legitimem. Cabe lembrar que a participação fiscalizatória direta configura direito fundamental, aprimorando o debate público e o agir estatal em termos de melhores escolhas. Cada vez mais as ações e omissões do Estado precisarão ser justificadas a partir de padrões éticos e também de eficiência. As legítimas expectativas dos cidadãos devem ser seriamente respeitadas.

Isso tudo se torna fundamentalmente mais complexo e mais desafiador diante das novas tecnologias, sobretudo diante da inteligência artificial. Algo parece certo: as respostas interpretativas sobre a IA e sobre os dados pessoais estão em construção.

---

1. JUSTEN FILHO, Marçal. *Curso de Direito Administrativo*. São Paulo: Saraiva, 2011, p. 14.

Nem poderia ser diferente, já que a própria dimensão tecnológica atravessa um ciclo profundamente disruptivo (ainda que não tenhamos chegado na chamada singularidade tecnológica). Algoritmos e códigos-fonte têm, no século XXI, função cada vez maior de regular comportamentos. Não é exagero dizer que vivemos uma vida governada por algoritmos. Todos sabem que os dados pessoais são um inegável ativo econômico, com usos potencialmente infinitos e rentáveis. E não se tem aqui uma crítica aos assombrosos avanços tecnológicos atuais (seria inútil). Trata-se, isso sim, de buscar compatibilizar esses avanços com os direitos fundamentais, algo nem sempre fácil. Em relação à proteção de dados pessoais, a legislação brasileira incentiva um tratamento de dados à luz de boas práticas e, sobretudo, com foco na atuação preventiva. Aliás, se o século XX foi devotado à reparação de danos, o presente será consagrado à prevenção.

É nesse contexto que o livro de Faleiros se insere. Observa rigorosamente o que aconteceu na história do pensamento jurídico, recolhe cuidadosamente os conceitos, categorias e institutos relacionados à responsabilidade civil do Estado, e a partir daí, do rico material colhido, se põe a construir conceitualmente o modelo teórico útil aos nossos dias, tão grandemente distintos da realidade histórica que imperava quando a responsabilidade civil do Estado ensaiava os primeiros passos. Faleiros, sempre apoiado em riquíssima bibliografia – traço marcante de seus trabalhos –, não inova por inovar, inova dialogando com a melhor tradição jurídica, refletindo sobre ela, dela extraindo o ponto sólido de apoio que autoriza novos voos. Assim elabora a teoria necessária para os dias atuais, disruptivos e velozes. Aliás, sempre cito que o novo não é sinônimo de qualidade teórica. O verdadeiramente novo é um fiel depositário da tradição.

Este livro, na verdade, é fascinante convite ao repensar da responsabilidade civil do Estado, um tema que sempre foi muito caro aos nossos melhores juristas (Pontes de Miranda, Amaro Cavalcanti, Aguiar Dias, Pedro Lessa, Orozimbo Nonato e, atualmente, com sólidas reflexões, Juarez Freitas). Faleiros não se intimida e reconstrói esse percurso evolutivo acompanhado de sólidas reflexões contextualizadas, antigas e novas. Mais que isso: busca investigar o sentido teórico de certas mudanças que nos trouxeram até aqui. E temos, por outro lado, em suas pesquisas, a mais recente palavra teórica que foi publicada sobre o tema em outros países. É espantosa sua capacidade de se pôr a par do estado da arte. Isso já diz muito sobre o talento e a formação do autor, que consegue como poucos aliar a informação mais recente e mais sólida – venha de onde vier, sem fronteiras geográficas ou linguísticas – à capacidade de estruturar uma obra nos moldes clássicos (no sentido mais nobre da expressão), movendo-se com rigor e apuro conceitual. Aliás, eu afirmo – sempre afirmei – que Faleiros é um prodígio, reunindo qualidades únicas que passam por sofisticação teórica, capacidade de absorver o estado da arte científico e um apurado radar para as tendências digitais mais atuais (cuja única permanência é a mudança). Devo me conter, porém, nos limites do prefácio e falar da obra, não do autor, o que seria tarefa da apresentação.

Aliás, refletir sobre a responsabilidade civil do Estado é refletir, em boa medida, sobre deveres e funções estatais. Toda discussão sobre o tema há de ter, como pano de fundo, a discussão sobre funções estatais – clássicas e atuais. As funções do Estado são hoje no mínimo mais coloridas do que as tradicionais funções absenteístas dos séculos passados. Há de certo modo um descompasso entre o Estado que garante, ou deve garantir, os direitos fundamentais, e os arcabouços conceituais tradicionais, no que se refere ao dever de indenizar estatal. Se clamamos por decisões judiciais com uma estrutura analítica mais refinada, precisamos navegar entre modelos teóricos que não se satisfaçam com o apego cômodo a realidades cognitivas superadas. Por exemplo, a forma tradicional de pensar (na literatura jurídica brasileira) advoga que estamos hoje – em relação à responsabilidade civil do Estado – no mesmo estágio inaugurado pela Constituição de 1946. Será que, conceitual e normativamente – tendo presentes as construções teóricas que desenvolvemos nesses quase 80 anos – a responsabilidade civil do Estado de hoje é a mesma de 1946? Não dispomos, agora, no século XXI, de uma rede de conexões normativas e conceituais que nos permitam dar um passo além?

Convém indagar, nesse contexto, se a fase teórico-normativa inaugurada pela Constituição de 1946 explica de modo satisfatório a experiência jurídica atual. Ou se, do contrário, nos cabe dar um passo além, construindo um modelo teórico que contemple o tom digital das sociedades atuais e o Estado como garantidor dos direitos fundamentais. Construindo, em outras palavras, um modelo conceitual que dialogue com o perfil multifacetado das atuais democracias constitucionais – sociedades plurais, complexas e hiperconectadas.

A responsabilidade civil do Estado de hoje – com o perdão do truísmo – não é aquela que existia em meados do século passado. É diversa e caracterizadamente complexa (embora os livros jurídicos, em geral, tendam a repetir, de modo esquemático, que vivemos no tema a fase inaugurada com a Constituição Federal de 1946). Talvez possamos dizer que a responsabilidade estatal, hoje, não é apenas objetiva. É proporcional e objetiva, não distinguindo entre ações e omissões, e fortemente informada pelo princípio da solidariedade social. Tudo isso perpassa vivamente a obra que tenho a honra de prefaciar.

Aliás, falemos (brevemente) das omissões. O belo livro de Faleiro toca num ponto muito relevante para mim, que é a questão das omissões estatais. Tenho tentado chamar atenção para o tema nos últimos 15 anos. Tenho tentado mostrar que não faz sentido diferenciar ações e omissões estatais para conferir responsabilidade objetiva no primeiro caso e subjetiva no segundo. Isso nos situaria numa posição inferior à Constituição de 1946. O Estado responde objetivamente em ambos os casos. É, aliás, a visão do STF e, surpreendentemente, até do STJ em acórdãos mais recentes. Lembremos que o STJ sempre foi o maior bastião da tese da responsabilidade subjetiva nas omissões estatais. Creio que caminhamos para maior coerência sistemática na matéria.

Uma visão filosoficamente bem fundada da responsabilidade civil do Estado percebe que os riscos da atividade estatal não podem ser suportados pelo cidadão. Isso já está assentado na doutrina. Convém perceber, no entanto, que os riscos mudaram, mudam sempre. Hoje muitos danos estão ligados à IA, inclusive na atividade estatal. A teoria (atual) do risco administrativo deverá traduzir esse ponto, ou não será exata. Cabe perguntar: a padrão mental convencional, na literatura jurídica, apresenta hoje um discurso consistente para considerar que os danos – ou alguns deles – relacionados à IA, por exemplo, no contexto de serviços públicos, ensejam as condições de possibilidade de impor o dever de indenizar estatal? A resposta parecer ser negativa, e é esse ponto que o livro de Faleiros argutamente nos convida a dar um passo além.

Porém, nem tudo é desalento e dano. A IA – seja em suas interações com o Estado, seja com a sociedade civil – pode traduzir avanços, conquistas e realizações. Ou seja, além dos desafios óbvios que a inteligência artificial nos põe, devemos também pensar de modo proativo, indagando acerca das possibilidades que a IA nos oferece de implementar soluções que promovam direitos e liberdades[2]. Em que medida podemos usar a IA para isso? Quais possibilidades o futuro nos reserva? Sabendo que igualdade é, hoje, sobretudo, obrigação de inclusão, será que a tecnologia poderá nos ajudar? Um futuro inclusivo pode ser um futuro digital? Que ferramentas podemos construir nesse caminho? A ideia é fortalecer uma perspectiva proativa da IA, como modo de promover direitos e liberdades.

Seja como for, o Brasil deve dispor de uma teoria da responsabilidade civil do Estado que reflita não apenas nossa tradição constitucional, mas que traduza também os avanços do conhecimento jurídico em diversos campos temáticos, em diálogo interdisciplinar. Nesse contexto, Faleiros excelentemente destaca "que o Estado se identifica cada vez mais com a IA, uma vez que a tecnologia está se tornando uma parte central das operações e tomadas de decisão governamentais. No século XXI, a inteligência artificial (em conjunto com todo o acervo de novas tecnologias que a orbitam) desempenha um papel cada vez mais importante nas atividades estatais, como no uso de algoritmos para tomar decisões em áreas como justiça, administração pública e segurança. Esse avanço tecnológico traz consigo uma série de desafios complexos, como a garantia da transparência, a responsabilização adequada pelos resultados e a proteção dos direitos individuais dos cidadãos afetados por decisões algorítmicas". Mais adiante, Faleiros enfatiza que esse contexto impõe uma remodelagem do papel da administração pública a partir de paradigmas de governança digital. Lembra ainda, com variados exemplos, como a *accountability* é tema fundamental para melhorar a gestão pública e promover transparência, eficiência e responsabilidade nesse setor.

Enfim, novas teorias para os novos tempos do Estado. Novos desafios e novas funções. Aliás, como já se observou, talvez seja mais apropriado buscar, nos conceitos jurídicos, não essências, mas funções.

Caminho para a conclusão pedindo licença para reproduzir um breve parágrafo. Um parágrafo que resume um pouco do que penso sobre a matéria, algo que imagino que deve constar nos estudos mais atuais sobre o tema, conectando a responsabilidade civil do Estado à teoria dos direitos fundamentais: "A responsabilidade civil do Estado é – nestas primeiras décadas do século XXI – um tema sedutor e fascinante. Há vastas polêmicas, na doutrina e na jurisprudência, e mesmo o que parece pacífico não é (sem

---

2. PÉREZ, Antonio Madrid. La inteligencia artificial (IA) y la garantía de derechos y de libertades. In: BARBOSA, Mafalda Miranda; BRAGA NETTO, Felipe; SILVA, Michael César; FALEIROS JR., José Luiz de Moura (Coord.). *Direito Digital e Inteligência Artificial*: diálogos entre Brasil e Europa. Indaiatuba: Foco, 2021, p. 573.

esquecer a advertência de Perelman de que muitas vezes a clareza da norma significa apenas falta de imaginação do intérprete). Há muitos aspectos teóricos e jurisprudenciais relevantes. A quarta fase ou geração na responsabilidade civil do Estado apresenta, segundo cremos, repercussões hermenêuticas consideráveis. O princípio da proteção impõe ao Estado um dever de agir qualificado e proporcional. (...). Cabe agora abordar a quarta (e atual) fase: o Estado como garantidor de direitos fundamentais. Há, atualmente, nestas primeiras décadas do século XXI, uma nova fase, que é o *Estado como garantidor dos direitos fundamentais*. Não basta, portanto, uma postura de abstenção estatal, no sentido – hoje insuficiente – de não causar danos. Isso ficou no passado, no museu das ideias. Hoje é imprescindível que o Estado assuma uma postura ativa no sentido de resguardar os cidadãos de agressões de terceiros. Muda-se, nessa perspectiva, o enfoque de observação: assentando-se que os direitos fundamentais se irradiam para as relações privadas, e estando o Estado obrigado a protegê-los, deverá estar eficazmente aparelhado para isso"[3].

Não se trata, em absoluto, de ressuscitar a sempre inadequada teoria do risco integral. Nada mais longe disso. Estamos falando de danos absolutamente insertos nas funções estatais. Não se cuida, convém sempre repetir, de postular uma indenização irrestrita, ampla, quase automática. Não é disso, absolutamente, que se trata. Cuida-se, ao contrário, de abrir caminho para uma reflexão contextualizada, à luz de percursos argumentativos claros, consistentes, verificáveis. Portanto, qualquer alegação que "atualizar" a teoria do risco administrativo seria tornar o Estado segurador universal é, na verdade, argumento *ad baculum*[4].

Concluo expressando, mais uma vez, minha admiração por esse notável jurista que é Faleiros e pelo rico livro que escreveu (mais uma dentre tantas publicações de qualidade que produziu). Estamos diante de extraordinária caminhada acadêmica que está ainda no início – fácil profecia, convenhamos. Agradeço a oportunidade de estar aqui, humildemente aplaudindo esse trajeto. E cito uma poeta que gosto muito, Cecília Meireles, que escreveu que não é fácil compreender, mas é belo fazer um esforço nesse sentido. É o que faz Faleiro neste livro, é o que devemos fazer todos nós. Esforços de compreensão para tentar compreender o sentido das mudanças do direito neste disruptivo século XXI.

Belo Horizonte, agosto de 2023.

Felipe Braga Netto
Doutor pela PUC/Rio. Mestre pela UFPE. Procurador da República.

---

3. ROSENVALD, Nelson; BRAGA NETTO, Felipe. *Código Civil comentado*. 4. ed. São Paulo: JusPodivm, 2023, p. 140 e 143.
4. Argumento *ad baculum* consiste, fundamentalmente, em "defender uma conclusão destacando as terríveis consequências de não acreditar nela". BLACKBURN, Simon. *Dicionário Oxford de Filosofia*. Tradução de Desidério Murcho. Rio de Janeiro: Jorge Zahar Editor, 1997, p. 24.

APRESENTAÇÃO

Múltiplas são as relações do Estado com as novas tecnologias. Sejam técnicos, sociais ou econômicos, sejam públicos ou privados, fato é que, na prática, os avanços técnicos interagem com a Administração Pública em, pelo menos, quatro grandes perspectivas. Como tive a oportunidade de abordar em estudo anterior sobre o tema,[1] ora a Administração as estimula, ora as adquire, ora as controla, ora as utiliza.

O papel de *fomentador* às novas tecnologias se verifica sempre que a Administração Pública estimula seu desenvolvimento quer em termos econômicos, quer em termos sociais ou ambientais. No ordenamento jurídico pátrio, esse papel é central e inexorável, pois o art. 23, inciso V, da Constituição da República atribui competência material comum à União, aos Estados e aos Municípios para proporcionar meios de acesso à tecnologia, à pesquisa e à inovação. Soma-se a isso o art. 218, *caput*, que exige do Estado a promoção do desenvolvimento científico, da pesquisa, da capacitação científica e tecnológica, assim como da inovação. Não é por outra razão que Ministérios e Secretarias cuidam do fomento tecnológico, dentro ou fora das universidades, e que se disseminam Fundações de Apoio à Pesquisa no Brasil, que atuam mediante projetos individuais ou coletivos, de incentivo à inovação.

O papel de *consumidor* de novas tecnologias se revela quando a Administração Pública passa a mostrar interesse na aquisição de tecnologias, buscando contratá-las para satisfazer necessidades públicas diversas no âmbito das funções administrativas prestativas (como o serviços públicos e o fomento) e restritivas (como a polícia e a regulação). A necessidade de novas técnicas para resolver problemas estatais complexos, que nem sempre aparecem no mercado, tem ensejado a estruturação de novas modalidades de contratação, inclusive com regras próprias sobre o risco tecnológico. Na nova Lei de Licitações, isso se vislumbra em institutos como a modalidade de contratação por diálogo competitivo, na possibilidade de adoção do procedimento de manifestação de interesse e nas contratações diretas, como a dispensa para parcerias de desenvolvimento produtivo no âmbito do SUS. Já na legislação especial, encontram-se cada vez mais ferramentas próprias, como a dispensa para encomendas tecnológicas e a contratação estatal de soluções inovadoras desenvolvidas por startups.

O papel de *controlador* de novas tecnologias é assumido pelo Estado ao lançar mão de mecanismos para direcionar sua produção ou utilização seja no campo público, seja no privado. Isso se vislumbra em vários setores da economia. Nesse cenário, despontam as técnicas de liberação de inovações, bem como de fiscalização e sancionamento

---

1. MARRARA, Thiago; GASIOLA, Gustavo Gil. Regulação de novas tecnologias e novas tecnologias na regulação. *International Journal of Digital Law*, n. 2, p. 117-144, 2020.

por desenvolvimento ou uso indevido de ferramentas tecnológicas. Isso se dá, porque, além de seus vários efeitos benéficos, novas tecnologias embutem riscos. Elas podem incrementar poderes de distorção de condições de concorrência no mercado, facilitar violações de direitos fundamentais, como a discriminação, gerar mecanismos de influência ilegítima sobre processos políticos e democráticos etc. A função de regulador não se esgota, porém, em comando e controle. Existem medidas regulatórias positivas, ou seja, que visam a incentivar novas tecnologias, sobretudo quando elas se mostram essenciais para superar externalidades negativas geradas pelos regulados. Nesse sentido, apenas para exemplificar, a Lei Federal n. 9.748/1997 atribui ao Conselho Nacional de Política Energética a tarefa de definir a estratégia e a política de desenvolvimento econômico e tecnológico da indústria de petróleo e de gás natural, além de atribuir à ANP a competência para estimular pesquisas e novas tecnologias. Em sentido semelhante, a Lei n. 10.233/2001 prevê que a regulação dos transportes terrestres e aquaviários pela ANTT e pela ANTAQ abrangerá a fixação de diretrizes sobre o desenvolvimento de tecnologias no setor. Nesses contextos, ficam visíveis a aproximação e a sobreposição da regulação com o fomento na arena da inovação, o que dá margem a novas ferramentas jurídicas, como a famosa regulação da experimentação (*sandbox regulation*).

O papel de *usuário* de novas tecnologias reflete as situações em que o Estado se vale das inovações de comunicação, de energia, de logística, entre outras, na execução de suas mais diferentes tarefas, como o serviço público, a polícia, a regulação e atividades de gestão interna. Nessa perspectiva, as novas técnicas são empregadas com o objetivo principal de tornar o Estado mais eficiente, ou seja, mais racional em seus procedimentos; mais efetivo no atingimento de seus resultados e mais econômico, de maneira a elevar os resultados atingidos com seus investimentos. Exemplos de uso de novas tecnologias são vários e se mostram desde os sistemas eletrônicos de licitação até os robôs empregados pelos Tribunais de Contas para fiscalização e controle; desde a produção de armamentos até o atendimento de pacientes nos sistemas de saúde pública; desde o atendimento dos cidadãos por meios de inteligência artificial até o uso de redes sociais para viabilizar o princípio da publicidade.

É nesse contexto de velozes mudanças técnicas e de múltiplas interações jurídico-administrativas que desponta a obra de José Luiz de Moura Faleiros Júnior, um dos maiores especialistas contemporâneos sobre a relação do direito público com novas tecnologias.

Atento às diferentes situações, conflitos e oportunidades que envolvem o Estado e as novidades da técnica que a história nos apresenta, Faleiros oportunamente resgata uma discussão clássica sobre a responsabilidade do Estado, buscando adaptá-la a um novo contexto científico tecnológico a partir de uma releitura da teoria do risco administrativo.

Para atingir seu escopo de reposicionamento da responsabilidade estatal no contexto de velozes avanços tecnológicos, Faleiros inicialmente examina a história e formação da responsabilidade civil do Estado, apresentando os modelos que se construíram ao longo da história, como os de responsabilidade pela culpa, pelo risco administrativo, pelo risco integral, dentre outros. Em seguida, resgata o avanço dos modelos dentro do contexto jurídico brasileiro até atingir a Constituição de 1988, passando a desdobrar as condições necessárias à responsabilização extracontratual dos entes estatais. Sob essas premissa, ingressa finalmente no debate sobre inteligência artificial, sobre a revolução 4.0 e apresenta seu novo olhar a respeito do risco administrativo diante da Administração Pública digital, em que o Estado, mais que qualquer outro agente, torna-se o principal agente de tratamento de dados.

Em linha com sua história de dedicação ao tema das novas tecnologias, a proposta de Faleiros é atual, bem fundamentada e provocativa. Seu olhar aproxima institutos novos a temas clássicos, fomenta adaptações teóricas e, mais que isso, proporciona soluções práticas de questões que as quatro interações apontadas entre Administração e novas tecnologias fazem surgir num contexto de governo eletrônico, tratamento intensivo de dados privados e uso crescente de inteligência artificial guiadas por algoritmos nem sempre transparentes e harmônicos aos grandes princípios do direito administrativo.

Além de agravável e bem redigida, trata-se, pois, de obra necessária e que, daqui para frente, certamente impactará a abordagem doutrinária e prática da responsabilidade civil extracontratual do Estado. Ao autor meus votos de muito sucesso!

Thiago Marrara
Professor de Direito Administrativo da USP (FDRP).
Livre-docente (FD). Doutor pela Universidade de Munique (LMU).
Advogado, parecerista e árbitro.

SUMÁRIO

AGRADECIMENTOS VII

PREFÁCIO XI

APRESENTAÇÃO XVII

INTRODUÇÃO XXV

1. L'ÉTAT C'EST L'IA 1
   1.1 A responsabilidade civil na Antiguidade 2
   1.2 O período absolutista 11
   1.3 Teoria da irresponsabilidade absoluta 11
   1.4 Ruptura paradigmática: um conceito para a responsabilidade civil do Estado 17
       1.4.1 Origem do vocábulo "responsabilidade" 19
       1.4.2 Conceito contemporâneo do tema sob a ótica privatista 20
       1.4.3 Conceito contemporâneo do tema sob a ótica publicista 22
   1.5 Teorias civilistas 24
   1.6 Teoria da culpa administrativa (*faute du service*) 32
   1.7 O risco integral 39
   1.8 Teoria do risco administrativo 42
   1.9 A evolução do instituto no Brasil 46
       1.9.1 Fases colonial e monárquica 47
       1.9.2 Fase imperial 49
       1.9.3 Fase republicana 51
       1.9.4 A responsabilidade civil do Estado na Constituição da República de 1988 .. 56
           1.9.4.1 O artigo 37, § 6º, da Constituição da República de 1988 57
           1.9.4.2 O artigo 43 do Código Civil brasileiro de 2002 61
   1.10 O desenvolvimento da inteligência artificial e seus reflexos para o Estado 62

2. THE ALGORITHM CAN DO NO WRONG (?) 69

2.1 Pressupostos da responsabilidade civil 70
- 2.1.1 Conduta 71
- 2.1.2 Dano 75
- 2.1.3 Nexo de causalidade 81

2.2 O dano extrapatrimonial causado pela atuação estatal e suas peculiaridades 85
- 2.2.1 O ilícito (no pretérito e no presente) 87
- 2.2.2 Ressarcibilidade e indenizabilidade no contexto brasileiro 93
  - 2.2.2.1 A previsão do Código Civil de 1916 98
  - 2.2.2.2 Dano moral na Constituição da República de 1988 102
- 2.2.3 Danos patrimoniais e extrapatrimoniais antes e hoje 105
- 2.2.4 Os direitos da personalidade 106
- 2.2.5 Cumulatividade de danos 110

2.3 Fundamentação para a reparação do ilícito 113
- 2.3.1 Prova do dano 115
- 2.3.2 O caráter punitivo tem algum valor? 116
- 2.3.3 Valoração do dano moral 118
- 2.3.4 Condição econômica das partes 120
- 2.3.5 Dano moral sofrido pela pessoa jurídica 121

2.4 *Algorithmic wrongdoing and the Internet of Torts (IoT?)* 125

3. IS THE STATE LIABLE? 129

3.1 A responsabilidade subjetiva e a teoria da culpa 130
- 3.1.1 O elemento culpa 130
- 3.1.2 O conceito de culpa na legislação brasileira 136
- 3.1.3 Críticas à teoria da culpa 138

3.2 A responsabilidade objetiva e a teoria do risco 139
- 3.2.1 Relembrando Saleilles e Josserand 141
- 3.2.2 Modalidades de risco 143
- 3.2.3 A prescindibilidade da culpa 144

3.3 Os atos omissivos 146
- 3.3.1 Importância da interpretação da norma constitucional 147
- 3.3.2 Posições doutrinárias acerca da responsabilidade estatal por atos omissivos 149
  - 3.3.2.1 A posição subjetivista 150

	3.3.2.2 A posição objetivista	153
3.3.3	O contexto jurisprudencial mais recente	155
	3.3.3.1 Agravo Regimental no Recurso Extraordinário com Agravo nº 854.386/RR	160
	3.3.3.2 Embargos de Divergência no Segundo Agravo Regimental no Recurso Extraordinário 603.626/MS	161
	3.3.3.3 Recurso Extraordinário nº 841.526/RS	162
3.4	Fundamentos da responsabilidade civil do Estado	163
3.5	Excludentes e atenuantes da responsabilidade civil do Estado na leitura tradicional do risco administrativo	166
3.5.1	Estado de necessidade	167
3.5.2	Exercício regular de direito	169
3.5.3	Caso fortuito e força maior	170
3.5.4	Fato exclusivo ou concorrente da vítima	176
3.5.5	Fato de terceiro	179

4. BLACK BOX IS A PUBLIC TRUST... BUS IS IT REALLY? 183

4.1	*Accountability* pública e o princípio da confiança	183
4.1.1	A boa administração pública para além da opacidade algorítmica	184
4.1.2	O Estado e as '*black boxes*'	188
4.1.3	Autosserviço e Governo Digital	190
4.2	Pluridimensionalidade da accountability pública	194
4.2.1	*Accountability* em sua dimensão política	196
4.2.2	*Accountability* em sua dimensão administrativa	197
4.2.3	*Accountability* em sua dimensão profissional	201
4.2.4	*Accountability* em sua dimensão democrática	204
4.3	Inteligência artificial e accountability: desafios da Quarta Revolução Industrial	207
4.3.1	Transformações e perspectivas para a responsabilidade civil em tempos disruptivos	213
4.3.2	Uma leitura do risco a partir da acurácia das inferências causais	219
4.4	*Accountability* e a busca pelas '*clear boxes*' nos sistemas de IA	228

5. REPENSANDO O RISCO ADMINISTRATIVO 231

5.1	Responsabilidade objetiva e a teoria do risco administrativo	232
5.1.1	Um breve panorama sobre o risco integral	234
5.1.2	O risco administrativo sob renovada perspectiva	236

5.2 Enfim, uma Administração Pública digital... 239
    5.2.1 O Estado enquanto agente de tratamento de dados.. 242
    5.2.2 Excludentes causais específicas: o exemplo da LGPD..................................... 247
5.3 Governo digital e risco administrativo... 249
5.4 Horizontes possíveis: o risco administrativo catalisado pela noção de *accountability*... 256

CONCLUSÃO.. 259

REFERÊNCIAS... 265

INTRODUÇÃO

Os conflitos imanentes às relações humanas são próprios da vida social, e constituem razão de existência dos preceitos de ordem normativa tendentes à conciliação e harmonização dessas relações. As origens históricas da responsabilidade civil, conforme tratada pela Lei, remontam aos primórdios da humanidade, quando sequer se cogitava da apuração de qualquer forma de culpa ou quantificação do dano causado; apenas se punia por meio da autotutela individual, comumente representada pela vingança privada.

Com a evolução social, e o desenvolvimento humano, as relações intersubjetivas se tornaram cada vez mais organizadas, regidas por um conjunto de normas próprias, inicialmente extraídas de um chamado direito natural, e posteriormente insculpidas num sistema jurídico positivado. A criação do Estado com o fim de estabelecer uma ordem normativa para cada povo constitui a própria emanação do propósito humano de viver em sociedade, com regramentos específicos, criados para a manutenção da paz social e a preservação do indivíduo.

O desenvolvimento estatal, aliado aos sempre recrudescentes paradigmas tecnológicos e a globalização mundial, o crescimento demográfico decorrente do processo de urbanização, bem como a alteração do panorama de vida do homem moderno, são fatores que contribuem para o surgimento de elevado número de interesses de ordem subjetiva tendentes a se confrontarem. Disso decorre o aperfeiçoamento dos institutos jurídicos civis, notadamente o da responsabilidade.

No caso específico da composição de danos, o preceito básico que se segue para a averiguação do dever reparatório é a simples premissa de que o prejuízo experimentado pela vítima deve ser reparado pelo agente que o causou, e o restabelecimento do direito lesado deve ser a meta almejada na atividade reparatória.

A responsabilidade civil afeita às relações entre particulares é juridicamente adotada no Brasil desde sua primeira regulamentação, pelo Código Civil de 1916 – Lei nº 3.071/16 – período em que se entendia correta a teoria subjetiva da culpa no que se refere à responsabilização do funcionário público, mas nunca do próprio Estado. Tal entendimento foi alterado com o tratamento dado ao instituto pela Constituição da República, promulgada em 18 de setembro de 1946, que expressamente tratou da responsabilidade civil *objetiva* do Estado, baseada na atividade de risco que a atividade pública implica.

A atual Constituição da República Federativa do Brasil, promulgada em 5 de outubro de 1988, também adotou a teoria da responsabilidade civil objetiva do Estado, na modalidade do risco administrativo, admitindo a responsabilização do Estado pelos danos causados a outrem por atos comissivos de seus agentes, estendendo-se essa interpretação também às prestadoras de serviço público, conforme preconizado no art. 37, § 6º.

A responsabilidade civil, por este viés objetivo, dispensa a comprovação da culpa do agente para torná-lo responsável pela reparação do dano. Desse modo, para configurar-se o dever de indenizar do Estado, basta a comprovação da existência do dano e o nexo causal entre este dano e a atividade estatal. Não obstante, alguns pontos da teoria da responsabilidade objetiva, notadamente com relação aos *atos omissivos* do Estado, ainda causam dissenso e controvérsia nos planos doutrinário e jurisprudencial.

A parcela majoritária da doutrina e da jurisprudência têm entendido que, para a caracterização do dever reparatório do Estado, em decorrência de conduta omissiva, é imprescindível que haja o descumprimento de um dever jurídico de agir, de modo que, somente quando tal omissão represente a violação de um dever jurídico insculpido em norma jurídica própria, é que a responsabilização de reparar o dano gerado pelo descumprimento deste dever surge, no plano jurídico, pela existência da culpa anônima do Estado.

Outro ponto que gera polêmica doutrinária e jurisprudencial é a questão da indenização por dano moral na atual sistemática da responsabilidade objetiva preconizada no texto constitucional. Como forma de garantir e dar efetividade à inviolabilidade dos direitos fundamentais consagrados em seu bojo, a Constituição previu a possibilidade de ser indenizado não só o dano patrimonial, mas também o dano moral, nos moldes de seu art. 5º, incisos V e X, que são considerados direitos fundamentais, eis que insculpidos em referido dispositivo, e, por isso, lhes deve ser dado o máximo de concretização material, já que desfrutam de aplicabilidade imediata, conforme preceitua o parágrafo primeiro deste artigo.

Os direitos fundamentais, notadamente o dever reparatório do dano moral, exigem do Estado, por vezes, atuação negativa, no sentido de não agredir ou desrespeitar a esfera individual da pessoa ou da coletividade, e, em alguns casos, atuação positiva, visando dar concretude às expectativas das pessoas e da sociedade, na salvaguarda não somente de seus direitos de primeira geração (vida, liberdade, associação etc.), mas também dos de segunda geração (o direito ao trabalho, à saúde e à educação etc.), dos de terceira geração (direito ao desenvolvimento, à paz, ao meio ambiente etc.), e até mesmo dos direitos de quarta geração, estes últimos reconhecidos apenas por alguns doutrinadores.

Se há o descumprimento do dever estatal, seja por ato comissivo ou omissivo, tem-se entendido cada vez mais a plausibilidade de sua condenação, ainda que subsidiária, ao pagamento de indenização por danos morais, tanto pelo dano causado singularmente, quanto pelo dano gerado à coletividade, pela agressão estatal aos direitos fundamentais.

Nesse contexto, a teoria do risco administrativo é um tema importante a ser rediscutido no século XXI, especialmente em razão do desenvolvimento tecnológico. Com o avanço da tecnologia, novos desafios surgem para o Estado e para a sociedade, e é fundamental que a responsabilidade civil do Estado esteja alinhada com essas mudanças.

O desenvolvimento de novas tecnologias, como sistemas de inteligência artificial, a Internet das Coisas e o autosserviço, trazem consigo novos riscos e desafios para o Estado. É importante que a teoria do risco administrativo seja atualizada para levar em consideração esses novos desafios e garantir que o Estado seja adequadamente responsabilizado por danos causados por suas atividades. Além disso, o desenvolvimento tecnológico também traz consigo novas oportunidades para o Estado melhorar seus serviços e atender às demandas da sociedade de maneira mais eficiente. É importante que a teoria do risco administrativo seja atualizada para incentivar o Estado a adotar novas tecnologias e inovar em suas atividades.

Outro ponto importante a ser considerado na rediscussão da teoria do risco administrativo é a questão da privacidade e proteção de dados. Com o avanço da tecnologia e o aumento da coleta e do uso de dados pessoais, é fundamental que o Estado seja responsabilizado por danos causados por violações de privacidade e proteção de dados. Por fim, é importante ressaltar que a rediscussão da teoria do risco administrativo deve ser feita de maneira contínua, levando em consideração as mudanças na sociedade e no mundo. Apenas assim será possível garantir que a teoria esteja sempre atualizada e alinhada com as necessidades e demandas da sociedade, pois a globalização e o crescimento demográfico também são fatores importantes a serem considerados na rediscussão da teoria do risco administrativo. Com o aumento da população e a maior interconexão entre países, é fundamental que o Estado esteja preparado para lidar com os desafios decorrentes dessas mudanças. Por fim, é importante ressaltar que a rediscussão da teoria do risco administrativo deve ser feita de maneira aberta e participativa, envolvendo diferentes setores da sociedade. Apenas assim será possível garantir que a teoria esteja alinhada com as necessidades e demandas da sociedade no século XXI.

Forte em tais questões, o presente trabalho tem por finalidade traçar, sob a ótica de uma análise histórica, filosófica, sociológica e jurídica, a evolução do instituto da Responsabilidade Civil do Estado no ordenamento jurídico brasileiro, bem como estabelecer conceitos de responsabilidade civil, identificar seus elementos caracterizadores, sua evolução histórica e a inserção da responsabilidade do Estado na legislação brasileira, para, ao final, concluir pela melhor adequação da teoria da responsabilidade objetiva para o caso em análise, a partir de uma releitura da teoria do risco administrativo.

1
L'ÉTAT C'EST L'IA

O trocadilho do título deste capítulo inicial – "*L'État c'est l'IA*" – é uma adaptação da célebre frase de Luís XIV, "*L'État c'est moi*", para refletir os desafios contemporâneos relacionados à utilização de sistemas de inteligência artificial (IA) pelo Estado. O trocadilho substitui "*moi*" (eu) por "IA" (Inteligência Artificial), sugerindo que o Estado está cada vez mais utilizando sistemas de IA em suas atividades. No entanto, apesar da grande empolgação gerada pela utilização de sistemas de IA pelo Estado, a responsabilidade civil do Estado continua sendo um instituto jurídico de grande relevância.

Nesse contexto, a expressão sugere que o Estado se identifica cada vez mais com a IA, uma vez que a tecnologia está se tornando uma parte central das operações e tomadas de decisão governamentais.

No século XXI, a inteligência artificial (em conjunto com todo o acervo de novas tecnologias que a orbitam) desempenha um papel cada vez mais importante nas atividades estatais, como no uso de algoritmos para tomar decisões em áreas como justiça, administração pública e segurança. Esse avanço tecnológico traz consigo uma série de desafios complexos, como a garantia da transparência, a responsabilização adequada pelos resultados e a proteção dos direitos individuais dos cidadãos afetados por decisões algorítmicas.

Diante desses desafios, é necessário revisitar a estrutura teórica da responsabilidade civil do Estado em suas origens para analisar sua compatibilidade com as demandas do mundo atual. É preciso investigar se os princípios e critérios estabelecidos no passado, que visavam a responsabilização estatal por danos causados por ação ou omissão, são adequados para lidar com as complexidades e implicações da utilização da inteligência artificial pelo Estado.

Esse trabalho tem como objetivo analisar de forma crítica as bases teóricas da responsabilidade civil do Estado e sua evolução ao longo do tempo, desde as primeiras concepções até as abordagens contemporâneas. Será feita uma revisão dos conceitos fundamentais, como o nexo de causalidade, a imputação de responsabilidade e as possíveis exclusões ou limitações legais. Em seguida, será realizado um estudo aprofundado sobre os desafios específicos decorrentes da utilização da inteligência artificial pelo Estado, identificando lacunas e propondo soluções para garantir a justiça, a transparência e a proteção dos direitos individuais dos cidadãos.

Com base nessa análise crítica, busca-se contribuir para o desenvolvimento de um arcabouço jurídico adequado para lidar com os desafios da era da inteligência artificial e garantir que o Estado seja responsabilizado de forma justa e efetiva pelos danos causados por suas ações ou omissões. Além disso, pretende-se fornecer *insights* relevantes para a tomada de decisão e a formulação de políticas públicas relacionadas à utilização da inteligência artificial pelo Estado, promovendo a harmonização entre os avanços tecnológicos e os princípios fundamentais de responsabilidade e justiça.

Para isso, uma breve revisitação histórica das bases da responsabilidade civil se mostra absolutamente imprescindível.

Voltemos um pouco no tempo para breve recapitulação...

1.1 A RESPONSABILIDADE CIVIL NA ANTIGUIDADE

A responsabilidade civil na antiguidade, em civilizações como a Babilônia de Hammurabi e outras, apresentava características distintas em comparação com as concepções contemporâneas. Nessas sociedades, o sistema de responsabilidade era baseado principalmente na aplicação de leis e códigos que estabeleciam punições proporcionais ao dano causado, seguindo um princípio de "olho por olho, dente por dente".

Nos primórdios da civilização, a responsabilidade civil tinha seu principal fundamento na vingança coletiva, em que determinado grupo se unia contra o agressor visando à reparação por ofensa praticada contra um de seus membros através da exclusão ou do assassínio, sem regras ou limites, do transgressor.

Já numa nova etapa, passou-se a punir os agressores através da vingança privada, em que se punia a agressão com outra agressão, espontaneamente praticada com o objetivo de penalizar o ofensor. Não passava de direito à vingança, que, segundo José de Aguiar Dias, era "forma primitiva, selvagem talvez, mas humana, da reação espontânea e natural contra o mal sofrido; solução comum a todos os povos nas suas origens, para a reparação do mal pelo mal"[1].

A pessoa lesada poderia fazer "justiça com as próprias mãos" e a forma de reparação ou de se fazer justiça era de sua livre escolha. Inexistiam regramentos que tutelassem penas ou punições, uma vez que a responsabilidade era objetiva, pois baseava-se na aparência de nexo de causalidade entre a ação e o dano, não havendo necessidade de se comprovar a culpa do agressor[2].

Pelo que se tem notícias, o dano e sua reparação foram inicialmente tratados pelos povos Sumérios, em tempos imemoráveis da civilização humana, no Código de Ur-Nammu (2040 a.C.), que contemplava, em seus dispositivos, alguns princípios inerentes à reparação dos danos através de penas pecuniárias.

Descoberto em 1952 pelo assiriólogo ucraniano, naturalizado norte-americano, Samuel Noah Kramer, na região onde hoje é o Iraque, tal Código trazia alguns dos prin-

---

1. DIAS, José de Aguiar. *Da responsabilidade civil*. 11. ed. Rio de Janeiro: Renovar, 2006, p. 19.
2. DIAS, José de Aguiar. *Da responsabilidade civil*. 11. ed. Rio de Janeiro: Renovar, 2006, p. 19.

cípios hoje utilizados na reparação dos danos morais, ao impor quantias que deveriam ser pagas por quem causasse algum tipo de lesão corporal a outrem. A título exemplificativo, interessante ver alguns trechos do Código de Ur-Nammu: "a) se um homem, a outro homem, com um instrumento, o pé se cortou: 10 siclos de prata deverá pagar; b) se um homem, a outro homem, com uma arma, os ossos tiver quebrado: uma mina de prata deverá pagar; c) se um homem, a um outro homem, com um instrumento *geshpu*, houver decepado o nariz: 2/3 de mina de prata deverá pagar"[3-4].

Com o declínio da Suméria e sua absorção pela Babilônia e pela Assíria, por volta do ano 2000 a.C., o Código de Ur-Nammu foi abandonado, ficando esquecido, ao longo da história, até sua recente descoberta. Isso significou um retrocesso no tratamento dado à questão da reparação de danos, eis que por volta de 1780 a.C. surgiu um novo aporte para a matéria, com o Código de Hamurabi.

Descoberto na cidade de Suza pelo arqueólogo Jacques Morgan, em uma expedição francesa à antiga Pérsia, o Código de Hamurabi foi o que primeiro instituiu a lei de talião, ou "*lex talionis*" no latim (*lex*: lei e *talio*, de *talis*: tal, idêntico), que por sua própria análise etimológica permite concluir o modo como era aplicada: pela reciprocidade do crime e da pena, por simples retaliação, que se consagrou na expressão "olho por olho, dente por dente"[5].

Este famoso brocardo originou-se das previsões contidas no §196 do Código de Hamurabi, que previa que "se um homem fizer perder a vista ao filho de um outro homem igualmente livre, sofrerá a perda de um olho", ou seja, previa o "olho por olho", e também na passagem do §200, cuja previsão era a de que "se um homem livre fizer saltar o dente de um homem igualmente livre, se lhe arrancará também um dente", isto é, a previsão do "dente por dente"[6].

Retomando a vingança privada dos primórdios humanos, esta lei pretendia evitar que as pessoas fizessem "justiça com as próprias mãos" de modo desproporcional e desregrado, impondo ao infrator punição diversa (e possivelmente mais severa) do que aquela por ele causada. Neste espeque, impunha a aplicação ao ofensor de uma punição *idêntica* à sofrida pela vítima.

Porém, não se restringia puramente às penas de retaliação. Por mais incipiente que fosse o Código de Hamurabi, nele já germinava a ideia de reparação – para determinadas ofensas, evidentemente – às custas da diminuição *patrimonial* do ofensor.

---

3. SILVA, Américo Luís Martins da. *O dano moral e a sua reparação civil*. São Paulo: Revista dos Tribunais, 1999, p. 65.
4. Para melhor esclarecer as proporções das unidades de medida daquele tempo, 1 siclo de prata correspondia a aproximadamente 6 gramas de prata; 1 mina de prata, por sua vez, equivalia a cerca de 500 gramas de prata.
5. SILVA, Américo Luís Martins da. *O dano moral e a sua reparação civil*. São Paulo: Revista dos Tribunais, 1999, p. 69.
6. SILVA, Américo Luís Martins da. *O dano moral e a sua reparação civil*. São Paulo: Revista dos Tribunais, 1999, p. 69.

Exemplo disso é o que constava de seu §209, segundo o qual "se um homem livre ferir o filho de um outro homem livre e, em consequência disso, lhe sobrevier um aborto, pagar-lhe-á dez siclos de prata pelo aborto". Ademais, em outro exemplo, constante de seu §211, "se a agressão fez a filha de um *Muskenun* expelir o fruto de seu seio: pesará cinco siclos de prata"[7].

Novamente, é importante ressaltar que o Código de Hamurabi, por mais que apresentasse tais nuances de evolução, o fazia com muita incipiência. A mentalidade predominante em sua época era da *"lex talionis"*, aplicável à esmagadora maioria dos casos.

Outrossim, imposições semelhantes às de ambas as supra referidas normas eram adotadas pelo Código de Manava-Dharma-Sastra, também chamado de Código de Manu (século II a.C.), que é parte do compêndio de escritos bramânicos instituidores do sistema de castas na sociedade da Índia. Inspirado em Manu, figura da mitologia hinduísta que sistematizou as leis sociais e religiosas daquele povo, e composto em versos, trazia a concepção de que o castigo e a coação são importantes para se evitar o caos social.

Neste Código, há uma série de ideais sobre valores como a verdade, a justiça e o respeito, e a alta carga de ideologias religiosas que ostenta elevam tais valores a um *status* tamanho que a violação dos deveres da vida social deveria ser severamente punida, sempre levando em conta a casta a que cada indivíduo pertence para se atribuir credibilidade a suas ações e testemunhos.

Curiosamente, o Código de Manu trazia algumas previsões semelhantes às do Código de Ur-Nammu, prevendo penas pecuniárias para determinados atos que, para o hinduísmo, se revelavam como verdadeiras afrontas morais. É o exemplo da passagem do §224 do livro VIII, que autorizava o próprio rei a impor pesada multa àquele que desse em casamento, sem prévio aviso ao interessado, uma "donzela com defeitos"[8].

Apesar disso, não estava completamente abandonada a punição por meio de lesões corporais, como na passagem §352, do livro IX, que impunha para os "sedutores de mulheres alheias" a reparação de dano moral com pena de desterro (expatriação, exílio), além da imposição do que a norma chama de "mutilações desonrosas"[9]. Como se vê, era um sistema miscigenado, com nuances evolutivas ainda inconsistentes, uma vez que adotada a pena retaliatória para certos casos.

Deve-se ressaltar que o Código de Manu não se limitava apenas a estabelecer punições pecuniárias para certos atos, mas também regulava diversos aspectos da vida social, como casamento, herança, direitos das mulheres, deveres dos governantes, entre outros.

---

7. SILVA, Américo Luís Martins da. *O dano moral e a sua reparação civil*. São Paulo: Revista dos Tribunais, 1999, p. 69.
8. SILVA, Américo Luís Martins da. *O dano moral e a sua reparação civil*. São Paulo: Revista dos Tribunais, 1999, p. 66.
9. SILVA, Américo Luís Martins da. *O dano moral e a sua reparação civil*. São Paulo: Revista dos Tribunais, 1999, p. 67.

O código refletia não apenas uma visão legal, mas também uma visão religiosa e moral, enfatizando a importância dos valores éticos e espirituais na organização da sociedade.

Além disso, o Código de Manu tinha como objetivo manter a ordem social e preservar a estrutura de castas, atribuindo papéis específicos a cada grupo social e estabelecendo obrigações e privilégios de acordo com a casta de cada indivíduo. Essa estrutura hierárquica era considerada fundamental para a estabilidade e o funcionamento adequado da sociedade, de acordo com a visão da época. É interessante destacar também que o Código de Manu foi alvo de críticas e debates ao longo da história, sendo considerado por alguns como uma forma de opressão e discriminação, especialmente em relação às mulheres e às castas mais baixas.

Por outro lado, é importante reconhecer que o código desempenhou um papel significativo na formação da cultura e do sistema jurídico da Índia antiga, moldando as normas e os valores sociais por séculos. Em suma, o Código de Manu, conhecido por suas normas e punições, estabelecia um sistema complexo de regras e valores sociais baseados em uma estrutura de castas. Sua influência na sociedade indiana, embora controversa, não pode ser subestimada, pois contribuiu para moldar as relações sociais, os princípios morais e as práticas legais daquele contexto histórico.

A reparação do dano também esteve presente no direito romano, particularmente em seu ordenamento jurídico escrito, que estipulava normas que obrigavam o causador do dano a responder pelo ato praticado.

Os romanos adotavam, como princípios basilares do direito, a honestidade e o não lesar direito de outrem, sendo exemplo disso o que consta no Digesto de Justiniano: "*Iuris praecepta sunt haec: honeste vivere, alterum non laedere, suum cuique tribuere*", significando que "Os preceitos de direito são estes: viver honestamente, não lesar outrem, dar a cada um o que é seu". Pode-se destacar que, no direito romano, a reparação do dano não se limitava apenas a uma punição ao infrator, mas também buscava restabelecer o equilíbrio social e a ordem violados pelo ato ilícito. Nesse sentido, o objetivo da penalização não era apenas a retaliação, mas também a restauração do status quo ante, ou seja, a situação anterior ao dano[10].

Além disso, o direito romano reconhecia a importância da honestidade e da não lesão aos direitos alheios como princípios fundamentais. Esses princípios, enunciados no Digesto de Justiniano, refletiam a preocupação dos romanos em promover a justiça e a harmonia nas relações sociais, estabelecendo diretrizes éticas que permeavam o sistema jurídico.

É interessante observar que, no direito romano, a reparação do dano muitas vezes envolvia uma compensação patrimonial. Isso evidencia uma mudança de perspectiva, em que a valorização dos bens materiais ganha relevância, em contraposição a um ins-

---

10. SCAFF, Fernando Facury. *Responsabilidade civil do Estado intervencionista*. Rio de Janeiro: Renovar, 2001, p. 30-31.

tinto de retaliação puramente animal. A percepção de que a compensação patrimonial poderia trazer um equilíbrio e uma reparação adequada incentivava os indivíduos a buscar a resolução pacífica dos conflitos.

Com base nessas premissas, todas as regras instituídas no ordenamento jurídico romano tinham por finalidade a penalização do infrator com vistas à retomada do equilíbrio social. É na antiga Roma que o homem começa a perceber que não há nenhuma vantagem na retaliação, pois não há compensação pelo dano causado, mas apenas um novo dano. É nessa época que os valores materiais começam a falar mais alto, pois o indivíduo percebe que pode ter a compensação patrimonial pelo dano sofrido: há uma redução do instinto animal do ser humano para dar lugar à preferência pelos bens materiais.

É então que, conforme aduz José de Aguiar Dias, o prejudicado percebe que, ao invés de simplesmente cobrar a retaliação, há maior conveniência em entrar em composição com o ofensor, que repara o dano através da "*poena*", espécie de resgate da culpa, que pode ser paga em dinheiro ou em objetos, desincumbindo-se do fardo da ofensa causada e adquirindo o direito ao perdão do ofendido[11].

Refletindo esta nova mentalidade, a Lei das XII Tábuas ("*Lex Duodecim Tabularum*"), instituída na Roma antiga[12], prescrevia algumas sanções particulares para determinados crimes, como nos danos causados por fato do animal, sem, contudo, abandonar completamente a lei de talião[13].

As primeiras dez tábuas foram publicadas no ano 451 a.C. e simbolizaram verdadeira mudança de paradigma no direito romano, uma vez que, até antes das tábuas, todas as leis eram guardadas em segredo pelos pontífices e por outros representantes da classe dos patrícios, sendo executadas com especial severidade contra os plebeus, que sequer tinham acesso a elas[14].

---

11. DIAS, José de Aguiar. *Da responsabilidade civil*. 11. ed. Rio de Janeiro: Renovar, 2006, p. 20.
12. A Lei das XII Tábuas consistia em um conjunto de leis escritas em tábuas de bronze e tinha como objetivo principal estabelecer regras claras e uniformes para a sociedade romana. Essas tábuas foram afixadas em local público, permitindo que todos os cidadãos tivessem conhecimento das leis e pudessem se guiar por elas. A legislação abordava diversos aspectos da vida cotidiana, tratando de temas como direito de propriedade, obrigações contratuais, direito de família, responsabilidade civil, crimes e penalidades, entre outros. As tábuas traziam disposições específicas para cada área do direito, buscando regular as relações entre os cidadãos de forma mais justa e equitativa. Uma das características mais marcantes da Lei das XII Tábuas era o seu caráter público e acessível, permitindo que os cidadãos conhecessem seus direitos e deveres. Isso representava um avanço significativo em relação à tradição oral e aos costumes não escritos que prevaleciam anteriormente, proporcionando maior segurança jurídica e igualdade perante a lei. No entanto, é importante ressaltar que a Lei das XII Tábuas não era uma codificação completa e sistemática de todo o direito romano. Ela abrangia apenas algumas áreas específicas e foi complementada posteriormente por outras leis e práticas jurídicas. Ainda assim, sua importância reside no fato de ter estabelecido as bases para a evolução posterior do direito romano e ter influenciado profundamente o desenvolvimento do direito em toda a Europa. Sobre o tema, conferir a obra seminal de SCHOEEL, Rudolfus. *Legis Duodecim Tabularum Reliquiae*. Leipzig: B. G. Teubneri, 1866.
13. SCAFF, Fernando Facury. *Responsabilidade civil do Estado intervencionista*. Rio de Janeiro: Renovar, 2001, p. 31.
14. ALVES, José Carlos Moreira. *Direito romano*. 6. ed. Rio de Janeiro: Forense, 1987, v. II, *passim*.

Alvino Lima refere-se a essa época como sendo "o período da composição tarifada, imposto pela Lei das XII Tábuas, que fixava, em casos concretos, o valor da pena a ser paga pelo ofensor", redundando em inegável avanço tendente à uniformização dos delitos e à enumeração taxativa de suas reparações[15].

Como exemplo da reparação civil preconizada pela Lei das XII Tábuas, importante citar a Tábua VIII, que, na organização proposta por Pietro Bonfante[16], abarca os dispositivos relativos aos delitos e suas respectivas penas:

> Tábua VIII – 1. Se um quadrúpede causa qualquer dano, que o seu proprietário indenize o valor desse dano ou abandone o animal ao prejudicado; 2. Se alguém causa um dano premeditadamente, que o repare; 9. Aquele que causar dano leve indenizará 25 asses; 10. Se alguém difama outrem com palavras ou cânticos, que seja fustigado; 11. Se alguém fere a outrem, que sofra a pena de Talião, salvo se houver acordo.

No direito romano, a pena privada tinha lugar no âmbito dos delitos privados ("*delicta*"), que eram os ilícitos contra a pessoa ou aos seus bens, precisamente o "*furtum*", a "*rapina*", a "*iniuria*", e o "*damnum iniuria datum*". Aos delitos privados contrapunham-se os delitos públicos ("*crimen*"), isto é, as infrações ao Estado e à paz do reino, punidas com a "*poena publica*". Quando ocorria um delito privado, o Estado não tomava a iniciativa de punir o ofensor, mas assegurava à vítima o direito de intentar contra este uma "*actio*" para obter sua condenação ao pagamento de determinada quantia, como pena ("*poena privata*").

A pena privada visava essencialmente à pessoa do réu e conformava-se ao princípio da adequação, isto é, deveria corresponder ao dano e apenas era imposta pela via da "*actio poenalis*", o sucedâneo histórico da vingança privada. Com isso, era definida como a sanção de um ato privado legítimo, sanção esta que procurava, no direito histórico, afligir o réu mediante diminuição do seu patrimônio. Predominava, pois, sobre a ideia do ressarcimento.

Em decorrência disso, a composição voluntária passou a ser amplamente utilizada, até que seu uso foi sancionado pelo legislador romano, tornando-se obrigatória para vedar "à vítima, daí em diante, fazer justiça pelas próprias mãos, compelindo-a a aceitar a composição fixada pela autoridade"[17].

Mas é apenas com a *Lex Aquilia* (286 a.C.) que se começa a esboçar um princípio geral que norteia a reparação do dano. Sua principal importância foi na elaboração da teoria da culpa aquiliana, também chamada de teoria extracontratual ou de culpa delitual, que tratava da reparação dos danos causados às coisas alheias, tanto que José de

---

15. LIMA, Alvino. *Culpa e risco*. 2. ed. São Paulo: Revista dos Tribunais, 1999, p. 21.
16. Em sua famosa obra, "*Storia del Diritto Romano*", o ilustre italiano Pietro Bonfante buscou organizar as normas das XII Tábuas de modo mais sistematizado, realocando cada uma das imposições por pertinência dos respectivos assuntos, uma vez que, com a invasão da Roma antiga pelos gauleses, em 390 a.C., o texto original das tábuas se perdeu, restando muitos fragmentos desencontrados, e até mesmo desconexos, que foram remontados e reorganizados por vários estudiosos do direito romano em versões não-oficiais.
17. DIAS, José de Aguiar. *Da responsabilidade civil*. 11. ed. Rio de Janeiro: Renovar, 2006, p. 20.

Aguiar Dias a definia como "uma regra de conjunto, nos moldes do direito moderno, [...] fonte direta da moderna concepção da culpa aquiliana"[18].

Dividida em três capítulos, a *Lex Aquilia* regulamentava, no primeiro, os casos de morte de escravos e de quadrúpedes que pastam em rebanho; no segundo, as hipóteses de danos causados pelo credor menor ao credor principal; no terceiro, tratava do "*damnum injuria datum*", que compreendia o dano por ferimento causado aos escravos e animais e a destruição ou deterioração de coisas corpóreas, resultando na criação de verdadeira responsabilidade extracontratual. O terceiro capítulo, por isso, é o mais importante da lei, pois foi por meio dele que se criou a doutrina romana da responsabilidade extracontratual norteada pelo princípio romano da culpa[19].

Foi no princípio da culpa que os clássicos *Ulpianus* e *Gaius* embasaram suas primeiras premissas que traziam o vocábulo *culpa*: "*in lege Aquilia, levissima culpa venit*" e "*impunitus es qui sine culpa et dolo malo casu quodam damnum comittit*", respectivamente[20]. Tais postulados foram os primeiros pilares de sustentação do conceito clássico de culpa, fato que, na concepção de Caio Mário da Silva Pereira, contribuiu para a "maior evolução dos conceitos jus-romanísticos em termos de responsabilidade civil"[21].

Sobre a *Lex Aquilia*, Josivaldo Félix de Oliveira destaca o seguinte:

> Foi, sem dúvida, um marco tão relevante, que a ela se imputa a origem do elemento "culpa" como fundamento na reparação do dano. A *Lex Aquilia*, bem assim a subseqüente "*actio ex lege Aquilia*" tem sido destacada pelos romanistas e pelos civilistas em matéria atinente à responsabilidade civil.[22]

A importância desta lei, como se vê, reside na introdução do elemento subjetivo da culpa na análise da responsabilidade civil, sendo necessária a caracterização da *intenção* da pessoa que causa o dano à outra, excluindo-se de vez o pensamento objetivo do direito primitivo e expurgando-se a ideia de pena, para substituí-la pela noção de reparação do dano.

Neste momento, importante mencionar o tratamento dado à matéria pelo direito hispânico-português mais primitivo. Embora sobre ele saiba-se pouco, existem registros que datam do ano 585 d.C. sobre a invasão dos visigodos, que eram os antigos bárbaros germânicos, levando influências de sua cultura às regiões de Espanha e Portugal, que, até então, eram administradas por Roma, o que redundou numa renovação das concepções romanas, influenciadas pelo forte cristianismo, mas com seus novos meandros nos costumes germânicos.

O Código Visigótico, aprovado no VIII Concílio de Toledo, devido a esta mistura de influências, conduziu à criação de um sistema misto, do qual passou a fazer

---

18. DIAS, José de Aguiar. *Da responsabilidade civil*. 11. ed. Rio de Janeiro: Renovar, 2006, p. 34.
19. DIAS, José de Aguiar. *Da responsabilidade civil*. 11. ed. Rio de Janeiro: Renovar, 2006, p. 34.
20. GONÇALVES, Carlos Roberto. *Responsabilidade civil*. 11. ed. São Paulo: Saraiva, 2009, p. 5.
21. PEREIRA, Caio Mário da Silva. *Responsabilidade civil*. 8. ed. Rio de Janeiro: Forense, 1998, p. 11.
22. OLIVEIRA, Josivaldo Félix de. *A responsabilidade do Estado por ato lícito*. São Paulo: Habeas, 1998, p. 23.

parte a composição germânica e o critério penal dos romanos. Em razão disso, jamais conseguiram distinguir a responsabilidade penal da civil. Era subdividido em doze livros, assim como o Código de Justiniano, e perdurou até a invasão árabe, no século VIII, a partir de quando passou a admitir a reparação pecuniária, sem, no entanto, se desvincular das penas corporais e da vingança privada. Aspecto interessante deste *Codex* era a aceitação de cartas de perdão outorgadas pelos parentes dos mortos aos respectivos ofensores[23].

O Código Visigótico foi resultado de uma combinação de influências germânicas e romanas, o que levou à criação de um sistema jurídico misto. Essa mistura de tradições legais visigóticas e romanas resultou em um código que não conseguiu distinguir claramente a responsabilidade penal da civil. Isso refletia as dificuldades em conciliar os diferentes sistemas legais e as diferentes visões sobre punição e reparação.

Uma característica interessante do Código Visigótico era a aceitação de cartas de perdão concedidas pelos parentes das vítimas aos ofensores. Esse mecanismo de perdão familiar permitia que a reparação fosse realizada de forma pacífica, evitando a vingança privada e contribuindo para a manutenção da ordem social. Essa prática refletia uma preocupação com a busca da conciliação e a resolução pacífica dos conflitos.

Na Espanha, com a ascensão do rei Fernando III, o Código Visigótico foi transformado no "*Fuero Juzgo*", que foi o verdadeiro corpo de leis que regeu a Península Ibérica durante o período de dominação dos visigodos. Traduzido do "*Liber Iudiciorum*", estabeleceu um ordenamento jurídico que dava tratamento igualitário a visigodos e hispano-romanos, perdurando até a criação do Código Civil espanhol, no século XIX, sem, contudo, abandonar a lei de talião. Curiosamente, até os dias atuais, mantém forças em algumas regiões das comunidades autônomas de Aragão, Navarra e País Basco ("*Euskadi*")[24-25].

No século XII, quando subiu ao trono o primeiro rei de Portugal, embora as instituições municipais estivessem aperfeiçoadas e já se iniciasse a emancipação do trabalhador, o sistema português passou por sutil abertura em suas iniquidades, deixando de lado algumas das antigas concepções visigóticas[26]. Todavia, embora na Espanha e em Portugal se verificasse progressiva mudança de conceitos, o abandono da pena retaliatória não ocorreu com a rapidez esperada; foi na França que se verificou o mais galopante progresso da matéria, com o aperfeiçoamento dos antigos postulados romanos.

---

23. SILVA, Américo Luís Martins da. *O dano moral e a sua reparação civil*. São Paulo: Revista dos Tribunais, 1999, p. 67.
24. SILVA, Américo Luís Martins da. *O dano moral e a sua reparação civil*. São Paulo: Revista dos Tribunais, 1999, p. 67.
25. As comunidades autônomas do nordeste espanhol, desde sua dominação pelo povo basco, são ligadas por fortes traços culturais próprios, como língua, costumes e tradições, que são bem diferentes daqueles do restante do país, inclusive o sistema jurídico, que, até os dias atuais, possui traços do clássico Código dos visigodos.
26. SILVA, Américo Luís Martins da. *O dano moral e a sua reparação civil*. São Paulo: Revista dos Tribunais, 1999, p. 68.

Foram os franceses que, tomando a culpa ("*faute*") como pressuposto da responsabilidade civil, aperfeiçoaram a casuística clássica, enumerando as hipóteses de composição obrigatória, e tornando a culpa elemento essencial desta perquirição, com o aprimoramento do postulado de *Ulpianus* ("*in lege Aquilia, levissima culpa venit*") para imputar o dever reparatório ainda que em caso de culpa levíssima.

A tradição jurídica francesa teve um papel significativo no aperfeiçoamento da casuística clássica da responsabilidade civil. Os juristas franceses refinaram a abordagem casuística ao enumerar as diferentes hipóteses em que a reparação é obrigatória. Essa codificação das situações específicas que exigem compensação trouxe maior clareza e previsibilidade ao campo da responsabilidade civil. Na tradição francesa, a culpa desempenha um papel central na análise da responsabilidade civil. A doutrina francesa considera a culpa como um elemento essencial para a determinação da responsabilidade e da obrigação de reparação. Mesmo em casos de culpa leve, a jurisprudência francesa estabeleceu o princípio de que o dever de reparação pode ser imputado ao responsável.

Portanto, na França, iniciou-se este processo de retomada do tema para incluir a culpa como pressuposto necessário da reparação e diferenciando o conceito de responsabilidade em casos como o da responsabilidade civil caracterizada pelas ofensas mais leves, contrapostas às ofensas mais graves, perturbadoras da ordem, como na responsabilidade penal, e também diferenciando a culpa contratual, originada de condutas descumpridoras das obrigações firmadas, e a culpa extracontratual, originada da negligência ou imprudência fora das relações obrigacionais.

Forte nessas premissas, o Código de Napoleão, de 1804, foi o modelo da legislação moderna no tema da responsabilidade civil, sendo seus arts. 1.382 e 1.383 baseados nos ensinamentos de *Domat* e *Pothier*, que desenvolveram o assunto em seus próprios caracteres e construíram a doutrina subjetiva[27].

O Código, além de trazer o preceito básico da responsabilidade civil extracontratual, fundamentando-se na culpa efetivamente provada, "assumiu todas as versas de uma fundamentação ostensiva e franca [...]. Sobre este preceito, a corrente exegética assentou que o fundamento da reparação do dano causado é a culpa"[28].

---

27. Na França do século XVII, o jurista Jean Domat foi pioneiro ao tratar da noção de culpa que se tornaria o principal pilar da teoria da responsabilidade civil francesa no Código de Napoleão, tendo sua principal obra ("*Les loix civiles dans leur ordre naturel: le droit public et le Legum delectus*", de 1689) sido voltada para a organização das leis civis em sua ordem natural, na tentativa de elaborar um sistema jurídico baseado em princípios morais, com aportes romanistas e jusnaturalistas. Por sua vez, Robert-Joseph Pothier, já no século XVIII, contribuiu imensamente para a construção do Código Civil francês, tendo pautado sua principal obra ("*Traité des obligations*", de 1761) nos princípios da moral cristã para a elaboração de seus conceitos sobre o direito contratual e obrigacional.
28. PEREIRA, Caio Mário da Silva. *Responsabilidade civil*. 8. ed. Rio de Janeiro: Forense, 1998, p. 19.

1.2 O PERÍODO ABSOLUTISTA

Feitas tais considerações iniciais, tem-se o panorama geral da evolução do instituto da responsabilidade civil ao longo da história humana, sempre em sintonia com a realidade cultural, política, religiosa e sociológica de cada povo. Mas, da mesma forma como a matéria, em linhas gerais, levou séculos para ser aprimorada, também foi somente após muitos séculos que se cogitou de uma teoria específica para o trato das relações dos indivíduos com o Estado, uma vez que estas relações, do mundo primitivo ao mundo medieval, eram incogitáveis.

Apenas com a evolução da sociedade humana, é que se cogitou da consideração do Estado como ente personalizado, passível de direitos e obrigações. Cada teoria possui suas particularidades e fundamentos próprios, refletindo a realidade cultural, política, religiosa e sociológica de cada período histórico. O estudo e a análise dessas teorias permitem uma compreensão mais aprofundada das bases teóricas da responsabilidade civil do Estado e sua evolução ao longo do tempo. Foi um processo evolutivo que perdurou durante vários séculos, com o aprimoramento gradual das teorias regulamentadoras das relações jurídicas com o Estado, e, para melhor elucidar o tema, indispensável que se discorra especificamente sobre cada uma dessas teorias.

1.3 TEORIA DA IRRESPONSABILIDADE ABSOLUTA

Jacques-Bénigne Bossuet (1627-1704) foi um bispo, teólogo, orador e escritor francês, um dos principais teóricos do absolutismo por direito divino. Ele defendia o argumento de que o governo era divino e que os reis recebiam seu poder de Deus.

Segundo Bossuet, o rei era designado por Deus para governar e, portanto, era infalível. Isso significava que o rei não poderia ser responsabilizado por seus atos ou pelos atos de seus agentes. Essa teoria ficou conhecida como a teoria da irresponsabilidade do Estado.

Na Ciência Jurídica, a primeira teoria criada para explicar a responsabilidade civil do Estado surgiu com os alemães Richelmann, Bluntschli, Rönne, Wohl, os italianos Gabba, Mantellini, Lozzi, Saredo, além de vários outros: trata-se da teoria da irresponsabilidade absoluta do Estado.

A teoria da irresponsabilidade do Estado foi baseada na ideia de que o Estado e o rei eram soberanos e, portanto, não poderiam ser responsabilizados por seus atos. Isso significava que os cidadãos não tinham o direito de buscar reparação por danos causados pelo Estado ou pelo rei. Essa teoria foi amplamente aceita durante o período dos Estados monárquicos absolutistas, quando a pessoa do rei se confundia com a própria personalidade do Estado e todo o poder se concentrava no rei[29].

---

29. BÜHRING, Márcia Andréa. *Responsabilidade civil extracontratual do Estado*. São Paulo: Thomson/IOB, 2004, p. 87. Diz: "a teoria da irresponsabilidade vem desde a época dos Estados Absolutos, fundados na ideia

Durante esse período, o Estado era visto como uma entidade divina e infalível, e os cidadãos não tinham direitos perante ele, pois partia-se do de três postulados básicos[30]. Amaro Cavalcanti é quem, com muita clareza, expõe os argumentos expendidos pelos clássicos na defesa da teoria da irresponsabilidade. Os postulados são os seguintes: (i) a impossibilidade de reconhecimento da responsabilidade do soberano perante o súdito, uma vez que, na soberania do Estado, proíbe-se e nega-se a consideração do súdito como igual, em qualquer relação, notadamente por ser o Estado uma ficção; (ii) sendo o soberano o representante estatal do direito organizado, não é concebível que ele seja também violador desse direito, uma vez que, se os representantes legais praticam os atos, é a eles, e não ao Estado, que a responsabilidade cabe; (iii) sendo absurdo supor que os funcionários estão autorizados a agir fora da lei, subentende-se que, quando o fazem, agem fora da qualidade de funcionários, não podendo a responsabilidade por sua prática ser atribuída ao próprio Estado[31].

Tais concepções refletem algumas características da organização estatal daquela época[32], que eram usadas como argumentos pelos doutrinadores que defendiam esta corrente doutrinária[33].

Para eles, quando o Estado exigia a obediência dos súditos, o fazia visando o bem dos mesmos, não sendo possível que lhe fosse imputada, diante de tamanha benevolência, qualquer responsabilidade por semelhante ato; também criticavam duramente a ideia de que os funcionários administrativos fossem considerados parte integrante do órgão estatal[34], e, consequentemente, que seus atos deveriam ser considerados atos de Estado – isto só era cogitável se o ato fosse praticado pelo chefe do governo – levando à responsabilização conjunta do Ente, mas jamais se o ato fosse praticado por mero funcionário, caso em que a responsabilidade seria pessoal.

Johann Kaspar Bluntschli, mencionado por Amaro Cavalcanti, destaca este posicionamento doutrinário da época com clareza, enfatizando que "quando, porém, o funcionário exerce funções do direito público e nelas causa dano, a responsabilidade proveniente é toda dele e não do Estado. Do seu caráter representativo [...] não pode resultar a obrigação do Estado"[35].

---

de soberania, cujo poder absoluto do Monarca se fundava, de acordo com sua convicção, na teoria divina dos reis, que eram os representantes de Deus e em seu nome agiam".
30. CRETELLA JÚNIOR, José. *O Estado e a obrigação de indenizar*. São Paulo: Saraiva, 1980, p. 62.
31. CAVALCANTI, Amaro. *Responsabilidade civil do Estado*. Rio de Janeiro: Borsoi, 1957, v. I, p. 147-159.
32. BRAGA NETTO, Felipe. *Manual da responsabilidade civil do Estado*: à luz da jurisprudência do STF e do STJ e da teoria dos direitos fundamentais. 5. ed. Salvador: Juspodivm, 2018, p. 104.
33. CAMPOS, Gabriel de Britto. Evolução histórica da responsabilidade civil do Estado. *Fórum Administrativo*, Belo Horizonte, v. 11, n. 126, p. 43–57, ago. 2011.
34. SCAFF, Fernando Facury. *Responsabilidade civil do Estado intervencionista*. Rio de Janeiro: Renovar, 2001, p. 53-54.
35. BLUNTSCHLI, Johann Kaspar. *Gutachten in den Verhandlungen des sechsten deutschen Juristentags*. Berlim: De Gruyter, t. I, 1976, p. 45, *apud* CAVALCANTI, Amaro. *Responsabilidade civil do Estado*. Rio de Janeiro: Borsoi, 1957, v. I, p. 150.

Os defensores da irresponsabilidade absoluta ainda defendiam que as relações jurídicas do mandato eram inaplicáveis, por juízo de analogia, aos servidores, e que a obrigação de indenizar retira sua essência existencial da antiga noção de culpa, atribuível ao Estado pela má escolha do funcionário somente quando a pessoa nomeada fosse conhecidamente indigna ou incapaz.

Diziam que semelhante culpa jamais poderia derivar-se do caráter representativo entre um funcionário e o próprio Estado, eis que são sujeitos diferentes, o que permitia concluir que a culpa do funcionário não se confunde com a culpa do próprio Estado[36]. E, ainda, enfatizavam que o Estado não pode imputar responsabilidade contra sua própria autoridade.

Ademais, argumentavam que o funcionário que agisse fora dos limites de seus poderes, ou em desrespeito à forma legal imposta para sua conduta, ou mesmo abusando dela, não obriga o Estado a responder por seu ato, uma vez que não o representa.

Tais argumentos permitem concluir que o cenário jurídico da época, no tocante à responsabilização do Estado, refletia o principal aspecto da política regalista do período, que permitia única e exclusivamente ao Estado a tutela do direito, eis que, sendo ele o próprio direito, jamais praticaria injustiças, sendo incogitável que atentasse contra a ordem jurídica posta. Esta concepção, evidentemente, afastava qualquer possibilidade de enquadramento do Ente num cenário de submissão ao particular, sendo condenado a arcar com o pagamento de pena pecuniária em favor deste.

O clássico Mantellini já defendia que:

> O funcionário que nem para o Estado, nem para si, contrai obrigação resultante da função em si mesma, pode, não obstante, contraí-la, e a contrai para si, se no exercício da função excede os limites desta, viola a lei e se torna autor de dolo ou culpa com alheio dano ["*si renda debitore di dolo o di culpa inaltrui dano*"].[37]

As palavras do clássico autor refletem a própria realidade da época, posto que, dentro de uma concepção política do Estado absolutista, seria incogitável a ideia de reparação dos danos causados pelo Estado, uma vez que era inadmissível a constituição de direitos de particulares contra o soberano, que gozava de imunidade total.

O princípio da separação dos poderes norteava os rumos desta concepção, ditando que a sustentação da responsabilidade estatal importaria a censura ou o julgamento dos seus atos, e esta atividade era totalmente defesa ao Poder Judiciário, o que criava a inviabilidade jurídica desta pretensão, contribuindo ainda mais para a prevalência da imagem do Estado supremo e intocável[38].

---

36. SEVERO, Sérgio. *Tratado da responsabilidade pública*. São Paulo: Saraiva, 2009, p. 4.
37. MANTELLINI, Giuseppe. *Lo Stato ed il Codice Civile*. Florença: G. Barbera, 1883, t. I, p. 13, *apud* CAVALCANTI, Amaro. *Responsabilidade civil do Estado*. Rio de Janeiro: Borsoi, 1957, v. I, p. 155.
38. CAHALI, Yussef Said. *Responsabilidade civil do Estado*. 3. ed. São Paulo: Revista dos Tribunais, 2007, p. 21.

Durante longo período na história da humanidade, o Estado saiu impune do pagamento de indenizações pelos danos que seus agentes causavam, no exercício da atividade estatal, aos cidadãos. Na verdade, sequer se cogitava do tema, já que predominava a *teoria do direito divino*, segundo a qual o soberano, por estar acima dos demais, não poderia cometer erros ("*the King can do no wrong*"), e a infalibilidade do rei transmitia-se a seus agentes, até que, "quando os juristas se conscientizaram do fato, criaram a teoria da irresponsabilidade [...], também conhecida pelos nomes de 'feudal', 'regalista' ou 'regaliana' (de *regalis*, *e*, adj. de *rex*, *regis*, *rei*)"[39].

Também a velha premissa do "*bellum justum*", traduzível como "guerra justa", expressava que, caso houvesse qualquer contrariedade à vontade emanada do soberano, o efeito invariável seria a guerra[40]. Ora, de acordo com tal concepção, se o Estado era o início e o fim do direito, jamais poderia ser responsabilizado por qualquer ato violador de tal direito. É o que explica León Duguit:

> É, pois, em definitivo, o Estado soberano quem cria o direito e, assim sendo, não se pode admitir que possa ser responsabilizado. A concepção tradicional de responsabilidade implica uma violação do direito: e quem cria o direito por um ato de sua vontade soberana, não o pode violar. Assim como nos países de monarquia absoluta 'o rei não pode fazer o mal' e, portanto, não pode ser responsável, o Estado democrático, que nada mais é que a nação soberana organizada.[41]

Por sua vez, Cretella Júnior comenta que:

> A *teoria da irresponsabilidade estatal* [...] prevaleceu na época dos Estados despóticos ou absolutos em que vigorava o princípio incontrastável: o rei não erra (*the King can do no wrong*), o que agradou ao príncipe tem força de lei (*quod principi placuit habet legis vigorem*), o Estado sou eu (*l'État c'est moi*).[42]

Ainda sobre o tema, segundo Celso Antônio Bandeira de Mello:

> Com efeito, é sobejamente conhecida a frase de Laferrière: "O próprio da soberania é impor-se a todos sem compensação"; bem como as fórmulas regalengas que sintetizavam o espírito norteador da irresponsabilidade: "*Le roi ne peut mal faire*", como se afirmava na França, ou: "*The King can do not* [sic] *wrong*", que é a equivalente versão inglesa.[43]

A frase "*L'État c'est moi*" é uma célebre citação atribuída ao rei Luís XIV da França, que reinou de 1643 a 1715. Em português, a frase significa "O Estado sou eu". Ela encapsula a ideia de que o rei detinha um poder absoluto e centralizado, tornando-se a personificação do Estado. Essa expressão reflete a concepção do absolutismo monárquico, que predominou na Europa durante séculos. O absolutismo se caracterizava pela concentração de poder nas mãos do monarca, que era considerado o governante supremo, investido de autoridade divina e não sujeito a limitações constitucionais ou controle de outros poderes.

---

39. CRETELLA JÚNIOR, José. *O Estado e a obrigação de indenizar*. São Paulo: Saraiva, 1980, p. 60-61.
40. SEVERO, Sérgio. *Tratado da responsabilidade pública*. São Paulo: Saraiva, 2009, p. 3.
41. DUGUIT, León. *Las transformaciones del Derecho publico y privado*. Tradução de Carlos Posada. Buenos Aires: Heliasa, 1975, p. 136, tradução livre.
42. CRETELLA JÚNIOR, José. *O Estado e a obrigação de indenizar*. São Paulo: Saraiva, 1980, p. 61.
43. MELLO, Celso Antônio Bandeira de. *Curso de direito administrativo*. 26. ed. São Paulo: Malheiros, 2009, p. 991.

Luís XIV foi um dos monarcas mais conhecidos a personificar esse ideal de poder absoluto. Ele buscava centralizar o governo e reforçar o controle do Estado sobre todas as esferas da sociedade. Com a frase *"L'État c'est moi"*, ele reivindicava ser o próprio Estado, reforçando sua autoridade e demonstrando seu entendimento de que todas as decisões e ações do governo passavam por ele.

Essa visão do rei como a personificação do Estado tinha como objetivo fortalecer o poder e a estabilidade do regime monárquico. O monarca era visto como a fonte de todas as decisões e leis, e seu comando era inquestionável. No entanto, é importante ressaltar que essa concepção de poder absoluto do monarca foi gradualmente desafiada e questionada ao longo do tempo. Com o surgimento de ideias iluministas e movimentos como a Revolução Francesa, a noção de um governo baseado nos direitos individuais e na soberania popular ganhou força, culminando na transformação dos sistemas políticos e no estabelecimento de democracias constitucionais.

Hoje, a frase *"L'État c'est moi"* é frequentemente citada como um exemplo emblemático do autoritarismo monárquico e serve como um lembrete das diferentes concepções de poder e governança ao longo da história.

Todas estas premissas básicas do Estado da época refletem a noção de infalibilidade, ausência de erros, que culminou com a criação da teoria da irresponsabilidade absoluta. Assim, quando se diz que "o Rei não erra", ou "o Rei não pode errar", dessume-se que o Estado é o próprio Rei e vice-versa, e, sendo este infalível, obviamente não comete erros, uma vez que é o próprio direito, e está obviamente desvinculado de qualquer ato danoso praticado por meros agentes seus.

Guido Zanobini sintetiza os argumentos invocadas pelos defensores desta teoria, asseverando que as razões da exclusão diferem segundo os autores. Por vezes, fala-se no caráter ético-jurídico do Estado, o que excluiria ele próprio, porque nunca pode editar atos que sejam considerados ilícitos; por outras tantas vezes, fala-se na função que é inerente ao Estado, no tocante ao dever de criar o direito, o que seria incompatível com qualquer atividade afrontosa ao direito e à legalidade; também fala-se no caráter publicístico da personalidade do Estado, o que impediria sua sujeição a um princípio de direito privado, como o da responsabilidade por dano[44].

Também no direito inglês, traduzido nas ideias de Thomas Hobbes, desde o período medieval, já se entendia que o Estado tem seu início e seu fim no soberano, que é, ao mesmo tempo, "legislador e juiz supremo", nele se concentrando todo o poder de criação da norma e também a supremacia de sua aplicação aos súditos[45-46].

---

44. ZANOBINI, Guido. *Corso di diritto amministrativo*. 6. ed., Milão: Giuffrè, 1950, v. I, p. 271.
45. HOBBES, Thomas. *Do cidadão*. Tradução de Renato Janine Ribeiro. São Paulo: Martins Fontes, 1992, p. 127 *et. seq.*
46. Esta mesma ideia foi importada pelo direito norte-americano dos séculos XVIII e XIX, pela noção de imunidade do soberano (*sovereign immunity*), e perdurou nos Estados Unidos da América até sua derrogação pelo Federal Tort Claims Act, de 1948.

Com base nisso, vê-se que, naquele tempo, o Estado era o direito, e, assim sendo, era inconcebível sua responsabilização por ato de seus agentes. Se determinado funcionário administrativo causava dano a alguém, fosse por dolo ou por culpa, o Estado não respondia perante o lesado, posto que o agente – pessoa física – agia por conta própria, como se operasse na condição de particular, totalmente desvinculado do serviço público que desempenhava, e, agindo contrariamente ao direito, deixava de ser considerado representante do Estado, que era o próprio direito.

Isso significa dizer que, sendo o Estado pessoa moral ou jurídica, jamais poderia estar em culpa e, por conseguinte, não lhe poderia caber a obrigação de indenizar os danos de seus funcionários, em hipótese alguma[47]. A irresponsabilidade total do Estado surgia, então, como corolário da própria noção de *soberania*.

Por mais sentido que possa ter essa teoria, se vislumbrada frente aos paradigmas políticos daquele período, ela não resistiu por muito tempo aos argumentos de seus principais críticos. Desde a primeira metade do século XX, vários autores já sustentavam a inconsistência da ausência de responsabilização do Estado, como Pedro Lessa, que asseverava que "a doutrina da irresponsabilidade do Poder Público é hoje repudiada pelos juristas, e vai sendo pouco a pouco desprezada pelos legisladores"[48].

Foi um processo de amadurecimento doutrinário, que progressivamente conduziu a uma nova mentalidade, que reconhecia a enorme injustiça que esta teoria simbolizava por abrir margem à violação da lei por parte do Estado, com sua ulterior impunidade, o que inegavelmente gerava enorme insegurança jurídica para os administrados, que, se sofressem danos de qualquer natureza, oriundos da atividade estatal, não seriam jamais indenizados.

Nesses termos, veja-se a crítica de Cahali:

> Na doutrina, pôs-se em evidência que a teoria da irresponsabilidade representava clamorosa injustiça, resolvendo-se na própria negação do direito: se o Estado se constitui para a tutela do direito, não tinha sentido que ele próprio o violasse impunemente; o Estado, como sujeito dotado de personalidade, é capaz de direitos e obrigações como os demais entes, nada justificando a sua irresponsabilidade.[49]

Guimarães Menegale, já na segunda metade do século XX, criticou pontualmente os supra mencionados três pilares desta teoria: (i) quanto ao argumento de que ao Estado não pode ser equiparada a pessoa lesada, por ser o Ente uma ficção jurídica, aduzia que a teoria da ficção legal encontra-se superada, e não justifica a irresponsabilidade estatal, cuja vontade autônoma se supõe; (ii) quanto ao argumento de que a imputabilidade das condutas ilícitas deveria se dar perante a pessoa física do agente infrator, dizia que os princípios gerais da culpa *in eligendo* e da culpa *in vigilando* aplicam-se plenamente ao Estado; (iii) quanto ao terceiro argumento, da irresponsabilidade do Ente por atuarem

---

47. CAVALCANTI, Amaro. *Responsabilidade civil do Estado*. Rio de Janeiro: Borsoi, 1957, v. I, p. 106-107.
48. LESSA, Pedro. *Do Poder Judiciário*. Rio de Janeiro: Francisco Alves, 1915, p. 162.
49. CAHALI, Yussef Said. *Responsabilidade civil do Estado*. 3. ed. São Paulo: Revista dos Tribunais, 2007, p. 22.

seus agentes fora dos limites da lei, enfatizava que o Estado é dotado de personalidade jurídica, e, portanto, tem capacidade de direitos e obrigações[50].

E, a partir da desconstrução dos principais argumentos que utilizavam os doutrinadores que defendiam a teoria da irresponsabilidade, chegou-se a um novo posicionamento, mais racional e voltado para a real compreensão das finalidades de existência do próprio Estado. Não foi um processo célere, contudo, considerando que o antigo regime perdurou durante vários séculos; Sérgio Severo, comentando esta mudança de paradigma, acentua que "a superação da irresponsabilidade estatal é um fenômeno jurisprudencial, gradual e contemporâneo nos ordenamentos jurídicos da família romano-germânica [...]"[51].

A falta de desenvolvimento tecnológico no período absolutista pode ter contribuído para a manutenção da teoria da irresponsabilidade absoluta do Estado de várias maneiras. Durante o período absolutista, a comunicação e o transporte eram limitados, o que dificultava a disseminação de informações e ideias. Isso pode ter dificultado a organização e mobilização dos cidadãos para exigir mudanças na forma como o Estado era governado.

Além disso, a falta de desenvolvimento tecnológico também pode ter limitado a capacidade dos cidadãos de produzir e armazenar registros escritos de abusos cometidos pelo Estado. Isso pode ter dificultado a capacidade dos cidadãos de buscar reparação por danos causados pelo Estado.

No entanto, é importante frisar que a teoria da irresponsabilidade absoluta do Estado foi baseada em uma visão de mundo que valorizava a soberania do Estado e do rei acima dos direitos dos cidadãos, a partir dos ideais de Bossuet, que argumentava que o governo era divino e que os reis recebiam seu poder de Deus.

1.4 RUPTURA PARADIGMÁTICA: UM CONCEITO PARA A RESPONSABILIDADE CIVIL DO ESTADO

A responsabilidade civil do Estado é um tema de extrema relevância e atualidade que demanda uma profunda rediscussão no século XXI. Em primeiro lugar, é fundamental iniciar essa reflexão pela definição conceitual desse instituto. A responsabilidade civil do Estado refere-se à obrigação que o poder público tem de reparar os danos causados a terceiros em decorrência de ações ou omissões dos seus agentes no exercício de suas funções.

No contexto contemporâneo, a rediscussão da responsabilidade civil do Estado torna-se imperativa diante das rápidas transformações sociais, tecnológicas e econô-

---

50. MENEGALE, José Guimarães. *Direito administrativo e ciência da administração*. Rio de Janeiro: Borsoi, 1957, p. 501-502.
51. SEVERO, Sérgio. *Tratado da responsabilidade pública*. São Paulo: Saraiva, 2009, p. 4.

micas[52]. Novos desafios surgiram, como a globalização, a digitalização, as mudanças climáticas e o avanço da inteligência artificial, o que impacta diretamente as relações entre o Estado e os indivíduos.

Além disso, o Estado assume cada vez mais funções e responsabilidades, tornando-se um agente presente em diversos setores da sociedade, desde a prestação de serviços públicos[53] até a regulação de atividades econômicas. Nesse contexto, a responsabilidade civil do Estado ganha maior complexidade, exigindo uma análise aprofundada dos critérios de imputação e dos limites da sua responsabilização diante das novas realidades.

Outro ponto relevante a ser considerado na rediscussão da responsabilidade civil do Estado no século XXI é a necessidade de harmonização com os direitos fundamentais[54]. Os direitos individuais e coletivos têm sido cada vez mais valorizados e protegidos, o que implica em repensar os parâmetros de responsabilidade do Estado diante de violações a esses direitos. A efetividade desses direitos demanda uma responsabilização estatal condizente com os princípios da dignidade humana, da igualdade e da justiça social.

Por fim, é fundamental destacar que a rediscussão da responsabilidade civil do Estado no século XXI não deve se restringir apenas ao campo teórico, mas sim se refletir na prática e na adoção de novas abordagens legislativas e jurisprudenciais[55]. A complexidade dos desafios contemporâneos exige uma evolução constante do sistema jurídico, a fim de garantir uma responsabilização adequada e justa do Estado diante dos danos causados aos indivíduos e à coletividade.

Paul Duez já advertia que o termo responsabilidade, se não for cuidadosamente conceituado, poderá prestar-se a ambiguidades, em razão da pobreza, sob muitos aspectos, do vocabulário jurídico[56].

Corroborando este entendimento, Miguel Serpa Lopes destaca que "todo ato executado ou omitido em desobediência a uma norma jurídica, contendo um preceito de proibição ou de ordem, representa uma injúria privada ou uma injúria pública"[57], o que é muito bem complementado por José de Aguiar Dias, quando diz que "toda manifestação da atividade humana traz em si o problema da responsabilidade. Isso talvez

---

52. FALEIROS JÚNIOR, José Luiz de Moura. *Administração Pública Digital*: proposições para o aperfeiçoamento do Regime Jurídico Administrativo na sociedade da informação. Indaiatuba: Foco, 2020, p. 64-86.
53. NERY, Ana Rita de Figueiredo. Responsabilidade civil e serviços públicos: um espaço de convivência entre a autoridade e a consensualidade. In: ROSENVALD, Nelson; MILAGRES, Marcelo (coord.). *Responsabilidade civil*: novas tendências. 2. Ed. Indaiatuba: Foco, 2018, p. 557-566.
54. Consultar, sobre o tema, CRISTÓVAM, José Sérgio da Silva; SAIKALI, Lucas Bossoni; SOUSA, Thanderson Pereira de. Governo digital na implementação de serviços públicos para a concretização de direitos sociais no Brasil. *Sequência*, Florianópolis, n. 84, p. 209-242, abr. 2020.
55. PALOTTI, Pedro Lucas de Moura; FILGUEIRAS, Fernando de Barros; NASCIMENTO, Maricilene Isaira Baia do. "Policy design" e múltiplas evidências: proposta analítica da dinâmica política de transformação digital dos serviços públicos da Administração Pública federal brasileira. *Boletim de Análise Político-Institucional*, [S.l], n. 24, p. 79-89, nov. 2020.
56. DUEZ, Paul. *La responsabilité de la puissance publique*: en dehors du contrat. Paris: Dalloz, 1927, p. 7.
57. SERPA LOPES, Miguel Maria de. *Curso de direito civil*. 8. ed. Rio de Janeiro: Freitas Bastos, 1996, v. 8, p. 550.

dificulte a fixação do seu conceito, que varia tanto como os aspectos que pode abranger, conforme as teorias filosófico-jurídicas"[58].

De fato, é curial a conceituação deste vocábulo, notadamente porque dela depende a compreensão de todas as noções concernentes à reparação civil por danos causados, seja pelo particular, seja pelo Estado.

Visando à delimitação conceitual do tema ora estudado, é imprescindível que se entenda de onde surgiu este vocábulo, e o que seu significado implica no mundo jurídico, desde os primórdios até os dias atuais. É sobre isso que se discorrerá adiante.

1.4.1 Origem do vocábulo "responsabilidade"

O termo *responsabilidade* tem sua origem no latim, sendo derivado do verbo *"respondere"*, que explicita a ideia de recomposição ou ressarcimento por um dano causado[59]. Já o termo latino *"responsum"*, derivado do verbo *"respondere"*, é encontrado somente após o século XIII, e representa o fato de alguém se constituir em garantidor de algo, e, sendo garantidor, vir a responder por este algo. As raízes de tal verbo latino encontram-se, a seu turno, na palavra – também latina – *"spondeo"*, fórmula pela qual, nos contratos verbais, se vinculava o devedor, à época do direito romano.

O vocábulo *"sponsor"* definia o devedor, que passava a ser reconhecido como tal durante o diálogo da *estipulação* e, ao responder afirmativamente à indagação do *estipulante* (futuro credor), assumia uma obrigação prestacional. Posteriormente, numa segunda fase do diálogo, outra pessoa se comprometia a honrar a dívida principal de outrem, ou seja, aquele que respondia pela caução recebia a denominação de *"responsor"*[60], o que enfatiza a noção de que "o termo responsabilidade serve para indicar a situação toda especial daquele que, por qualquer título, deve arcar com as consequências de um fato danoso"[61].

Esses foram os vocábulos que, nos primórdios do Direito, representaram a noção jurídica de responsabilidade, e foi justamente deste novo conceito que surgiu uma mentalidade voltada para a recomposição de danos.

Em suas considerações, José dos Santos Carvalho Filho aduz que "a noção de responsabilidade implica a ideia de resposta, termo que, por sua vez, deriva do vocábulo verbal latino *'respondere'*, com sentido de responder, replicar."[62], o que significa dizer que, quando o direito aborda o tema *responsabilidade*, sempre conduz à noção de que alguém deve responder perante a ordem jurídica, em virtude de algum fato pelo qual seja responsável, e que tenha causado algum dano a outrem.

---

58. DIAS, José de Aguiar. *Da responsabilidade civil*. 11. ed. Rio de Janeiro: Renovar, 2006, p. 1-3.
59. GONÇALVES, Carlos Roberto. *Responsabilidade civil*. 11. ed. São Paulo: Saraiva, 2009, p. 18.
60. TRUJILLO, Élcio. *Responsabilidade do Estado por ato ilícito*. Leme: LED, 1996, p. 31.
61. ZANOBINI, Guido. *Corso di diritto amministrativo*. 6. ed., Milão: Giuffrè, 1950, v. I, p. 296.
62. CARVALHO FILHO, José dos Santos. *Manual de direito administrativo*. 21. ed. Rio de Janeiro: Lumen Juris, 2009, p. 519.

1.4.2 Conceito contemporâneo do tema sob a ótica privatista

O aperfeiçoamento deste conceito conduziu à notável evolução da matéria, redundando no que hoje se entende por responsabilidade civil.

Giorgio Giorgi, em sua clássica obra, conceituou a responsabilidade civil como sendo a "obrigação de reparar, mediante indenização quase sempre pecuniária, o dano que o nosso fato ilícito causou a outrem"[63].

João Francisco Sauwen Filho ensina que a responsabilidade "é uma força coercitiva que coloca o indivíduo na situação de ter que se submeter às consequências de seus atos, de suas eventuais quebras das regras sociais"[64]. Assim, os indivíduos assumem o compromisso de observar as regras comportamentais da sociedade em que vivem e aceitam as consequências de eventual transgressão a estas regras.

Ainda segundo Sauwen Filho, "para a configuração da responsabilidade civil, basta a existência de um prejuízo decorrente de atuação do indivíduo desconforme a norma jurídica"[65]. Tal conceituação leva à conclusão de que a responsabilidade civil nada mais é do que o dever jurídico, imposto a todo indivíduo, de reparar danos que vier a causar a interesses de outrem, juridicamente tutelados.

Sílvio Rodrigues corrobora este entendimento, ao abordar a noção de Justiça, enfatizando que a responsabilidade é "a ideia de fazer com que se atribua a alguém, em razão da prática de determinado comportamento, um dever"[66].

Com isso, obtempera-se a existência do *dever jurídico* que, para o direito positivo, nada mais é do que a conduta externa imposta pela exigência da convivência em sociedade e que implica a consideração de uma conduta imposta pelo direito positivo como exigência da convivência social individual, não se tratando, entretanto, de simples conselho, advertência ou recomendação, mas sim de comando dirigido ao indivíduo, criando obrigações, cuja violação configura o ilícito que acarreta dano a alguém e que, por sua vez, gera o dever jurídico de reparação, fazendo surgir, portanto, a responsabilidade[67].

Mas, este conceito atual de responsabilidade não reflete exatamente aquilo que significava em suas origens. Isso porque, como brilhantemente assevera Maria Helena Diniz, "a origem da palavra responsabilidade não nos auxilia no seu conceito atual, uma vez que seu significado original seria a posição daquele que não executou o seu

---

63. GIORGI, Giorgio. *Teoria delle obbligazioni nel diritto moderno italiano*. 7. ed., Florença: Fratelli Cammeli, 1909, v. 5, p. 224, *apud* STOCO, Rui. *Tratado de responsabilidade civil*: doutrina e jurisprudência. 8. ed. São Paulo: Revista dos Tribunais, 2011, p. 138.
64. SAUWEN FILHO, João Francisco. *Da responsabilidade civil do Estado*. Rio de Janeiro: Lumen Juris, 2001, p. 11.
65. SAUWEN FILHO, João Francisco. *Da responsabilidade civil do Estado*. Rio de Janeiro: Lumen Juris, 2001, p. 19.
66. RODRIGUES, Sílvio. *Direito civil*: responsabilidade civil. 20. ed. São Paulo: Saraiva, 2003, p. 6.
67. CARVALHO FILHO, José dos Santos. *Manual de direito administrativo*. 21. ed. Rio de Janeiro: Lumen Juris, 2009, p. 25.

dever"[68], ao passo que, hoje, quando se fala em responsabilidade, procura-se tornar o lesado indene dos prejuízos ou danos, reconstituindo a situação que existiria se não se tivesse verificado o evento causador destes danos[69].

Em outras palavras, é possível dizer que a responsabilidade civil restaura o equilíbrio social ao restabelecer o patrimônio lesado ou a moral violada, garantindo que a vítima, movida pela ilicitude da conduta do agente, irá buscar a recomposição de seu patrimônio material ou moral.

Destarte, plenamente possível dizer que a responsabilidade civil decorre da prática de ato ilícito, sem se olvidar das hipóteses em que a vítima busca o ressarcimento patrimonial perquirindo a responsabilização decorrente de ato lícito, como ocorre, por exemplo, nos casos em que determinada conduta é esperada por força de lei, através do que se chama de atividade de risco.

Sobre o tema, Washington de Barros Monteiro aduz que:

> Toda manifestação exterior de vontade, voluntariamente concebida de forma unilateral ou por recíproco acordo de vontades, produz o que se convencionou denominar de ato jurídico. Para visualizar a produção do ato jurídico, o agente deve assumir a atitude de desenvolver determinada conduta, ou, contrariamente, abster-se de praticá-la.[70]

Devido à sua amplitude, conceituar responsabilidade civil se revela difícil em uma única forma, considerando que há uma tendência doutrinária de jungir conceitos puramente técnicos à realidade concreta da obrigação de reparação dos danos, independentemente de serem identificadas a causalidade e a teoria subjetiva ou objetiva.

Com isso se conclui que a responsabilidade civil tem ampla abrangência, pois não se trata de instituto jurídico exclusivo do Direito Civil, eis que está inserida na Teoria Geral do Direito, e, exatamente por isso, sofre naturais adaptações conforme aplicada no direito público ou no direito privado, mas sempre mantendo a sua unidade jurídica.

---

68. DINIZ, Maria Helena. *Curso de direito civil brasileiro*: responsabilidade civil. 23. ed. São Paulo: Saraiva, 2009, v. 7, p. 33.
69. Pertinente lembrar, aliás, que é extremamente polêmica a discussão em torno da existência de responsabilidade civil sem dano. O tema, definitivamente, não é pacífico. Com efeito, a responsabilidade civil tem como objetivo não haver prejuízos para terceiros e é aplicada quando uma pessoa causa dano a outra e tem a obrigação de reparar o prejuízo causado A ideia de responsabilidade civil sem dano implica defender a ruptura de um dos pilares mais arraigados da responsabilidade civil: o dano Há quem defenda que, a partir da CF/88, a responsabilidade civil não teria função exclusivamente indenizatória, coexistindo assim dois tipos de responsabilidade: a responsabilidade com dano e sem dano No entanto, essa corrente ainda é minoritária e há doutrinadores que afirmam que sem dano pode haver responsabilidade penal, mas não há responsabilidade civil É um assunto complexo e controverso no meio jurídico. Para maior aprofundamento, sugere-se a leitura de CARRÁ, Bruno Leonardo Câmara. *Responsabilidade civil sem dano*: uma análise crítica. Limites epistêmicos a uma responsabilidade civil preventiva ou por simples conduta. São Paulo: Atlas, 2015; ALMEIDA, Jose Luiz Gavião de. *Responsabilidade sem dano no Código Civil de 2002*. 2013. Tese (Professor Titular) – Universidade de São Paulo, São Paulo, 2013.
70. MONTEIRO, Washington de Barros. *Curso de direito civil*. 27. ed. São Paulo: Saraiva, 1988, p. 175.

1.4.3 Conceito contemporâneo do tema sob a ótica publicista

Transpondo os limites doutrinários do Direito Civil, é importantíssimo lembrar que também a atividade pública pode causar danos, uma vez que o Estado lança mão de poderosos meios para a consecução de sua mais importante finalidade: o bem comum. Exatamente por isso, é dotado de personalidade jurídica – e reconhecido como *pessoa jurídica* – nos ordenamentos jurídicos.

Inclusive, merece destaque que o tema em foco pressupõe a correta utilização do termo "Estado", e não "Administração Pública", como fazem alguns doutrinadores ao se referirem à responsabilidade civil estatal. O posicionamento de Maria Sylvia Zanella di Pietro revela-se o mais correto, na medida em que o ato ensejador do dever reparatório nem sempre emanará do Poder Executivo.

É a lição:

> Trate-se de dano resultante de comportamentos do Executivo, do Legislativo ou do Judiciário, a responsabilidade é do Estado, pessoa jurídica; por isso é errado falar em responsabilidade da Administração Pública, já que esta não tem personalidade jurídica, não é titular de direitos e obrigações na ordem civil. A capacidade é do Estado e das pessoas jurídicas públicas ou privadas que o representam no exercício de parcela de atribuições estatais.[71]

Nesse diapasão, sobre a capacidade do Estado, oportuno destacar o entendimento de Maurice Hauriou, segundo o qual "há uma capacidade de se obrigar e de ser responsável, como existe uma capacidade de adquirir. Esta capacidade reside na personalidade jurídica, que é o centro de todas as capacidades"[72].

Com acerto, o doutrinador de Toulouse já asseverava a importância de se analisar a capacidade ostentada pelo Estado, que o legitima a ser parte em toda relação jurídica de direito que lhe acarrete direitos e obrigações.

Esta característica, obviamente, ostenta peculiaridades quando vislumbrada sob a ótica do direito público[73], uma vez que, em razão do tratamento jurídico especial despendido ao Estado, é imprescindível estabelecer quais são os direitos e obrigações de natureza civil que a ele podem ser imputados. Para iniciar tal análise, é necessário, primeiramente, enfatizar o tratamento jurídico dado ao Estado enquanto pessoa jurídica de direito público.

Sobre a questão, Amaro Cavalcanti destaca que:

> Entende-se que a personalidade *política* do Estado moderno, livre, constitucional, pode ser considerada como inteiramente caracterizada e definida em todas as suas modalidades diversas, com os seus direitos e obrigações ou responsabilidades concernentes, desde a sua forma mais simples – de

---

71. DI PIETRO, Maria Sylvia Zanella. *Direito administrativo*. 22. ed. São Paulo: Atlas, 2009, p. 638.
72. HAURIOU, Maurice. *Précis de droit administratif et de droit public*. 11. ed. Paris: Librairie du Recueil Sirey, 1927, p. 137.
73. CHAPUS, René. Le service public et la puissance publique. *Revue du droit public et de la science politique en France et à l'étranger*, Paris, v. 84, n. 2, p. 235–282, 1968.

Estado unitário, até a sua forma composta, e assaz complicada – da *Federação* [...]. É mister saber, é preciso declarar com razão fundada, quais são os direitos e obrigações de natureza civil, que podem ou devem caber ao Estado, encarado sob o seu aspecto particular de pessoa jurídica.[74]

Com efeito, em face disso, o Estado responde perante os particulares, pelos atos danosos de seus agentes[75], sendo o campo de estudo destas relações jurídicas que reputam o Estado como causador dos danos denominado de *responsabilidade civil do Estado*.

Esta matéria transporta, para o direito público, algumas noções da responsabilidade civil do direito privado, diferenciando uma da outra justamente no tocante às atividades desenvolvidas pelo Estado, que, inegavelmente, podem causar danos aos administrados.

Sintetizando este conceito, Yussef Said Cahali diz que "entende-se a responsabilidade civil do Estado como sendo a obrigação legal, que lhe é imposta, de ressarcir os danos causados a terceiros por suas atividades"[76]. Esta concepção nasce da ideia curial de responsabilidade e garantia aos direitos dos administrados que, juntamente com os princípios e postulados inerentes ao Direito Administrativo, provêm equilíbrio à equação que existe entre o Poder Público e aqueles a quem compete a observância de seus ditames.

Diógenes Gasparini conceitua o tema da responsabilidade civil do Estado como "a obrigação que se lhe atribui de recompor os danos causados a terceiros em razão de comportamento unilateral comissivo ou omissivo, legítimo ou ilegítimo, material ou jurídico, que lhe seja imputável"[77] e destaca, ainda, que as expressões *ressarcimento* e *indenização*, referentes à obrigação gerada para o Estado, devem ser utilizadas como sinônimas, a despeito de serem diferenciadas por alguns autores, que as empregam, respectivamente, quando a obrigação decorre de ato ilícito e de ato lícito.

Celso Antônio Bandeira de Mello define a questão através do sistema de pesos e contrapesos que intitula de *Regime Jurídico-Administrativo*, o qual decorre da própria construção teórica do Direito Administrativo, apoiando-se sobre duas bases bastante sólidas, que são o Estado, com todas as suas prerrogativas, competências e funções, e as garantias dos administrados, sempre sopesando e limitando os *poderes* atribuídos ao primeiro[78].

Visando à delimitação do conceito da responsabilidade civil do Estado, enquanto instituto jurídico do Direito Administrativo, Washington de Barros Monteiro, diz que dupla é a atividade exercida pelo Estado: jurídica e social; a primeira, é aquela que colima o asseguramento da ordem jurídica interna – que compreende a manutenção da ordem

---

74. CAVALCANTI, Amaro. *Responsabilidade civil do Estado*. Rio de Janeiro: Borsoi, 1957, v. I, p. 131.
75. BRAGA NETTO, Felipe. *Manual da responsabilidade civil do Estado*: à luz da jurisprudência do STF e do STJ e da teoria dos direitos fundamentais. 5. ed. Salvador: Juspodivm, 2018, p. 122.
76. CAHALI, Yussef Said. *Responsabilidade civil do Estado*. 3. ed. São Paulo: Revista dos Tribunais, 2007, p. 13.
77. GASPARINI, Diógenes. *Direito administrativo*. 14. ed. São Paulo: Saraiva, 2009, p. 1042.
78. MELLO, Celso Antônio Bandeira de. *Curso de direito administrativo*. 26. ed. São Paulo: Malheiros, 2009, p. 25-55.

pública e a distribuição da justiça – e a defesa do território nacional contra inimigos externos; a segunda, tem por objeto a supra mencionada promoção do bem comum[79].

Complementando este raciocínio, diz Sérgio Cavalieri Filho que:

> Para atingir esse desiderato, a ordem jurídica estabelece deveres que, conforme a natureza do direito a que correspondem, podem ser positivos, de dar ou fazer, como negativos, de não fazer ou tolerar alguma coisa. Fala-se, até, em um dever geral de não prejudicar a ninguém, expresso pelo direito romano através da máxima *neminem laedere*.[80]

Em face desta gama de deveres, ao contrário do que acontece no direito privado, em que a responsabilidade pressupõe, como regra, a existência de ato necessariamente ilícito, a responsabilidade civil do Estado pode decorrer de atos ou comportamentos que, embora lícitos, resultem em ônus excessivamente maiores a determinadas pessoas do que aos demais membros da coletividade.

E, para a completa compreensão do instituto, é imperiosa a análise de suas teorias formadoras, através da análise de sua evolução histórica. Sobre isto passar-se-á a discorrer.

1.5 TEORIAS CIVILISTAS

Durante muitos séculos, vigorou o princípio da irresponsabilidade do Estado, advindo da teoria do direito divino dos reis, elaborada por Bossuet para justificar o poder absoluto dos monarcas e impossibilitar qualquer tentativa de responsabilizá-lo, pois o rei, designado por Deus, era infalível[81].

No entanto, em decorrência da Revolução Industrial, ocorrida no século XVIII, e do início do sistema capitalista, a estrutura da sociedade sofreu grandes transformações acompanhadas por uma notável evolução tecnológica. Essas mudanças levaram a uma mudança na forma como o Estado era visto e na sua responsabilidade perante os cidadãos. A Revolução Industrial foi um período de grande desenvolvimento tecnológico que teve início na Inglaterra a partir da segunda metade do século XVIII e que se espalhou pelo mundo, causando grandes transformações. Ela garantiu o surgimento da indústria e consolidou o processo de formação do capitalismo.

Essa revolução foi iniciada de maneira pioneira na Inglaterra, a partir da segunda metade do século XVIII, e atribui-se esse pioneirismo a essa nação pelo fato de que foi lá que surgiu a primeira máquina a vapor, em 1698, construída por Thomas Newcomen e aperfeiçoada por James Watt, em 1765.

---

79. MONTEIRO, Washington de Barros. *Curso de direito civil*. 27. ed. São Paulo: Saraiva, 1988, p. 109.
80. CAVALIERI FILHO, Sérgio. *Programa de responsabilidade civil*. 8. ed. São Paulo: Atlas, 2009, p.1.
81. Conferir, sobre o tema, ROUSSET, Michel. *L'idée de puissance publique en droit administratif*. Paris: Dalloz, 1960.

A Revolução Industrial é marcada por grandes criações. Uma delas foi a lançadeira volante, inventada em 1733, por John Kay. O aparelho acelerou a atividade manual usada na indústria têxtil. A substituição da madeira pelo carvão se deu em 1755 por Abraham Darby. Logo depois, tivemos o desenvolvimento do ferro como matéria-prima, substituindo a máquina de madeira pela máquina de metal.

No ano de 1769, temos a máquina a vapor patenteada por James Watt. Essa primeira fase da industrialização é chamada de Primeira Revolução Industrial, que vai de 1760 a 1860. Os principais recursos materiais utilizados nessa fase foram o ferro, o carvão, o tear mecânico e a máquina a vapor.

Essas tecnologias influenciaram profundamente a estruturação do Estado ao mudar todo o cenário global. A produção de produtos era mais rápida e mais barata, ocasionando no deslocamento de grande parte da população que vivia no campo para as cidades. Isso causou profundas transformações no modo de produção e também nas relações entre patrão e trabalhador.

Durante o auge da Revolução Industrial, os trabalhadores ingleses recebiam salários baixíssimos e eram obrigados a suportar uma longa jornada de trabalho. A intensa exploração do trabalho do proletário fez com que os trabalhadores se organizassem em sindicatos. Dois movimentos de trabalhadores foram muito importantes no século XIX: o ludismo e o cartismo. Esses movimentos lutavam pelos direitos dos trabalhadores e influenciaram profundamente as relações sociais e políticas da época.

No período, houve grandes avanços tecnológicos, incluindo o desenvolvimento de novas formas de comunicação e transporte. Essas novas tecnologias permitiram uma maior disseminação de informações e ideias, facilitando a organização e mobilização dos cidadãos para exigir mudanças na forma como o Estado era governado. Além disso, as novas tecnologias também permitiram aos cidadãos produzir e armazenar registros escritos de abusos cometidos pelo Estado. Isso facilitou a capacidade dos cidadãos de buscar reparação por danos causados pelo Estado.

Esses avanços tecnológicos também contribuíram para o desenvolvimento de novas formas de pensamento e para o surgimento de movimentos sociais e políticos que desafiaram a visão de mundo dominante. Isso levou a uma mudança na forma como o Estado era visto e na sua responsabilidade perante os cidadãos.

Com o recrudescimento do número de críticos da teoria da irresponsabilidade absoluta, suplantou-se os conceitos incipientes da época sobre a natureza do Estado enquanto pessoa jurídica, e pôs-se fim à dita teoria, iniciando-se, em seguida, a segunda fase da matéria[82], em que a questão passou a ser discutida com forte embasamento nas teorias da responsabilidade civil do direito privado, que regulamentava as relações jurídicas de danos causados entre particulares; neste momento, fazia-se remissão aos

---

82. SCAFF, Fernando Facury. *Responsabilidade civil do Estado intervencionista*. Rio de Janeiro: Renovar, 2001, p. 57-60.

princípios da responsabilidade por fato de terceiro para buscar-se nova forma de encarar a questão.

Fato é que, durante longo interstício, se sustentou que as pessoas jurídicas traduziam seus atos por meio de mandatários ou representantes: é o fenômeno ao qual a doutrina nomeou de *teoria do mandato*. Ocorre que esta teoria foi totalmente superada porque, para outorgar um mandato, é imperiosa a pré-existência de uma vontade capaz de produzi-lo, e isto era impossível para a pessoa jurídica.

Para solucionar isso, um novo fenômeno, nominado pelos doutrinadores de *teoria da representação legal*, surgiu para que se autorizasse a consideração da pessoa jurídica como apta a ser representada por alguém de modo semelhante ao que ocorre com o incapaz, no Direito Civil.

Certo é que a representação vem imposta *externa corporis*, por lei que determina quem será o representante da pessoa jurídica ou da pessoa natural incapaz de fazer emanar sua vontade; mas, em se tratando do Estado, isto não ocorre, pois não há outro poder superior a ele, que pudesse determinar esta representação. Foi então que esta teoria caiu por terra.

Logo, buscou-se a diferenciação dos *atos de império (jure imperii)* e dos *atos de gestão (jure gestionis)*, tendo como certas as duas classes de funções desempenhadas pelo Estado, "[...] as essenciais ou necessárias, no sentido de que tendem a assegurar a existência mesma do Poder Público", isto é, que são voltadas para a manutenção da ordem constitucional e jurídica, e as "facultativas ou contingentes, no sentido de que não são essenciais para a existência do Estado, mas este, não obstante, as realiza para satisfazer necessidades sociais, de progresso, bem-estar e cultura", de modo que, ao realizar as funções necessárias, age como Poder Público soberano, mas, ao realizar as funções contingentes, age apenas como gestor de interesses coletivos[83].

Nessas condições, os atos praticados pelo Estado em decorrência de sua soberania seriam taxados de *jure imperii*, e, portanto, ostentariam a qualidade de atos supra-individuais[84], incólumes de julgamentos, eis que jamais gerariam direitos e/ou obrigações perante os administrados, independentemente de danos causados[85].

Por outro lado, os atos *jure gestionis* equipariam o Estado ao particular, tornando-o responsável por danos que viesse a causar, da mesma forma como ocorreria com a pessoa jurídica de direito privado, quando responsabilizada pelos atos culposos de seus representantes ou prepostos, que viessem a lesar terceiros[86].

---

83. CAHALI, Yussef Said. *Responsabilidade civil do Estado*. 3. ed. São Paulo: Revista dos Tribunais, 2007, p. 22.
84. ROUSSET, Michel; ROUSSET, Olivier. *Droit administratif I*: L'action administrative. 10. ed. Grenoble: Presses Universitaires de Grenoble, 2004, p. 74. Comentam: «Pendant tout le XIXe siècle, l'idée a prévalu que le contrôle juridictionnel ne pouvait s'étendre à des actes pris dans un but politique : « des actes politiques qui ne sont pas de nature à nous être déférés pour excès de pouvoir... par la voie contentieuse » dit-on à propos d'une affaire jugée en 1867».
85. CRETELLA JÚNIOR, José. *O Estado e a obrigação de indenizar*. São Paulo: Saraiva, 1980, p. 69.
86. CRETELLA JÚNIOR, José. *O Estado e a obrigação de indenizar*. São Paulo: Saraiva, 1980, p. 69.

Em simples palavras, os atos de império são, por exemplo, as requisições e atos relativos à segurança da nação e à sua defesa, ou seja, atos de soberania, ao passo que os atos de gestão são todos aqueles que o Estado pratica como se fosse um particular administrando seu patrimônio, tais como alienações, contratos, trocas, aquisições, dentre outros.

E esta divisão é crucial na determinação do regramento jurídico aplicável a cada caso. No *jure imperii*, a matéria escaparia ao domínio do direito privado, e o Estado ficaria isento de qualquer responsabilidade por danos causados; já no *jure gestionis*, todos os casos seriam regidos pelo direito comum, sendo objeto de responsabilidade estatal quando ferissem bens ou direitos dos administrados.

Pedro Lessa era quem aduzia a existência de uma distinção entre os dois tipos de atos, quando dizia que "será reparado o dano pela pessoa moral, se emanou de um *ato de gestão*; se, porém, proveio de um *ato de autoridade*, a indenização não é devida, porquanto o Poder Público é irresponsável"[87].

Para o autor, a União, o Estado, a Província e o Município só podem praticar duas modalidades de atos: (i) ou agem como agiria um particular na gestão de seu patrimônio, (ii) ou agem como Entes soberanos, fazendo uso de sua autoridade[88]. Na primeira situação, existe a pessoa moral da União, do Estado, da Província ou do Município. Já no segundo caso, existe o Poder Público, soberano, de cada uma das circunscrições administrativas e políticas[89].

Dando exemplos de um caso e de outro, veja-se o seguinte excerto, nas palavras do próprio Pedro Lessa:

> A compra e venda de um prédio para um serviço público, um contrato de fornecimento feito pela Administração Pública, um desastre ocorrido numa estrada de ferro do Estado, ou numa fábrica por este explorada como um serviço administrativo, eis aí os fatos do domínio da pessoa moral da União, do Estado, ou dos seus suborganismos. A sentença de um magistrado, a demissão de um funcionário público, uma ordem administrativa para que se feche um estabelecimento insalubre, ou uma casa que ameaça ruína, aí estão fatos do domínio da União, do Estado, ou dos seus suborganismos, considerados como Poder Público.[90]

Com isso, conclui-se que, dentre os atos do Estado, há uma antítese contínua e irredutível quando se diagnostica, de um lado, os atos de gestão, e, do outro, os de autoridade, levando a entender que o Estado tem múltiplas faces: ora é pessoa moral, ora é pessoa civil, ora é Poder Público.

A pessoa moral está sujeita ao direito privado, como os particulares, no que diz respeito à indenização que deverá pagar pelos danos que causar. O Estado não está

---

87. LESSA, Pedro. *Do Poder Judiciário*. Rio de Janeiro: Francisco Alves, 1915, p. 162.
88. ROUSSET, Michel; ROUSSET, Olivier. *Droit administratif I*: L'action administrative. 10. ed. Grenoble: Presses Universitaires de Grenoble, 2004, p. 74-75.
89. LESSA, Pedro. *Do Poder Judiciário*. Rio de Janeiro: Francisco Alves, 1915, p. 162.
90. LESSA, Pedro. *Do Poder Judiciário*. Rio de Janeiro: Francisco Alves, 1915, p. 162-163.

subordinado às normas do direito civil e, portanto, não indeniza os prejuízos que causa aos particulares, aqui considerados como pessoas singulares ou coletivas, por suas decisões, atos de qualquer espécie, ou omissões[91].

Muitas são as críticas apresentadas pela doutrina para esta diferenciação, mormente porque ela só interessa ao próprio Estado, em termos de controle interno de suas atividades, sejam elas de império ou de gestão, posto que, para o administrado, pouco interessa a circunstância em que o ato foi praticado, já que o prejuízo sofrido existirá nos dois casos, independentemente do enquadramento do ato, que, por si só, não servirá para o restabelecimento do equilíbrio patrimonial.

Não obstante, tal teoria teve seu valor, sendo a primeira a criar uma brecha para a responsabilização do Estado, que, gize-se, era considerado absolutamente irresponsável pelos danos causados aos administrados por seus agentes. Apesar do prospecto inovador, acabou sendo rejeitada em razão da insuficiência de seus enunciados, sendo veementemente criticada por alguns doutrinadores.

Eis a crítica de Washington de Barros Monteiro:

> Só se pode tachar de arbitrária a distinção entre ato praticado *jure imperii* ou *jure gestionis*. Realizando um ou outro, o Estado é sempre o Estado. Mesmo quando pratica simples ato de gestão, o Poder Público age, não como mero particular, mas para a consecução de seus fins. Portanto, não se pode dizer que o Estado é responsável quando pratica atos de gestão e não o é, quando realiza atos de império. Negar indenização nestes casos é subtrair-se o Poder Público à sua função específica, qual seja, a tutela dos direitos.[92]

Também a criticou José Cretella Júnior:

> Embora representando inegável progresso em relação à teoria anterior, a teoria dos atos de gestão (com culpa evidente do funcionário) de modo algum é satisfatória em face dos princípios que informam os sistemas jurídicos, porque para aquele que sofre o dano não interessa a natureza do ato, se é *de império* ou *de gestão*. Se o Estado é o guardião do direito, como deixar desamparado o cidadão que sofreu prejuízos por ato do próprio Estado? Por que motivo o Estado vai criar distinção cerebrina para eximir-se de responsabilidade com o fundamento de que o desequilíbrio verificado no patrimônio do particular foi produzido por ação administrativa insuscetível de crítica?[93]

Por ser bastante difícil precisar o conceito de *ato de gestão*, os doutrinadores da época se depararam com o obstáculo de não mais encontrarem sustentabilidade para uma teoria que era contraditória por natureza: em primeiro lugar, porque eximia o Estado, verdadeiro guardião do direito, de responsabilidade, e, ainda, porque deixava desamparado o cidadão que era lesionado por ato deste mesmo Estado.

Nesse sentido, grandes foram as dificuldades de enquadramento dos atos de gestão e de império, o que culminou no deslocamento da responsabilidade pública para o con-

---

91. ROUSSET, Michel; ROUSSET, Olivier. *Droit administratif I*: L'action administrative. 10. ed. Grenoble: Presses Universitaires de Grenoble, 2004, p. 76.
92. MONTEIRO, Washington de Barros. *Curso de direito civil*. 27. ed. São Paulo: Saraiva, 1988, p. 562.
93. CRETELLA JÚNIOR, José. *O Estado e a obrigação de indenizar*. São Paulo: Saraiva, 1980, p. 70.

ceito de culpa, como é entendida pelo direito civil, de forma que, somente se verificada a *culpa* do funcionário é que seria cogitável a responsabilização do Estado. A esta nova corrente deu-se o nome de *culpa civilística*[94].

Esta teoria parte do pressuposto de que o direito privado deve ser encarado como direito comum, e sua aplicabilidade deve estender-se aos Entes Públicos, através da consideração integral dos princípios da responsabilidade civil a todo tipo de atividade administrativa desempenhada, não importando se de cunho patrimonial ou se decorrente de atos de soberania, mas sempre baseando-se na existência de culpa por parte dos funcionários[95].

A definição deste conceito de culpa representou pesado obstáculo à época, em razão das diversas utilizações do vocábulo, ora no sentido de reprimenda ao agente, ora no sentido de infração a determinada estrutura. O conceito original deriva do vocábulo francês "*faute*"[96], que se traduz para o português como "falta", "culpa" ou "ato ilícito", gerando confusão e dúvidas, o que conduz à necessidade de estudo do vocábulo a partir de expressões que melhor o qualificam, tais como culpa de serviço, culpa pessoal, culpa *in vigilando* e culpa *in eligendo*[97].

Para a doutrina clássica[98], a culpa de serviço nada mais seria que o reconhecimento do ato danoso como "impessoal, revelando administrador mais ou menos sujeito a erro, suas fraquezas, paixões e imprudências", nas exatas palavras de *Laferrière*, ao passo que a culpa pessoal, nesta concepção, seria aquela que, nos dizeres de *Dupeyroux*, é "assinalada"[99].

No entanto, a incompatibilidade da culpa civil com o instituto da responsabilidade civil do Estado se revelou com a inoperância de alguns conceitos que são próprios desta modalidade de culpa, como esclarece, em abalizada análise, Edmir Netto de Araújo:

> Procura, ainda, a teoria da culpa civil estabelecer várias e inoperantes distinções (para este tema) entre as modalidades de culpa, como a "*culpa de serviço*" (ato danoso impessoal, imperícia do agente), a "*culpa pessoal*" (negligência ou imprudência do agente), "*culpa in eligendo*" (não imputável à Administração que, para nomear seus funcionários, é obrigada a cumprir as determinações legais para o provimento: sendo assim, já cumpriu sua obrigação, no processo de escolha), ou a "*culpa in vigilando*" (se a Administração cumpriu as exigências legais para a vigilância, verificação e controle das atividades de seus agentes, não pode ser responsabilizada).[100]

---

94. CRETELLA JÚNIOR, José. *O Estado e a obrigação de indenizar*. São Paulo: Saraiva, 1980, p. 71.
95. CRETELLA JÚNIOR, José. *O Estado e a obrigação de indenizar*. São Paulo: Saraiva, 1980, p. 71.
96. GAUDEMET, Yves. Responsabilité de la puissance publique. *Revue du droit public et de la science politique en France et à l'étranger*, Paris, n. 2, p. 463–500, mar./abr. 1987.
97. ARAÚJO, Edmir Netto de. *Curso de direito administrativo*. São Paulo: Saraiva, 2005, p. 719.
98. ROUSSET, Michel; ROUSSET, Olivier. *Droit administratif I*: L'action administrative. 10. ed. Grenoble: Presses Universitaires de Grenoble, 2004, p. 74-75.
99. CRETELLA JÚNIOR, José. *O Estado e a obrigação de indenizar*. São Paulo: Saraiva, 1980, p. 71.
100. ARAÚJO, Edmir Netto de. *Curso de direito administrativo*. São Paulo: Saraiva, 2005, p. 719.

As culpas *in vigilando* e *in eligendo* são duramente criticadas pela doutrina quanto à teoria administrativa da responsabilidade das pessoas de direito público porque a culpa, em tais modalidades, não atingiria o Poder Público no que se refere à escolha dos titulares de seus órgãos, que é feita conforme critérios, modalidades, formas e termos regulados pelo próprio direito. Com isso, não seria crível que se impusesse à Administração a culpa *in eligendo*. Tampouco o seria, também, a imposição da culpa *in vigilando*, eis que nada impede que os agentes públicos, agindo de forma totalmente desvinculada da Administração, produzam danos[101].

Com isso, somente quando verificada uma conduta eivada de imprudência, negligência ou imperícia por parte do funcionário, é que seria possível a responsabilização do Ente Público, de forma indireta. Todavia, na hipótese de atos dolosos, o enquadramento se limitaria à pessoa do agente.

Não há dúvidas de que as teorias civilistas foram muito importantes para a evolução do instituto, mas a necessidade da ocorrência de culpa[102], aliada à necessidade de individualização do agente culpado, refletia diretamente no direito da parte lesada, que quase nunca dispunha de meios para localizar o agente que causou o dano, e, por não conseguir produzir esta prova, via sua pretensão denegada pelos tribunais[103].

Com isso, passou-se a considerar injurídico que se exigisse a presença do elemento culpa na caracterização da responsabilidade civil do Estado, motivo pelo qual esta teoria foi gradativamente abandonada para dar lugar a outras teorias.

Tais dificuldades foram postas de lado por Otto von Gierke, idealizador da denominada *teoria do órgão*, para a qual desapareceriam as relações entre representante e representado ou entre mandante e mandatário, para dar lugar à aparição do órgão, que não se reveste de nenhum dos caracteres próprios daqueles institutos. Para o doutrinador alemão, o órgão supõe a existência de uma só pessoa, que é a própria pessoa do Estado, de modo que órgão é parte do *corpus* da entidade e, assim, todas as suas manifestações de vontade são consideradas como da própria entidade[104]. Em outras palavras, o Estado não possui vontade própria, e não exterioriza manifestações a não ser por intermédio de seus agentes.

Cavalieri Filho elucida bem a questão, dizendo que:

> Como pessoa jurídica que é, o Estado não tem vontade nem ação, no sentido de manifestação psicológica e vida anímica própria. Estas, só os seres físicos as possuem. Não podendo o Estado agir diretamente, por não ser dotado de individualidade fisiopsíquica, sua vontade e sua ação são mani-

---

101. ARAÚJO, Edmir Netto de. *Curso de direito administrativo*. São Paulo: Saraiva, 2005, p. 720.
102. GAUDEMET, Yves. Responsabilité de la puissance publique. *Revue du droit public et de la science politique en France et à l'étranger*, Paris, n. 2, p. 463–500, mar./abr. 1987.
103. BRUNINI, Weida Zancaner. *Da responsabilidade extracontratual da Administração Pública*. São Paulo: Revista dos Tribunais, 1981, p. 24-25.
104. GIERKE, Otto Friedrich von. *La responsabilidad del Estado*. Tradução de José M. Navarro. Madri: Sociedad Editorial Española, p. 57-58, *apud* CAHALI, Yussef Said. *Responsabilidade civil do Estado*. 3. ed. São Paulo: Revista dos Tribunais, 2007, p. 24.

festadas pelos seus agentes, na medida em que se apresentem revestidos desta qualidade e atuem em seus órgãos. Pela teoria do órgão (ou organicista) o Estado é concebido como um organismo vivo, integrado por um conjunto de órgãos que realizam as suas funções[105].

Esta teoria, além de substituir as ultrapassadas *teorias do mandato* e *da representação*, é a adotada pelo atual sistema jurídico, pois considera que todo o poder do agente decorre de previsão legal, prescindindo de instrumento próprio, posto que a lei automaticamente dá poder ao agente para manifestar a vontade do Estado, que, por sua vez, sempre o faz por intermédio do agente[106].

O surgimento da *teoria do órgão* representou verdadeira mudança de paradigma: com o abandono das velhas teorias civilísticas, deu-se lugar às novas teorias, norteadas pelo direito público.

Este fenômeno, já no início do século XX, surgiu de uma evolução que se pautou na consideração do verdadeiro campo delimitador do Direito Administrativo, que é a atividade jurídica do Estado, balizada por princípios de direito público, para mudar o foco de estudo da responsabilidade do Estado.

Foi com a jurisprudência francesa, em alguns casos emblemáticos, que esta nova teoria se firmou. A título de exemplo, importante citar os casos "Rotschild", de 1855, e, principalmente, os casos "Blanco", de 1873 e "Feutry", de 1908.

Destes três casos, o que ganhou mais relevância e repercussão doutrinária e jurisprudencial foi o da menina Agnès Blanco, que abriu as portas para a consideração da primeira tese jurídica da autonomia do Direito Administrativo.

José Cretella Júnior, com muita clareza, narra as nuances deste famoso caso:

> No ano de 1873, a menina Agnès Blanco, ao cruzar os trilhos que cortavam rua movimentada da cidade francesa de Bordeaux, é colhida pelo vagonete da Companhia Nacional da Manufatura de Fumo, que transportava matéria-prima de um para outro edifício. A acidentada sofre graves lesões que culminam com a amputação das pernas. O pai da menor move, perante os tribunais judiciários, ação civil de indenização por perdas e danos contra o Prefeito do Departamento da Gironda, com o fundamento de que o Estado é civilmente responsável por prejuízos ocasionados a terceiros, em decorrência da ação danosa de seus agentes (Código Civil francês, arts. 1.382, 1.383 e 1.384). Como na França existe o contencioso administrativo, ou seja, justiça especializada que julga litígios entre Administração e administrado, em matéria administrativa, foi suscitado o denominado conflito de atribuição – conflito negativo –, para que se decidisse o problema de competência: o conhecimento e a decisão caberiam ao Tribunal Judiciário comum ao Tribunal Administrativo? Em outras palavras, à Corte de Cassação ou ao Conselho de Estado?[107]

A resposta para as indagações do doutrinador se resumiu na decisão prolatada pelo Tribunal de Conflitos francês, que é o órgão que, naquele país, detém a competência

---

105. CAVALIERI FILHO, Sérgio. *Programa de responsabilidade civil*. 8. ed. São Paulo: Atlas, 2009, p. 229.
106. GAUDEMET, Yves. Responsabilité de la puissance publique. *Revue du droit public et de la science politique en France et à l'étranger*, Paris, n. 2, p. 463–500, mar./abr. 1987.
107. CRETELLA JÚNIOR, José. *O Estado e a obrigação de indenizar*. São Paulo: Saraiva, 1980, p. 29-30.

paritária para decidir conflitos de competência como o do caso em comento. Para o Tribunal de Conflitos, a controvérsia deveria ser resolvida pelo Tribunal Administrativo, ou seja, pelo Conselho de Estado, uma vez que se tratava de apreciar a responsabilidade decorrente do funcionamento de um serviço público[108].

A célebre decisão do caso Agnès Blanco, prolatada em 1º de fevereiro de 1873, equacionou a questão, definitivamente, derrogando a colocação privatística fundamentada nas disposições do Código Napoleônico para fazer prevalecer a colocação publicística, representando, nas palavras de Sérgio Severo, "uma evolução do Direito Administrativo gerada no século XIX, a partir da experiência francesa, em especial em face do caso *Blanco*, que afirma o regime público e angaria a condição de *leading case* em dimensões exteriores à própria França"[109].

Já o caso "Rotschild", ocorrido dezoito anos antes, também teve sua relevância no campo do Direito Administrativo, por ter sido o precursor da decisão prolatada no caso "Blanco", decidindo-se pela atribuição de competência ao Conselho de Estado para decidir questão que colocava o Estado no polo passivo de demanda que invocava seus fundamentos na responsabilidade civil.

Francis-Paul Bénoît escreve sobre este caso, externando suas impressões quanto à decisão prolatada:

> Quanto ao domínio da responsabilidade, o Conselho de Estado jamais admitiu, não somente nos casos de danos produzidos por trabalhos públicos, mas também nos casos de responsabilidade em geral – a célebre decisão Rotschild de 1855 é a prova mais concludente disto – de se inclinar diante das tentativas feitas pelos tribunais judiciários de incluir esta matéria em sua competência. A distinção dos *atos de império* e dos *atos de gestão* corresponde, desse modo, a um extenso movimento de ideias, mas sem grandes consequências práticas.[110]

Esta evolução doutrinária e jurisprudencial significou a retirada daqueles princípios que, originalmente, foram extraídos do direito comum, privado, e sua colocação no ramo do direito público para criar doutrina arraigada em parâmetros próprios.

1.6 TEORIA DA CULPA ADMINISTRATIVA (*FAUTE DU SERVICE*)

A teoria da "*faute du service*" é uma teoria francesa que foi desenvolvida para lidar com casos em que o Estado é responsável por danos causados a terceiros devido a falhas no serviço público[111]. De acordo com essa teoria, o Estado é responsável pelos danos causados por falhas no serviço público, independentemente de culpa ou dolo. Essa teoria surgiu em um contexto de grandes mudanças sociais e políticas, incluindo o

---

108. CRETELLA JÚNIOR, José. *O Estado e a obrigação de indenizar*. São Paulo: Saraiva, 1980, p. 30.
109. SEVERO, Sérgio. *Tratado da responsabilidade pública*. São Paulo: Saraiva, 2009, p. 24-25.
110. BÉNOÎT, Francis-Paul. *Le droit administratif français*. Paris: Dalloz, 1968, p. 397.
111. CAMPOS, Gabriel de Britto. Evolução histórica da responsabilidade civil do Estado. *Fórum Administrativo*, Belo Horizonte, v. 11, n. 126, p. 43–57, ago. 2011.

surgimento do Iluminismo e o desenvolvimento do pensamento liberal. Essas mudanças levaram a uma mudança na forma como o Estado era visto e na sua responsabilidade perante os cidadãos[112].

Durante esse período, houve também grandes avanços tecnológicos, incluindo o desenvolvimento de novas formas de comunicação e transporte. Essas novas tecnologias permitiram uma maior disseminação de informações e ideias, facilitando a organização e mobilização dos cidadãos para exigir mudanças na forma como o Estado era governado.

Além disso, as novas tecnologias também permitiram aos cidadãos produzir e armazenar registros escritos de abusos cometidos pelo Estado[113]. Isso facilitou a capacidade dos cidadãos de buscar reparação por danos causados pelo Estado. Esses avanços tecnológicos também contribuíram para o desenvolvimento de novas formas de pensamento e para o surgimento de movimentos sociais e políticos que desafiaram a visão de mundo dominante. Isso levou a uma mudança na forma como o Estado era visto e na sua responsabilidade perante os cidadãos.

Com o tempo, a teoria da "*faute du service*" foi incorporada ao Direito Administrativo em vários países, incluindo a França[114]. Essa incorporação foi influenciada por vários fatores, incluindo os avanços tecnológicos que permitiram uma maior disseminação de informações e ideias. Passando-se a vislumbrar a responsabilidade civil do Estado dentro da ótica do Direito Administrativo, foi preciso quebrar a relação empregador/empregado, que norteia a noção da responsabilidade civil no direito privado, para dar lugar à relação Estado/servidor público.

Sobre esta diferença, Cretella Júnior ensina que:

> A natureza do vínculo que une o empregado ao empregador no direito privado é diversa daquela que liga o funcionário público ao Estado; a primeira submetida a regime jurídico privatístico, a segunda sujeita a regime jurídico de direito público. O funcionário público, que age em nome do Estado, não o faz exatamente como o preposto do direito privado, dentro da tradicional relação empregatícia, de preposto a comitente, patrão ou amo[115].

A principal diferença reside no fato de o servidor público não atuar como mero preposto do Estado, uma vez que age em nome deste com autoridade pública que lhe atribui competência legal para isto, não sendo esta relação de representatividade limitada como é a do preposto que representa o patrão, na órbita do direito privado.

---

112. ROUSSET, Michel; ROUSSET, Olivier. *Droit administratif I*: L'action administrative. 10. ed. Grenoble: Presses Universitaires de Grenoble, 2004, p. 72. Comentam : «Mais la survenance des circonstances exceptionnelles permet aussi à l'autorité administrative d'exercer des pouvoirs dont elle ne dispose pas en temps normal : elle aura des pouvoirs exceptionnels à l'égard des libertés individuelles et collectives et à l'encontre du droit de propriété : interdiction de fréquenter certains lieux, internement d'un individu dangereux pour la défense nationale, établissement d'une taxe sur des opérations commerciales, réquisition de denrées, etc.».
113. Sobre o tema, cf. MARRARA, Thiago. Direito administrativo e novas tecnologias. *Revista de Direito Administrativo*, Rio de Janeiro, v. 256, p. 225-251, jan./abr. 2011.
114. BRAGA NETTO, Felipe. *Manual da responsabilidade civil do Estado*: à luz da jurisprudência do STF e do STJ e da teoria dos direitos fundamentais. 5. ed. Salvador: Juspodivm, 2018, p. 118-120.
115. CRETELLA JÚNIOR, José. *O Estado e a obrigação de indenizar*. São Paulo: Saraiva, 1980, p. 77.

Neste cenário, se o agente público causa dano a um administrado, o Estado passa a arcar com o ônus do prejuízo causado pelo ato ou omissão, posto que não seria justo que saísse impune, arcando a vítima com todo o prejuízo, mormente porque o ato danoso foi praticado em nome do Estado, por um agente público. Para isto, no entanto, continua a prevalecer a exigência de culpa do agente[116].

Sobre a culpa, enfatize-se novamente que não se trata da culpa conceituada para o direito privado, e antes adotada pelos defensores da doutrina privatística[117]. As exigências e a situação deveras especial que envolve o Estado demandaram uma reconstrução de conceitos, notadamente quanto à teoria da culpa, que, no ramo do direito público, apresenta-se com matiz peculiar e bem mais rico, justamente porque envolve a pessoa do servidor público perante o Ente, e esta relação, como demonstrado acima, reclama tratamento por demais diferenciado: esta nova modalidade de culpa foi denominada *culpa administrativa*.

Aguiar Dias assevera que "ao falar em culpa administrativa, [...] não se tem em vista a culpa civil. Ela ocorre quando há acidente imputável à Administração"[118]. E, no mesmo sentido, Hauriou aduz que "ela nada tem de comum com a teoria civil dos atos ilícitos e significa apenas o não-funcionamento dos serviços"[119], o que permite concluir que, embora existam semelhanças, para a nova doutrina, a culpa adota sentido mais amplo que aquela adotada pelo direito privado, em especial quanto à natureza do fundamento reparatório[120].

Edmir Netto de Araújo, a seu turno, enfatiza que:

> Como se vê, é muito semelhante à doutrina na indenização do dano por culpa do direito civil, tendo mudado, em relação à teoria civilística da responsabilidade por culpa, apenas a natureza do fundamento da obrigatoriedade estatal de indenizar, que passa então a ser o princípio (de direito público) da solidariedade patrimonial da coletividade frente ao ressarcimento do dano causado ao administrado, pelo órgão que representa essa mesma coletividade[121].

A dificuldade apresentada por esta teoria ocorria quando se verificava o dano, mas não se conseguia fixar a responsabilidade pessoal do funcionário[122]; esta essencialidade do elemento intencional do agente acabava por levar à causação de prejuízos que não eram arcados por ninguém, simplesmente porque não se descobria qual era o elemento subjetivo que teria levado ao dano[123].

---

116. CRETELLA JÚNIOR, José. *O Estado e a obrigação de indenizar*. São Paulo: Saraiva, 1980, p. 78.
117. ROUSSET, Michel; ROUSSET, Olivier. *Droit administratif I*: L'action administrative. 10. ed. Grenoble: Presses Universitaires de Grenoble, 2004, p. 80.
118. DIAS, José de Aguiar. *Da responsabilidade civil*. 11. ed. Rio de Janeiro: Renovar, 2006, p. 240.
119. HAURIOU, Maurice. *Précis de droit administratif et de droit public*. 11. ed. Paris: Librairie du Recueil Sirey, 1927, p. 244.
120. ROUSSET, Michel; ROUSSET, Olivier. *Droit administratif I*: L'action administrative. 10. ed. Grenoble: Presses Universitaires de Grenoble, 2004, p. 80-81.
121. ARAÚJO, Edmir Netto de. *Curso de direito administrativo*. São Paulo: Saraiva, 2005, p. 721.
122. CAMPOS, Gabriel de Britto. Evolução histórica da responsabilidade civil do Estado. *Fórum Administrativo*, Belo Horizonte, v. 11, n. 126, p. 43–57, ago. 2011.
123. CRETELLA JÚNIOR, José. *O Estado e a obrigação de indenizar*. São Paulo: Saraiva, 1980, p. 78.

Para solucionar estes impasses, doutrinadores criaram a *teoria do acidente administrativo*, equivalente à *"faute du servisse"*, que, sem abandonar o preceito da culpa, admitia a responsabilização do Estado quando houvesse falha na realização do serviço público, fosse ela decorrente de má organização, defeito de funcionamento, extemporaneidade de funcionamento ou mesmo por ausência de funcionamento da máquina administrativa ou lentidão na prestação da atividade pública[124].

Partindo do pressuposto de que o serviço público, em tese, deve ser perfeito, contínuo e ausente de falhas para propiciar à coletividade a possibilidade de melhor se beneficiar com seu funcionamento, vislumbrou-se o acidente administrativo para aquelas hipóteses em que se atinge o serviço público, alterando seu funcionamento e causando prejuízos aos administrados, em virtude de mau funcionamento.

Segundo Aguiar Dias, "de três ordens, [...] são os fatos identificáveis como faltas do serviço público, conforme resultem: de mau funcionamento do serviço, do não funcionamento do serviço, do tardio funcionamento do serviço"[125].

O mau funcionamento do serviço configurava-se nos casos em que as atividades ou iniciativas estatais conduzissem a falhas que gerassem danos aos administrados, como no funcionamento defeituoso da polícia administrativa ou do mau aparelhamento de locais destinados ao desempenho do serviço público, ou mesmo em razão de erros relacionados com a ordem jurídica, hipóteses como a dos nascidos em virtude de interdições irregulares, a de falsa aplicação ou violação de texto de lei ou regulamento, a de desobediência errônea a mandados de pagamento, dentre outras[126].

Já o não funcionamento do serviço correspondia a dizer que o serviço deveria funcionar obrigatoriamente e que o Estado deveria responder pela inação, reparando os danos advindos dela, como nas hipóteses de ausência de obra pública necessária ou insuficiência de conservação normal da obra pública que viessem a causar danos ou, ainda, a insuficiência de sinalização dos trabalhos executados[127].

Finalmente, o funcionamento tardio ou atrasado configurava a responsabilidade civil do Estado em razão da própria lentidão administrativa, ligada ao poder-dever funcional de diligência e celeridade do serviço público, como no atraso da autoridade militar em liberar uma pessoa irregularmente alistada, o atraso na transmissão de reclamações, dentre outras hipóteses[128].

Para esta teoria, a diferença crucial, no tocante à noção de culpa, era entre a *culpa do serviço* e a *culpa pessoal*, brilhantemente exemplificadas por José Cretella Júnior, ao recordar o famoso caso do francês "Pelletier", de 1873, que foi o primeiro em que se fez distinção entre as duas modalidades de culpa, pondo fim à concepção que, durante

---

124. ARAÚJO, Edmir Netto de. *Curso de direito administrativo*. São Paulo: Saraiva, 2005, p. 721.
125. DIAS, José de Aguiar. *Da responsabilidade civil*. 11. ed. Rio de Janeiro: Renovar, 2006, p. 237-238.
126. CRETELLA JÚNIOR, José. *O Estado e a obrigação de indenizar*. São Paulo: Saraiva, 1980, p. 83.
127. CRETELLA JÚNIOR, José. *O Estado e a obrigação de indenizar*. São Paulo: Saraiva, 1980, p. 84.
128. CRETELLA JÚNIOR, José. *O Estado e a obrigação de indenizar*. São Paulo: Saraiva, 1980, p. 85.

muito tempo, significou a consideração da responsabilidade do agente como excludente da responsabilidade do Estado, jamais a combinação das duas situações[129].

Julgado no dia 30 de junho de 1873, o caso "Pelletier" referia-se a um jornalista que editara o primeiro número de seu jornal, o qual mal chegou a circular porque a edição foi apreendida por ordem do General Louis de Ladmirault, com o aval do prefeito de Oise. O Sr. Pelletier, editor do jornal, então decidiu mover ação de perdas e danos contra ambos, a quem o prejudicado atribuía a responsabilidade pelos danos que sofrera[130].

A peculiaridade do caso reside no fato de ter a autoridade militar atuado em virtude dos poderes que detinha naquela situação, pois vigorava o estado de sítio naquele Departamento, e o prefeito em virtude do exercício normal do poder de polícia, que lhe era atribuído.

No julgamento do caso "Pelletier", pela primeira vez ficou bem clara a distinção entre a *falta pessoal* e a *falta de serviço*, caracterizada a primeira por sua "independência em relação ao serviço público, matizada a segunda por sua estreita conexão com o serviço, não obstante ficasse claro o comportamento faltoso do funcionário". Com essa decisão emblemática, passou-se a considerar como excludentes de responsabilidade, durante muito tempo, a responsabilidade do agente e a responsabilidade do Estado, de modo que, ou o prejuízo resultava da *culpa pessoal* ou da *culpa do serviço*, jamais se tendo cogitado de combinação das duas situações[131].

Já em fevereiro de 1911, um segundo caso marcou a jurisprudência francesa quando o Conselho de Estado proferiu importante decisão no caso "Anguet", descrito por Vedel e Delvolvé:

> Um cidadão – o Sr. Anguet – encontrava-se numa Agência dos Correios, na França, quando fecharam as portas, minutos antes da hora regulamentar. Impedido de sair pela porta da frente, dirigiu-se para outra saída, nos fundos, como lhe indicaram, tendo de passar pelo interior do prédio. Percebendo-o nas dependências do edifício, dois carteiros, depois identificados, com ele discutiram, expulsando-o de modo tão brutal e desastroso que o indivíduo caiu fraturando a perna. A vítima ingressa com ação de indenização contra o Estado, que contesta, alegando que o ato violento dos agentes do serviço público configurava *falta pessoal*, que deveria ser discutida diante dos *tribunais judiciários* e não perante a *jurisdição administrativa*.[132]

Salientando a ocorrência concomitante da *culpa pessoal* e da *culpa do serviço*, o Sr. Anguet revolucionou a jurisprudência da época, ao lograr êxito em seu intento, que redundou na seguinte conclusão do Conselho de Estado:

> O Conselho de Estado, embora admitindo a existência da *culpa pessoal*, lembrou também que o serviço funcionara mal (acidente administrativo) pelo fato de que se fechara a repartição antes da hora regulamentar (causa remota ou causa primeira) e que, portanto, o *dano* resultara da acumulação

---

129. CRETELLA JÚNIOR, José. *O Estado e a obrigação de indenizar.* São Paulo: Saraiva, 1980, p. 95.
130. CRETELLA JÚNIOR, José. *O Estado e a obrigação de indenizar.* São Paulo: Saraiva, 1980, p. 95.
131. VEDEL, Georges; DEVOLVÉ, Pierre. *Droit administratif.* Paris: PUF, 1992, p. 332.
132. VEDEL, Georges; DEVOLVÉ, Pierre. *Droit administratif.* Paris: PUF, 1992, p. 332.

de duas culpas – *a pessoal* e a *do serviço* (causa próxima). Como conseqüência, foi o Estado condenado a reparar a totalidade do prejuízo sofrido pelo Sr. Anguet, firmando assim, implicitamente, o entendimento de que a vítima de prejuízo imputável, ao mesmo tempo, a uma *culpa pessoal* e a uma *culpa do serviço*, tem direito ao ressarcimento.[133]

Emblemático que é, este caso significou a primeira ocasião em que foi possível a apuração da culpa de um funcionário, vinculando o Estado ao pagamento da respectiva indenização pelos danos causados, por ter restado caracterizada a *culpa do serviço* concomitantemente à *culpa pessoal*. A conclusão a que chegaram os julgadores franceses para a imputação do dever reparatório ao Estado é a de que o serviço *funcionou mal*, acarretando os danos.

O cerne da questão, aqui, foi a efetiva identificação do funcionário público causador do prejuízo e a imputação da responsabilidade a ele, em razão de sua atitude culposa, que, por conseguinte, vinculou o Poder Público, de forma objetiva, a também ressarcir o dano. Neste caso, é importante notar que a responsabilidade civil atribuível ao Estado se reveste de caráter *objetivo*, posto que a apuração de culpa se restringe à atuação do funcionário. Esta é uma característica marcante, eis que se trata da primeira teoria *objetiva* da responsabilidade estatal.

Este caráter objetivo significava que a reparação de danos deveria se dar independentemente de apuração de culpa. A esta posição se chegou partindo-se dos princípios da equidade e da igualdade de ônus e encargos sociais, uma vez que, se a atividade administrativa do Estado é exercida em prol da coletividade, e se traz benefícios para todos os indivíduos, também é justo que todos respondam por seus ônus, que são custeados pelos impostos; o que não faz sentido é admitir que um ou alguns administrados sofram com todas as consequências danosas da atividade administrativa.

Sobre isso, Celso Antônio Bandeira de Mello aduz que:

> O fundamento da responsabilidade estatal é garantir uma equânime repartição dos ônus provenientes de atos ou efeitos lesivos, evitando que alguns suportem prejuízos ocorridos [...] por causa de atividades desempenhadas no interesse de todos. De consequente, seu fundamento é o princípio da igualdade, noção básica do Estado de Direito.[134]

Era apuração feita por um duplo viés: subjetivo, por um lado, quanto à apuração da conduta do funcionário público, em que era imprescindível a verificação da culpa (*culpa pessoal*); e objetiva, por outro lado, quanto ao dever reparatório atribuível ao Estado, levando em conta a falha por má gestão do serviço público (*culpa do serviço*).

Então, para a *teoria da culpa administrativa*, a responsabilização do Estado era condicionada à efetiva responsabilização do agente. Mas, com isso, remanescia a dúvida: e se não for possível apurar a responsabilidade de determinado funcionário público? Foi então que surgiu a *teoria do acidente administrativo*, dando início à consideração do

---

133. VEDEL, Georges; DEVOLVÉ, Pierre. *Droit administratif*. Paris: PUF, 1992, p. 333.
134. MELLO, Celso Antônio Bandeira de. *Curso de direito administrativo*. 26. ed. São Paulo: Malheiros, 2009, p. 866.

serviço público como passível de julgamento em casos tais, seja o agente identificável ou não.

Sobre o emblemático caso do Sr. Anguet, anteriormente mencionado, Cretella Júnior comenta:

> A causa remota do dano fora o adiantamento da hora, do que resultou o fechamento do prédio; a causa próxima, o defeito na própria construção do edifício, com o desnível que ocasionou a queda, depois da discussão com os dois funcionários.
>
> Não se podendo imputar o evento a ninguém, pessoalmente, fica excluída a culpa pessoal do agente, mas resta a *culpa do serviço*, de caráter anônimo, mas danosa.
>
> [...] Se, por um lado, a causa próxima, direta, material do acidente foi a culpa pessoal dos dois carteiros, a causa remota, que deu origem ao acidente, foi a culpa do serviço, a falha anônima no funcionamento dos serviços públicos. Basta a existência da culpa do serviço para justificar a indenização.[135]

Nesse sentido, abriu-se novo leque de possibilidades para o administrado que sofresse algum tipo de dano em decorrência da atividade administrativa. Muito embora a falha danosa no serviço não pudesse ser rotulada como absoluta, era admitida a prova, por parte do administrado, de que as circunstâncias do evento danoso reclamavam postura diferente da administração.

Fazia-se, com isso, um juízo valorativo da atividade administrativa, perquirindo-se, em cada caso, o que se poderia esperar do serviço quanto à dificuldade maior ou menor dos objetivos esperados, as circunstâncias temporais, os recursos materiais e pessoais disponíveis etc.

Citando Rolland, José Cretella Júnior traz alguns outros exemplos da jurisprudência francesa, em que acidentes administrativos levaram a Administração a indenizar o administrado:

> Entre outros: explosão de granada alemã que, manejada sem cuidado, determinou a morte de uma pessoa; manifestante ferido por soldados no interior do quartel, para o qual fora levado preso; recebimento de pensão do Estado com o atraso de dez anos; agricultor impedido de utilizar seu pessoal, por ocasião da colheita, em virtude de medidas policias exorbitantes; homicídio cometido por alienado mental, não obstante reiterados pedidos de medidas acautelatórias.[136]

Fato é que o não funcionamento ou o mau funcionamento do serviço, seja por falha ou por atraso, está diretamente relacionado com a ação ou omissão do agente administrativo que, de modo direto ou indireto, deveria ter diligenciado para que o serviço fosse perfeito. Não obstante, sendo objetiva a responsabilidade, basta que se demonstre inequivocamente o prejuízo ocasionado em decorrência da falha da máquina administrativa, para que se empenhe responsabilidade administrativa da pessoa jurídica pública a quem está afeto o serviço e a respectiva indenização patrimonial.

---

135. CRETELLA JÚNIOR, José. *O Estado e a obrigação de indenizar*. São Paulo: Saraiva, 1980, p. 81-95.
136. ROLLAND, Louis. *Précis de droit administratif*. 9. ed. Paris: Dalloz, 1947, p. 363.

Paulatinamente, essa teoria se mostrou insuficiente para lidar com todos os casos em que o Estado é responsável por danos causados a terceiros. Isso ocorreu, inclusive, devido ao avanço técnico e tecnológico da época, que levou a uma mudança na forma como o Estado era visto e na sua responsabilidade perante os cidadãos.

Esses avanços tecnológicos permitiram uma maior disseminação de informações e ideias, facilitando a organização e mobilização dos cidadãos para exigir mudanças na forma como eram conduzidos os afazeres de Estado. Além disso, as novas tecnologias também permitiram aos cidadãos produzir e armazenar registros escritos de abusos cometidos na gestão pública, o que facilitou a capacidade de buscar a reparação por danos causados.

Esses avanços tecnológicos também contribuíram para o desenvolvimento de novas formas de pensamento e para o surgimento de movimentos sociais e políticos que desafiaram a visão de mundo dominante. Isso levou a uma mudança na forma como o Estado era visto, dando azo ao florescimento do pensamento acadêmico e a novas teorias para lidar com casos em que o Estado é responsável por danos causados a terceiros. Uma dessas teorias é a teoria do risco integral, segundo a qual o Estado é responsável pelos danos causados por suas atividades, independentemente de culpa ou dolo, inadmitindo excludentes causais. Outra teoria que surgiu foi a teoria do risco administrativo, segundo a qual o Estado é responsável pelos danos causados por suas atividades, independentemente de culpa ou dolo, mas com algumas possibilidades de defesa.

1.7 O RISCO INTEGRAL

É despiciendo frisar que "a responsabilidade civil, há tempos, não é novidade, tem deslocado seu eixo de análise: da culpa ao risco"[137]. A teoria objetiva, conforme dantes exposto, considera o quadro resultante do próprio fato como consequência do risco criado. Não há, em tal teoria, qualquer juízo valorativo sobre a culpabilidade do agente, seja pela ocorrência de dolo ou de culpa em sentido estrito (negligência, imprudência ou imperícia).

A noção de risco está intimamente ligada à nova ótica que enfoca o problema a partir do dano causado ao particular, ligando-se, por um nexo de causalidade, à ação ou à omissão do agente público, observadas as excludentes de responsabilidade – que à frente serão abordadas – para, sem cogitar de culpa, estabelecer a obrigação do Estado de indenizar os prejuízos causados. O preceito central desta teoria do risco é exatamente esse, assim destacado na lição de Alcino de Paula Salazar:

---

137. BRAGA NETTO, Felipe; FALEIROS JÚNIOR, José Luiz de Moura. A atividade estatal entre o ontem e o amanhã: reflexões sobre os impactos da inteligência artificial no direito público. In: BARBOSA, Mafalda Miranda; BRAGA NETTO, Felipe; SILVA, Michael César; FALEIROS JÚNIOR, José Luiz de Moura (coord.). *Direito digital e inteligência artificial*: diálogos entre Brasil e Europa. Indaiatuba: Foco, 2021, p. 456.

O simples liame de causalidade entre o dano e o ato ou omissão do funcionário, desde que este tenha agido na esfera de suas atribuições, determina a responsabilidade da Fazenda Pública sem que seja necessário indagar se houve culpa, em qualquer de seus graus.[138]

É na doutrina italiana que se encontra, com maior acuidade, a definição da *teoria do risco integral*, que se pauta no preceito de que, se o administrado sofre prejuízo em decorrência de ato material proibido, ou mesmo de ato jurídico irregular, que seja imputável ao Estado, desde que se verifique o liame causal entre o dano e o ato, poderão predominar as condições necessárias e suficientes para o equacionamento do problema da responsabilidade civil do Estado[139].

Como se vê, há o entrelaçamento do ato danoso com o dano, que, juntos, constituem o próprio nexo de causalidade que dá origem à responsabilidade objetiva. Francesco D'Alessio enfatiza isto, destacando que "entre o fato ilegítimo e o dano deve subsistir relação de interdependência, isto é, um deve ser causa do outro. Por outro lado, a causalidade deve ser objetiva e não pode ser confundida com a culpa"[140].

Forte nesta premissa, a teoria em questão põe de lado a investigação acerca do elemento pessoal, intencional ou não, preconizando o ressarcimento dos danos causados, mesmo que estes danos decorram de atos regulares, praticados pelos agentes públicos no regular exercício de suas funções.

Com efeito, veja-se a lição de Pedro Lessa:

A razão jurídica de ser o Estado obrigado a indenizar as ofensas feitas aos direitos individuais está no *princípio da igualdade dos ônus e encargos*, princípio consagrado em várias leis dos povos cultos. Os serviços públicos acarretam necessariamente certos males, e estes devem ser sofridos por todos, contribuindo cada um para a indenização do dano que incidiu numa só pessoa.[141]

O mencionado *princípio da igualdade dos ônus e encargos* é o principal elemento norteador da reparação civil para a teoria do risco integral, e sintetiza os pensamentos de Lessa, preconizando a ideia de que, se o Estado causa danos a um ou a alguns administrados, sendo este mesmo Estado legitimado pela coletividade, através do Pacto Social, para representar seus interesses, também os ônus devem ser repartidos por esta coletividade.

A lógica deste postulado encontra suas raízes nas próprias origens históricas de constituição do Estado, conduzindo à associação das vontades individuais dependente do Pacto Social, tão bem elucidado por Rousseau, quando define o Estado como "objeto de um contrato no qual os indivíduos não renunciam a seus direitos naturais, mas ao contrário, entram em acordo para a proteção desses direitos, que o Estado é criado

---

138. SALAZAR, Alcino de Paula. *Responsabilidade do Poder Público por atos judiciais*. Rio de Janeiro: Canton & Reile, 1941, p. 45-46.
139. ZANOBINI, Guido. *Corso di diritto amministrativo*. 6. ed., Milão: Giuffrè, 1950, v. I, p. 272.
140. D'ALESSIO, Francesco. *Istituzioni di diritto amministrativo*. 4. ed. Turim: Unione Editrice Torinese, 1949, v. 2, p. 254.
141. LESSA, Pedro. *Do Poder Judiciário*. Rio de Janeiro: Francisco Alves, 1915, p. 164.

para preservar"[142], conduzindo à conclusão de que o Estado é a unidade e, como tal, representa a vontade geral.

A partir do momento em que os seres humanos ingressam no convívio social, tornam-se a própria essência desta sociedade porque estão ligados por um pacto, um contrato que, paulatinamente, vai crescendo no meio social, repleto de princípios e deveres que devem ser seguidos por todos os indivíduos, e, então, necessariamente conservados, não apenas de forma particular, mas de forma coletiva, visando a repartição igualitária de ônus e deveres entre os administrados[143].

Zanobini, sobre o assunto, afirma que "a responsabilidade se baseia, especialmente, num princípio mais substancial de justiça distributiva, que tende a evitar todo o prejuízo injustificado e não equitativamente repartido por todos"[144].

Este princípio, portanto, demonstrou profunda modificação do pensamento da época, eis que a própria pessoa jurídica pública tem interesse em ressarcir os danos ocorridos, conciliando os interesses do administrado atingido pelos danos com o dever reparatório do próprio administrador público, posto que ambos constituem a mesma unidade (Estado), e o desequilíbrio econômico de uma das partes – se não for ressarcido – fatalmente refletirá na outra parte.

O que fizeram os teóricos da doutrina do risco integral foi extremar os casos em que o Estado deve ser responsabilizado, justificando o dever de indenizar mesmo em situações de fato exclusivo da vítima, fato de terceiro, caso fortuito ou força maior.

Drástica que é, esta teoria elevou o Estado à condição de "segurador universal"[145], tornando-o responsável por todo e qualquer dano causado a qualquer administrado, sempre norteado pelo princípio da distribuição igualitária dos ônus e encargos.

Esta concepção decore do risco cada vez maior que a atividade pública pressupõe, e que, mal comparando, também se verifica na atividade de qualquer empresa de grande porte. Com isso, fazendo uma analogia da sistemática adotada pelo direito privado, os defensores desta tese trasladaram a noção de risco para o Direito Administrativo, caracterizando-o como risco integral.

Cretella Júnior destaca que:

> O Estado – o grande agente de seguros – não vai deixar de pagar o prêmio devido, principalmente quando o prejuízo não veio de terceiros, mas é proveniente da própria empresa seguradora – a Administração – que, funcionando mal, prejudicou o segurado – o funcionário ou administrado, ocasionando-lhe um dano ou desequilíbrio financeiro.[146]

---

142. ROUSSEAU, Jean-Jacques. *Do contrato social*. Tradução de Antônio de Pádua Danesi. 3. ed. São Paulo: Martins Fontes, 1996, p. 56.
143. Conferir, sobre o tema, BRAGA NETTO, Felipe. *Manual da responsabilidade civil do Estado*: à luz da jurisprudência do STF e do STJ e da teoria dos direitos fundamentais. 5. ed. Salvador: Juspodivm, 2018, p. 98-99.
144. ZANOBINI, Guido. *Corso di diritto amministrativo*. 6. ed., Milão: Giuffrè, 1950, v. I, p. 270.
145. HARADA, Kiyoshi. Responsabilidade civil do Estado. *Revista do Instituto dos Advogados de São Paulo*, São Paulo, v. 3, n. 5, p. 123-133, jan./jun. 2000.
146. CRETELLA JÚNIOR, José. *O Estado e a obrigação de indenizar*. São Paulo: Saraiva, 1980, p. 91.

Pelo caráter extremo, abusivo e injusto da teoria do risco integral, grande parcela da doutrina passou a criticá-la duramente ao longo dos anos, restando poucos que ainda a defendem, notadamente em face de sua reduzida aplicabilidade, capaz de gerar graves consequências aos postulados e princípios do ordenamento jurídico como um todo.

Nesse sentido, a teoria do risco integral não se presta a fundamentar a justa possibilidade de restituição que lastreia a responsabilidade civil como seu fundamento primário. Aqui reside a maior crítica dos doutrinadores que se posicionam contrariamente a esta teoria: se o Estado responde pela vítima, é porque há o suposto rompimento do equilíbrio como déficit entre eles. Mas isto não pode ocorrer em toda e qualquer situação, de forma absolutamente indistinta.

Sobre tal teoria, pondera Aguiar Dias:

[...] Que é risco integral? Esta a indagação a que obriga a boa interpretação, porque há quem sustente que o risco a que se deve ater o intérprete não é risco. Nós entendemos que a definição de risco integral só pode referir-se à atividade do Estado, exercida mediante o desempenho, por seus agentes, da parcela dessa atividade que lhes é atribuída. [...] Se atentarmos para esse aspecto do problema e o tivermos como indispensável à aplicação do princípio do risco, podemos defini-lo como integral, embora para a definição bastasse o substantivo, porque o adjetivo, como acontece com a democracia, por exemplo, só provoca equívoco.[147]

Hely Lopes Meirelles acentua que tal teoria jamais foi acolhida no Brasil, e seu abandono, nos sistemas jurídicos que a admitiram, ocorreu "por conduzir ao abuso e à iniquidade social"[148]. Portanto, o ideal seria buscar uma teoria que mitigasse o excessivo rigor com que a teoria do risco integral encara o dever do Estado de reparar os danos causados aos administrados.

Com isso, surgiu a teoria do risco administrativo, pela qual não se busca a responsabilidade objetiva integral do Estado para indenizar todo e qualquer dano, mas, de fato, dispensa à vítima a prova de culpa do agente, cabendo ao Estado a demonstração de culpa integral ou parcial do lesado no evento danoso para excluir ou apenas mitigar a indenização devida.

1.8 TEORIA DO RISCO ADMINISTRATIVO

Embora guarde muitas semelhanças com a teoria do risco integral, a *teoria do risco administrativo* foi criada no afã de propiciar a reparação de danos causados pelo Estado aos administrados, mas permitindo que aquele demonstre, para fins de se eximir ou de atenuar o dever de indenizar, o fato exclusivo ou concorrente da própria vítima quanto à eclosão do evento danoso.

---

147. DIAS, José de Aguiar. *Da responsabilidade civil*. 11. ed. Rio de Janeiro: Renovar, 2006, p. 829, nota n. 986.
148. MEIRELLES, Hely Lopes. *Direito administrativo brasileiro*. 28. ed. São Paulo: Malheiros, 2003, p. 658.

Em outras palavras, para esta teoria, embora ainda seja necessária a simples demonstração do nexo causal, ficando o administrado eximido de demonstrar qualquer culpa do agente público, ao Estado é possibilitado defender-se do pleito indenizatório, demonstrando causas excludentes do dever de reparação dos danos, o que garante que não será em todo e qualquer caso que deverá indenizar o particular pelos danos sofridos em virtude da atuação estatal, como ocorre no risco integral.

A teoria do risco administrativo originou-se como adaptação da teoria do risco do Direito Civil, gerando para o Estado a obrigação de indenizar decorrente do simples comportamento estatal baseado no "fato da administração". Sua principal diferença com relação à teoria da culpa administrativa reside neste ponto, uma vez que, sendo objetiva, não se perquire culpa, sendo irrelevante analisar se houve "falta da administração", como ocorre na teoria da culpa administrativa[149].

Sobre o risco, Carlos Roberto Gonçalves leciona que:

> Uma das teorias que procuram justificar a responsabilidade objetiva é a teoria do risco. Para esta teoria, toda pessoa que exerce alguma atividade cria um risco de dano para terceiros. E deve ser obrigada a repará-lo, ainda que sua conduta seja isenta de culpa. A responsabilidade civil desloca-se da noção de culpa para a ideia de risco, ora encarada como 'risco-proveito', que se funda no princípio segundo o qual é reparável o dano causado a outrem em consequência de uma atividade realizada em benefício do responsável (*ubi emolumentum, ibi onus*)[150].

Baseada no risco que o exercício da atividade pública gera ao particular, a teoria em questão foi criada para viabilizar a reparação de danos injustamente causados a determinado cidadão a partir da participação de todos os demais, de modo a eliminar a desigualdade gerada entre a vítima e seus pares.

Pode-se dizer, inclusive, que essa teoria visa à solução econômica para o problema, criada pela teoria objetiva, da ampla reparação, uma vez que a distribuição dos encargos pela coletividade nada mais é que espécie de "seguro coletivo", que garante cada administrado contra os danos que, eventualmente, vier a sofrer, e obriga a todos, através do pagamento de impostos, a solidarizarem-se pela reparação dos danos porventura causados à vítima.

Aqui, predomina a preocupação com a reparação do dano em si, e, levando-se em conta a natureza do próprio Estado, converte-se esta reparação em uma distribuição do dano por toda a coletividade, como se fosse mesmo um seguro. A diferença, no entanto, reside na minoração da responsabilidade, pois o dano é rateado entre todos os demais administrados, que contribuem para sua indenização[151].

Com isso, o dever de indenizar deixa de encontrar amparo no caráter da própria conduta do agente causador do dano para debruçar-se no risco que o exercício de

---

149. GONÇALVES, Carlos Roberto. *Responsabilidade civil*. 11. ed. São Paulo: Saraiva, 2009, p. 28.
150. GONÇALVES, Carlos Roberto. *Responsabilidade civil*. 11. ed. São Paulo: Saraiva, 2009, p. 29.
151. CRETELLA JÚNIOR, José. *O Estado e a obrigação de indenizar*. São Paulo: Saraiva, 1980, p. 86.

determinada atividade gera para terceiros[152], em função do proveito econômico daí resultante, e, havendo o prejuízo, indeniza-se[153].

Paul Duez dizia que o Estado nada mais é do que "enorme *empresa*, cuja finalidade é satisfazer, por meio de processos apropriados, a certas necessidades de interesse geral". Ainda com relação a esta comparação, à frente desta empresa, aduzia o autor, estão colocados os governantes e seus agentes, sendo que, os primeiros, imprimem à gestão da empresa suas diretivas mestras, enquanto os segundos lhe asseguram a marcha cotidiana pelo pormenor, no quadro das diretivas[154].

O próprio Duez também dizia que o Estado pode ser definido mediante uma fórmula sintética, como "um agregado de serviços públicos". Em face disso, no entanto, governantes e agentes não mais exprimem a vontade de uma pessoa juridicamente superior, como tal, posto que são quase como gerentes de negócios do público em geral, investidos da função social de conduzir de maneira conveniente a empresa estatal, que, no curso de seu funcionamento, pode causar certos prejuízos aos particulares[155].

Tais prejuízos, considerando que a "empresa" funciona no interesse geral, se traduzem num encargo público para a vítima, de forma que o princípio da responsabilidade significa a reparação pecuniária do dano causado, com a utilização de verbas públicas recolhidas através de impostos, tendo por efeito fazer pesar definitivamente tal carga sobre a coletividade. E, dessa maneira, a responsabilidade do Estado aparece como um aspecto do problema da repartição dos encargos públicos entre os administrados.

Rui Stoco salienta que "a base de sustentação do Direito Constitucional é, sem dúvida, a sujeição de todos à ordem jurídica instituída, de modo que a lesão a bens jurídicos alheios impõe ao causador do dano a obrigação de repará-lo"[156].

Então, em síntese, a distribuição dos encargos pela coletividade, de fato, constitui espécie de "seguro coletivo", que visa a garantia de todos os indivíduos contra danos que possam vir a sofrer, gerando obrigações imponíveis a todos, também, de contribuir com os encargos, na medida de sua participação fiscal[157]. Nesse diapasão, a teoria do risco administrativo representa verdadeira justiça distributiva, eis que impõe a todas as pessoas que formam o Estado o dever de contribuir indiretamente para a composição dos danos causados a uma ou a algumas delas.

Durante o século XX, houve também grandes avanços tecnológicos, incluindo o desenvolvimento de novas formas de comunicação e transporte. Essas novas tecnologias permitiram uma maior disseminação de informações e ideias, facilitando a organização

---

152. GAUDEMET, Yves. Responsabilité de la puissance publique. *Revue du droit public et de la science politique en France et à l'étranger*, Paris, n. 2, p. 463–500, mar./abr. 1987.
153. CRETELLA JÚNIOR, José. *O Estado e a obrigação de indenizar*. São Paulo: Saraiva, 1980, p. 86.
154. DUEZ, Paul. *La responsabilité de la puissance publique*: en dehors du contrat. Paris: Dalloz, 1927, p. 14-15.
155. DUEZ, Paul. *La responsabilité de la puissance publique*: en dehors du contrat. Paris: Dalloz, 1927, p. 15.
156. STOCO, Rui. *Tratado de responsabilidade civil*: doutrina e jurisprudência. 8. ed. São Paulo: Revista dos Tribunais, 2011, p. 275.
157. CRETELLA JÚNIOR, José. *O Estado e a obrigação de indenizar*. São Paulo: Saraiva, 1980, p. 90.

e mobilização dos cidadãos para exigir mudanças na forma como o Estado era governado, a indicar um modelo de estado interventor[158]. Portanto, parte-se da concepção privatista de que a parte que explora determinado ramo da economia, auferindo lucros desta atividade, deve, da mesma forma, suportar os riscos de danos a terceiros. É esta mesma concepção que foi trasladada do Direito Civil para tornar o Estado um segurador universal, obrigando-o a reparar, objetivamente, os danos causados pelo desempenho de suas funções públicas[159].

Sílvio Rodrigues, sintetizando estas ideias, explica que:

> A teoria do risco é a da responsabilidade objetiva. Segundo essa teoria, aquele que, através de sua atividade, cria risco de dano para terceiros deve ser obrigado a repará-lo, ainda que sua atividade e seu comportamento sejam isentos de culpa. Examina-se a situação, e, se for verificada, objetivamente, a relação de causa e efeito entre o comportamento do agente e o dano experimentado pela vítima, esta tem direito de ser indenizada por aquele.[160]

A propósito, é importante destacar que, quando vieram para o Brasil, as concepções fulcradas nas teorias do *risco administrativo* e do *risco integral* conduziram a uma verdadeira celeuma de entendimentos. Os autores brasileiros, por muito tempo, não faziam distinção entre elas, dizendo, muitas vezes, que eram expressões sinônimas, ou considerando a teoria do risco administrativo como equivalente à teoria do acidente administrativo – que, na verdade, está ligada à culpa administrativa –, e alguns até mesmo admitindo as causas excludentes e atenuantes dentro da teoria do risco integral[161].

Hely Lopes Meirelles distingue as duas modalidades simplesmente dizendo que a teoria do risco administrativo admite as causas excludentes da responsabilidade (culpa da vítima, culpa de terceiro ou força maior), ao passo que a teoria do risco integral não as admite[162]. No entanto, este posicionamento é duramente criticado por Cahali, que salienta que a distinção entre ambas as teorias não é estabelecida conceitual ou ontologicamente, mas em função das consequências irrogadas pelo risco administrativo que, necessariamente, é qualificado por seu efeito de permitir a contraprova de excludente de responsabilidade[163].

E, sobre isso, Cahali ainda acrescenta que, "deslocada a questão para o plano da causalidade, qualquer que seja a qualificação atribuída ao risco [...], aos tribunais se permite exclusão ou atenuação daquela responsabilidade do Estado quando fatores outros, voluntários ou não, tiverem prevalecido como causa na verificação do dano injusto"[164].

---

158. SILVA, Gabriela Buarque Pereira. A responsabilidade civil do Estado ante a intervenção no domínio econômico. *Revista Fórum de Direito Civil*, Belo Horizonte, v. 7, n. 18, p. 151–184, maio/ago., 2018.
159. HARADA, Kiyoshi. Responsabilidade civil do Estado. *Revista do Instituto dos Advogados de São Paulo*, São Paulo, v. 3, n. 5, p. 123–133, jan./jun. 2000.
160. RODRIGUES, Sílvio. *Direito civil*: responsabilidade civil. 20. ed. São Paulo: Saraiva, 2003, p. 10.
161. DI PIETRO, Maria Sylvia Zanella. *Direito administrativo*. 22. ed. São Paulo: Atlas, 2009, p. 643.
162. MEIRELLES, Hely Lopes. *Direito administrativo brasileiro*. 28. ed. São Paulo: Malheiros, 2003, p. 623.
163. CAHALI, Yussef Said. *Responsabilidade civil do Estado*. 3. ed. São Paulo: Revista dos Tribunais, 2007, p. 40.
164. CAHALI, Yussef Said. *Responsabilidade civil do Estado*. 3. ed. São Paulo: Revista dos Tribunais, 2007, p. 40.

A doutrina é assente em dizer que basta a averiguação da causa do dano: se foi o funcionamento de um serviço público ou não, independentemente da regularidade do mesmo, sendo firme também o entendimento de que existem algumas conjunturas que podem excluir ou, ao menos, diminuir a responsabilidade do Estado.

Com base nisto, é certo dizer que a teoria do risco administrativo se mostra mais adequada ao atual paradigma em que se enquadra o instituto dentro do Direito Administrativo, deixando para trás as demais teorias, que, mesmo importantes, se encaixavam melhor nos sistemas jurídicos de seus respectivos momentos históricos.

Não obstante o excessivo rigor com que a teoria do risco integral aborda o tema, ela guarda muitas semelhanças com a teoria do risco administrativo, e, mesmo hoje, não pode ser totalmente desprezada. Isso porque, a despeito de alguns doutrinadores, como Hely Lopes Meirelles, salientarem que esta teoria jamais foi admitida no Brasil, existem algumas leis que se amoldam melhor aos fundamentos dela do que aos da teoria do risco administrativo, tendo em vista a incidência da responsabilidade civil independentemente das circunstâncias que normalmente a excluiriam.

Exemplos disso são os danos decorrentes de atos terroristas, de atos de guerra ou eventos correlatos contra aeronaves brasileiras, e algumas relações obrigacionais, conforme tratados nas Leis nº 10.309/2001 e 10.744/2003 e nos arts. 246, 393 e 399 do novo Código Civil.

Desta feita, insta salientar a importância da completa compreensão de todas essas teorias, eis que, sem elas, é impossível conhecer todo o tratamento dado à matéria ao longo dos anos, notadamente no Brasil, onde ainda se vê resquícios de teorias passadas. Mas, a grande relevância, particularmente das modalidades da teoria do risco, está na adoção da sistemática da responsabilidade objetiva.

A aplicação da teoria do risco administrativo é fundamental para garantir a proteção dos direitos dos cidadãos e a efetividade dos serviços públicos, uma vez que incentiva a administração pública a agir de forma mais cuidadosa e preventiva, a fim de evitar danos a terceiros[165]. Zanobini já salientava que, se o administrado sofre prejuízo em virtude de ato material proibido ou de ato jurídico irregular imputado ao Estado, havendo inequívoco nexo causal entre o dano experimentado e o ato nocivo, predominarão as "[...] condições necessárias para o equacionamento do problema da responsabilidade civil do Estado"[166].

1.9 A EVOLUÇÃO DO INSTITUTO NO BRASIL

Neste momento, retomando a análise histórica da responsabilidade civil do Estado, é importante explicitar minuciosamente o tratamento dado ao instituto por todas as Constituições brasileiras, ao longo da história do país.

---

165. NERY, Ana Rita de Figueiredo. Responsabilidade civil e serviços públicos: um espaço de convivência entre a autoridade e a consensualidade. In: ROSENVALD, Nelson; MILAGRES, Marcelo (coord.). *Responsabilidade civil*: novas tendências. 2. Ed. Indaiatuba: Foco, 2018, p. 557-566.
166. ZANOBINI, Guido. *Corso di diritto amministrativo*. 6. ed., Milão: Giuffrè, 1950, v. I, p. 272.

A relevância deste apanhado da evolução constitucional se revela na própria lição de Zagrebelsky, para quem:

> A história constitucional é mudança, é contingência política, é a acumulação de experiências do passado no presente, é realidade social, é relação entre passado e futuro, é movimento de sujeitos indefiníveis, *a priori*, é imprevisibilidade de problemas e espontaneidade de soluções.[167]

Diante disso, para a completa compreensão do tema, é imperiosa a análise do instituto jurídico da responsabilidade civil pública frente ao panorama político que a história apresenta, realçando-se o papel que cada Constituição desempenhou no aprimoramento dos paradigmas do passado, refletindo novas realidades sociais, e as principais mudanças que, invariavelmente, levaram a alterações no tratamento dado à matéria[168].

Destarte, acompanhando a evolução do instituto da responsabilidade civil do Estado, desde o advento da Constituição da República de 1946, o ordenamento jurídico brasileiro optou pela responsabilização extracontratual do Estado pela via objetiva. Mas, até então, o Brasil passou por gradual processo evolutivo no trato da matéria, que remonta ao período colonial, quando, então, se admitia a completa ausência de responsabilização do Estado.

Com a substituição do sistema colonial, após a independência do Brasil, tudo mudou, e o país passou a adotar variados tratamentos para a matéria, sempre refletindo a realidade política, econômica e social, em cada momento histórico.

1.9.1 Fases colonial e monárquica

À época da colonização do Brasil, por volta do ano 1534, existiam as capitanias hereditárias, que subdividiam o território colonial em doze porções, de traços irregulares, todas confrontando com o Oceano Atlântico, que eram doadas a particulares (comumente chamados de "donatários") interessados em nelas morar para colonizá-las e defendê-las.

Como não havia uma organização política coerente, principalmente porque as capitanias não possuíam quaisquer vínculos umas com as outras, os donatários dispunham de poderes quase absolutos sobre seus respectivos territórios, e lá exercem jurisdição plena, por intermédio de ouvidores de sua nomeação e juízes eleitos pelas vilas, não permitindo qualquer tipo de interpenetração em seu poder político e administrativo, salvo pela metrópole[169].

---

167. ZAGREBELSKY, Gustavo. *Storia e costituzione*. Milão: Giuffrè, 1993, p. 36, tradução livre.
168. SEVERO, Sérgio. *Tratado da responsabilidade pública*. São Paulo: Saraiva, 2009, p. 39. Anota: "O direito brasileiro apresenta uma evolução coerente com aquela adotada pelos países da família romano-germânica no que tange à responsabilidade pública. Não foi pioneiro ou inovador, tampouco tardio".
169. SILVA, José Afonso da. *Curso de direito constitucional positivo*. 15. ed. São Paulo: Malheiros, 1998, p. 72.

Em face disso, a tentativa de atribuição de qualquer dever reparatório ao governante estava completamente fora de cogitação; era uma ideia absurda, impensável, uma vez que todos os súditos residentes na colônia, embora pudessem se organizar com finalidade de engrandecimento produtivo, deviam se submeter indistintamente à supremacia e ao monopólio da metrópole.

Tal mentalidade perdurou durante mais de três séculos, apenas sofrendo mudança mais significativa com a vinda do rei D. João VI ao Brasil, em 1808, quando se passou para a fase monárquica, alterando definitivamente o *status* colonial do Brasil, que foi elevado à categoria de Reino Unido a Portugal, por meio da Lei de 16 de dezembro de 1815, o que representou verdadeira quebra de paradigma.

Com a mudança de sede da família reinante para o Rio de Janeiro, iniciou-se profunda reestruturação político-administrativa, com a criação do Conselho de Estado, da Intendência Geral de Polícia, do Conselho da Fazenda, do Conselho Militar, Do Desembargo do Paço, da Academia da Marinha, da Casa da Moeda, do Banco do Brasil, dentre outros[170].

Nada disso, contudo, gerou repercussões fora do Rio de Janeiro. O interior continuou atrasado, com notáveis diferenças políticas, econômicas e sociais resultantes de tantos anos de autonomia e independência de cada uma das capitanias hereditárias.

Fato é que, a despeito da mudança de paradigma, com a centralização do Poder, o Brasil vivenciou período de amadurecimento intelectual de seus pensadores, motivados pelos ideais europeus da época, enraizados no liberalismo, no parlamentarismo, no constitucionalismo, no federalismo, na democracia e na República.

Ademais, a crise econômica vivenciada no país, bem como o surgimento dos ideais republicanos, foi catalisadora dos movimentos separatistas, que criticavam a centralização do Poder e o domínio português. Outro elemento que serviu como estopim para a crise do sistema monárquico foi a má relação com o exército, que cada vez mais se distanciava da elite portuguesa.

Somado a isso, especificamente em 26 de abril de 1821, D. João VI retornou a Portugal, deixando seu filho mais velho, D. Pedro de Alcântara, como regente para governar o país, no intuito de retomar o sistema colonial, o que jamais foi aceito pelos brasileiros[171]. Foi então que, em 7 de setembro de 1822, foi proclamada a independência do Brasil, desvinculando-o da antiga metrópole e dando início a um novo movimento constitucionalista no país, que, naquele tempo, conduziu vários pensadores a cogitarem da aplicação da Constituição portuguesa no território brasileiro[172].

---

170. SILVA, José Afonso da. *Curso de direito constitucional positivo*. 15. ed. São Paulo: Malheiros, 1998, p. 75.
171. VIANNA, Hélio. *História do Brasil*: período colonial, monarquia e república. 15. ed. São Paulo: Melhoramentos, 1994, p. 418.
172. A resistência dos brasileiros em retornar ao sistema colonial foi o catalisador da declaração de independência, que contou com o apoio de D. Pedro de Alcântara; evidentemente, não foi um movimento pacífico, eis que a insurgência contra o sistema colonial ensejou a fúria da família real portuguesa. Com a derrota e ulterior rendição dos últimos soldados portugueses designados para conter o movimento, o país se tornou independente,

Nesta época, houve grande movimento no intuito de pôr fim aos poderes regionais oriundos da antiga subdivisão das capitanias, visando à criação de uma unidade nacional, pautada pelo constitucionalismo e norteada pelo ideal francês de separação dos poderes, tão bem destacado no art. 16 da Declaração dos Direitos do Homem e do Cidadão, de 1789, na passagem onde diz que "não tem constituição a sociedade onde não é assegurada a garantia dos direitos nem determinada a separação dos poderes", com o nítido objetivo de promover o "fortalecimento da Federação e a efetiva autonomia política e financeira dos Estados e Municípios"[173].

1.9.2 Fase imperial

Desde a independência do Brasil, a se iniciar pelo período imperial, nunca se cogitou da irresponsabilidade absoluta do Estado, uma vez que todas as Constituições promulgadas e outorgadas desde então, ao abordar a matéria, partiam da premissa de que o Estado pode, sim, ser responsabilizado por seus atos, variando nos fundamentos desta responsabilidade, como não poderia deixar de ser, mas nunca se pautando na premissa da irresponsabilidade, ainda que isto se sustentasse como simples noção[174].

Esta nova concepção emanou da própria formação do Estado brasileiro, que se deu com a construção de uma unidade de poder que repudiava o absolutismo, e, por conseguinte, as noções regalistas que este sistema político seguia. A superação desta mentalidade se deu com a edição da Constituição Imperial, outorgada em 25 de março de 1824, a primeira Constituição escrita do Brasil.

Neste momento, impende destacar a importância das Constituições escritas para a codificação do sistema jurídico em um único documento, capaz de impedir manobras escusas por parte do Estado – por exemplo, quanto à responsabilidade civil, no intuito de eximir-se de eventual dever reparatório – destacando seu "efeito racionalizador, estabilizante, de segurança jurídica e de calculabilidade e publicidade"[175], brilhantemente lembrado por Canotilho.

Além de fixar objetivos e traçar os principais aspectos políticos, econômicos e sociais de um povo, a Constituição impõe limites ao poder estatal, criando interação ou simbiose entre o Estado e o Direito, sendo indispensável que se considere sua força normativa, levando em conta "não só os elementos sociais, políticos e econômicos

---

passando para uma fase imperial, quando foi declarado o primeiro Imperador do Brasil: o filho de D. João VI, Pedro de Alcântara, coroado, em dezembro de 1822, sob o título de D. Pedro I.
173. BONAVIDES, Paulo; ANDRADE, Antônio Paes de. *História constitucional do Brasil*. 3. ed. Rio de Janeiro: Paz e Terra, 1991, p. 802.
174. SEVERO, Sérgio. *Tratado da responsabilidade pública*. São Paulo: Saraiva, 2009, p. 41. Anota: "Observe-se que certos precedentes podem ser vislumbrados mesmo no período do Brasil colonial, como se observa na transferência da Corte portuguesa para o Brasil, que implicou a requisição de vários imóveis particulares com a finalidade de instalar a nobreza".
175. CANOTILHO, José Joaquim Gomes. *Direito constitucional e teoria da constituição*. 7. ed. Coimbra: Almedina, 2011, p. 65.

dominantes, mas também que, principalmente, incorpore o estado espiritual de seu tempo"[176], sem se olvidar da necessidade de que a Constituição possa se adaptar a eventuais mudanças destes elementos.

Forte em tais premissas, a Constituição Imperial de 1824 inovou, na época, uma vez que, embora excluísse a responsabilidade individual do Imperador, admitia, em certos casos, a responsabilização dos Conselheiros de Estado (art. 99). Já quanto aos à época denominados "empregados" públicos, estes eram "estritamente responsáveis pelos abusos e omissões praticados no exercício de suas funções e por não fazerem efetivamente responsáveis aos infratores (art. 179, item XXIX)"[177].

Como se vê, responsabilizava-se individualmente os "empregados" públicos, como regra geral da dita Carta. Inicialmente, prevalecia a tese da culpa civil, como também ocorria nos países europeus, mas isto não significava que não houvesse hipóteses em que o Estado pudesse ser responsabilizado civilmente. Tais hipóteses, embora poucas e ainda incipientes, balizaram a adoção da dita teoria para aceitar que o Estado respondesse quando funcionário seu procedesse de modo culposo no desempenho da atividade pública.

Diversas leis específicas e decretos traziam disposições concernentes à responsabilização do Estado, como nos casos do Decreto nº 1.930, de 26 de abril de 1857, que regulamentava a construção das estradas de ferro e admitia a responsabilização estatal advinda desta atividade[178], ou do Decreto nº 3.453, de 20 de abril de 1865, que estabelecia a responsabilidade dos oficiais de registro, ou, ainda, do Decreto nº 498, de 22 de janeiro de 1847, que previa a responsabilidade dos Tesoureiros da Recebedoria pelo erário público[179].

Nesta época, D. Pedro I abdicou ao trono e foi para a Europa, deixando para trás seu filho de cinco anos e herdeiro, que viria a ser D. Pedro II[180]. Porém, como o novo Imperador não pôde exercer suas prerrogativas constitucionais até atingir maioridade, o Brasil passou por um período regencial, marcado por disputas entre facções políticas que, no entanto, não estavam em revolta contra a monarquia, embora algumas declarassem a secessão das províncias como repúblicas independentes, mas só enquanto o Imperador era menor de idade[181-182].

---

176. HESSE, Konrad. *A força normativa da Constituição*. Tradução de Gilmar Ferreira Mendes. Porto Alegre: Sérgio Antônio Fabris Editor, 1981, p. 20.
177. ARAÚJO, Edmir Netto de. *Curso de direito administrativo*. São Paulo: Saraiva, 2005, p. 730.
178. DI PIETRO, Maria Sylvia Zanella. *Direito administrativo*. 22. ed. São Paulo: Atlas, 2009, p. 505.
179. SEVERO, Sérgio. *Tratado da responsabilidade pública*. São Paulo: Saraiva, 2009, p. 42, nota nº 139.
180. CARVALHO, José Murilo de. *D. Pedro II*. São Paulo: Cia. das Letras, 2007, p. 43.
181. VIANNA, Hélio. *História do Brasil*: período colonial, monarquia e república. 15. ed. São Paulo: Melhoramentos, 1994, p. 420.
182. A despeito da coroação prematura de D. Pedro II como Imperador do Brasil, o país vivenciou uma era de mais de meio século de progresso material rápido, sagrando-se vencedor nas guerras do Prata, do Uruguai e da Tríplice Aliança, a consolidação gradual de uma democracia representativa, a abolição da escravidão com as Leis Eusébio de Queirós, de 1850, e Áurea, de 1888, dentre outros exemplos.

Com o avanço do ideal descentralizador defendido pelos federalistas, durante todo o período imperial, foram feitos protestos e rebeliões, como a "Balaiada", a "Cabanada" e a "Sabinada", movimentos rebeldes que visavam à implantação de uma monarquia federalista no Brasil[183]. No Brasil imperial, sempre houve pouca vontade política para mudar a forma de governo de monarquia para república, até mesmo com a derrubada do sistema, em 1889, pois D. Pedro II estava no auge de sua popularidade entre seus súditos.

Em 1834, chegou-se a uma razoável descentralização, com o Ato Adicional de 1834, mas o que realmente fez irromper o ideal republicano no país foram a Inconfidência Mineira e a Revolução Pernambucana de 1817, que lançaram os ideais motivadores do movimento liderado por Bento Gonçalves para a proclamação da República do Piratini[184], em 1835, ressurgindo com ainda mais forças em 1870, e se desenvolvendo até 1889, quando, finalmente, proclamou-se a república[185].

1.9.3 Fase republicana

A onda de revoltas surgida na segunda metade do século XIX acabou obtendo sucesso, no ano de 1889, quando as forças descentralizadoras prevaleceram, defendendo a divisão do poder de forma mais coerente e não meramente fragmentária, como ocorria à época das capitanias hereditárias, que se materializou, pela primeira vez, no Decreto nº 1, de 15 de novembro de 1889, com a Proclamação da República. Mas foi em 24 de fevereiro de 1891 que os efeitos jurídicos deste novo panorama político se evidenciaram, com a promulgação da Constituição da República de 1891, que estabeleceu a Nação Brasileira ao adotar como forma de governo a República Federativa.

Com a nova organização do Estado, embora o art. 82 daquela Constituição preconizasse a responsabilidade estrita dos funcionários públicos e não a do Estado, as primeiras leis da República denotavam nítida inclinação para a admissão da possibilidade de responsabilização do Poder Público, por exemplo, no caso de lesão a direito, com dano certo e atual, e relação direta de causalidade entre o dano e o ato ou omissão de um serviço público (Leis nºs 221, de 20 de novembro de 1894 e 3.084, de 5 de novembro de 1908)[186].

É importante frisar, neste momento, que, apesar das nuances da teoria da irresponsabilidade absoluta do Estado, verificadas nas primeiras Constituições escritas do

---

183. SILVA, José Afonso da. *Curso de direito constitucional positivo*. 15. ed. São Paulo: Malheiros, 1998, p. 79.
184. Na década de 1830, surgiu uma onda de descontentamento dos produtores gaúchos de charque, que reivindicavam do Governo Imperial a tributação dos produtos importados de seus concorrentes argentinos e uruguaios. Diante da inércia estatal, disseminou-se, no sul do país, um movimento contrário ao poder centralizador, por radicais vulgarmente denominados de farroupilhos, liderados por Bento Gonçalves, que iniciaram um conflito armado pela instauração do sistema republicano, culminando com a tomada do poder em Porto Alegre e a declaração de independência do novo país, denominado, à época, de República do Piratini.
185. SILVA, José Afonso da. *Curso de direito constitucional positivo*. 15. ed. São Paulo: Malheiros, 1998, p. 79-80.
186. MAXIMILIANO, Carlos. *Comentários à Constituição brasileira*. Rio de Janeiro: Editor Jacinto Ribeiro dos Santos, 1918, p. 783-784.

Brasil, jamais se pôs em dúvida, na doutrina brasileira, a tese da responsabilização do Estado no ordenamento pátrio.

Sobre isto, veja-se o que diz Amaro Cavalcanti:

> [...] a julgar pelo teor das suas decisões e dos numerosos julgados dos Tribunais de Justiça e das decisões do próprio Contencioso Administrativo, enquanto existiu, é de razão concluir que a teoria aceita no País tem sido sempre a do reconhecimento da aludida responsabilidade, ao menos em princípio; ainda que deixando juntamente largo espaço para frequentes exceções, em vista dos fins e interesses superiores, que o Estado representa e tem por missão realizar em nome do bem comum.[187]

E o jurista ainda traz, em sua obra, verdadeiro compêndio de anotações de Ruy Barbosa sobre o tema, demonstrando que, na evolução da matéria dentro do ordenamento jurídico brasileiro, jamais se abriu margem à teoria regaliana, notadamente porque "julgados, na magistratura municipal, na estadual, na federal, repetidos e uniformes em ações de perdas e danos, vão dia-a-dia aumentando o tesouro opulento dos arestos, que fazem talvez de nossa jurisprudência, a esse respeito, a mais persistente e copiosa de todas"[188].

Inclusive, citando João Luiz Alves, o jurista potiguar Miguel Seabra Fagundes destaca que, mesmo antes do Código Civil de 1916, já se adotava o princípio da responsabilidade do Estado, em especial pela alhures mencionada Lei Federal nº 221, de 20 de novembro de 1894, que, ao tratar da questão da competência do Poder Judiciário para julgar as questões advindas de compensações, reivindicações, indenização de prejuízos ou quaisquer outras que fossem objeto de demanda proposta pela União contra particulares e vice-versa, admitia, de forma implícita, a obrigação estatal de indenizar prejuízos causados aos administrados[189-190].

É pacífico na doutrina brasileira o entendimento de que a tese da responsabilidade civil do Estado sempre foi utilizada nos julgamentos dos Sodalícios nacionais, que por vezes reconheciam a solidariedade do agente público que cometia o ato danoso e o próprio Estado, o que redundou em diversos comentários da doutrina, que vislumbrava uma cláusula geral de responsabilidade pública no antigo art. 60, alínea "c", da Constituição da República de 1891, nos seguintes termos:

> O que se consagra nesta cláusula do art. 60, e com a discrição, a generalidade e a concisão que requeria a natureza da lei em cujo corpo foi incluída, é a responsabilidade da União por prejuízos causados aos particulares, [...] pelos atos e decisões do Poder Público, considerado como pessoa jurídica, moral, artificial, ou coletiva, sujeita às normas do direito privado, [...].[191]

---

187. CAVALCANTI, Amaro. *Responsabilidade civil do Estado*. Rio de Janeiro: Borsoi, 1957, v. I, p. 617.
188. CAVALCANTI, Amaro. *Responsabilidade civil do Estado*. Rio de Janeiro: Borsoi, 1957, v. I, p. 612.
189. SEABRA FAGUNDES, Miguel. *O controle dos atos administrativos pelo Poder Judiciário*. 3. ed. Rio de Janeiro: Forense, 1957, p. 205.
190. A previsão da Lei Federal nº 221, de 20 de novembro de 1894, quanto à responsabilidade estatal, encontrava semelhante previsão no art. 60, alínea "c", da Constituição da República de 1891.
191. SEVERO, Sérgio. *Tratado da responsabilidade pública*. São Paulo: Saraiva, 2009, p. 47, nota nº 159.

Vê-se no excerto do doutrinador, que, já naquela época germinava a concepção do Estado como pessoa jurídica detentora de direitos e obrigações, embora ainda se apoiasse na noção de responsabilidade do direito privado. Dito isso, com a evolução da velha teoria da culpa civil, adotou-se a noção da culpa do serviço, já no final do período imperial e início do período republicano, ditando as primeiras noções de responsabilidade objetiva, embora não existisse unânime consenso doutrinário nesse sentido.

Até 1946, prescreveu-se a solidariedade entre o Estado e seus agentes, o que refletia bem a relevância que o instituto dava à culpa (*"faute"*) na apuração do dever reparatório, eis que a demonstração da culpa pessoal do agente (negligência, imprudência ou imperícia) era pressuposto da responsabilização do Estado. Com isso, o que se nota é que, no Brasil, "mesmo à falta de disposição legal específica, a tese de responsabilidade do Poder Público sempre foi aceita como princípio geral e fundamental de Direito"[192].

O Código Civil de 1916, envolvido nessa atmosfera de responsabilidade subjetiva, trazia em seu art. 15 a previsão da responsabilidade civil do Estado, *in verbis*:

> Art. 15. As pessoas jurídicas de Direito Público são civilmente responsáveis por atos de seus representantes que nessa qualidade causem danos a terceiros, procedendo de modo contrário ao Direito ou faltando a dever prescrito por lei, salvo o direito regressivo contra os causadores do dano.

Gize-se, pois, que as expressões acima destacadas denotam, às claras, a responsabilidade estatal de cunho eminentemente subjetivo, baseando-se na culpa, o que se percebe quando se fala em proceder "de modo contrário ao direito ou faltando a dever prescrito por lei".

Mas, nesses casos, o que se verificava, na maioria das vezes, era a dificuldade, e, às vezes, a impossibilidade de que a vítima demonstrasse a culpa do agente público, por se encontrar em posição de inferioridade diante do Ente, de modo que, raramente, atingia tal desiderato e, comumente, ficava sem ver reparados os danos sofridos.

Celso Antonio Bandeira de Mello é enfático ao destacar que, embora este dispositivo indicasse o caráter eminentemente subjetivo da responsabilidade, existiam doutrinadores declaradamente adeptos da responsabilidade objetiva, como Pedro Lessa, Amaro Cavalcanti, e o próprio Ruy Barbosa.

Exemplificando a questão, tem-se o famoso voto do Ministro Filadelfo Azevedo, do Supremo Tribunal Federal, datado de 12 de abril de 1943, que, nos autos da apelação cível nº 7.264, condenou a União ao pagamento de indenização pelos "danos causados por movimento militar sedicioso, embora o fizesse com fundamento na teoria da falta de serviço ou culpa administrativa"[193].

A terceira Constituição brasileira foi promulgada em 16 de julho de 1934 e trouxe notável evolução quanto à matéria, ao estatuir que "os funcionários públicos são respon-

---

192. CAVALIERI FILHO, Sérgio. *Programa de responsabilidade civil*. 8. ed. São Paulo: Atlas, 2009, p. 240.
193. MELLO, Celso Antônio Bandeira de. *Curso de direito administrativo*. 26. ed. São Paulo: Malheiros, 2009, p. 1018.

sáveis solidariamente com a Fazenda Nacional, Estadual ou Municipal, por quaisquer prejuízos decorrentes de negligência, omissão ou abuso no exercício dos seus cargos" (art. 171)[194].

Bastante espelhada na Constituição de Weimar[195], esta Carta Constitucional não era tão bem estruturada quanto a anterior, mas trouxe inovações em vários aspectos, sendo destacáveis a aceitação do sufrágio feminino, a criação da Justiça Eleitoral e a constitucionalização dos princípios do funcionalismo público. No entanto, teve pouca duração.

Três anos depois, especificamente em 10 de novembro de 1937, Getúlio Vargas assumiu o poder e implantou a nova ordem, denominada *Estado Novo*. Pouco mudou na nova Constituição com relação àquela de 1934, tendo sido mantida a mesma redação do antigo art. 171 no novo art. 158, para admitir a responsabilização solidária entre Estado e agente público. Mas, não foi norma de fácil aplicabilidade, afinal, tratava-se de um período ditatorial, em que os Poderes Executivo e Legislativo estavam concentrados nas mãos do Presidente da República, que legislava por meio de decretos e depois os aplicava[196].

Somente com o fim da Segunda Guerra Mundial é que o Brasil experimentou uma mudança de paradigma, com a redemocratização política iniciada em vários países europeus na mesma época, que, inegavelmente, influenciou a mudança das concepções políticas brasileiras.

Nesse sentido, baseando-se nas Constituições de 1891 e de 1934, foi elaborada a quinta Constituição escrita do Brasil, promulgada em 18 de setembro de 1946, que realmente foi um marco divisor para diversos aspectos do direito brasileiro, em especial para o tema aqui tratado.

O art. 194 da Constituição da República de 1946 cuidou de inserir no ordenamento jurídico a teoria da responsabilidade objetiva, desvinculando a responsabilidade estatal de qualquer prova de culpa ou falta do serviço, pouco importando se o agente público agiu irregularmente. Tal dispositivo previa que "as pessoas jurídicas de Direito Público Interno são civilmente responsáveis pelos danos que os seus funcionários, nessa qualidade, causem a terceiros".

Como se vê, não havia qualquer menção ao vocábulo culpa. Porém, o próprio dispositivo punha à salvo, em seu parágrafo único, a possibilidade de regresso do Estado contra o funcionário que causou o dano, se este agiu com culpa, dizendo que "caber-lhes-á ação regressiva contra os funcionários causadores do dano, quando tiver

---

194. MELLO, Celso Antônio Bandeira de. *Curso de direito administrativo*. 26. ed. São Paulo: Malheiros, 2009, p. 1018.
195. A Constituição de Weimar (*Weimarer Verfassung*, em alemão) foi o documento oficial que instituiu um sistema político mais democrático na Alemanha, a partir de 1919, como emanação do Estado Social preconizado na primeira metade do século XX, substituindo, no país, a figura do Kaiser pela do Presidente Imperial.
196. SILVA, José Afonso da. *Curso de direito constitucional positivo*. 15. ed. São Paulo: Malheiros, 1998, p. 85.

havido culpa destes". Com isso, nesta época, deixou-se de lado a *solidariedade* preconizada pelas Constituições de 1934 e de 1937, para dar lugar à noção de *regressividade* entre funcionário e Poder Público[197].

Não se pode olvidar, contudo, do que dispunha o alhures citado art. 15 do Código Civil de 1916, em vigor nesta época, e que previa expressamente a noção subjetiva de responsabilidade. Sobre a incompatibilidade material entre tal dispositivo e o art. 194 da Constituição da República de 1946, José dos Santos Carvalho Filho enfatiza a derrogação daquele por este:

> Se comparado esse texto com o do art. 15 do Código Civil, não será difícil observar que foram retirados da norma os pressupostos da conduta contrária ao direito e da inobservância de dever legal, exatamente aqueles que denunciavam a adoção da responsabilidade subjetiva, ou com culpa. Resulta da alteração da norma que o direito pátrio, através da regra constitucional, passou a consagrar a teoria da responsabilidade objetiva do Estado, na qual não era exigida a perquirição do fator culpa. Interpretação comparativa leva a concluir-se que o art. 15 do Código Civil sofreu derrogação pelo advento do art. 194 da Constituição de 1946.[198]

A partir de então, o ordenamento jurídico brasileiro passou a adotar a responsabilidade objetiva como regra, baseando-se na já estudada *teoria do risco administrativo*, onde não se cogita de culpa, mas, tão-somente, da relação de causalidade entre o ato danoso e o próprio dano.

O que se assistiu, a partir de então, foi um processo de graves disputas políticas internas, adoção de políticas públicas que não refletiam os reais desideratos sociais e a gradual deterioração da economia brasileira, que se tornaram verdadeiros catalisadores para a eclosão da revolução militar de 1964, que culminou com um golpe de Estado e a instauração de um novo sistema político[199].

Com o novo governo, veio uma nova Constituição, outorgada em 24 de janeiro de 1967, retomando os parâmetros ditatoriais das Cartas de 1824 e 1937, num verdadeiro retrocesso constitucional, que, embora tenha significado verdadeira afronta à democracia, trouxe a mesma disposição da Constituição anterior, quanto à responsabilidade civil do Estado[200].

O Diploma Constitucional de 1967 estatuiu, em seu art. 105, que "as pessoas jurídicas de direito público respondem pelos danos que seus funcionários, nessa qualidade, causem a terceiros"[201]. Como se vê, é quase uma cópia fiel do que dispunha o art. 194 da Constituição da República de 1946, tendo o legislador constituinte apenas suprimido o

---

197. ARAÚJO, Edmir Netto de. *Curso de direito administrativo.* São Paulo: Saraiva, 2005, p. 732.
198. CARVALHO FILHO, José dos Santos. *Manual de direito administrativo.* 21. ed. Rio de Janeiro: Lumen Juris, 2009, p. 415-416.
199. SILVA, José Afonso da. *Curso de direito constitucional positivo.* 15. ed. São Paulo: Malheiros, 1998, p. 87.
200. SILVA, José Afonso da. *Curso de direito constitucional positivo.* 15. ed. São Paulo: Malheiros, 1998, p. 88.
201. ARAÚJO, Edmir Netto de. *Curso de direito administrativo.* São Paulo: Saraiva, 2005, p. 732.

vocábulo "*Interno*" ao se referir às "pessoas jurídicas de Direito Público", ampliando o rol de abrangência do instituto para todas as pessoas jurídicas ligadas ao Poder Público[202].

A verdadeira novidade veio no parágrafo único do art. 105, que reeditou o que dizia o parágrafo único do antigo art. 194, acrescentando-lhe as hipóteses de conduta dolosa do agente público: "Caberá ação regressiva contra o funcionário responsável, nos casos de culpa e dolo".

Todavia, este dispositivo teve curta vigência. As crises políticas da época não cessavam; eram protestos e mais protestos contra a ditadura militar, que culminaram com medidas governamentais drásticas: os Atos Institucionais[203], impondo cassações de mandatos, suspensões de direitos políticos, em especial o AI nº 5, que rompeu com a ordem constitucional[204].

À época, o então presidente Costa e Silva foi acometido por insidiosa moléstia, que o impediu de continuar à frente do Executivo, até que foi afastado por determinação do AI nº 12, passando o poder aos Ministros da Marinha de Guerra, do Exército e da Aeronáutica Militar, que lideraram a elaboração de um novo texto constitucional, outorgado como *Emenda Constitucional nº 1* à Constituição de 1967, dando continuidade ao governo dos militares[205].

Esta nova norma entrou em vigor no dia 30 de outubro de 1969 e, embora fosse taxada como Emenda Constitucional, ostentava todos os caracteres de uma nova Constituição, tão profundas foram as alterações realizadas. Sobre isso, José Afonso da Silva destaca que "a emenda só serviu como mecanismo de outorga, uma vez que verdadeiramente se promulgou texto integralmente reformulado"[206].

A despeito disso, o novo Diploma praticamente repetiu o que dispunha a Constituição de 1967 sobre a possibilidade de responsabilização do Estado, realocando, para o seu art. 107, o que anteriormente previa o art. 105, e vigeu durante algumas décadas, até a ruptura do sistema ditatorial.

1.9.4 A responsabilidade civil do Estado na Constituição da República de 1988

Durante todo o período da ditadura militar, aconteceram lutas e protestos contra o autoritarismo imposto no Brasil a partir do golpe de 1964, e em especial após a instituição do AI nº 5. Mas, foi somente a partir da década de 1980 que se verificou um sentimento

---

202. ARAÚJO, Edmir Netto de. *Curso de direito administrativo*. São Paulo: Saraiva, 2005, p. 732.
203. Os Atos Institucionais foram decretos emitidos durante os anos do regime militar, servindo como mecanismos de legitimação e legalização das ações políticas dos ditadores da época; ao todo, foram decretados dezessete AI's entre os anos de 1964 e 1969.
204. Como reação às fortes manifestações contra o governo militar, o Ato Institucional nº 5 foi decretado em 13 de dezembro de 1968, conferindo amplos poderes ao governante, como fechar o Congresso Nacional, demitir, remover ou aposentar quaisquer funcionários, cassar mandatos parlamentares, suspender por dez anos os direitos políticos de qualquer pessoa, decretar estado de sítio, dentre vários outros.
205. BUENO, Eduardo. *Brasil*: uma História. São Paulo: Ática, 2003, p. 382.
206. SILVA, José Afonso da. *Curso de direito constitucional positivo*. 15. ed. São Paulo: Malheiros, 1998, p. 89.

muito forte em toda a nação, que clamava pelas eleições diretas para a Presidência da República, tudo em busca do verdadeiro reequilíbrio da vida nacional, e o grande líder político da época era o então Governador do Estado de Minas Gerais, Tancredo Neves.

Neves propunha a construção de uma "Nova República", com significativas mudanças legislativas, no intuito de retomar a democracia, eliminando todos os resíduos da nebulosa fase da ditadura militar, com a convocação de novo Poder Constituinte incumbido de elaborar a nova Constituição da República Federativa do Brasil. Sua eleição, em 15 de janeiro de 1985, marcou a nova etapa da história política brasileira, que foi logo assombrada por seu inesperado falecimento, ainda antes de assumir a Presidência[207].

O Vice-Presidente eleito, José Sarney, embora gerasse desconfiança por suas convicções políticas, deu continuidade ao projeto de Neves, nomeando uma Assembleia Nacional Constituinte para a elaboração da mais atual Constituição escrita do Brasil.

Promulgada em 5 de outubro de 1988, a "Constituição Cidadã", como era chamada por Ulysses Guimarães, é um dos documentos mais avançados dentro da teoria constitucional moderna pela atualidade de seus institutos, assegurando diversas garantias constitucionais impensáveis à época do regime ditatorial militar, com o objetivo de dar maior efetividade aos direitos fundamentais, e permitindo a participação do Poder Judiciário sempre que houver lesão ou ameaça de lesão a direitos[208].

1.9.4.1 O artigo 37, § 6°, da Constituição da República de 1988

Define Márcia Andréa Bühring que "a responsabilidade do Estado é a responsabilidade constitucional do Estado, porque está ancorada em nossa Constituição. Essa noção está interligada à noção de Estado de direito"[209]. E, de fato, na nova Magna Carta, a responsabilidade civil do Estado está tratada no art. 37, § 6°, que estabelece o seguinte:

> Art. 37. [...]
>
> § 6° - As pessoas jurídicas de direito público e as de direito privado prestadoras de serviços públicos responderão pelos danos que seus agentes, nessa qualidade, causarem a terceiros, assegurado o direito de regresso contra o responsável nos casos de dolo ou culpa.

O instituto preconiza o entendimento até então vigente no ordenamento jurídico brasileiro, prevendo que, quando um prejuízo é causado a um particular pelo servidor público, agindo nessa qualidade, adota-se o regime da responsabilidade civil do Estado, com a possibilidade de regresso contra o servidor, em caso de dolo ou culpa[210].

---

207. SILVA, José Afonso da. *Curso de direito constitucional positivo*. 15. ed. São Paulo: Malheiros, 1998, p. 91.
208. SILVA, José Afonso da. *Curso de direito constitucional positivo*. 15. ed. São Paulo: Malheiros, 1998, p. 92-94.
209. BÜHRING, Márcia Andréa. *Responsabilidade civil extracontratual do Estado*. São Paulo: Thomson/IOB, 2004, p. 86.
210. Sobre o tema, conferir, MIRANDA, Jorge. A Constituição e a responsabilidade civil do Estado. *Revista do Ministério Público do Estado do Rio de Janeiro*, Rio de Janeiro, n. 21, p. 153-163, jan./jun. 2005; JUSTEN FILHO, Marçal. Estado democrático de direito e responsabilidade civil do Estado. *Revista de Direito Público da Economia*, Belo Horizonte, v. 5, n. 19, p. 159-208, jul./set. 2007; CLÈVE, Clèmerson Merlin. Responsabilidade civil

Uma das principais inovações do texto constitucional é a substituição da palavra "funcionários" pela palavra "agentes", esta bem mais abrangente, referindo-se a quaisquer servidores públicos, e não somente àqueles explicitamente designados como funcionários públicos, de modo que "do gari e do praça até o Presidente da República, todo e qualquer servidor estatal compromete, quando agindo nessa qualidade, a responsabilidade civil por dano a terceiro, da entidade a que serve"[211].

Outra inovação notável é a admissibilidade de extensão do instituto às pessoas jurídicas de direito privado prestadoras de serviços públicos, rol no qual se incluem as empresas públicas, sociedades de economia mista, bem como as sociedades privadas concessionárias, permissionárias e autorizatárias de serviços públicos, além de todas as entidades que prestem serviços públicos, uma vez que o sentido da expressão "serviços públicos" deve ser amplamente considerado[212].

Neste ponto, cumpre ressaltar o posicionamento da doutrina quanto à possibilidade de responsabilização solidária do Poder Público pelo ato danoso cometido pelas pessoas de direito privado prestadoras de serviços público[213].

A maior parte da doutrina defende que a responsabilidade direta é da própria prestadora do serviço, porque presta o serviço público por sua conta e risco. Contudo, ressalvam-se os casos em que o prestador do serviço se encontre em situação de insolvência, hipótese em que o Estado deverá arcar com os ônus daí provenientes, abrindo margem à responsabilização subsidiária.

Yussef Said Cahali, destoando da maioria, defende que é possível a responsabilização direta e solidária do Estado, "em razão da presumida falha da Administração na escolha da concessionária ou na fiscalização de suas atividades, desde que a concessão tenha por objeto a prestação de serviço público"[214]. E dá exemplos: no caso de fiscalização de atividades econômicas privadas sujeitas a autorização governamental, como em estabelecimentos de crédito e financiamento, companhias de seguro ou estabelecimentos de ensino[215].

O entendimento que tem encontrado maior prevalência jurisprudencial é o da doutrina majoritária, uma vez que os Tribunais pátrios têm entendido pela melhor adequação da sujeição do Estado à reparação de danos apenas caso o patrimônio da

---

do Estado por atos jurisdicionais. *A&C - Revista de Direito Administrativo & Constitucional*, Belo Horizonte, v. 12, n. 47, p. 107–125, jan./mar. 2012; REALE, Miguel. Responsabilidade civil do Estado. *Revista de Direito Público*, São Paulo, v. 21, n. 87, p. 24–34, jul./set. 1988.

211. SEABRA FAGUNDES, Miguel. O direito administrativo na futura Constituição. *Revista de Direito Administrativo*, Rio de Janeiro, v. 168, p. 1-10, abr./jun. 1987, p. 5.
212. JUSTEN FILHO, Marçal. Estado democrático de direito e responsabilidade civil do Estado. *Revista de Direito Público da Economia*, Belo Horizonte, v. 5, n. 19, p. 159–208, jul./set. 2007.
213. Sobre o tema, cf. PEREIRA, Caio Mário da Silva. Responsabilidade civil do Estado. *Revista Brasileira de Direito Comparado*, Rio de Janeiro, v. 4, n. 8, p. 1–17, jan./jun. 1990.
214. CAHALI, Yussef Said. *Responsabilidade civil do Estado*. 3. ed. São Paulo: Revista dos Tribunais, 2007, p. 151.
215. CAHALI, Yussef Said. *Responsabilidade civil do Estado*. 3. ed. São Paulo: Revista dos Tribunais, 2007, p. 151.

empresa prestadora de serviço público se esgote, evitando-se a insegurança da vítima quanto ao efetivo ressarcimento dos prejuízos[216].

Outro aspecto polêmico é a consideração da responsabilidade objetiva das prestadoras de serviço público unicamente frente aos indivíduos considerados *usuários* do respectivo serviço. Quem defende esta linha de raciocínio, o faz frente a um conceito que não consta da redação do dispositivo constitucional, que se refere a "terceiros".

Assim, o posicionamento que tem maior prevalência na jurisprudência brasileira é aquele segundo o qual a exegese do art. 37, §6º, "nada exige quanto à qualificação do sujeito passivo do dano; isto é: não se exige que sejam usuários, nesta qualidade, atingidos pelo dano"[217]. Posicionamento correto, uma vez que o que realmente exige o dispositivo constitucional é que o dano emane de agentes públicos em exercício de função de prestadores de serviço público.

Voltando à análise do art. 37, §6º, nota-se que o dispositivo reflete nítida hipótese de responsabilidade objetiva, a qual já era adotada no ordenamento jurídico brasileiro desde a Constituição da República de 1946[218]. Segundo a melhor doutrina, a teoria da responsabilidade objetiva do Estado representa uma consequência lógica do Estado de Direito e nasce como decorrência da submissão dos Entes ao ordenamento jurídico. Embora ela dispense a prova da culpa do agente e do Estado, essa teoria não resulta em responsabilidades absolutas[219].

Assim, o Estado pode se esquivar do dever reparatório, demonstrando força maior ou fato exclusivo da vítima, ou atenuar o ônus indenizatório provando a concorrência de culpas com o lesado. É este o cerne da questão: adota-se a teoria do risco administrativo como elemento balizador da responsabilidade civil objetiva, a partir do momento em que se permite ao Estado defender-se da imputação que lhe é feita, seja para elidi-la, seja para atenuá-la.

---

216. PORTO, Mario Moacyr. Responsabilidade civil do Estado. *Revista Forense*, Rio de Janeiro, v. 91, n. 329, p. 131-134, jan./mar. 1995.
217. Tal posicionamento foi trazido a lume no voto proferido pelo ilustre Ministro Carlos Velloso, do Supremo Tribunal Federal, por ocasião do julgamento do Recurso Extraordinário nº 262.651-SP, ocorrido em 16 de novembro de 2004, com publicação no DJU em 6 de maio de 2005, em que se destacou a plenitude da teoria da responsabilidade objetiva, evitando-se a criação de uma nova distinção conceitual entre usuário e não-usuário do serviço público desempenhado pelas prestadoras de serviço público.
218. Sobre o tema: "No Brasil, a teoria do risco administrativo foi amplamente adotada, e vem balizando a maior parte da casuística imputável ao Estado. Entretanto, é preciso ir além: vive-se a plenitude da sociedade da informação, marcada precipuamente pela transposição das rotinas – especialmente dos atos de gestão, que serão melhor analisados no tópico seguinte – à Internet. Essa nova realidade torna o debate mais amplo, uma vez que inaugura possibilidades para a contemplação de causas excludentes e para a própria investigação causal na responsabilidade civil do Estado". BRAGA NETTO, Felipe; FALEIROS JÚNIOR, José Luiz de Moura. A atividade estatal entre o ontem e o amanhã: reflexões sobre os impactos da inteligência artificial no direito público. In: BARBOSA, Mafalda Miranda; BRAGA NETTO, Felipe; SILVA, Michael César; FALEIROS JÚNIOR, José Luiz de Moura (coord.). *Direito digital e inteligência artificial*: diálogos entre Brasil e Europa. Indaiatuba: Foco, 2021, p. 457.
219. SÁ, Hermano de. Responsabilidade civil do Estado. *Revista Forense*, Rio de Janeiro, v. 73, n. 260, p. 135-142, out./dez. 1977.

Considerando que toda atividade estatal é exercida, direta ou indiretamente, em benefício da coletividade, a teoria do risco administrativo preconiza que, também no caso de dano, o Estado, legítimo representante de todos, deve suportar os subsequentes ônus, sem que a predominância de culpa do agente público infrator seja relevante para a reparação do prejuízo causado ao administrado.

Desta premissa pode-se concluir, trazendo à baila lição de Carlos Roberto Gonçalves, que "para o dever estatal de indenizar, não se exige, pois, comportamento culposo do funcionário. Basta que haja o dano, causado por agente público, agindo nessa qualidade, para que decorra o dever do Estado de indenizar"[220].

Quanto ao servidor público, insta destacar que o ilícito administrativo praticado deve ocorrer no exercício da atividade pública, sendo de caráter excepcional todos os dispositivos que contenham previsão prescrevendo limitações comportamentais, deveres ou vedações a seus funcionários fora do serviço público[221].

A aferição do dever estatal de reparação do dano prescinde de qualquer análise de culpabilidade direta ou indireta da Administração. Tal juízo apenas será feito com relação à conduta do agente, se dolosa ou culposa, na ação ou omissão prejudicial, para fins de que o Estado promova, posteriormente, a ação regressiva a que se refere o art. 37, §6º, da Constituição da República. Esta ação regressiva constitui *obrigação* do Estado, e não mera faculdade, de modo que tem o dever institucional de promovê-la contra o servidor que, comprovadamente, agiu com dolo ou culpa na causação do dano, dando azo ao princípio constitucional da indisponibilidade do interesse público[222].

Por fim, insta destacar um posicionamento bastante peculiar do texto constitucional, que se refere à consideração das omissões estatais dentro da teoria objetiva adotada para a responsabilização do Poder Público[223]. Ainda que muitos doutrinadores reputem as normas constitucionais como perfeitas e insuscetíveis de previsões lacunosas, verifica-se, no caso do dispositivo em comento, a falha do legislador, que não cuidou de explicitar a questão à luz da teoria da responsabilidade objetiva, abrindo margem à interpretação de que é cabível a aplicação da teoria subjetiva à hipótese.

Prosseguindo, é importante destacar o modo como o Código Civil de 2002 abordou a matéria, reiterando a previsão constitucional, com algumas particularidades.

---

220. GONÇALVES, Carlos Roberto. *Responsabilidade civil*. 11. ed. São Paulo: Saraiva, 2009, p. 182.
221. Conferir, por todos, SÁ, Hermano de. Responsabilidade civil do Estado. *Revista Forense*, Rio de Janeiro, v. 73, n. 260, p. 135–142, out./dez. 1977; ARAGÃO, Alexandre Santos de. Os fundamentos da responsabilidade civil do Estado. *Revista Brasileira de Direito Público*, Belo Horizonte, v. 1, n. 3, p. 9–20, out./dez. 2003; SCHUTA, Andréia. A responsabilidade civil do Estado por conduta omissiva. *A&C - Revista de Direito Administrativo & Constitucional*, Belo Horizonte, v. 9, n. 36, p. 75–122, abr./jun., 2009; PORTO, Mario Moacyr. Responsabilidade civil do Estado. *Revista Forense*, Rio de Janeiro, v. 91, n. 329, p. 131–134, jan./mar. 1995.
222. ARAÚJO, Edmir Netto de. *Curso de direito administrativo*. São Paulo: Saraiva, 2005, p. 733.
223. MIRANDA, Jorge. A Constituição e a responsabilidade civil do Estado. *Revista do Ministério Público do Estado do Rio de Janeiro*, Rio de Janeiro, n. 21, p. 153–163, jan./jun. 2005.

1.9.4.2 O artigo 43 do Código Civil brasileiro de 2002

O novel Código Civil, instituído pela Lei nº 10.406, de 10 de janeiro de 2002, em seu art. 43, reproduz a mesma orientação dada pelo art. 37, §6º, da Constituição da República de 1988, omitindo-se unicamente quanto à responsabilização das pessoas jurídicas de direito privado prestadoras de serviços públicos.

Com efeito:

> Art. 43. As pessoas jurídicas de Direito Público Interno são civilmente responsáveis por atos dos seus agentes que nessa qualidade causem danos a terceiros, ressalvado direito regressivo contra os causadores do dano, se houver, por parte destes, culpa ou dolo.

É interessante notar que, aqui, há a retomada do vocábulo "*Interno*", quando se faz referência às pessoas jurídicas de direito público, redação esta que era utilizada pelo texto do art. 194 da Constituição da República de 1946, talvez um reflexo das convicções dos elaboradores de seu anteprojeto, na década de 1970[224].

Mas, fato é que, embora não se diferencie muito do panorama constitucional dado à matéria, o Código Civil de 2002 apresenta legislação bastante peculiar quando se envereda nos meandros do direito público, sempre contendo alguma omissão ou pequena impropriedade, o que denota certa carência de noções próprias do Direito Administrativo na redação de seus artigos. Nada que prejudique seu conteúdo material, no entanto.

Cabe destaque, por outro lado, a utilização do vocábulo "agentes" para designar os servidores públicos que praticam o ato danoso, retomando a redação do texto constitucional, mais abrangente, conforme fundamentado anteriormente.

Desta feita, insta destacar que, tanto o dispositivo constitucional, quanto o dispositivo infraconstitucional, seguem a moderna tendência de adoção da responsabilidade civil sob seu viés objetivo, rompendo com o antigo paradigma da culpa administrativa para preceituar uma sistemática de responsabilidade civil voltada para a teoria do risco.

É essencial estudar o sistema normativo instituído pela lei material civil para a teoria da responsabilidade subjetiva, em seus arts. 186 e seguintes, assim como a abordagem civilística dada à responsabilidade civil objetiva em seu art. 927, principalmente para fins de comparação com o que se utiliza atualmente para a responsabilidade civil do Estado.

À frente serão analisadas as nuances de cada uma destas responsabilidades (subjetiva e objetiva), seus fundamentos e elementos, assim como a peculiaridade dos atos omissivos – cerne do presente estudo – e o tratamento que é dado para as hipóteses de responsabilização do Estado por atos omissivos de seus agentes.

Não menos importante é a abordagem que será feira especificamente quanto aos danos de natureza moral, que são de difícil conceituação, e ainda geram confusão dou-

---

224. ARAÚJO, Edmir Netto de. *Curso de direito administrativo*. São Paulo: Saraiva, 2005, p. 733.

trinária e jurisprudencial quanto à metodologia de fixação e quantificação, bem como a seus fundamentos basilares.

1.10 O DESENVOLVIMENTO DA INTELIGÊNCIA ARTIFICIAL E SEUS REFLEXOS PARA O ESTADO

A evolução dos sistemas de inteligência artificial (IA) no século XX foi marcada por avanços significativos em áreas como aprendizado de máquina, processamento de linguagem natural e visão computacional. No início do século XX, a IA ainda era um campo de pesquisa em desenvolvimento, com muitos desafios a serem superados. No entanto, ao longo do século, houve grandes avanços tecnológicos que permitiram o desenvolvimento de sistemas de IA cada vez mais sofisticados e capazes[225].

Um dos principais avanços tecnológicos que permitiu o desenvolvimento dessa tecnologia foi o aumento da capacidade de processamento dos computadores. Isso permitiu que os sistemas de IA pudessem processar grandes quantidades de dados em tempo real, o que é fundamental para tarefas como reconhecimento de padrões e aprendizado de máquina.

Outro avanço importante foi o desenvolvimento de algoritmos de aprendizado de máquina cada vez mais sofisticados. Esses algoritmos permitem que os sistemas de IA aprendam a partir de dados e melhorem seu desempenho ao longo do tempo. Isso é fundamental para tarefas como reconhecimento de voz e visão computacional. Além disso, houve também grandes avanços na área de processamento de linguagem natural. Isso permitiu o desenvolvimento de sistemas capazes de entender e responder a comandos verbais em linguagem natural, o que é fundamental para aplicações como assistentes virtuais e *chatbots*.

Esses avanços tecnológicos permitiram o desenvolvimento de sistemas de IA cada vez mais sofisticados e capazes, que estão sendo amplamente utilizados em diversas áreas, incluindo transporte, saúde, finanças e segurança. No entanto, o uso crescente da IA também levanta questões importantes sobre a responsabilidade civil do Estado por

---

225. BRAGA NETTO, Felipe; FALEIROS JÚNIOR, José Luiz de Moura. A atividade estatal entre o ontem e o amanhã: reflexões sobre os impactos da inteligência artificial no direito público. In: BARBOSA, Mafalda Miranda; BRAGA NETTO, Felipe; SILVA, Michael César; FALEIROS JÚNIOR, José Luiz de Moura (coord.). *Direito digital e inteligência artificial*: diálogos entre Brasil e Europa. Indaiatuba: Foco, 2021, p. 450-451. Com efeito: "Talvez convenha iniciar, em palavra mais ampla, lembrando que as normas abertas – que traçam objetivos e fins a serem alcançados – se não são uma característica (exclusiva) do nosso século, pelo menos representam algo que se intensificou fortemente nele. Cabe ao intérprete densificar materialmente essas normas, através de um processo racional de argumentação, buscando dimensões objetivas de sentido, à luz dos caminhos socialmente tidos como razoáveis e proporcionais. [...] Vivemos, atualmente, em sociedades complexas e heterogêneas. Aliás, o direito do século XXI se define, em boa medida, pelo pluralismo (pluralismo das concepções de mundo, dos sujeitos protegidos pelas normas, das próprias normas, oriundas de fontes diversas, dos interesses tutelados, e da própria filosofia, fundada no diálogo, na razão argumentativa). Além disso, os desafios e ameaças que hoje nos afligem são, de certo modo, distintos daqueles dos séculos passados. Há quem sustente que vivemos numa sociedade de risco. Em boa medida, nossa sociedade é definida por eles".

danos causados por sistemas de IA. Isso ocorre porque os sistemas de IA são capazes de tomar decisões, mas não são infalíveis e podem causar danos a terceiros.

Basicamente, o que se está a vislumbrar são os limites da falibilidade humana em contraste com a falibilidade das máquinas[226], fenômeno complexo e nuclearmente diverso das abstrusas formulações decorrentes da heurística pura.[227] Em termos metodológicos, o aprimoramento da técnica trabalha com princípios desdobrados da "Navalha de Ockham"[228] para investigar estruturas complexas a partir da decomposição de inúmeras variáveis em conjuntos mais simples e de mais fácil cognição. O objetivo é encontrar, em estatísticas simples, justificativas para viabilizar determinadas aplicações.

Essa tendência é ilustrada por Bruno Latour em "*Aramis ou l'Amour des techniques*", um romance com profundas reflexões sociológicas, no qual um jovem engenheiro e professor, desafiado por um problema complexo, segue a trilha de Aramis, conduzindo entrevistas, analisando documentos, avaliando as evidências na exata medida em que suas perspectivas continuam mudando: a verdade é revelada como um fenômeno multicamadas, indeterminável e que abrange larga gama de possibilidades e soluções. O leitor é eventualmente levado a visualizar o projeto do ponto de vista de Aramis e, ao longo do caminho, adquire uma visão sobre a relação entre os seres humanos e suas criações tecnológicas[229].

Eis a revelação da história: Não se deve permitir que a excessiva empolgação conduza a precipitações! Mas, quando se analisa com cautela o papel dos algoritmos de Inteligência Artificial na sociedade da informação, ecoam as reflexões de Howard Gardner: "pode-se concluir que a habilidade lógico-matemática não é um sistema tão "puro" ou "autônomo" como outros revisados aqui, e talvez deva contar não como uma única inteligência, mas como algum tipo de inteligência supra ou mais geral"[230].

---

226. KAPLAN, Jerry. *Humans need not apply*: a guide to wealth and work in the Age of Artificial Intelligence. New Haven: Yale University Press, 2015, p. 3-16.
227. TVERSKY, Amos; KAHNEMAN, Daniel. Belief in the law of small numbers. *In*: KAHNEMAN, Daniel; SLOVIC, Paul; TVERSKY, Amos (ed.). *Judgement under uncertainty*: heuristics and biases. 16. reimpr. Cambridge: Cambridge University Press, 2001, p. 23.
228. A Navalha de Ockham, usualmente identificada como princípio da economia, é um postulado metodológico para a investigação heurística que remonta à Escolástica. Essencialmente, para a formação de hipóteses explicativas, esse princípio impõe maior parcimônia no enfrentamento da complexidade. Nomeado em homenagem a William of Ockham (1288–1347), é considerado parte do método científico de cariz epistemológico que privilegia a resposta mais simples dentre um vasto conjunto de explicações adequadas e possíveis para o mesmo fato. Sobre o tema e, realçando a preocupação com a excessiva simplificação de fenômenos complexos, ver FULLER, Steve. *Humanity 2.0*: What it means to be human. Past, present and future. Hampshire/Nova Iorque: Palgrave Macmillan, 2011, p. 182-183.
229. LATOUR, Bruno. *Aramis ou l'Amour des techniques*. Paris: La Découverte, 1992, p. 134-165.
230. GARDNER, Howard. *Frames of mind*: the theory of multiple intelligences. Nova Iorque: Basic Books, 2011, p. 168, tradução livre. No original: "[...]one could conclude that logical-mathematical ability is not as "pure" or "autonomous" a system as others reviewed here, and perhaps should count not as a single intelligence but as some kind of supra- or more general intelligence."

Essa visão holística dos processos que fomentam a inovação tecnológica é inspirada no conceito de gestão humanística (*humanistic management*) de Erich Fromm.[231] Trata-se de primar pela consideração das consequências (mesmo que potenciais) que possam lesar cada participante afetado pela tecnologia sob desenvolvimento, não se admitindo avançar sem a contemplação e o contingenciamento de todas periclitâncias cognoscíveis.

Se os processos decisionais são o ponto de maior sensibilidade no trato jurídico da atuação estatal, não há dúvidas de que o uso da Inteligência Artificial (IA) traz novos elementos para a compreensão dessa dinâmica e que tornam a aferição de riscos e vantagens ainda mais delicada para o direito administrativo.

Se, por um lado, a inteligência artificial tem o potencial de produzir resultados e, em linhas gerais, propiciar uma atuação pública procedimental mais eficiente e otimizada pela predição algorítmica, que opera por representações simbólicas e estruturais do conhecimento, por outro, se constitui de construções que demandam investigações específicas para a concreta aferição de suas potencialidades.

Os impactos da IA já são sentidos nas relações sociais e revelam uma tendência inevitável:

> A IA está impactando fortemente o comportamento social. Logo, importa que entendamos como essas alterações têm se dado, quais mudanças estão já estipuladas e quais os rumos que teremos com tamanhos potenciais de automações de tarefas tradicionalmente realizadas por pessoas. [...] Na medida em que a IA está progressivamente ocupando espaços de tarefas inerentemente humanas, urge que cada pessoa tenha clareza de sua própria singularidade, a fim de que ela possa reconhecer na IA uma tecnologia eficaz, e grande aliada para facilitação das atividades humanas[232].

Estudos sobre inteligência artificial (IA) constituem um campo interdisciplinar que visa desenvolver sistemas computacionais capazes de emular a capacidade cognitiva humana. Mediante a utilização de algoritmos complexos, a IA permite que máquinas realizem tomadas de decisão, aprendam e ajam de maneira autônoma, com o propósito de solucionar problemas e desempenhar tarefas de forma eficiente[233]. No contexto do âmbito jurídico, as tecnologias inteligentes têm o potencial de auxiliar na análise de

---

231. FROMM, Erich. *The revolution of hope*: Toward a humanized technology. Nova Iorque: Harper & Row, 1968, p. 100. O autor explica: "The basic principle of humanistic management method is that, in spite of the bigness of the enterprises, centralized planning, and cybernation, the individual participant asserts himself toward the managers, circumstances, and machines, and ceases to be a powerless particle which has no active part in the process. [...] While in alienated bureaucracy all power flows from above downward, in humanistic management there is a two-way street; the "subjects" of the decision made above respond according to their own will and concerns; their response not only reaches the top decision makers but forces them to respond in turn. The "subjects" of decision making have a right to challenge the decision makers".
232. SILVA, Nilton Correia da. Inteligência artificial. *In*: FRAZÃO, Ana; MULHOLLAND, Caitlin (coord.). *Inteligência artificial e direito*: ética, regulação e responsabilidade. São Paulo: Thomson Reuters Brasil, 2019, p. 49.
233. YOO, Christopher S. Toward a Closer Integration of Law and Computer Science. *Communications of the ACM*, Nova Iorque, v. 57, n. 1, p. 33-35, jan. 2014, p. 34. O autor comenta: "Just as technology has affected law, law has also affected technology. Legal restrictions have shaped and limited the ways innovations and business models can develop".

informações legais, na elaboração de pareceres jurídicos e no processo de tomada de decisões, acarretando um impacto significativo na prática do Direito[234].

Dentro do campo das tecnologias cognitivamente automatizadas, são empregadas diversas técnicas e abordagens para capacitar sistemas computacionais. Entre essas metodologias, destacam-se o aprendizado automatizado, o processamento de linguagem natural e as redes neurais. O aprendizado automatizado possibilita às máquinas adquirir conhecimento e aprimorar seu desempenho por meio da análise de dados[235]. O processamento de linguagem natural capacita os sistemas a compreender e interpretar a linguagem humana. Por sua vez, as redes neurais são estruturas computacionais que simulam o funcionamento do cérebro humano, permitindo o processamento de informações complexas. Essas técnicas desempenham um papel crucial no desenvolvimento e avanço das soluções tecnológicas no âmbito jurídico[236].

Nesse compasso, é de se notar que o Judiciário brasileiro já vem empreendendo iniciativas de fomento ao uso da análise estatística para a otimização de resultados; denomina-se 'jurimetria' o espectro utilizado para a aferição da efetividade dessas iniciativas. Sua origem remonta ao artigo seminal de Lee Loevinger, que a definia como "a investigação científica de problemas jurídicos"[237], e sempre foi analisada do ponto de vista conceitual, gerando distinção, originalmente, com a ideia de "cibernética jurídica" (ou justibernética) – mais ampla e, tecnicamente, mais apropriada para tais estudos –, a partir dos escritos do professor italiano Mario G. Losano[238]. A situação não é diferente na iniciativa privada, em que se observa grande propensão à utilização de processos automatizados para a coleta e o processamento de dados com intenções de otimização de resultados e lucros com desfechos negativos e positivos.

De modo geral, a jurimetria envolve a análise quantitativa de dados jurídicos para análise aplicada da ciência jurídica[239], como em decisões judiciais, estatísticas processuais e informações sobre casos e litígios. A jurimetria utiliza métodos estatísticos e

---

234. RENDA, Andrea. Moral Machines: The Emerging EU Policy on "Trustworthy AI". In: BARFIELD, Woodrow (ed.). *The Cambridge Handbook of the Law of Algorithms*. Cambridge: Cambridge University Press, 2021, p. 667-690.
235. Cf. YOO, Christopher S. Toward a Closer Integration of Law and Computer Science. *Communications of the ACM*, Nova Iorque, v. 57, n. 1, p. 33-35, jan. 2014.
236. SUSSKIND, Richard. *Transforming the law*: essays on technology, justice and the legal marketplace. Oxford: Oxford University Press, 2000, p. 170.
237. LOEVINGER, Lee. Jurimetrics: The Next Step Forward. *Minnesota Law Review*, Minneapolis, v. 33, n. 5, p. 455-493, abr. 1949, p. 483, tradução livre. No original: "which is the scientific investigation of legal problems".
238. O autor explica: "È forse opportuno, a questo punto, riservare la denominazione di giurimetria ad una fase storicamente ben delimitata della ricerca giuridica e tentare invece una classificazione che tenga conto delle esperienze compiute negli ultimi anni [...]. Per l'intera disciplina propongo il nome 'giucibernetica'. Il modello è evidente: 'giusnaturalismo', 'giuspositivismo' (e gli aggettivi 'giuspubblicistico', 'giusprivatistico' e 'giusfilosofico'). [...] I due termini sono quindi parimenti discutibili dal punto di vista del purismo filologico, ma almeno 'giuscibernetica' copre per intero il vasto campo di ricerche oggi in corso". LOSANO, Mario G. *Giuscibernetica*: macchine e modelli cibernetici nel Diritto. Turim: Eunaudi, 1969, p. 106-107.
239. NUNES, Marcelo Guedes. *Jurimetria*: como a estatística pode reinventar o direito. São Paulo: Revista dos Tribunais, 2016, p. 54.

algoritmos de aprendizado de máquina para identificar padrões, tendências e estatísticas relevantes no sistema jurídico. Seu objetivo é fornecer informações e insights para apoiar a tomada de decisões legais, avaliar riscos, prever resultados judiciais e melhorar a eficiência do sistema jurídico[240].

A experiência colhida da utilização da IA pela iniciativa privada demonstra aquilo que Lessig já sugestionava na virada do milênio e que já se anotou no curso desse trabalho: a predominância de um domínio pelo controle da arquitetura (no caso, dos algoritmos)[241].

Uma empresa que detenha o controle dos métodos de coleta e tratamento de dados e mantenha sob sigilo as minúcias técnicas de seu funcionamento pode, a depender da complexidade de sua operacionalização, se blindar até mesmo contra o poder de polícia estatal, uma vez que a Administração Pública dificilmente conseguirá acesso a elementos contundentes para a aferição de ilícitos.

No Brasil, uma proposta de alternativa regulatória para a questão é o *Sandbox* Regulatório[242], nova modalidade de compartimentalização do contexto de regulação aplicável a empresas que operam no mercado de capitais.

Não se sabe a que ponto esse grau de regulação específica poderá chegar, embora seja extremamente crível que o ordenamento se reformule em razão de novas produções decorrentes do uso de técnicas direcionadas a esse aprimoramento.

José Fernando Brega é enfático quanto à relevância de se compreender a vinculação entre a atuação automatizada (que se traduz em desejável eficiência administrativa[243]) e o ordenamento jurídico:

> A existência de um sistema informático apresenta-se como uma realidade técnica, mas nem sempre como uma realidade administrativa ou jurídica. Um determinado sistema pode produzir atos administrativos válidos caso seja reconhecido pela Administração como apto a esse fim, de modo que a

---

240. Cf. COELHO, Fábio Ulhoa. Os usos da jurimetria. *Revista de Direito Bancário e do Mercado de Capitais*, São Paulo, v. 63, n. 1, p. 193-199, jan./mar. 2014.
241. LESSIG, Lawrence. *Code, and other laws of cyberspace 2.0*. 2. ed. Nova Iorque: Basic Books, 2006, p. 59-60.
242. COUTINHO FILHO, Augusto. Regulação 'Sandbox' como instrumento regulatório no mercado de capitais. *Revista Digital de Direito Administrativo*, Ribeirão Preto, v. 5, n. 2, p. 264-282, jul./dez. 2018, p. 266. Explica: "A maior parte das normas expedidas no âmbito do mercado financeiro tratam os participantes desse mercado de modo transversal, instituindo deveres e obrigações de acordo com o serviço típico desenvolvido por eles (corretagem, gestão de recursos, análise de investimentos etc.), independentemente das especificidades de cada negócio. Essa lógica não se coaduna com aquela aplicável às empresas de inovação tecnológica que ingressam no mercado financeiro (as chamadas "*Fintechs*"), já que elas muitas vezes não se enquadram nas "caixas" pré-determinadas pelos reguladores. Diante da necessidade de endereçar essa falha regulatória, tem surgido no âmbito das jurisdições estrangeiras um novo instrumento de regulação, utilizado com a finalidade de promover a evolução de novas tecnologias no mercado financeiro. Trata-se da regulação "*sandbox*" (ou caixa-de-areia, numa tradução literal). O conceito se assemelha ao de crianças brincando dentro de um parque: elas estão autorizadas a fazer o que quiserem dentro daquele espaço, desde que respeitem as regras e os limites estabelecidos para sua atuação".
243. Sobre o tema, conferir, por todos, LIMBERGER, Têmis; KOSSMANN, Edson Luís. O princípio constitucional da eficiência ante o Estado (in)suficiente. *Revista de Direito Administrativo*, Rio de Janeiro, v. 273, p. 287-311, set./dez. 2016.

ela possa ser imputado o resultado das atividades desempenhadas pela máquina, produzindo os respectivos efeitos jurídicos. É necessária, em síntese, uma vinculação entre a atuação do sistema informático e o ordenamento[244].

Tem relevância no contexto dos atos administrativos automatizados[245], que podem decorrer de implementos de inteligência artificial, mas, com o reconhecimento de sua prática pelo órgão ou entidade, ganha contornos jurídicos[246] e passa a demandar do operador do direito específica aferição. Nesse aspecto, o desenvolvimento de soluções específicas para a tutela dessas situações eventualmente carentes de regulação, mas necessariamente merecedoras de tutela jurídica faz com que se retome a discussão acerca da importância da governança digital.

Nesse contexto, para além do aspecto comunicacional e de seus entrelaçamentos com a Inteligência Artificial[247], à medida em que a eficiência administrativa passar a dar a tônica de uma realidade em que atos e processos automatizados tomam corpo e passam a ser comuns nas rotinas administrativas e judiciais[248], novos usos para a IA surgirão e demandarão respostas apropriadas.

A mudança será paulatina e, por certo, refletirá o estado da arte da evolução da disciplina estatal em torno da governança digital para a convergência interdisciplinar

---

244. BREGA, José Fernando Ferreira. *Governo eletrônico e direito administrativo*. Brasília: Gazeta Jurídica, 2015, p. 220. Acrescenta: "O reconhecimento da submissão da atividade automatizada ao ordenamento é essencial para dar cumprimento ao princípio da equivalência de garantias, de modo que a utilização das novas tecnologias não implique uma redução de direitos dos administrados."
245. MARRARA, Thiago. Direito administrativo brasileiro: transformações e tendências. *In*: MARRARA, Thiago (org.). *Direito administrativo*: transformações e tendências. São Paulo: Almedina, 2014, p. 44. Comenta: "[...] nesse momento de transição, mostra-se imprescindível examinar como a tendência tecnologizante da gestão pública se concilia ou entra em choque com o direito administrativo e como essa relação entre direito e técnica deverá ser absorvida juridicamente. Não fosse isso, é preciso que o direito lide não apenas com os efeitos benéficos das novas tecnologias aplicadas à gestão, mas principalmente com os riscos e eventuais efeitos negativos, como o aumento da fragilidade no manuseio, pelo Estado, de dados pessoais dos cidadãos, os riscos da automatização dos atos administrativos e de administração à luz do princípio da isonomia, bem como os problemas de substituição paulatina do exercício humano de tarefas públicas por mecanismos de execução indireta".
246. Sobre o tema, anota José Fernando Brega: "O sistema informático não pode aplicar critérios implícitos ou ocultos, sob pena de trazer menos garantias que aquelas presentes na atuação tradicional. As regras adotadas devem ser públicas e transparentes, de maneira a permitir o controle da atividade administrativa, inclusive o questionamento dos critérios ali adotados. Nenhuma passagem do processo decisório ser tida como impenetrável, pois a utilização dos computadores precisa reforçar a posição jurídica dos administrados, e não enfraquecê-la. Por isso, a construção e a operação de sistemas informáticos públicos devem ser acompanhadas de atos administrativos destinados a sustentá-la. O principal desses atos é aquele pelo qual a Administração decide valer-se do sistema informático para a expedição de atos administrativos automatizados, reconhecendo como seus atos produzidos dessa maneira. Por meio desse ato, o resultado da atuação do sistema informático deixa de ser apenas uma realidade informática e passa a ter um sentido jurídico". BREGA, José Fernando Ferreira. *Governo eletrônico e direito administrativo*. Brasília: Gazeta Jurídica, 2015, p. 220-221.
247. GUNKEL, David J. Comunicação e inteligência artificial: novos desafios e oportunidades para a pesquisa em comunicação. *Galáxia*, São Paulo, n. 34, p. 05-19, jan./abr. 2017, p. 13-17.
248. Cf. NUNES, Dierle; MARQUES, Ana Luiza Pinto Coelho. Inteligência artificial e direito processual: vieses algorítmicos e os riscos de atribuição de função decisória às máquinas. *Revista de Processo*, São Paulo: Revista dos Tribunais, v. 285, n. 11, p. 421-447, nov. 2018.

e o fomento de práticas adequadas de evolução das soluções utilizadas no contexto específico da Inteligência Artificial e de suas decorrências.

No rasto da empolgação gerada pela técnica, retorna-se ao trocadilho que intitula este capítulo: "*L'État c'est l'IA*"? E a resposta é "não". Como visto, a frase original expressava a ideia de que o rei era a personificação do Estado e que seu poder era absoluto, ao passo que o desenvolvimento acentuado da técnica pode conduzir à falaciosa ideia de que sistemas de IA poderão substituir o gestor público. Porém, sistemas de IA são falíveis e podem gerar danos, e, portanto, é preciso que se permita a responsabilização civil do Estado por danos causados a partir da utilização desses sistemas de IA. Isso garante a proteção dos direitos dos cidadãos e incentiva o Estado a utilizar sistemas de IA de forma responsável e cuidadosa, mas o modo como isso deve ocorrer demanda cuidadosa releitura da teoria do risco administrativo, a começar pelos pressupostos clássicos da responsabilidade civil para que se possa identificar os pontos centrais desse importante debate acadêmico.

2
THE ALGORITHM CAN DO NO WRONG (?)

"The algorithm can do no wrong" é um trocadilho inspirado na famosa frase *"the king can do no wrong"* ("o rei não erra" ou "o rei não pode errar"), e foi adaptado para se referir à responsabilidade civil do Estado no contexto da inteligência artificial (IA). Essa frase destaca a relevância de repensar os pressupostos clássicos da responsabilidade civil estatal diante dos desafios contemporâneos, em que a IA está cada vez mais presente nas rotinas e afazeres do Estado.

Como visto no capítulo anterior, no passado, a frase *"the king can do no wrong"* refletia a noção de que o monarca era uma figura soberana e, portanto, não poderia ser responsabilizado por seus atos. No entanto, ao adaptar essa ideia para o contexto da IA, surge uma reflexão sobre a responsabilidade do Estado diante dos atos ilícitos, tanto comissivos quanto omissivos, relacionados ao uso dessa tecnologia em variados contextos.

A inserção da IA nas atividades estatais traz consigo uma série de desafios, uma vez que os algoritmos podem cometer erros ou agir de forma inadequada, resultando em danos a terceiros. Nesse sentido, é necessário repensar os pressupostos clássicos da responsabilidade civil estatal para analisar sua compatibilidade com os avanços tecnológicos e os impactos da IA na tomada de decisões governamentais.

A responsabilidade civil do Estado pressupõe a existência de um ato lícito ou ilícito, ou seja, uma conduta que cause dano a terceiros. No contexto da IA, é fundamental analisar como os atos ilícitos podem ocorrer, seja por meio de erros algorítmicos, "discriminação" algorítmica (por vieses), falta de transparência ou defeitos presentes nos sistemas de IA utilizados pelo Estado.

Além disso, é necessário considerar a complexidade da responsabilidade civil diante da IA, uma vez que a tomada de decisões pode envolver uma cadeia de algoritmos interconectados. Isso levanta questões sobre a identificação do responsável, a distribuição de culpa e a reparação de danos em casos em que múltiplos agentes estão envolvidos.

Portanto, o trocadilho *"The algorithm can do no wrong"* provoca uma reflexão sobre a responsabilidade civil do Estado no contexto da IA, ressaltando a importância de uma releitura dos pressupostos clássicos para analisar sua compatibilidade com os desafios contemporâneos. A inserção da IA nas atividades estatais exige uma análise aprofundada das questões éticas, legais e sociais envolvidas, a fim de garantir a responsabilização adequada e a proteção dos direitos dos cidadãos.

2.1 PRESSUPOSTOS DA RESPONSABILIDADE CIVIL

Quando se faz referência aos pressupostos da responsabilidade civil, busca-se a delimitação dos requisitos de existência da obrigação de indenizar a vítima pelo dano causado. Existem elementos comuns à responsabilidade civil *subjetiva* e à responsabilidade civil *objetiva*, com maior ou menor importância em cada uma delas, como o nexo de causalidade, tão relevante para a teoria objetiva.

No caso específico da responsabilidade estatal, tais elementos se coadunam com os princípios e fundamentos próprios desta vertente publicista do instituto. Daí a elevada importância de sua completa compreensão. Considerando a adoção, pelo ordenamento jurídico brasileiro, da teoria do *risco administrativo*, tem-se por elementos basilares da responsabilidade civil do Estado: (i) o comportamento do agente público, por ação ou omissão; (ii) o dano; (iii) o nexo de causalidade entre uma e outro. Mas, além destes, não podem concorrer quaisquer das hipóteses de exclusão da responsabilidade.

Sob a ótica da referida teoria, tem-se que a regra geral, na forma do já estudado art. 37, §6º, da Constituição da República de 1988, será a responsabilidade objetiva do Estado, sempre desprezando-se a averiguação do elemento culpa. Não obstante, há grandes discussões na doutrina acerca do instituto aplicável às hipóteses de atos omissivos dos agentes estatais, com o entendimento majoritário de que se deve encarar a situação sob a ótica da responsabilidade subjetiva.

As diversas nuances de aplicação das teorias subjetiva e objetiva demandam aprofundado estudo dos elementos essenciais de uma e de outra, acima enumerados, notadamente do elemento culpa, cuja conceituação jurídica é de expressiva complexidade e é o que marca as principais diferenças de uma teoria para outra. Nessa linha, imprescindível que sejam analisados cada um dos elementos, pontuando-se a importância de cada um para a fixação da responsabilidade civil[1].

A rediscussão dos pressupostos da responsabilidade civil à luz das novas tecnologias do século XXI é de extrema importância[2], pois, com o avanço da tecnologia, surgem novos desafios e riscos para a sociedade, e é fundamental que a responsabilidade civil esteja alinhada com essas mudanças[3].

As novas tecnologias, como a inteligência artificial, a internet das coisas e a automação, trazem consigo novos riscos e desafios para a sociedade. É importante que os pressupostos da responsabilidade civil sejam atualizados para levar em consideração esses novos desafios e garantir que os responsáveis pelos danos causados por essas tecnologias sejam responsabilizados. Além disso, o desenvolvimento tecnológico tam-

---

1. GAUDEMET, Yves. Responsabilité de la puissance publique. *Revue du droit public et de la science politique en France et à l'étranger*, Paris, n. 2, p. 463–500, mar./abr. 1987.
2. Cf. BITENCOURT NETO, Eurico. Transformações do Estado e Administração Pública no século XXI. *Revista de Investigações Constitucionais*, Curitiba, v. 4, n. 1, p. 207-225, jan./abr. 2017.
3. CHAPUS, René. Le service public et la puissance publique. *Revue du droit public et de la science politique en France et à l'étranger*, Paris, v. 84, n. 2, p. 235–282, 1968.

bém traz consigo novas oportunidades para melhorar a vida das pessoas e atender às demandas da sociedade de maneira mais eficiente. É importante que os pressupostos da responsabilidade civil sejam atualizados para incentivar o desenvolvimento e adoção de novas tecnologias.

2.1.1 Conduta

Seja a responsabilidade civil encarada sob seu viés subjetivo ou objetivo, a conduta será requisito essencial para sua caracterização.

Maria Helena Diniz conceitua a conduta como "ato humano, comissivo ou omissivo, ilícito ou lícito, voluntário e objetivamente imputável, do próprio agente ou de terceiro, ou o fato de animal ou coisa inanimada, que cause dano a outrem, gerando o dever de satisfazer os direitos do lesado"[4].

Por sua vez, Sílvio Rodrigues, em relação à conduta, assevera que:

> A responsabilidade do agente pode defluir de ato próprio, de ato de terceiro que esteja sob a responsabilidade do agente, e ainda de danos causados por coisas que estejam sob a guarda deste. A responsabilidade por ato próprio se justifica no próprio princípio informador da teoria da reparação, pois se alguém, por sua ação, infringindo dever legal ou social, prejudica terceiro, é curial que deva reparar esse prejuízo.[5]

Na hipótese de ação do agente, o prejuízo causado deve ser produzido pelo comportamento humano resultante de ato próprio, de terceiro que esteja sob sua responsabilidade ou, ainda, por animais que estejam sob sua responsabilidade. Este ato deve contrapor-se ao direito, seja sob a ótica contratual (descumprimento da obrigação contratual), sob a ótica legal (conduta antagônica a mandamento legal) ou sob a ótica social (a conduta do agente não chega a ferir a lei, mas desvirtua-se da finalidade social à qual se destina).

A ação, que é o próprio fato gerador da responsabilidade civil, pode ser lícita ou ilícita, se baseada na ideia de culpa (teoria subjetiva), ou pode ensejar a responsabilidade sem culpa, fundada no risco (teoria objetiva), cada vez mais aceita na atualidade[6].

Nesta toada, merece destaque a teoria adotada pelo Código Civil francês, que o legislador brasileiro prudentemente seguiu, ao impor a obrigação reparatória a quem viola direito e causa dano a outrem, por ação ou omissão voluntária, negligência ou imprudência, segundo a própria exegese do art. 186 do Código Civil de 2002. Necessária é, contudo, a delimitação de uma classificação que facilite o estudo engendrado.

---

4. DINIZ, Maria Helena. *Curso de direito civil brasileiro*: responsabilidade civil. 23. ed. São Paulo: Saraiva, 2009, v. 7, p. 37.
5. RODRIGUES, Sílvio. *Direito civil*: responsabilidade civil. 20. ed. São Paulo: Saraiva, 2003, p. 16.
6. LENZ, Luis Alberto Thompson Flores. A responsabilidade civil do Estado pela prática de ato ilícito. *Revista de Direito Administrativo*, Rio de Janeiro, n. 205, p. 117–124, jul./set. 1996.

Desta forma, cabe trazer à lume a lição de Henri Lalou que, reconhecendo a dificuldade de se fazer uma sistematização adequada da matéria, adota os critérios distintivos de Planiol para os atos ilícitos, em três subdivisões ou categorias, visualizadas segundo a regra violada: (i) atos contra a honestidade; (ii) atos contra a habilidade; (iii) atos contra a lei[7].

O doutrinador francês também destaca a fórmula de Josserand quanto às categorias de culpa, vislumbradas: (i) no ato ilegal; (ii) no ato ilícito; (iii) no ato excessivo, e enfatiza que as duas fórmulas se completam, observando que o abuso de direito, embora não reflita nenhuma das divisões de Planiol, pode ser enquadrado na categoria dos atos excessivos[8].

Os primeiros atos destacados, que são os praticados contra a honestidade, são aqueles que constituem tanto o delito penal, quanto os que traduzem deslealdade ou desonestidade, estejam eles, ou não, inseridos na lei penal. E, transportando isso para as relações civis, refletem os atos ilícitos ligados à cumplicidade na violação do contrato ou as hipóteses de violação das obrigações do casamento[9].

Na seara dos atos contrários à habilidade, enquadram-se os erros profissionais em geral, por falta de prudência ou diligência, embora se considere que existam atos que não são desonestos nem desastrados, mas que ainda assim são repudiados pela lei, por motivo de ordem pública[10].

Em terceiro lugar, como atos excessivos, consideram-se os atos praticados com abuso de direito, não sendo destituída de interesse prático esta classificação, à qual não haverá necessária subordinação pelo simples motivo de atender ao método que normalmente se utiliza para tratar dos assuntos ligados à responsabilidade civil, com facilitação consultiva, sem renúncia ao direito de sistematização do que sejam tais atos[11].

O comportamento omissivo ocorre quando um indivíduo tem o dever de agir de determinada maneira, mas não o faz. Se essa inação resulta em dano, estabelece-se o nexo de causalidade pela omissão[12]. Esse dever de agir pode ser estabelecido por lei, convenção ou até mesmo pela criação de uma situação perigosa. Quando alguém cria uma situação de perigo, tem a obrigação de afastá-la.

---

7. LALOU, Henri. *La responsabilité civile*: principes élémentaires et applications pratiques. Paris: Dalloz, 1928, nº 696, p. 364.
8. LALOU, Henri. *La responsabilité civile*: principes élémentaires et applications pratiques. Paris: Dalloz, 1928, nº 697, p. 364.
9. LALOU, Henri. *La responsabilité civile*: principes élémentaires et applications pratiques. Paris: Dalloz, 1928, nº 711, p. 368.
10. LALOU, Henri. *La responsabilité civile*: principes élémentaires et applications pratiques. Paris: Dalloz, 1928, nº 789, p. 388.
11. LALOU, Henri. *La responsabilité civile*: principes élémentaires et applications pratiques. Paris: Dalloz, 1928, nº 790, p. 388.
12. Cf. LENZ, Luis Alberto Thompson Flores. A responsabilidade civil do Estado pela prática de ato ilícito. *Revista de Direito Administrativo*, Rio de Janeiro, n. 205, p. 117–124, jul./set. 1996.

Cabe destaque sua divisão em atos omissivos genéricos e específicos. Para os primeiros, exige-se a prova de culpa do ato emanado do agente público, mas, em relação aos segundos, cabe a responsabilidade objetiva, que refletiria hipótese de violação de dever individualizado de agir.

Segundo Sérgio Cavalieri Filho, a "omissão é específica quando é motivo direto do dano; [...] e genérica quando é motivo indireto do dano"[13]. Assim, na omissão específica, "a inércia administrativa é a causa direta e imediata do não impedimento do evento"[14]. Nesse caso, "o Estado se omite diante de um dever específico e expressamente consagrado no ordenamento jurídico. Já, na omissão genérica, o Poder Público infringe um dever geral de fiscalização"[15].

Na mesma toada, Cavalieri Filho exemplifica, com muita clareza, que, se um motorista embriagado atropela e mata um pedestre que estava à margem da estrada, o Estado não poderá ser responsabilizado pelo fato de estar esse motorista ao volante, sem condições para tanto. Isso seria responsabilizar o Ente por omissão genérica. Mas, se esse motorista, momentos antes, passou por uma patrulha rodoviária, teve o veículo parado, mas os policiais, por alguma razão, deixaram-no prosseguir viagem, aí haverá omissão específica, que se erige em causa adequada do não-impedimento do resultado[16].

Nesse sentido, a conduta omissiva do Estado será considerada *genérica* quando houver, para o Ente Público, um dever geral de ação, embora não tenha sido sua omissão o elemento que propiciou diretamente o dano ao particular. Em tais hipóteses, uma vez que não se pode exigir que o Poder Público seja onipresente, estando em todos os lugares ao mesmo tempo, de modo a evitar todo e qualquer tipo de dano a cada indivíduo de forma particularizada, aplica-se a teoria da responsabilidade subjetiva; se, ao contrário, for específica a violação praticada com o ato omissivo, responde objetivamente[17].

Com tal dicotomia de regência, há divergência entre a doutrina, conforme se trate o caso de ato comissivo ou omissivo, prevalecendo a tese de que, para os primeiros, aplica-se a teoria objetiva, e, para os segundos, a teoria subjetiva.[18]

Almiro do Couto e Silva é quem enfatiza ser "inaceitável adotar um conceito puramente naturalístico de causa, baseado no raciocínio de que a omissão nunca pode

---
13. CAVALIERI FILHO, Sérgio. *Programa de responsabilidade civil*. 8. ed. São Paulo: Atlas, 2009, p. 240-241.
14. CAVALIERI FILHO, Sérgio. *Programa de responsabilidade civil*. 8. ed. São Paulo: Atlas, 2009, p. 240-241.
15. CAVALIERI FILHO, Sérgio. *Programa de responsabilidade civil*. 8. ed. São Paulo: Atlas, 2009, p. 240-241.
16. CAVALIERI FILHO, Sérgio. *Programa de responsabilidade civil*. 8. ed. São Paulo: Atlas, 2009, p. 240-241.
17. SCHUTA, Andréia. A responsabilidade civil do Estado por conduta omissiva. *A&C - Revista de Direito Administrativo & Constitucional*, Belo Horizonte, v. 9, n. 36, p. 75–122, abr./jun., 2009, p. 80. Comenta: "O primeiro elemento da responsabilidade civil a ser analisado neste estudo é a conduta humana. A conduta humana corresponde a um comportamento humano, positivo (ação) ou negativo (omissão), que seja contrário ao ordenamento jurídico. [...] Cumpre destacar que a conduta humana, nos termos do artigo 186 do Código Civil Brasileiro, deve ser voluntária. Isto não significa que deve haver uma deliberação ou consciência em causar prejuízo, isto é o dolo. A voluntariedade exigida na conduta é na própria ação ou omissão".
18. ANNONI, Danielle. *A responsabilidade do Estado pela demora na prestação jurisdicional*. Rio de Janeiro: Forense, 2003, p. 46-47.

ser causa exatamente porque é o 'não ser', o nada. Na filosofia e no direito, porém, causa tanto pode ser um comportamento comissivo como omissivo"[19]. E explica esta colocação, enfatizando que:

> A ação, no sentido jurídico, é um conceito diferente da ação humana que interessa à filosofia e mesmo às outras ciências. O direito é uma ciência normativa, possuindo conceitos específicos. No plano da filosofia, a omissão não constitui uma ação; mas muitas hipóteses de reparação delitual têm sua fonte no fato de que uma pessoa não fez o que deveria ter feito.[20]

Para Gustavo Tepedino, "a omissão pode ser uma condição para que outro evento cause o dano, mas ela mesma (omissão) não pode produzir o efeito danoso. A omissão poderá ter condicionado sua ocorrência, mas não o causou"[21].

Justamente em face de tal circunstância, hipóteses que envolvam condutas omissivas são encaradas sob a ótica da responsabilidade subjetiva, atraindo a teoria da culpa anônima ou falta do serviço.

No tocante à responsabilidade civil do Estado, vislumbra-se a omissão sob uma ótica tripartite. Há casos em que o próprio comportamento do agente do Estado é o fato gerador do dano, hipótese em que se nota conduta positiva (ou comissiva). Também há situações em que a omissão do agente é que produz o dano, em um cenário em que o agente público tem o dever de agir, e não age[22]. Por fim, há situações em que a atuação do agente estatal produz o dano por atividade própria que o propicia, expondo alguém a risco.

No primeiro caso, o dano é gerado pelo Estado, através da atuação de seus agentes. Pela sistemática da Constituição da República de 1988, aplica-se a regra geral da responsabilidade objetiva.

Isto decorre das diferenças das condições em que o agente público produz o dano, que são muito distintas das que ocorrem nas relações entre particulares. Tais diferenças decorrem do monopólio da força que o Estado detém, legitimando-se a ditar as regras diante da coletividade, regras estas que os administrados não podem desincumbir-se

---

19. SILVA, Almiro do Couto e. A responsabilidade extracontratual do Estado no direito brasileiro. *Revista de Direito Administrativo*, Rio de Janeiro, n. 202, p. 19-41, out/dez, 1995, p. 24.
20. SILVA, Almiro do Couto e. A responsabilidade extracontratual do Estado no direito brasileiro. *Revista de Direito Administrativo*, Rio de Janeiro, n. 202, p. 19-41, out/dez, 1995, p. 25.
21. TEPEDINO, Gustavo. *Temas de direito civil*. 2. ed. Rio de Janeiro: Renovar, 2003, p. 190-191.
22. SCHUTA, Andréia. A responsabilidade civil do Estado por conduta omissiva. *A&C - Revista de Direito Administrativo & Constitucional*, Belo Horizonte, v. 9, n. 36, p. 75-122, abr./jun., 2009, p. 81. Anota: "A responsabilidade do agente pode decorrer de ato próprio, de ato de terceiro que esteja sob a responsabilidade do agente, e, ainda, de danos causados por coisas que estejam sob a guarda deste. A responsabilidade por ato próprio é a responsabilidade direta. É decorrente do princípio informador da teoria da responsabilidade civil, o dever de não prejudicar ninguém. Caso por ação pessoal, infringindo um dever legal ou social, alguém prejudique terceiro, deverá reparar o dano. A responsabilidade por ato de terceiro surgirá quando determinada pessoa irá responder por dano causado a outrem, porém não por ato próprio, e sim por ato de quem está sob a sua sujeição, de um modo ou de outro. Como exemplos, o pai responde pelos atos dos filhos menores que estão sob o seu poder, e o patrão responde pelos atos de seus empregados".

de seguir. Mas, ao mesmo tempo em que exerce tal monopólio, o Estado tem o dever de praticar determinados atos em prol de toda a coletividade de administrados[23].

Em razão deste dever institucional, que se liga à própria razão de ser do Estado de Direito, não se cogita de qualquer análise de culpa, quando um comportamento *comissivo* conduza a algum tipo de dano. Vale dizer, a regra da responsabilidade objetiva reflete o caráter representativo inerente ao Estado, tornando qualquer indagação despicienda quanto à atribuição do dever reparatório, se já configurada situação danosa o bastante para reclamar, em favor do atingido, a invocação do princípio da isonomia[24].

Pode ocorrer de o Estado lesar bem juridicamente protegido para a satisfação do interesse público, mediante conduta *comissiva legítima*. Nesta situação eventual, o princípio da isonomia impõe a responsabilização do Estado por quaisquer danos causados ao(s) titular(es) do bem jurídico atingido, pela simples consideração de que, se foram auferidos cômodos por uma coletividade, deve esta suportar os correlatos ônus, e, sendo a sociedade juridicamente encarnada no Estado, deve este "arcar com os gravames econômicos que infligiu a alguns para o benefício de todos[25].

Há situações, contudo, em que a conduta estatal geradora do dano não será legítima, mas será, bem ao contrário, ilegítima, sujeitando-se também aos ditames da responsabilidade objetiva. Por suposto, se a conduta legítima gera o dever reparatório, não há dúvidas de que também o ensejará a conduta lesiva ilegítima. O fundamento, para uma e outra, é a incapacidade do administrado de evadir-se da ação estatal, ficando completamente submetido à sua atuação[26].

Aqui adquire relevo a consideração de que a perda de um bem juridicamente tutelado conduz a danos, e isto, por si só, basta para autorizar a postulação da reparação pecuniária, pouco importando se houve culpa e dolo.

2.1.2 Dano

O dano é elemento indispensável à configuração da responsabilidade civil, tanto no âmbito privado, quanto no âmbito público, e sua demonstração é imprescindível para a caracterização do dever reparatório. Sem dano, não há o que reparar[27].

---

23. MELLO, Celso Antônio Bandeira de. *Curso de direito administrativo*. 26. ed. São Paulo: Malheiros, 2009, p. 1001.
24. MELLO, Celso Antônio Bandeira de. *Curso de direito administrativo*. 26. ed. São Paulo: Malheiros, 2009, p. 1001.
25. MELLO, Celso Antônio Bandeira de. *Curso de direito administrativo*. 26. ed. São Paulo: Malheiros, 2009, p. 1003.
26. MELLO, Celso Antônio Bandeira de. *Curso de direito administrativo*. 26. ed. São Paulo: Malheiros, 2009, p. 1003-1004.
27. "O dano é o fato jurídico desencadeador de responsabilidade civil. Não há responsabilidade civil sem dano. Aliás – ao contrário do que se verificava em um passado recente –, pode mesmo se cogitar de reparação do dano sem a constatação do ato ilícito, da culpa, ou mesmo em casos extremos, do nexo causal. Todavia, o dano é elemento que dispara o mecanismo ressarcitório. Enfim, inexiste responsabilidade civil sem dano, ainda que ele possa assumir formas diferenciadas, como o dano reflexo ou a perda de uma chance". FARIAS, Cristiano Chaves de; ROSENVALD, Nelson; BRAGA NETTO, Felipe Peixoto. *Curso de Direito Civil*: responsabilidade civil. 8. ed. Salvador: Juspodivm, 2021, v. 3, p. 267.

Insofismavelmente, para a sobrevivência da sociedade humana, é indispensável a comunhão de alguns fundamentos inerentes à vida em grupo, e alguns desses aspectos correspondem à harmonia, à ordem e à tranquilidade que deve existir entre os indivíduos, contornando-se todos os obstáculos que surjam em afronta a isto, para possibilitar a concreta busca da justiça entre todos.

Anota a doutrina:

> O dano é um fato jurídico *stricto sensu*. Todo fato jurídico em que, na composição de seu suporte fático, entram apenas fatos da natureza, independentes de ato humano como dado essencial, recebe esta denominação. Pode acontecer que o evento suporte fático do dano esteja ligado a um ato humano, intencional ou não, lícito ou ilícito. Todavia, isso não altera a natureza do fato jurídico dano, que continua sendo evento da natureza, mesmo quando provocado por ato humano[28].

A noção de justiça consiste, por certo, na aplicação do princípio da igualdade, porém, como elemento indeterminado, ou seja, que possibilite o levantamento e discussão de suas divergências. É a partir desta noção que Perelman argumenta que, tomando como vetor variável cada fórmula concreta de justiça, será neste campo de ação que o desacordo se instalará. Em síntese: dentro das diversas categorias essenciais, haverá de existir tratamento igual entre as pessoas que sejam iguais em certo ponto de vista[29].

O professor de Bruxelas ainda justifica a necessidade da existência do dinheiro, para comparar o valor dos bens materiais, que integram a plenitude existencial do ser humano, e propõe que se busque a determinação das necessidades essenciais dos seres humanos, estas consideradas a partir de uma pesquisa psicológica de prioridades, dentro de uma grade hierárquica, chamada de "mínimo vital", que levará em conta as exigências do organismo em geral[30].

Aguiar Dias destaca muito bem que toda lesão ocorrida no meio social transforma e desassossega a ordem e quebra a harmonia entre os indivíduos, conduzindo ao dever de corrigir ou remediar o mal causado[31]. Isso significa dizer que todo indivíduo tem um dever, decorrente da própria vida em sociedade, de não praticar certos atos, danosos ou prejudiciais, que possam resultar em danos de qualquer natureza aos demais indivíduos do meio social.

Com base nestas premissas, torna-se de suma importância a delimitação do que seja o dano, considerado como o prejuízo de ordem material ou moral causado a outrem por um ato ou omissão praticado. Nesse sentido, vários conceitos foram esboçados pela doutrina[32].

---

28. FARIAS, Cristiano Chaves de; ROSENVALD, Nelson; BRAGA NETTO, Felipe Peixoto. *Curso de Direito Civil*: responsabilidade civil. 8. ed. Salvador: Juspodivm, 2021, v. 3, p. 271.
29. PERELMAN, Chaïm. *Ética e direito*. Tradução de Maria E. Galvão. São Paulo: Martins Fontes, 1996, p. 19.
30. PERELMAN, Chaïm. *Ética e direito*. Tradução de Maria E. Galvão. São Paulo: Martins Fontes, 1996, p. 20-25.
31. DIAS, José de Aguiar. *Da responsabilidade civil*. 11. ed. Rio de Janeiro: Renovar, 2006, p. 25.
32. SEVERO, Sérgio. *Tratado da responsabilidade pública*. São Paulo: Saraiva, 2009, p. 196-202.

Juridicamente, vislumbra-se o dano como a supressão ou a diminuição de uma situação favorável que estava protegida pelo direito. Este conceito, amplo que é, tem a capacidade de abranger tanto o dano patrimonial como o não patrimonial.

O primeiro, como é evidente, atinge diretamente a esfera patrimonial do indivíduo, lhe subjugando materialmente a partir da diminuição de suas posses. Por outro lado, não se pode negar a abrangência, por parte do instituto jurídico, do dano não patrimonial, que, para Pontes de Miranda, "é o que, só atingindo o devedor como ser humano, não lhe atinge o patrimônio"[33].

Noutra definição, tem-se o dano patrimonial como o dano de ordem civil, que atinge bens corpóreos ou incorpóreos que compõem o patrimônio de determinada pessoa, e que permite sua transformação em dinheiro, ao passo que os não-patrimoniais são vistos como aqueles que atingem os bens da personalidade, como a honra, a liberdade e a integridade psicológica[34].

Fato é que o dano sempre decorre de uma lesão a um direito, qualquer que seja sua origem, patrimonial ou não patrimonial. A distinção entre uma e outra modalidade se refere a seus efeitos e não à sua origem.

Outra distinção importante refere-se ao dano potencial, que não se confunde com o hipotético, pois, com relação a este descabe, *a priori*, a reparação, que apenas será devida quando se pautar na ideia da perda de uma chance ou oportunidade e puder situar-se na certeza do dano; já aquele, a depender das circunstâncias em que ocorra, poderá ser objeto da reparação, como no caso típico do lucro cessante[35].

Aliás, sobre o lucro cessante, insta destacar que a reparação do prejuízo causado não visa à obtenção de uma vantagem e, via de regra, a indenização inclui o que efetivamente perdeu e o que deixou razoavelmente de ganhar, ou seja, engloba tanto os danos emergentes, quanto os lucros cessantes. No Código Civil de 2002, tais danos vêm previstos no art. 402, que preceitua que "salvo as exceções expressamente previstas em lei, as perdas e danos devidos ao credor abrangem, além do que ele efetivamente perdeu, o que razoavelmente deixou de lucrar".

A respeito dos lucros cessantes, explica Sérgio Cavalieri Filho:

> Consiste, portanto, o lucro cessante na perda do ganho esperável, na frustração da expectativa de lucro, na diminuição potencial do patrimônio da vítima. Pode decorrer não só da paralisação da atividade lucrativa ou produtiva da vítima, como, por exemplo, a cessação dos rendimentos que

---

33. PONTES DE MIRANDA, Francisco Cavalcanti. *Tratado de direito privado*. Rio de Janeiro: Borsoi, 1967, v. XXIV, §3.108, p. 30.
34. BITTENCOURT, Gisele Hatschbach. *Responsabilidade extracontratual do Estado*. Belo Horizonte: Fórum, 2010, p. 80.
35. BITTENCOURT, Gisele Hatschbach. *Responsabilidade extracontratual do Estado*. Belo Horizonte: Fórum, 2010, p. 201.

alguém já vinha obtendo da sua profissão, como, também, da frustração daquilo que era razoavelmente esperado. [...] O cuidado que o juiz deve ter neste ponto é para não confundir lucro cessante com lucro imaginário, simplesmente hipotético ou remoto, que seria apenas a consequência indireta ou mediata do ato ilícito.[36]

O dano emergente, a seu turno, é aquele que mais se nota à primeira vista: é o chamado dano positivo, que representa aquilo que, de imediato, efetivamente se perdeu, sendo de mais fácil avaliação do que o lucro cessante, que utiliza a projeção contábil do dano no patrimônio da vítima, a qual não é facilmente avaliada. Em síntese, danos emergentes "correspondem ao montante indispensável para eliminar as perdas econômicas efetivamente decorrentes da lesão, reequilibrando assim o patrimônio da vítima"[37].

A doutrina trata, ainda, da questão do dano reflexo ou em ricochete. Esta modalidade nada mais é que a situação de dano reflexo que pode sofrer uma terceira pessoa, a partir do dano causado à outra[38].

A reparação do dano reflexo por se dar pela repercussão do dano principal, exatamente por atingir a pessoa que lhe sofra a repercussão, e desde que esta repercussão seja devidamente comprovada. Muito comum nas hipóteses de dano moral, é também chamado de "*préjudice d'affection*", e sua reparação constitui direito personalíssimo e autônomo do terceiro que fora atingido[39].

O dano moral, que integra a órbita dos danos não patrimoniais, será analisado a fundo em capítulo próprio. Não obstante, insta pontuar, aqui, alguns de seus aspectos principais, de forma mais simplificada, para a exata aferição do conceito de dano.

Assim, em poucas linhas, conceitua-se o dano moral como todo tipo de lesão que afeta a "*psiche*", a moral e o âmago intelectual da vítima, atingindo suas convicções e/ou interesses de foro íntimo. É a dor psíquica, o achincalhe social, levados a cabo pela violação dos direitos à honra e à imagem, à integridade moral, à dignidade da pessoa humana, direitos que são invioláveis e, portanto, passíveis de indenização quando evidenciada a presença de prejuízos efetivos.

O dano moral, por atingir principalmente os direitos da personalidade, imagem, nome, privacidade, dentre outros, tem na indenização mero lenitivo para a dor, sendo mais uma satisfação do que uma reparação, subsistindo cunho punitivo verdadeiramente marcante nessa modalidade de indenização. Pouco importa que seus reflexos sejam longínquos, se atingir o nome ou renome, quer de pessoa física ou de pessoa jurídica, resultando-lhe em abalo financeiro.

---

36. CAVALIERI FILHO, Sérgio. *Programa de responsabilidade civil*. 8. ed. São Paulo: Atlas, 2009, p. 72.
37. FARIAS, Cristiano Chaves de; ROSENVALD, Nelson; BRAGA NETTO, Felipe Peixoto. *Curso de Direito Civil*: responsabilidade civil. 8. ed. Salvador: Juspodivm, 2021, v. 3, p. 290.
38. PEREIRA, Caio Mário da Silva. *Responsabilidade civil*. 8. ed. Rio de Janeiro: Forense, 1998, p. 42.
39. PEREIRA, Caio Mário da Silva. *Responsabilidade civil*. 8. ed. Rio de Janeiro: Forense, 1998, p. 43-44.

Antes da Constituição da República de 1988, a doutrina já admitia a reparação por dano moral. Porém, somente com seu advento, a expressa dicção do art. 5°, inciso X, venceu as antigas resistências ao instituto[40].

Segundo Alexandre Bonna:

> O fenômeno da responsabilidade civil quanto ao dano moral é melhor manuseado quando são compreendidos os fins últimos que subjazem o arquétipo jurídico de proteção dos bens existenciais, envolvidos em um complexo empreendimento de promoção do florescimento humano e proteção daqueles bens sem os quais não se vive uma vida bem vivida, cabendo salientar que a promoção do florescimento humano não é uma tarefa exclusiva da responsabilidade civil, que se ocupa apenas com relações intersubjetivas, havendo outros ramos destinados aos direitos que fortalecem os bens humanos básicos, os direitos civis e sociais[41].

Muito se fala no dano estético, diferente, em essência, do dano moral propriamente dito, eis que decorrentes de "deformidade" ou "aleijão", sendo certo que, para sua caracterização, é imprescindível que causem ao ofendido impressão penosa ou desagradável, a ser compensada como vertente dos danos morais, eis que constitui patrimônio subjetivo, eivado de valor moral e econômico[42].

Alguns autores defendem que não se acumula com o dano moral, por ser espécie de tal gênero, de modo que, se cumulados forem, a indenização devida será duplamente quantificada, em flagrante afronta ao princípio "*ne bis in idem*", embora o fato gerador seja um só[43].

Por outro lado, há autores que advogam a tese da cumulatividade, por serem danos de naturezas eminentemente distintas: um ligado a elementos subjetivos do indivíduo, o outro ligado a deformidades físicas. Inclusive, o Superior Tribunal de Justiça se posiciona favoravelmente à cumulatividade, conforme enuncia sua Súmula n° 387: " É lícita a cumulação das indenizações de dano estético e dano moral".

Os casos em que se admite a cumulação são, no entanto, excepcionais, pois dependem da demonstração de danos autônomos, aos quais corresponderão quantias também autônomas, uma fixada a título de dano moral e outra a título de dano estético, embora derivadas do mesmo fato, quando forem passíveis de apuração separada, com causas inconfundíveis.

---

40. DRESCH, Rafael de Freitas Valle; FALEIROS JÚNIOR, José Luiz de Moura. Comentários ao inciso X. In: SARLET, Ingo Wolfgang; RAMOS, Rafael; CUNDA, Daniela Zago G. da; WUNDERLICH, Alexandre; DUQUE, Marcelo Schenk; JOBIM, Marco Félix (org.). *Direitos fundamentais*: comentários ao artigo 5º da Constituição Federal de 1988. Londrina: Thoth, 2022, p. 154-155. Com efeito: "Nesse quadro, necessário ressaltar que a disciplina dos direitos da personalidade está imbricada a dos direitos fundamentais numa perspectiva civil e constitucional. Todo direito que decorre da personalidade pode ser tido como fundamental, pois inerente à pessoa, especialmente, à pessoa humana".
41. BONNA, Alexandre Pereira. *Dano moral*. Indaiatuba: Foco, 2021, p. 162.
42. CAVALIERI FILHO, Sérgio. *Programa de responsabilidade civil*. 8. ed. São Paulo: Atlas, 2009, p. 114.
43. CAVALIERI FILHO, Sérgio. *Programa de responsabilidade civil*. 8. ed. São Paulo: Atlas, 2009, p. 114.

A doutrina faz distinção entre o dano moral objetivo, que atinge a moral da pessoa no meio social em que vive, envolvendo sua imagem e reputação, e o dano moral subjetivo, correlacionado com o mal sofrido pela pessoa em sua subjetividade.

Na sistemática do Código Civil de 2002, o dano vem expressamente consignado na redação do *caput* do art. 944, segundo o qual, "a indenização mede-se pela extensão do dano", o que demonstra, inegavelmente, que o dano é pressuposto da reparação[44]. Sua existência desencadeia o dever de reparação, com o objetivo de reconstituir o bem jurídico afetado, da parte sobre quem recai a lesão.

Evidentemente, nem todo prejuízo conduz a uma situação efetivamente danosa, a ponto de ensejar a reparação pecuniária. É certo que o dano deve decorrer da violação de norma jurídica para ensejar a responsabilização, notadamente em se tratando do Estado.

Vislumbrando este elemento sob a ótica publicista, pode-se dizer que o dano é "o prejuízo que afeta interesse legitimamente protegido pelo direito e decorrente do comportamento do Estado, através de seus agentes"[45]. Daí exsurge a importância do estudo do dano para a responsabilidade pública.

Celso Antônio Bandeira de Mello destaca que, "ante a atuação lesiva do Estado, o problema da responsabilidade resolve-se no lado passivo da relação, não do lado ativo dela"[46], o que significa dizer que o dever de reparação independe da licitude do comportamento estatal, da natureza comissiva ou omissiva de seu ato. Isso porque é no dano que reside o principal enfoque da reparação civil.

O dano, nesse sentido, deve sempre ostentar certas características para se configurar no plano concreto, em face do Estado. Inicialmente, deve o dano ser certo, ou seja, real, efetivo, presente, possível e aferível, configurando-se, nas palavras de Antônio Lindbergh Montenegro, como "aquele cuja existência acha-se completamente determinada, de tal modo que dúvidas não pairam quanto à sua efetividade"[47], sendo o oposto do dano eventual, de natureza puramente hipotética.

Sendo certo, o dano tanto pode ser atual como pode ser futuro. O primeiro caso ocorrerá na hipótese de imediata diminuição patrimonial ou moral; o segundo, se ve-

---

44. Sobre o artigo 944, aliás, registra Paulo de Tarso Sanseverino: "A plena reparação do dano deve corresponder à totalidade dos prejuízos efetivamente sofridos pela vítima do evento danoso (função compensatória), não podendo, entretanto, ultrapassá-los para evitar que a responsabilidade civil seja causa para o enriquecimento injustificado do prejudicado (função indenitária), devendo-se se estabelecer uma relação de efetiva equivalência entre a indenização e os prejuízos efetivos derivados dos danos com avaliação em concreto pelo juiz (função concretizadora do prejuízo real)". SANSEVERINO, Paulo de Tarso Vieira. *Princípio da reparação integral*: indenização no Código Civil. São Paulo: Saraiva, 2011, p. 58.
45. BITTENCOURT, Gisele Hatschbach. *Responsabilidade extracontratual do Estado*. Belo Horizonte: Fórum, 2010, p. 77.
46. MELLO, Celso Antônio Bandeira de. *Curso de direito administrativo*. 26. ed. São Paulo: Malheiros, 2009, p. 904.
47. MONTENEGRO, Antônio Lindbergh C. *Ressarcimento de danos*. Rio de Janeiro: Editora Didática e Científica, 1981, p. 32.

rificará quando for possível sua constatação antecipada, sendo aquele que impede ou diminui a expectativa de um direito[48].

Evidentemente, o dano também deve ser especial e individualizado. Isto significa dizer que ele não será confundido com os encargos suportados por toda coletividade, eis que, se é um ônus coletivo, não ostenta tal especialidade, e, por isso, não pode o dano invocado ter como fundamento primevo o poder de polícia da Administração Pública ou a imposição de limitações administrativas.

Insta dizer que o dano, independentemente da frequência com que ocorra, não lhe retira o caráter de especialidade, ou, para transcrever as palavras de Jean Rivero, "poderá ser especial mesmo que se produza frequentemente"[49].

2.1.3 Nexo de causalidade

Passando para a análise do nexo de causalidade, insta enfatizar que se trata, também, de um pressuposto da reparação que é comum às duas modalidades da responsabilidade civil, subjetiva e objetiva, e constitui-se no *link*, no elo entre o dano e a conduta.

Nesse sentido, bastante lógica é a lição de Demogue, para quem é "certo que, sem este fato, o dano não teria acontecido. Assim, não basta que uma pessoa tenha contravindo a certas regras; é preciso que, sem esta contravenção, o dano não ocorreria"[50].

O nexo de causalidade é responsável por criar esta vinculação lógica que une o comportamento e o dano em sequência lógica de conduta e resultado[51], sem a qual não se pode imputar qualquer obrigação de ressarcimento, principalmente ao Estado, e em especial quando se trate de responsabilidade objetiva, em que a culpa é deixada de lado e dá-se suprema importância para o nexo causal[52].

Montenegro assevera que "o nexo causal constitui dado fundamental da obrigação de ressarcir. Na verdade, onde não exista causalidade jurídica, ou seja, relação de causa e efeito entre o evento (dano) e a ação ou omissão que produziu, não há dever de responder"[53].

---

48. ARAÚJO, Edmir Netto de. *Curso de direito administrativo*. São Paulo: Saraiva, 2005, p. 741.
49. RIVERO, Jean. *Direito administrativo*. Tradução de Rogério Ehrhardt Soares. Coimbra: Almedina, 1981, p. 315.
50. DEMOGUE, René. *Traité des obligations en général*. Paris: Arthur Rousseau Editeur, 1931, v. IV, p. 66.
51. BRAGA NETTO, Felipe; FALEIROS JÚNIOR, José Luiz de Moura. A atividade estatal entre o ontem e o amanhã: reflexões sobre os impactos da inteligência artificial no direito público. In: BARBOSA, Mafalda Miranda; BRAGA NETTO, Felipe; SILVA, Michael César; FALEIROS JÚNIOR, José Luiz de Moura (coord.). *Direito digital e inteligência artificial*: diálogos entre Brasil e Europa. Indaiatuba: Foco, 2021, p. 458.
52. Valioso o comentário de Gabriel Magadan: "A causalidade pode ser vista como uma proposição genérica que permite a individualização de seus elementos constituintes com o objetivo de dar precisão conceitual e contribuir à construção de um modelo teórico de aplicação da causalidade com vistas à seleção e à determinação dos danos". MAGADAN, Gabriel de Freitas Melro. *Responsabilidade civil extracontratual*. Causalidade jurídica: seleção das consequências do dano. São Paulo: Editora dos Editores, 2019, p. 186.
53. MONTENEGRO, Antônio Lindbergh C. *Ressarcimento de danos*. Rio de Janeiro: Editora Didática e Científica, 1981, p. 53.

O nexo de causalidade tem especial relevância no estudo da responsabilidade objetiva, e sua conceituação, portanto, é de especial relevo para a exata compreensão desta teoria. Mas, é importante notar, não há delimitação simplista do nexo causal, uma vez que diversas são as teorias que o explicam, diagnosticando uma pluralidade ou concorrência de causas[54].

A concorrência de causas é questão que gera dificuldades na linha de produção do dano, adquirindo grande importância na responsabilidade objetiva, em razão das causas de exclusão da responsabilidade (que serão tratadas oportunamente), que, muitas das vezes, são as próprias circunstâncias caracterizadoras do dano, paralelamente à conduta estatal, motivo pelo qual admite-se a exclusão do dever reparatório do Ente Político.

Gisele Bittencourt traz exemplo interessante:

> Desta feita, por exemplo, o ato do Estado de trafegar com viatura oficial na contramão, causando um acidente, pode não ter sido a única causa do dano experimentado a outro veículo que cruzara o semáforo vermelho. A imposição de responsabilidade haverá de ser analisada com base na causa prevalente do dano e dividida a responsabilização de forma proporcional.[55]

Aqui, cabe expressa referência ao art. 945 do Código Civil de 2002, que estabelece a teoria doutrinariamente denominada *culpa concorrente*, dizendo que "se a vítima tiver concorrido culposamente para o evento danoso, a sua indenização será fixada tendo-se em conta a gravidade de sua culpa em confronto com a do autor do dano".

O dispositivo da lei civil denota com muita clareza o que aqui se está a ponderar: a possibilidade de existência de uma multiplicidade de causas que, paralelamente, conduzem ao dano, o que possibilita a atenuação da responsabilidade que, num primeiro momento, seria integralmente atribuída a um só dos agentes que concorreram para a eclosão do evento danoso.

Esta explicação tem grande importância para a teoria da responsabilidade objetiva, uma vez que, nela, por não se perquirir culpa, o nexo de causalidade ganha significativo valor, nele se exaurindo o dever reparatório. Pois bem, com base nisso, Yussef Said Cahali aduz que, para a atenuação do dever reparatório estatal, todas as causas que tenham concorrido para o dano devem ser levadas em consideração[56].

E conclui:

---

54. Segundo Mafalda Miranda Barbosa, "apesar de definidos os contornos da esfera de responsabilidade que a Administração assume, tal não é bastante para se poder afirmar a imputação objetiva e, concomitantemente, a responsabilidade do Estado. Impõe-se, tal como ao nível da responsabilidade de direito privado, o confronto com outras esferas de risco, designadamente a esfera de risco geral da vida, a esfera de risco do lesado e a esfera de risco de um terceiro". BARBOSA, Mafalda Miranda. A causalidade na responsabilidade civil do Estado. *Revista de Direito da Responsabilidade*, Coimbra, ano 2, p. 388-437, 2020, p. 435.
55. BITTENCOURT, Gisele Hatschbach. *Responsabilidade extracontratual do Estado*. Belo Horizonte: Fórum, 2010, p. 88.
56. CAHALI, Yussef Said. *Responsabilidade civil do Estado*. 3. ed. São Paulo: Revista dos Tribunais, 2007, p. 63.

Igualmente, aplica-se a concorrência de causas ainda que a responsabilidade estatal esteja sendo demandada com fundamento no risco (em qualquer das modalidades enumeradas pela doutrina), como também com fundamento na culpa anônima do serviço ou na falha individualizada do funcionário.[57]

Com propriedade, Garcez Neto firma seu posicionamento:

Como tudo na vida, o dano surge da coincidência de várias circunstâncias, e decorre, portanto, de causas diversas. Basta que o autor seja responsável por uma delas, sempre que desta provenha o dano, estabelecida a sua relação com as demais. Exemplo: a lesão pode ser leve, mas acarretar graves consequências, mercê da constituição anômala da vítima. Por tais consequências responde o autor da lesão.[58]

A toda causa paralela que concorre diretamente com outra para o surgimento da lesão a doutrina dá o nome de *concausa*, impondo ao julgador a análise das circunstâncias relevantes de cada caso concreto, para efetivamente aferir qual delas prepondera, tomando o cuidado de não dilatar o conceito a ponto de admitir como causa qualquer evento naturalístico ou interpessoal que, apenas remotamente, se vincule ao evento analisado.

É exatamente para tentar estabelecer um critério objetivo de delimitação de tais causas que a doutrina desenvolveu teorias, a saber: *teoria da equivalência, teoria da causalidade adequada, teoria da causalidade eficiente* e *teoria da causa direta e imediata*.

A primeira delas, *teoria da equivalência*, é muito versada no Direito Penal, onde também é conhecida por teoria da "*conditio sine qua non*", e implica a noção de que quaisquer das condutas que compõem a totalidade dos antecedentes é causa do resultado, pouco importando se havia condição preexistente, concomitante ou superveniente[59].

Em outras palavras, toda e qualquer circunstância que tenha contribuído para a eclosão do evento danoso é considerada causa, e é daqui que se extrai o nome da teoria: em razão de todas as causas se equivalerem, deve ser possível dizer que, se qualquer delas for suprimida, o dano não ocorreria[60].

Esta teoria sempre foi alvo de críticas por parte da doutrina, que enxergava uma incongruência fatal no raciocínio proposto pela equivalência das condições. Para os críticos desta doutrina, sua aplicação permitiria o regresso até o infinito, imputando o dever de reparar o dano a pessoas que apenas participaram de circunstâncias extremamente remotas.

Exemplo clássico é o de Schreiber, que narra a situação de um ladrão de automóvel que, tentando evadir-se do local do crime no veículo subtraído e despistar os policiais que o perseguiam, provoca acidente de trânsito; no caso, seria inconcebível,

---

57. CAHALI, Yussef Said. *Responsabilidade civil do Estado*. 3. ed. São Paulo: Revista dos Tribunais, 2007, p. 63.
58. GARCEZ NETO, Martinho. *Prática da responsabilidade civil*. Rio de Janeiro: Editora Jurídica Universitária, 1970, p. 55.
59. GONÇALVES, Carlos Roberto. *Responsabilidade civil*. 11. ed. São Paulo: Saraiva, 2009, p. 521-522.
60. GONÇALVES, Carlos Roberto. *Responsabilidade civil*. 11. ed. São Paulo: Saraiva, 2009, p. 521-522.

pela boa lógica, que se atribuísse qualquer responsabilidade à vítima do assalto, o proprietário do veículo roubado, por circunstâncias remotas como ter se esquecido de fechar o carro ou ter esquecidos as chaves no interior do veículo[61]. Por mais que isso pareça impensável, para a teoria da equivalência, a responsabilização seria possível em um caso como este.

Prosseguindo, importa tratar da *teoria da causalidade adequada*, que considera causa do evento apenas a ação ou omissão do agente apta e idônea a gerar o resultado. Primeiro, verificam-se as circunstâncias em que o dano ocorreu para, somente depois, analisar se tais circunstâncias foram adequadas para a produção do dano. Isto significa dizer que, entre as causas existentes, considera-se apenas aquela com aptidão para a produção do dano, a despeito das demais.

Em síntese, apenas a condição considerada mais adequada à produção do evento danoso é que será, efetivamente, considerada, ou, em outras palavras, "segundo essa teoria, 'causa' será o antecedente não só necessário, mas, ainda, adequado à produção do resultado"[62].

O clássico exemplo dos adeptos desta teoria é o do motorista que deixa seu veículo estacionado em local proibido e é atingido por outro veículo; na relação entre o dano gerado e o comportamento existe uma causalidade decorrente da ideia, extraída de um juízo de probabilidade, de que, em comparação com o que habitualmente ocorre, o prejuízo inexistiria se, seguindo a normalidade, o veículo fosse estacionado em local adequado[63].

A seguir, tem-se a *teoria da causalidade eficiente*, que prega a averiguação, dentre as causas que concorreram para determinado dano, de qual foi aquela mais eficiente para a produção do dano, ainda que remotamente considerada[64].

Por derradeiro, a *teoria da causa direta ou imediata* preconiza que unicamente a causa imediata assume relevância na aferição do dano, criando duas categorias de causas: as próximas e as remotas. Feita tal distinção, reputa-se o que for remoto como mera condição, e o que for próximo como causa.

Resume esta teoria o exemplo do acidentado que, ao ser transportado ao hospital em uma ambulância, vem a óbito em decorrência de abalroamento. Por tal teoria, o causador do primeiro acidente, que provocou as lesões à vítima só por este fato responde, ao passo que, pelo falecimento, responderá o causador do segundo acidente, que

---

61. SCHREIBER, Anderson. *Novos paradigmas da responsabilidade civil*: da erosão dos filtros da reparação à diluição dos danos. 6. ed. São Paulo: Atlas, 2015, p. 66.
62. STOCO, Rui. *Tratado de responsabilidade civil*: doutrina e jurisprudência. 8. ed. São Paulo: Revista dos Tribunais, 2011, p. 151.
63. STOCO, Rui. *Tratado de responsabilidade civil*: doutrina e jurisprudência. 8. ed. São Paulo: Revista dos Tribunais, 2011, p. 152.
64. CAHALI, Yussef Said. *Responsabilidade civil do Estado*. 3. ed. São Paulo: Revista dos Tribunais, 2007, p. 102-103.

colidiu com a ambulância. Dessa maneira, a responsabilização liga-se exclusivamente ao ato, por um vínculo de necessariedade[65].

No Brasil, adota-se a teoria da causa direta e imediata, por expressa disposição do art. 403 do Código Civil de 2002, *in verbis*: "Art. 403. Ainda que a inexecução resulte de dolo do devedor, as perdas e danos só incluem os prejuízos efetivos e os lucros cessantes por efeito dela direto e imediato, sem prejuízo do disposto na lei processual".

Sobre a exegese do referido dispositivo, Schreiber enfatiza que o vocábulo "inexecução", a que o legislador fez referência expressa, desde a interpretação do dispositivo correspondente da vetusta legislação civil (art. 1.060 do Código Civil de 1916), tinha aplicação abrangida para a responsabilidade extracontratual[66].

Portanto, é necessária a ênfase ao nexo de causalidade para o estudo que se fará a seguir, sobre as duas modalidades da responsabilidade civil. Notadamente na responsabilidade objetiva, o nexo causal possui fundamental relevância na imputação do dever reparatório.

E, sobre as teorias do nexo de causalidade, mesmo sabendo que a lei brasileira adota a teoria da causalidade direta e imediata, é preciso ter em mente que, independente da teoria adotada, o nexo de causalidade liga-se muito mais às circunstâncias fáticas do caso concreto do que às tangências doutrinárias de cada teoria, e é sobre as provas do caso que se deve debruçar o julgador no momento de fixar a responsabilidade civil.

2.2 O DANO EXTRAPATRIMONIAL CAUSADO PELA ATUAÇÃO ESTATAL E SUAS PECULIARIDADES

Não há dúvidas de que a integridade individual, amplamente considerada, é composta de várias categorias de bens, dos quais merece especial destaque a dos bens personalíssimos, que têm na honra o seu bem jurídico de maior relevância, representando o plexo de qualidades anímicas que formam o indivíduo.

Citando breve passagem de autoria do autor italiano Domenico Barbero, Aparecida Amarante salienta que: "na conservação da honra se pode reconhecer a integridade moral da pessoa, assim como na conservação de sua vida e incolumidade se reconhece sua integridade física"[67] (tradução nossa).

Esta definição, precisa que é, ilustra a tamanha importância do instituto do dano moral, que pode causar prejuízos psíquicos e orgânicos de toda ordem, levando o in-

---

65. SCHREIBER, Anderson. *Novos paradigmas da responsabilidade civil*: da erosão dos filtros da reparação à diluição dos danos. 6. ed. São Paulo: Atlas, 2015, p. 66-67.
66. SCHREIBER, Anderson. *Novos paradigmas da responsabilidade civil*: da erosão dos filtros da reparação à diluição dos danos. 6. ed. São Paulo: Atlas, 2015, p. 66-67.
67. BARBERO, Domenico. *Sistema intituzionale del diritto privato italiano*. 2. ed. Turim: Unione Editrice Torinese, 1949, v. 1, p. 491, *apud* AMARANTE, Aparecida Imaculada. *Responsabilidade civil por dano à honra*. 2. ed. Belo Horizonte: Del Rey, 1994, p. 53.

divíduo a um estado de sucateamento existencial, acarretando-lhe insegurança, perda de autoestima, de confiança e de vivacidade, além de propiciar-lhe abalos econômicos.

Como já dizia Carrara, a honra individual liga-se, portanto, à própria dignidade, à estima ou boa opinião de outrem sobre o indivíduo, que, inserido no seio social, tem a honra como virtude que lhe garante boa reputação e *animus* existencial[68]. A lição do ilustre jurista da Toscana realça a importância do estudo do dano moral enquanto instituto jurídico apto a ensejar a busca pela completude individual, punindo o dano causado à honra individual.

Nesse sentido, é essencial que se busque, nas origens históricas do dano moral, os elementos que culminaram com a previsão de sua reparabilidade, dentro da responsabilidade civil, inclusive da responsabilidade estatal, para pôr fim à antiquada noção de que o dano moral corresponde pura e simplesmente à dor momentânea, esquecendo-se dos efeitos maléficos e indeléveis que pode causar a longo prazo no indivíduo.

Algusto Zenun, com a eloquência que lhe é típica, já discursava que, para amenizar a situação de danos desta natureza, é preciso que se proporcione, à vítima, "meios adequados para um alevantamento seguro, eficaz, talvez lento e demorado, às vezes mais rápido, desde que não seja fugaz e enganador"[69], e prossegue: "[...] para se aplicar à reparabilidade daquilo que a dor causa ou deixa gravado em cada qual, num somatório de males invadindo a alma, mordendo o coração"[70].

Disso extrai-se a noção de que a reparação dos danos morais deve voltar-se à tentativa de prover à vítima os recursos necessários para pôr fim ao estado de penúria e melancolia em que foi inserida. É certo, nesse diapasão, que o sofrimento moral é personalíssimo, e deve ser constatado e avaliado em cada caso concreto.

Etimologicamente, a expressão *dano moral* possui o seguinte significado:

> Dano – Derivado do latim *damnum*, genericamente significa todo mal ou ofensa que tenha uma pessoa causado a outrem, da qual possa resultar uma deterioração ou destruição à coisa dele ou um prejuízo a seu patrimônio. [...] Juridicamente, dano é usualmente tomado no sentido do efeito que produz: é o prejuízo causado, em virtude de ato de outrem, que vem causar diminuição patrimonial[71].
>
> Moral – [Do lat. *morale*, relativo aos costumes.] S.f. 1. Filos. Conjunto de regras de conduta consideradas como válidas, quer de modo absoluto para qualquer tempo ou lugar, quer para grupo ou pessoa determinada. [...] 3. O conjunto das nossas faculdades morais; brio, vergonha.[72]

Pelo que se lê, conclui-se que a moral se situa no plano não patrimonial do indivíduo, constituindo-se em tudo aquilo que se relaciona com a alma e a intimidade

---

68. CARRARA, Francesco. *Programma del corso di diritto criminale*: parte speciale. 5. ed. Lucca: Tipografia di G. Canovetti, 1889, p. 5, *apud* AMARANTE, Aparecida Imaculada. *Responsabilidade civil por dano à honra*. 2. ed. Belo Horizonte: Del Rey, 1994, p. 55.
69. ZENUN, Augusto. *Dano moral e sua reparação*. 3. ed. Rio de Janeiro: Forense, 1995, p. 2.
70. ZENUN, Augusto. *Dano moral e sua reparação*. 3. ed. Rio de Janeiro: Forense, 1995, p. 2.
71. DE PLÁCIDO E SILVA, Oscar Joseph. *Vocabulário jurídico*. 24. ed. Rio de Janeiro: Forense, 2004, p. 408.
72. FERREIRA, Aurélio Buarque de Holanda. *Novo Aurélio – Século XXI*: o dicionário da Língua Portuguesa. 3. ed. Rio de Janeiro: Nova Fronteira, 1999, p. 1365.

da pessoa. Deve, portanto, ser analisada sob seu aspecto subjetivo, levando em conta diversos elementos da personalidade individual[73].

No direito, observa-se o princípio de que o direito de cada um é limitado pelo direito de todos, e, para que haja uma convivência harmônica entre os indivíduos, no meio social, deve haver uma homogeneidade de condutas, visando a paz social. O ser humano, no entanto, nem sempre age em sintonia com a lisura e o bom senso, e, por vezes, suas condutas redundam em danos a outrem.

Através de uma análise histórica, é possível perceber que, nas mais variadas civilizações, sempre se buscou mecanismos para a instituição da responsabilidade, sempre no intuito de promover o ressarcimento de quem fosse lesado, e, com o dano moral, não foi diferente. Assim, a seguir, serão pontuados alguns dos eventos históricos que culminaram na criação deste instituto, e sua evolução ao longo dos tempos.

2.2.1 O ilícito (no pretérito e no presente)

Neste momento, fixada a análise da responsabilidade civil, sua evolução histórica, seus elementos e fundamentos, teorias e aplicabilidade, é imperioso que se discorra brevemente sobre a evolução histórica do dano moral. Somente com tal abordagem é que será possível delimitar os parâmetros doutrinários que conceberam este instituto, resultando no modelo atualmente adotado como direito fundamental pela Constituição da República.

Dito isso, é preciso retornar às legislações clássicas, iniciando-se no Código de Hamurabi, já comentado ao tratar das origens da responsabilidade civil, no qual dois capítulos eram especificamente destinados aos casos de injúria e difamação da família, que eram hipóteses claras de dano moral, embora o sistema punitivo daquela época não admitisse penas exclusivamente pecuniárias. Punia-se, primordialmente, através da retaliação.

Já o Código de Manu, instituidor das premissas básicas do hinduísmo, era mais sólido no tocante às penas pecuniárias, que eram previstas para determinados atos contrários à moral religiosa daquele povo. Tal legislação, embora fortemente influenciada por um plexo de ideologias favoráveis a uma casta sacerdotal centralizadora, representou certa evolução em relação às punições meramente físicas do Código de Hamurabi.

Outra análise interessante diz respeito ao tratamento da matéria no Alcorão, o livro sacro do islamismo, que, apesar de admitir o princípio da *lex talionis*, também traz uma série de medidas compensatórias, voltadas à diminuição do chamado direito de *"vindita"*, incentivando as pessoas a repelirem o ódio e se utilizarem do perdão e da misericórdia na busca pela reparação dos danos.

Sobre o Alcorão, pertinente a análise de Wilson Melo da Silva:

---

73. ZENUN, Augusto. *Dano moral e sua reparação*. 3. ed. Rio de Janeiro: Forense, 1995, p. 4.

No *Alcorão*, onde, em tese, se aceitava, também, o princípio do talião, mais se acentuam esses abrandamentos introduzidos à aspereza da norma legalizadora da vingança. As compensações de natureza econômica para substituírem o direito de *vindita* são aí abundantes e mesmo estas são, não raro, desaconselhadas em nome do perdão.[74]

Na Grécia antiga, tem-se alguns exemplos bastante emblemáticos, quase sempre ilustrados sob a faceta politeísta daquele povo, como no alegórico conto em que Ésquines reprovou publicamente seu rival Demóstenes, em virtude deste ter recebido de Mídias uma certa quantia de dinheiro como reparação por uma bofetada[75]. Noutro conto, em sua obra "A Odisséia", Homero descreve uma assembleia realizada pelos deuses pagãos para deliberar sobre um caso de reparação decorrente de crime de adultério praticado pelos deuses Ares e Afrodite, que causou danos morais ao deus Hefesto, esposo desta[76].

Ambos os casos, embora materializados em verdadeiras rapsódias, não tendo qualquer tipo de efeito jurídico sobre os cidadãos gregos da época, refletem uma mentalidade, ainda adormecida em termos jurídicos, que denota a aceitação do dano moral como inerente às relações humanas. Apesar de não se tratar de concepção jurídica consolidada, já representava um certo avanço, em face da incipiência do pensamento da época.

Embora germinasse em tais legislações o conceito arcaico de dano moral, foi no direito romano que este instituto jurídico encontrou, efetivamente, seu nascedouro para o mundo do direito. Giorgio Giorgi, assim como Windscheid, inspirados pelas lições romanas, já enfatizavam que o conceito da "*actio injuriarum œstimatoria*" representou verdadeiro embrião do conceito moderno de dano moral, por permitir ao lesado pleitear, perante o "*prœtor*", uma certa quantia para ressarcimento das injúrias sofridas[77-78].

Contudo, não é pacífica a questão, uma vez que existem doutrinadores que não admitem que os romanos clássicos já se enveredavam pelas noções primordiais de dano moral, ganhando relevância a análise feita por Américo Luís Martins da Silva sobre dita divergência:

Não há unanimidade entre os autores sobre a questão se era conhecida pelos romanos ou não a ideia da reparação por danos morais. Para C. F. Gabba e para Pedrazzi, por exemplo, não havia no direito romano nenhum vestígio, nenhum germe do conceito do chamado 'dano moral' que se possa ressarcir. Por outro lado, Rudolf von Jhering e

---

74. SILVA, Wilson Melo da. *O dano e sua reparação*. 3. ed. Rio de Janeiro: Forense, 1983, p. 26-27.
75. REIS, Clayton. *Dano moral*. 4. ed. Rio de Janeiro: Forense, 1995, p. 13, nota nº 4.
76. REIS, Clayton. *Dano moral*. 4. ed. Rio de Janeiro: Forense, 1995, p. 13, nota nº 5.
77. GIORGI, Giorgio. *Teoria delle obbligazioni nel diritto moderno italiano*. 7. ed., Florença: Fratelli Cammeli, 1909, v. V, nº 161, p. 272-275, *apud* CAHALI, Yussef Said. *Dano moral*. 3. ed. São Paulo: Revista dos Tribunais, 2005, p. 30.
78. WINDSCHEID, Bernhard. *Diritto delle pandette*. Tradução de Carlo Fadda e Paolo Emílio Bensa. Turim: UTET, 1925, v. II, §472, p. 427, *apud* CAHALI, Yussef Said. *Dano moral*. 3. ed. São Paulo: Revista dos Tribunais, 2005, p. 30.

Giorgio Giorgi propugnaram, ao demonstrarem a inconsistência da afirmativa de C. F. Gabba, que os antigos romanos tinham pleno conhecimento da ideia de reparação dos danos morais.[79]

A Lei das XII Tábuas, simplificada que era, já previa a abrangência reparatória ao preconizar a célebre premissa de que "se alguém causa dano premeditadamente, que o repare", aqui se incluindo, evidentemente, o dano moral e sua ulterior reparação, que encontrava os limites de sua reparação no §9º da Tábua VII, que previa que "aquele que causar dano leve indenizará 25 asses"[80].

Exemplificando o modo incipiente como os romanos já encaravam a questão da reparação moral, Clayton Reis reproduz história narrada na riquíssima obra sobre direito romano do alemão Max Kaser: "conta-se que um certo *Lucius Veratius* se deliciava verberando (esbofeteando) com a sua mão o rosto dos cidadãos livres que encontrava na rua. Atrás de si vinha um seu escravo entregando 25 asses a todos em que o *daminus* batia"[81].

Na *Lex Aquilia*, embora se costume dizer que se referia exclusivamente à reparação dos danos corporais, alguns autores vislumbram, nela, a presença de uma noção sobre os danos morais, quando analisada analogicamente.

Augusto Zenun é o principal defensor desta tese, e, inspirado nas lições de Vincenzo Arangio-Ruiz, proclama que a clássica estrutura da legislação aquiliana, fundamentada sobre a simples imputabilidade, pressupunha juízo sincrético de análise do nexo de causalidade entre o fato do ofensor e o dano, desprezando-se o dolo nos casos de furto, roubo e injúria. Diz o doutrinador que, se o furto, por exemplo, era reparado com pena equivalente, esta poderia ser não-corporal[82]. E aduz:

> [...] não resta dúvida quanto à existência do dano moral na antiga Roma, como a proclamava a *Lex Aquilia*, na expressão inabalável de Justiniano, cujas leis seguiram, *pari passu*, essa lei, pelo que, já àquela época, os romanos consideravam o dano moral. Podemos verificar ainda que, segundo Justiniano, as injúrias de qualquer espécie sempre voltavam contra o ofendido, que se via, de uma ou outra forma, vítima de máculas.[83]

No direito canônico, o dano moral era encarado segundo a violação dos dogmas inerentes ao cristianismo. Casos como o rompimento da promessa de casamento, que era fonte geradora de uma obrigação, resultavam na necessidade de reparação, por parte de quem dava causa à ruptura. Zenun pondera que "[...] já àquela época, o direito canônico reconhecia o dano moral – como não poderia, obviamente, deixar de

---

79. SILVA, Américo Luís Martins da. *O dano moral e a sua reparação civil*. São Paulo: Revista dos Tribunais, 1999, p. 73.
80. ZENUN, Augusto. *Dano moral e sua reparação*. 3. ed. Rio de Janeiro: Forense, 1995, p. 6.
81. KASER, Max. *Romisches Privatrecht*. 9. ed. Munique: C.H. Beck Verlag, 1976, §§50, p. 199-202, *apud* REIS, Clayton. *Dano moral*. 4. ed. Rio de Janeiro: Forense, 1995, p. 18, nota nº 13.
82. ZENUN, Augusto. *Dano moral e sua reparação*. 3. ed. Rio de Janeiro: Forense, 1995, p. 9.
83. ZENUN, Augusto. *Dano moral e sua reparação*. 3. ed. Rio de Janeiro: Forense, 1995, p. 9.

sê-lo, exigindo-se a reparação, que podia ser civil ou espiritual, conforme o catalogar do Código Canônico, em seus diversos cânones"[84].

Em tempos mais recentes, a responsabilidade civil do Estado em casos de erro judiciário é de extrema relevância[85] para salvaguardar os direitos fundamentais dos cidadãos e garantir a justiça no sistema jurídico. Quando ocorrem condenações ou prisões injustas de indivíduos inocentes, o Estado, enquanto ente responsável pela administração da justiça, deve ser responsabilizado por seus atos negligentes ou equivocados. Essa responsabilidade não apenas busca compensar os danos e injustiças sofridas pelas vítimas do erro judiciário, mas também serve como um mecanismo de incentivo à melhoria contínua do sistema de justiça, visando a prevenção de novos equívocos e aprimoramento dos procedimentos judiciais, o que pode se acirrar em circunstâncias nas quais decisões automatizadas sejam implementadas[86].

A responsabilidade civil do Estado em casos de erro judiciário[87] também desempenha um papel crucial na manutenção da confiança da sociedade no sistema de justiça. A possibilidade de reparação para aqueles que foram erroneamente condenados é essencial para preservar a credibilidade do Judiciário e garantir a legitimidade das decisões judiciais[88]. Além disso, ao responsabilizar o Estado por suas falhas, é possível enviar uma mensagem clara de que a justiça deve ser pautada pela precisão e imparcialidade, reforçando os princípios fundamentais do Estado de Direito. Em última análise, a relevância da responsabilidade civil do Estado em casos de erro judiciário reside na busca por uma sociedade mais justa, na proteção dos direitos individuais[89] e no aprimoramento constante do sistema judicial para assegurar a equidade e a integridade no tratamento de todos os cidadãos perante a lei[90].

Também vale a pena mencionar a responsabilidade civil do Estado Legislador "é objetiva, independe da licitude ou ilicitude do ato estatal, bastando a prova do nexo de causalidade entre a atividade estatal e o evento danoso"[91]. Trata-se de assunto de suma importância para assegurar a proteção dos direitos fundamentais dos cidadãos diante da

---

84. ZENUN, Augusto. *Dano moral e sua reparação*. 3. ed. Rio de Janeiro: Forense, 1995, p. 11.
85. BRAGA NETTO, Felipe. *Manual da responsabilidade civil do Estado*: à luz da jurisprudência do STF e do STJ e da teoria dos direitos fundamentais. 5. ed. Salvador: Juspodivm, 2018, p. 196-198.
86. Sobre o tema, consultar FERRARI, Isabela; BECKER, Daniel; WOLKART, Erik Navarro. "*Arbitrum ex Machina*": panorama, riscos e a necessidade de regulação das decisões informadas por algoritmos. *Revista dos Tribunais*, São Paulo, v. 995, set. 2018.
87. ALMEIDA, Vitor Luís de. *A responsabilidade civil do Estado por erro judiciário*. Belo Horizonte: D'Plácido, 2016, p. 80-89.
88. MARRARA, Thiago. Responsabilidade civil do Estado por erro judiciário. *Revista de Direito Administrativo Contemporâneo*, São Paulo, v. 3, n. 18, p. 135–155, maio/jun. 2015.
89. HACHEM, Daniel Wunder. A responsabilidade civil do Estado frente às omissões estatais que ensejam violação à dignidade da pessoa humana. *A&C - Revista de Direito Administrativo & Constitucional*, Belo Horizonte, v. 8, n. 34, p. 59–71, out./dez. 2008.
90. LIPPMANN, Ernesto. Da responsabilidade civil do Estado pelo erro judicial na esfera penal. *Revista Jurídica Síntese*, Porto Alegre, v. 43, n. 211, p. 19–21, maio 1995.
91. MOTA, Maurício Jorge Pereira da. *Responsabilidade civil do Estado Legislador*. Rio de Janeiro: Lumen Juris, 1999, p. 220.

atuação do poder legislativo[92]. Em uma democracia, o Estado Legislativo é responsável por elaborar as leis que regem a sociedade, e essas leis devem estar em conformidade com os princípios constitucionais e os direitos humanos. Quando o Estado, por meio de seus legisladores, elabora leis que causam danos ou violam direitos individuais ou coletivos, a responsabilidade civil se torna uma ferramenta essencial para garantir que as vítimas dessas leis injustas sejam indenizadas[93] e que os princípios da justiça sejam preservados[94]. E o mesmo vale para omissões legislativas, que podem levar a zonas desreguladas de carência protetiva indesejada, a demandar discussão sobre a possibilidade de reparação[95].

Além disso, a responsabilidade civil do Estado Legislador tem um papel preventivo importante, pois incentiva os legisladores a agirem com prudência e cautela na elaboração de leis, considerando os impactos que elas podem causar na sociedade. Ao saber que podem ser responsabilizados pelos danos decorrentes de leis inadequadas ou inconstitucionais, os legisladores são estimulados a promover uma legislação mais justa e equitativa, alinhada com os valores democráticos e os direitos dos cidadãos. Essa responsabilidade também contribui para a manutenção do Estado de Direito e para a proteção do equilíbrio entre os poderes, garantindo que a atuação do poder legislativo esteja sempre em harmonia com os princípios e limites estabelecidos pela Constituição e pelo ordenamento jurídico[96].

Ademais, não se pode deixar de citar que a relevância da responsabilidade civil do Estado por omissão em matéria ambiental reside na proteção e preservação do meio ambiente e dos direitos fundamentais dos cidadãos relacionados a um ambiente ecologicamente equilibrado[97]. Quando o Estado se omite em suas obrigações de fiscalizar, regular e tomar medidas efetivas para proteger o meio ambiente, podem ocorrer danos ambientais significativos, afetando a qualidade de vida das pessoas, a biodiversidade e o equilíbrio ecológico[98]. A responsabilização do Estado por omissões nessa área é essencial para incentivar uma atuação mais diligente e proativa na proteção ambiental, bem como para assegurar que os direitos ambientais sejam efetivamente garantidos e que a sociedade possa viver em harmonia com a natureza de forma sustentável.

---

92. FREDIANI, Yone. Responsabilidade civil do Estado legislador. *Revista do Advogado*, São Paulo, v. 22, n. 66, p. 72-83, jun. 2002.
93. CARVALHO FILHO, José dos Santos. Responsabilidade civil do Estado por atos legislativos. In: TUBENCHLAK, James; BUSTAMANTE, Ricardo (coord.). *Livro de estudos jurídicos*. Rio de Janeiro: Instituto de Estudos Jurídicos, 1991, p. 207-215.
94. CRETELLA JÚNIOR, José. Responsabilidade civil do Estado legislador. In: CAHALI, Yussef Said (coord.). *Responsabilidade civil*: doutrina e jurisprudência. São Paulo, Saraiva, 1984, p. 169-190.
95. FORTINI, Cristiana. A responsabilidade civil do Estado por omissão legislativa. *A&C - Revista de Direito Administrativo & Constitucional*, Belo Horizonte, v. 6, n. 26, p. 221-234, out./dez. 2006.
96. MEDEIROS, Rui. *Ensaio sobre a responsabilidade civil do Estado por actos legislativos*. Coimbra: Almedina, 1982, p. 85-88.
97. RAMOS, André Luiz Arnt. Responsabilidade civil do Estado por omissão em matéria ambiental. *Interesse Público*, Belo Horizonte, v. 16, n. 87, p. 119-139, set./out. 2014.
98. BRAGA NETTO, Felipe. *Manual da responsabilidade civil do Estado*: à luz da jurisprudência do STF e do STJ e da teoria dos direitos fundamentais. 5. ed. Salvador: Juspodivm, 2018, p. 232-233.

Noutro giro, a responsabilidade civil do Estado por atos do terceiro setor também é um tema de grande importância para garantir a proteção dos direitos dos cidadãos diante das ações de entidades privadas que atuam em parceria com o poder público. O terceiro setor desempenha um papel significativo na prestação de serviços sociais e outras atividades de interesse público, muitas vezes com recursos provenientes do Estado[99]. Nesse contexto, é essencial que o Estado seja responsabilizado pelos atos praticados por entidades do terceiro setor quando há omissões ou negligências que causem danos a terceiros. A responsabilidade do Estado nessas situações é fundamentada no princípio da supremacia do interesse público[100] e na sua função de fiscalizar e garantir a qualidade e a efetividade dos serviços prestados pelo terceiro setor.

Ainda, tendo em vista que o direito fundamental à razoável duração do processo é assegurado pela Constituição e por tratados internacionais de direitos humanos, e a responsabilização do Estado em casos de morosidade é uma forma de assegurar que esse direito seja efetivamente protegido. Quando o Estado falha em prover uma prestação jurisdicional tempestiva, ele pode causar prejuízos significativos aos cidadãos, tanto no que diz respeito à demora na resolução de litígios como aos efeitos negativos na vida das partes envolvidas. Desse modo, a responsabilidade do Estado por demora na prestação jurisdicional também desempenha um papel essencial na busca por maior eficiência e qualidade na administração da justiça.

Isso porque, como diz Jorge de Oliveira Vargas, "o Estado, através do Poder Judiciário, presta um serviço público, que é a prestação da tutela jurisdicional"[101]. Assim, a morosidade processual não apenas compromete a credibilidade do sistema judiciário, mas também afeta a segurança jurídica e a confiança dos cidadãos no Estado de Direito. A responsabilização do Estado em casos de demora incentiva uma gestão mais eficiente dos tribunais, com a adoção de medidas para reduzir o acúmulo de processos e garantir que os litígios sejam resolvidos de forma célere e justa[102]. Além disso, essa responsabilidade contribui para o aprimoramento contínuo do sistema de justiça, estimulando a busca por melhores práticas e a implementação de medidas que assegurem uma prestação jurisdicional mais ágil e eficiente para todos os cidadãos[103].

Por esses exemplos, logo se nota que a atualização da teoria do risco administrativo frente aos novos desafios tecnológicos é crucial para garantir a proteção dos direitos dos cidadãos em um contexto cada vez mais digital. A falta de adequação das normas

---

99. Sobre o tema, cf., CRISTÓVAM, José Sérgio da Silva. Responsabilidade civil do Estado por danos decorrentes de atividades do terceiro setor. *A&C - Revista de Direito Administrativo & Constitucional*, Belo Horizonte, v. 19, n. 76, p. 105–123, abr./jun. 2019.
100. Sugere-se, quanto ao tema, a leitura de MARQUES NETO, Floriano de Azevedo. *Regulação estatal e interesses públicos*. São Paulo: Malheiros, 2002, p. 144-170.
101. VARGAS, Jorge de Oliveira. *Responsabilidade civil do Estado pela demora na prestação da tutela jurisdicional*. Curitiba: Juruá, 2001, p. 70.
102. CLÈVE, Clèmerson Merlin. Responsabilidade civil do Estado por atos jurisdicionais. *A&C - Revista de Direito Administrativo & Constitucional*, Belo Horizonte, v. 12, n. 47, p. 107–125, jan./mar. 2012.
103. MODESTO, Paulo. Responsabilidade civil do Estado pela demora na prestação jurisdicional. *Revista de Direito Administrativo*, Rio de Janeiro, n. 227, p. 291–308, jan./mar. 2002.

e da jurisprudência às novas tecnologias pode gerar lacunas e incertezas quanto à responsabilidade do Estado em casos de danos causados por inovações tecnológicas. Estudar a responsabilidade civil do Estado diante desses desafios possibilita a identificação de padrões, princípios e critérios que possam orientar a atuação do poder público na era digital, bem como fornecer diretrizes para a elaboração de políticas públicas e regulamentações que protejam os cidadãos e incentivem a inovação responsável. Além disso, a análise dessas questões impulsiona o desenvolvimento de uma jurisprudência sólida e atualizada, capaz de lidar de forma justa e equitativa com as novas demandas e realidades tecnológicas da sociedade contemporânea.

A relevância de estudar a responsabilidade civil do Estado a partir de novos desafios tecnológicos reside na necessidade de adaptar o arcabouço jurídico às transformações digitais que impactam a atuação estatal. Com o avanço tecnológico, surgem novas formas de interação entre o Estado e os cidadãos, o que pode gerar situações inéditas de responsabilidade civil. A crescente utilização de inteligência artificial, big data, internet das coisas e outras tecnologias traz consigo riscos e desafios complexos para a responsabilização do Estado. É preciso, portanto, realizar uma releitura do tradicional risco administrativo, a fim de compreender como os danos decorrentes de falhas tecnológicas, vazamento de dados, decisões algorítmicas e outras questões afetam os direitos dos indivíduos e como o Estado pode ser responsabilizado de maneira justa e eficiente.

2.2.2 Ressarcibilidade e indenizabilidade no contexto brasileiro

Tecidos tais comentários acerca do desenvolvimento histórico do conceito de dano moral ao longo dos tempos, passa-se à imprescindível análise do tratamento jurídico dado à matéria no ordenamento jurídico brasileiro.

Notadamente ao longo das últimas décadas, vislumbrou-se notável avanço da questão da reparação dos danos morais no Brasil, tanto na doutrina quanto na jurisprudência, resultando em cada vez mais recrudescentes produções legislativas, em especial após a promulgação da Constituição da República de 1988.

Ao longo do século XX, embora a doutrina brasileira já discutisse questões pontuais sobre o instituto, havia notável divergência entre aqueles que negavam qualquer possibilidade de reparação do dano moral, os que admitiam unicamente a reparação dos reflexos de natureza patrimonial dos danos morais, e aqueles que reconheciam a existência do instituto, *per se*, como parte do ordenamento jurídico, dividindo-se, porém, entre os que defendiam a tese de sua ampla reparação e os que não a reconheciam.

Doutrinadores como Tito Fulgêncio, Nélson Hungria, Érico Vieira de Almeida e Frederico Sussekind filiavam-se à tese de que o dano puramente moral não era, em nenhuma hipótese, ressarcível.

Alguns dos mais comuns argumentos invocados por esta corrente eram a inexistência jurídica do dano moral, que, à época, ainda não pertencia ao direito positivado, a indeterminação do número total de vítimas atingido por determinada conduta causadora de dano moral, e a imoralidade da compensação de uma dor interna com dinheiro, situação que era vista como abominável por tais doutrinadores[104].

Wilson Melo da Silva, aprofundando-se no estudo da questão, destaca oito argumentos apresentados pelos defensores desta tese:

> 1ª) Falta de um efeito penoso durável; 2ª) A incerteza, nessa espécie de danos, de um verdadeiro direito violado; 3ª) A dificuldade de descobrir-se a existência do dano; 4ª) A indeterminação do número de pessoas lesadas; 5ª) A impossibilidade de uma rigorosa avaliação em dinheiro; 6ª) A imoralidade de compensar uma dor com dinheiro; 7ª) O ilimitado poder que se tem de conferir ao juiz; 8ª) A impossibilidade jurídica de se admitir tal reparação.[105]

Tais argumentos, embora interessantes do ponto de vista acadêmico, foram completamente superados com o amadurecimento da doutrina da responsabilidade civil, que cada vez mais passou a vislumbrar a pessoa humana em sua completude, sem se olvidar de sua constituição psíquica e anímica na apuração do dano. Em razão disto, a tese que inadmitia o dano moral foi prontamente refutada pela doutrina.

A segunda corrente, defensora da tese da reparação apenas dos reflexos patrimoniais dos danos morais, compunha-se de doutrinadores como José Antônio de Sousa Gomes, João Olavo Elói de Andrade e Enéas Galvão, dentre outros. Embora admitissem a reparação dos reflexos patrimoniais, negavam, assim como a corrente anterior, a existência jurídica do dano moral puro.

Para melhor esclarecer este conceito, mister trazer à baila a lição de Júlio Bernardo do Carmo:

> Diz-se puro ou direto o dano moral quando lesiona um interesse tendente à satisfação ou gozo de um bem jurídico não-patrimonial, ou seja, são diretos os danos morais quando a lesão afeta um bem jurídico contido nos direitos de personalidade, como a vida a integridade corporal, a honra, a própria imagem, ou mesmo quando atinge os atributos da pessoa, como o nome, a capacidade, o estado de família.[106]

Este conceito perdurou durante pouco tempo, no entanto. O dano ou é moral ou é material, não tem sentido a designação do dano moral como *puro*, motivo pelo qual tal designação caiu em desuso, e foi logo abandonada.

Aguiar Dias destaca que os danos morais apresentam algumas características em comum com os danos patrimoniais de origem moral ou afetiva, e esta semelhança levou boa parcela da doutrina à confusão, dando azo ao argumento de que só são reparáveis os reflexos patrimoniais dos danos morais[107].

E completa:

---

104. SILVA, Wilson Melo da. *O dano e sua reparação*. 3. ed. Rio de Janeiro: Forense, 1983, p. 336
105. SILVA, Wilson Melo da. *O dano e sua reparação*. 3. ed. Rio de Janeiro: Forense, 1983, p. 337.
106. CARMO, Júlio Bernardo do. *O dano moral e sua reparação no âmbito do direito civil e do trabalho*. Belo Horizonte: RTM, 1996, p. 304.
107. DIAS, José de Aguiar. *Da responsabilidade civil*. 11. ed. Rio de Janeiro: Renovar, 2006, p. 428.

Ora, o dano, já o dissemos, é uno, e não se discrimina em patrimonial e extrapatrimonial em atenção à origem e aos efeitos, de forma que esses pretendidos danos morais são apenas danos materiais. Dano moral, digamos, talvez escusadamente, mais uma vez, é a reação psicológica à injúria, são as dores físicas e morais que o homem experimenta em face da lesão.[108]

A tese defendida por esta corrente também foi duramente criticada, principalmente porque a noção de dano moral foi paulatinamente se aprimorando, culminando com maior aceitação deste instituto jurídico. Augusto Zenun acentua que indenizar os reflexos patrimoniais do dano moral é o mesmo que reparar danos materiais, posto que, destes, o dano moral não exsurge[109].

E prossegue o autor, destacando que, "conseguintemente, razão não têm os que só admitem a reparação do dano moral quando há repercussão econômica, porque não se trata de pagar a dor, os sofrimentos, mas de dar ao lesado os meios para-derivativos, com que se aplacam ou afugentam esses males"[110].

Com isso, a tese que admite a reparação dos danos morais foi a que prosperou no Brasil, superando as proposições anteriores. Para os adeptos desta teoria, o dano moral deveria ser invariavelmente reparado, ainda que imperfeito, dada a natureza subjetiva do bem jurídico lesado, cuja consequência, a dor, é de caráter íntimo e eminentemente espiritual, sendo negativas, dolorosas e deprimentes as manifestações que provoca na vítima.

O principal argumento sustentado pelos defensores desta doutrina é o princípio da essencialidade do dano como elemento da responsabilidade civil, eis que seu diagnóstico seria facilitado pelas circunstâncias fáticas do evento danoso.

Sem um dano, diziam, não há responsabilidade civil, e, partindo de tal premissa, consideravam que o dever reparatório deveria ser amplo, contemplando todos os tipos de danos efetivamente causados.

Sobre esta corrente, Aguiar Dias salienta que:

> Com efeito, a unanimidade dos autores convém em que não pode haver responsabilidade sem a existência de um dano, e é verdadeiro truísmo sustentar esse princípio, porque, resultando a responsabilidade civil em obrigação de ressarcir, logicamente não pode concretizar-se onde não há que reparar.[111]

Com base neste entendimento, passou-se a considerar a reparação do dano moral um verdadeiro sinal da evolução do direito, particularmente do instituto da responsabilidade civil, difundindo a ideia de que não é necessário manter o entendimento, já ultrapassado, de que a dor é imensurável. Nesta nova vertente, o dano moral deixou de ser encarado como um mecanismo que serviria apenas para aplacar ou eliminar as

---

108. DIAS, José de Aguiar. *Da responsabilidade civil*. 11. ed. Rio de Janeiro: Renovar, 2006, p. 428.
109. ZENUN, Augusto. *Dano moral e sua reparação*. 3. ed. Rio de Janeiro: Forense, 1995, p. 76.
110. ZENUN, Augusto. *Dano moral e sua reparação*. 3. ed. Rio de Janeiro: Forense, 1995, p. 73.
111. DIAS, José de Aguiar. *Da responsabilidade civil*. 11. ed. Rio de Janeiro: Renovar, 2006, p. 393.

consequências da dor e do sofrimento oriundos da lesão, passando a ostentar, além da função compensatória, uma função punitiva.

O caráter compensatório destacado pela doutrina é muito bem elucidado por Zenun, que afirma que:

> Não se condena o autor da lesão a pagar a dor, o sofrimento, porque é ele condenado a entregar, em dinheiro, o *quantum satis* para se proporcionar ao lesado os *derivativos* necessários a aplacar ou arredar a dor, afastar os sofrimentos, ou esquecê-los, ainda que não seja no todo, mas, ao menos, em grande parte.[112]

Júlio Bernardo do Carmo, a seu turno, destaca que:

> Quando se cuida do dano moral, o fulcro do conceito ressarcitório se acha deslocado para a convergência de duas forças: 'caráter punitivo' para que o causador do dano, pelo fato da condenação, se veja castigado pela ofensa que praticou; e o 'caráter compensatório', para a vítima, que receberá uma soma que lhe proporcione prazeres como contrapartida do mal sofrido.[113]

Para a moderna doutrina, o dano moral se fundamenta, portanto, na fusão destas duas forças. Une-se o caráter punitivo ao caráter compensatório, criando-se um dano bipartido, com dupla finalidade, que serve a um interesse social multifacetado, promovendo uma reparação à vítima pelo mal sofrido e inibindo o ofensor da prática futura de atos semelhantes.

Este novo paradigma, que tem suas forças estabelecidas no arcabouço principiológico da ampla reparação dos danos causados, está pacificado perante a doutrina e tem encontrado fortes sustentáculos na jurisprudência moderna. A elevação desta concepção ao panorama constitucional, conforme se verá, serviu ainda mais para o seu recrudescimento, passando-se a admitir, inclusive, sua aplicação aos casos de responsabilidade civil estatal.

Feitas tais considerações acerca da responsabilidade estatal e do dano moral, chega-se ao cerne das discussões do presente trabalho: pode o Estado ser responsabilizado pelas omissões de seus agentes que causem danos da natureza *moral* a outrem?

A questão, inicialmente, desperta especial atenção para o fundamento da responsabilidade civil aplicável ao caso. Conforme se viu, o art. 37, §6°, da Constituição da República de 1988, embora preconize como regra a responsabilidade civil objetiva, com base na teoria do risco administrativo, não faz distinção entre atos comissivos e omissivos para a aplicação de tal teoria.

A doutrina tem aceitado, há muito tempo, que quaisquer danos decorrentes de atos comissivos dos agentes públicos devem ser indenizados com fundamento na responsabilidade civil objetiva, insculpida no texto constitucional; sendo os danos oriundos de

---

112. ZENUN, Augusto. *Dano moral e sua reparação*. 3. ed. Rio de Janeiro: Forense, 1995, p. 73.
113. CARMO, Júlio Bernardo do. *O dano moral e sua reparação no âmbito do direito civil e do trabalho*. Belo Horizonte: RTM, 1996, p. 305.

omissões dos agentes públicos, todavia, tem sido aplicada a teoria subjetiva, seguindo-se a regra geral do art. 186 do Código Civil de 2002.

Com relação aos danos, não há mais nenhuma dúvida acerca da indenizabilidade do dano moral, seja quem for o causador, inclusive o Estado. Conforme se viu, o novo panorama constitucional brasileiro assegura a ampla reparação do dano: toda a indenização deve pautar-se pelo princípio da completa recomposição da parte lesada, englobando danos materiais e morais em sua integralidade.

Assim, se um agente público, ao omitir-se quando deveria agir, causar danos a alguém, sejam eles materiais ou morais, certamente o Estado será responsabilizado, e arcará com a condenação ao pagamento da respectiva indenização. A grande dificuldade, no caso específico das omissões, reside no fundamento da responsabilidade civil engendrada: a adoção da teoria subjetiva, além de ultrapassada, representa verdadeiro obstáculo para a vítima, notadamente em questão de prova.

Para ilustrar este posicionamento, veja-se o seguinte julgado do Egrégio Tribunal de Justiça do Estado de Minas Gerais:

AÇÃO DE INDENIZAÇÃO – RESPONSABILIDADE DO ESTADO – OMISSÃO – PRELIMINAR – NULIDADE – REJEITAR - PRECLUSÃO DA MATÉRIA – DANO MATERIAL – ANÁLISE DAS PROVAS COLACIONADAS AOS AUTOS – CONTRADIÇÃO – REDUÇÃO – LUCROS CESSANTES – PENSÃO VITALÍCIA – DANOS MORAIS – MANUTENÇÃO DA DECISÃO – JUROS DE MORA – ALTERAÇÃO DA LEI 11.960/09 – HONORÁRIOS ADVOCATÍCIOS E CUSTAS PROCESSUAIS – ALTERAÇÃO – SUCUMBÊNCIA RECÍPROCA. O ordenamento jurídico pátrio, pelo parágrafo único do art. 927 do Código Civil e do art. 37, §6º, da Constituição da República, adotou a teoria do risco administrativo, na qual o ente público, assim como as pessoas jurídicas de direito privado prestadoras de serviço público, respondem de forma objetiva pelos danos causados aos administrados. Por outro lado, quando o dano ocorrer em decorrência de uma omissão do Estado, aplica-se a teoria da responsabilidade subjetiva. Para decidir sobre a obrigação de indenizar da Administração Pública cabe verificar se houve a conjugação dos três fatores indispensáveis à responsabilização civil, quais sejam: a omissão da administração; a efetiva ocorrência dos danos ao autor, e a relação de causalidade entre o dano e a conduta culposa do ente público. A fixação de indenização por danos morais deve observar o constrangimento sofrido e o grau de responsabilidade do causador do dano.[114]

Como se vê, não há dúvidas quanto à possibilidade de condenação do Estado ao ressarcimento de danos morais. A jurisprudência, mesmo quando aplica a teoria subjetiva da responsabilidade civil aos casos de atos omissivos, se verifica a comprovação de culpa do agente público, impõe a condenação ao Estado.

Mas, o que se tem observado é uma tendência jurisprudencial no sentido de aplicar a teoria da responsabilidade objetiva aos casos de atos omissivos, da mesma forma como se admite para os casos de atos comissivos.

---

114. MINAS GERAIS. Tribunal de Justiça do Estado de Minas Gerais, *Apelação Cível nº 4641900-92.2004.8.13.0024*, Oitava Câmara Cível, Relator Des. Vieira de Brito, j. 18/11/2010, DJ 04/02/2011.

Trata-se de verdadeira evolução do entendimento, que tem crescido paulatinamente na jurisprudência brasileira. A seguir, colaciona-se interessante julgado do Egrégio Tribunal de Justiça do Estado de São Paulo, no qual se condena a Fazenda Pública ao pagamento de indenização por danos morais em razão de omissão no zelo pela segurança de uma represa onde um menor sofreu morte por afogamento, denotando-se uma aplicação da teoria da responsabilidade objetiva.

Com efeito:

[...] Embora a vítima não exercesse atividade laboral remunerada à época do infausto, os pais, quando de baixa renda, podem pleitear indenização por danos materiais, decorrentes do auxílio que futuramente o filho poderia prestar-lhes. Fixação da pensão de acordo com a jurisprudência dominante do E. STJ. Recurso dos autores parcialmente provido. [...] É objetiva essa responsabilidade estatal. A melhor leitura do §6º do artigo 37 da Constituição da República autoriza essa conclusão, pois as pessoas jurídicas de direito público responderão pelos danos que seus agentes, nessa qualidade, causarem a terceiros. Ora, causar danos não significa apenas atuar. Mas significa, também, deixar de atuar. A omissão do Estado em zelar pela segurança de local notoriamente perigoso e freqüentado por crianças e adolescentes gera essa obrigação de indenizar. DANOS MORAIS – FIXAÇÃO DO VALOR – COMPENSAÇÃO DA VÍTIMA PELO DANO E DESESTÍMULO DO AGENTE À MANUTENÇÃO DO COMPORTAMENTO PREJUDICIAL – O MONTANTE, CONTUDO, NÃO PODE CONSTITUIR FONTE DE ENRIQUECIMENTO A BANALIZAR O INSTITUTO – RECURSO DOS AUTORES PARCIALMENTE PROVIDO.[115]

O julgado, como se vê, é enfático ao preceituar a aplicação da teoria da responsabilidade objetiva, mesmo se tratando o caso de dano oriundo de conduta omissiva do Estado, que, na hipótese, não zelou pela perfeita segurança da represa onde ocorreu a fatalidade. Esta concepção denota o amadurecimento jurisprudencial, eis que o entendimento suplanta a velha teoria da responsabilidade subjetiva em caso de atos omissivos, impondo condenação ao Estado – inclusive ao pagamento de danos morais – independentemente de qualquer apuração de culpa.

Com isso, vislumbra-se a inegável prevalência do entendimento constante do *caput* do art. 37, §6º, da Constituição da República de 1988, tanto para casos em que o dano decorra de ações, quanto para os casos em que o dano tenha sua origem em omissões de agentes públicos. Trata-se de concepção nova, ainda visualizada com certa incipiência, notadamente nos arestos dos Tribunais de Justiça de postura mais conservadora, mas não há dúvidas de que se trata de uma nova tendência jurisprudencial, inclusive em casos nos quais o dano oriundo da ação ou omissão do agente público ostentem caráter puramente não patrimonial.

2.2.2.1 A previsão do Código Civil de 1916

O Código Civil de 1916, embora não se filiasse com muita clareza a uma ou outra corrente sobre a reparação dos danos morais, em diversos dispositivos deixava em aberto

---

115. SÃO PAULO. Tribunal de Justiça do Estado de São Paulo, *Apelação Cível nº 990.09.370201-0*, Primeira Câmara de Direito Público, Relator Des. Renato Nalini, j. 23/03/2010, DJ 10/04/2010.

a questão de sua reparabilidade. Com isso, embora seja inegável que o vetusto Código admitia a reparação de tais danos, por certo, o fazia com "muita timidez", como bem assevera Américo Luís Martins da Silva[116], uma vez que os principais fundamentos jurídicos de tal reparação repousavam somente em seu art. 76, que preconizava o seguinte:

> Art. 76. Para propor, ou contestar uma ação, é necessário ter legítimo interesse econômico ou moral.
>
> Parágrafo único. O interesse moral só autoriza a ação quando toque diretamente ao autor, ou à sua família.

Ora, se o *interesse moral*, íntimo que é, autoriza a ação quando toca diretamente ao autor da mesma, ou a sua família, admitida a reparação dos danos causados a tais interesses, quando efetivamente causados e comprovados. É o que vislumbravam alguns doutrinadores, sobre o dispositivo em foco, no entanto, a questão nunca foi pacífica. Parte da doutrina brasileira clássica posicionava-se no sentido de que, em tal dispositivo, não havia nenhuma base que pudesse servir para a reparação do dano moral.

Foi então que surgiu o Decreto nº 2.681, de 7 de dezembro de 1912, que regula a responsabilidade civil das estradas de ferro no Brasil em relação à perda total ou parcial, furto ou avaria das mercadorias que recebem para transportar. De acordo com o artigo 1º, as estradas de ferro são consideradas responsáveis por esses danos, presumindo-se a culpa, exceto se comprovadas as seguintes situações: caso fortuito ou força maior; vício intrínseco da mercadoria ou causas inerentes à sua natureza; risco natural do transporte de animais vivos; mal acondicionamento da mercadoria; transporte em vagões descobertos conforme regulamento; carregamento e descarregamento feitos pelo remetente ou destinatário, resultando na perda ou avaria; e quando a mercadoria é transportada em vagão ou plataforma sob a custódia e vigilância do remetente.

Caso ocorra a concorrência de culpa entre a estrada de ferro e o remetente ou destinatário nos casos especificados nos itens 2, 3, 4, 5, 6 e 7, o artigo 2º estabelece que a responsabilidade será dividida proporcionalmente entre eles. E, de modo geral, tal norma foi a responsável por definir que a responsabilidade, no contexto das estradas de ferro, começa no momento em que a mercadoria é recebida na estação por seus empregados, mesmo antes do despacho, e termina quando é efetivamente entregue ao destinatário, conforme o artigo 3º.

O valor da indenização pelas perdas ou avarias será equivalente ao preço corrente da mercadoria no tempo e lugar em que deveria ser entregue, deduzidas as despesas que não foram realizadas devido à perda da mercadoria. Exceto em casos de dolo, a estrada de ferro é responsável apenas pelos prejuízos diretos que ocorreram, de acordo com o artigo 6º. No caso de atraso na entrega das mercadorias, a estrada de ferro perderá uma parte do preço do transporte proporcional ao tempo de atraso, e se for comprovado um dano maior ao particular, este será indenizado até o valor correspondente ao da

---

116. SILVA, Américo Luís Martins da. *O dano moral e a sua reparação civil*. São Paulo: Revista dos Tribunais, 1999, p. 181.

mercadoria. O artigo 7º também determina que a culpa da estrada é sempre presumida, exceto em casos de força maior ou culpa do remetente ou destinatário.

O Decreto também aborda a responsabilidade das estradas de ferro por acidentes que ocorram em suas linhas, estabelecendo que a culpa será presumida, salvo se comprovado caso fortuito ou força maior ou culpa exclusiva do viajante. Em relação aos agentes responsáveis pelo acidente, as estradas de ferro são solidárias entre si e têm direito de regresso em caso de culpa, conforme os artigos 17 e 18. O Decreto também trata da responsabilidade por bagagens não despachadas e por danos causados aos proprietários marginais de suas linhas.

Em suma, o Decreto Nº 2.681/1912 tem como objetivo regulamentar a responsabilidade civil das estradas de ferro no transporte de mercadorias e passageiros, estabelecendo as circunstâncias em que as estradas de ferro são responsáveis por perdas, avarias e acidentes e prevendo as formas de indenização a serem aplicadas em cada caso.

A evolução do entendimento sobre a indenização por dano moral no ordenamento jurídico brasileiro teve diferentes momentos e reflexos em diversas leis e decisões jurisprudenciais. Anteriormente ao Código Civil de 1916 (CC16), a reparação por danos morais não era tratada de forma expressa na legislação, sendo, portanto, objeto de controvérsia e lacuna normativa. O art. 1538 do CC16 passou a permitir a indenização por lesão corporal, mas a jurisprudência do Supremo Tribunal Federal (STF), em casos como o RE 95.906-8 (Relator Min Néri da Silveira), julgado em 2 de março de 1982, entendia que apenas a vítima diretamente prejudicada poderia pleitear o dano moral, o que gerava dificuldades para as famílias de vítimas falecidas em buscar tal reparação.

Com a entrada em vigor do Código Brasileiro de Comunicações (Lei 4.117/1962), houve avanços no reconhecimento do dano moral. O art. 81 da referida lei tratava expressamente desse tipo de dano, enquanto o art. 84 estabelecia o parâmetro de 100 salários mínimos, que se tornou frequente como critério de tabelamento para quantificar as indenizações. Além disso, o §2º do art. 81 previa a possibilidade de indenização dobrada em determinados casos, o que representou um importante avanço na proteção dos direitos das vítimas.

O Código Eleitoral (Lei 4.737/1965) e a Lei de Imprensa (Lei n. 5.250/1967) também trouxeram dispositivos relacionados à indenização por danos morais. O art. 243 do Código Eleitoral estabelecia penalidades para a publicação de notícias falsas capazes de abalar o ânimo do eleitorado. Por sua vez, a Lei de Imprensa, nos arts. 49, 51 e 52, tratava das ações de reparação por danos morais decorrentes de publicações inverídicas ou ofensivas realizadas por meio da imprensa.

Outra importante decisão do STF relacionada ao tema foi o RE 97.488-1 (Relator Min Djaci Falcão), julgado em 13 de agosto de 1982. Nesse caso, discutiu-se a possibilidade de cumulação de danos materiais e morais decorrentes de um acidente, ampliando o entendimento sobre a reparação de danos não patrimoniais.

Já em 13 de fevereiro de 1987, o STF, no RE 111.223-9, Rel. Min. Carlos Madeira, reafirmou a possibilidade de pleitear indenização por dano moral, consolidando ainda mais o entendimento e fortalecendo a proteção dos direitos das vítimas.

Esses precedentes e a evolução legislativa indicam uma progressiva consolidação da reparação por danos morais no ordenamento jurídico brasileiro, garantindo às vítimas e suas famílias a possibilidade de buscar justiça e compensação não apenas pelos danos patrimoniais, mas também pelas lesões sofridas em sua esfera emocional, moral e psicológica. O reconhecimento do dano moral é fundamental para a construção de uma sociedade mais justa e humanizada, em que a integridade e a dignidade de cada indivíduo são respeitadas e protegidas.

O cerne da discussão é que não se pode confundir o interesse de agir, típico do processo civil, com o interesse que forma o conteúdo do direito subjetivo e que se procura assegurar efetivamente com o exercício da ação.

Os defensores desta tese cuidavam de enfatizar que o interesse de agir, condição da ação que é, não se confunde com a própria substância do direito material, e, com isso, criavam uma barreira à consideração do dano moral[117].

Por outro lado, sempre existiram aqueles que visualizavam como certa a reparação do dano moral com base no preceito acima transcrito. Cahali, por exemplo, explica que inexistia regra geral que permitisse deduzir silogisticamente a obrigação de reparação do dano moral, mas, nem por isso, se permite a conclusão de que tal omissão legislativa isentaria o ofensor de reparar o dano de ordem moral que causasse[118].

Aos olhos de Clóvis Beviláqua, idealizador do *Codex* em questão, a interpretação do art. 76 conduz à noção de que, se o interesse moral justifica a ação para sua defesa ou restauração, é evidente que tal interesse também é indenizável, ainda que o bem moral não se exprima em uma quantia em dinheiro[119].

Como se não bastasse, vários outros dispositivos do Código Civil de 1916 também suscitavam dúvidas acerca da questão, tais como os arts. 1.537, 1.545, 1.547, 1.548, 1.549, 1.551 e 1.553. Nenhum desses trazia explicitamente qualquer menção à reparação dos eventos casuísticos narrados como *danos morais*, porém, permitiam interpretação dúbia e controversa entre os doutrinadores.

Além disso, o art. 159 do Código Civil de 1916, que trazia cláusula geral da responsabilidade civil do direito privado, não se posicionava expressamente quanto à reparação dos danos patrimoniais, abrindo margem para ainda mais controvérsias doutrinárias e jurisprudenciais, sempre pautadas na admissibilidade da reparação destes danos.

---

117. ZENUN, Augusto. *Dano moral e sua reparação*. 3. ed. Rio de Janeiro: Forense, 1995, p. 80.
118. CAHALI, Yussef Said. *Dano moral*. 3. ed. São Paulo: Revista dos Tribunais, 2005, p. 55-56.
119. BEVILÁQUA, Clóvis. *Código Civil dos Estados Unidos do Brasil comentado*. 4. ed., Rio de Janeiro: Livraria Francisco Alves, 1930, v. I, p. 313.

2.2.2.2 Dano moral na Constituição da República de 1988

Conforme se viu, a noção de dano moral, no Brasil, existiu desde bem antes da Constituição de 1988, mas foi com o seu advento que, finalmente, se pôs fim a qualquer dúvida ainda remanescente a respeito da reparação de tais danos no ordenamento jurídico brasileiro, elevando-os à condição de direitos individuais fundamentais, conforme previsão específica do art. 5º, incisos V e X da Magna Carta:

> Art. 5º Todos são iguais perante a lei, sem distinção de qualquer natureza, garantindo-se aos brasileiros e aos estrangeiros residentes no País a inviolabilidade do direito à vida, à liberdade, à igualdade, à segurança e à propriedade, nos termos seguintes:
> [...]
> V - é assegurado o direito de resposta, proporcional ao agravo, além da indenização por dano material, moral ou à imagem;
> [...]
> X - são invioláveis a intimidade, a vida privada, a honra e a imagem das pessoas, assegurado o direito a indenização pelo dano material ou moral decorrente de sua violação.

Tais garantias representam verdadeira mudança de paradigma no direito brasileiro[120]. Até o advento da notável Magna Carta de 1988, admitia-se a reparação dos danos morais, mas eram nítidas as divergências entre os doutrinadores; com a promulgação da nova Constituição, sanou-se quaisquer dúvidas quanto à reparação de tais danos, evento que deu início a um vertiginoso aumento na quantidade de legislações infraconstitucionais embasadas na nova principiologia do instituto.

Clayton Reis destaca que diversas legislações infraconstitucionais vêm sendo editadas no país, desde que sacramentada a garantia de reparação dos danos morais, dentro do rol do art. 5º da Constituição da República, ampliando o leque de opções para a propositura de ações nessa área. O autor destaca os casos do Código de Defesa do Consumidor (Lei nº 8.078/1990), que expressamente admite a reparação de danos patrimoniais e morais, em seu art. 6º, incisos VI e VII, e do Estatuto da Criança e do Adolescente (Lei nº 8.069/1990), que assegura a crianças e adolescentes o direito à integridade física, psíquica e moral, em seus arts. 17 e 201, incisos V, VIII e IX[121].

Américo Luís Martins da Silva acentua que:

---

120. Sobre o direito de resposta, anota Liane Tabarelli: "a Constituição de 1988, mantendo tradição surgida na Constituição de 1934, reforça o instituto do direito de resposta, que objetiva o oferecimento de uma contramanifestação à altura da lesão sofrida, oriunda de divulgação de informação por meios de comunicação social, sejam eles jornais, rádios, emissoras de televisão ou quaisquer outros que alcancem o público, bem como assegura a reparação de eventuais danos a direitos da personalidade, sejam eles materiais, morais ou à imagem". TABARELLI, Liane. Comentários ao inciso V. In: SARLET, Ingo Wolfgang; RAMOS, Rafael; CUNDA, Daniela Zago G. da; WUNDERLICH, Alexandre; DUQUE, Marcelo Schenk; JOBIM, Marco Félix (org.). *Direitos fundamentais*: comentários ao artigo 5º da Constituição Federal de 1988. Londrina: Thoth, 2022, p. 97.
121. REIS, Clayton. *Dano moral*. 4. ed. Rio de Janeiro: Forense, 1995, p. 72.

No que diz respeito à iniciativa do legislador constituinte brasileiro de incluir o princípio da *reparabilidade do dano moral* no texto constitucional, como diz José Afonso da Silva, ali se reconhece que a vida humana não é apenas um conjunto de elementos materiais. Integram-na também valores *imateriais*, como os *morais*. Segundo ele, a Constituição de 1988 empresta muita importância à moral como valor ético-social da pessoa e da família, que se impõe ao respeito dos meios de comunicação social. Ela, mais que as outras, realçou o valor da *moral individual*, tornando-a mesmo num bem indenizável (art. 5º, incisos V e X).[122]

Por sua vez, Rodrigo Mendes Delgado destaca que:

> [...] qualquer celeuma a respeito do tema em análise, esvaiu-se e desfragmentou-se, como as areias de uma duna no deserto, que está constantemente sob influência do vento, com a edição da Constituição Federal de 1988, que, em seu art. 5º – cláusula pétrea – incisos V e X, fincaram, definitivamente, a reparabilidade dos danos morais.[123]

Em outras palavras, a responsabilidade é decorrência lógica da liberdade estatuída no ordenamento jurídico democrático, garantindo amplas liberdades aos indivíduos, que, se exercidas de modo nocivo, gerando prejuízos a outrem, acarretam o dever inexorável de reparação de tais prejuízos, de forma ampla, compreendendo tanto os danos materiais, quanto os danos morais[124].

Com supedâneo nisso, o Superior Tribunal de Justiça editou a Súmula nº 37, segundo a qual "são cumuláveis as indenizações por dano material e dano moral, oriundos do mesmo fato", entendimento que, proveniente de longa construção pretoriana, reflete o verdadeiro intuito preconizado pela Constituição da República de 1988, garantindo a ampla reparação dos danos. Nesse ínterim, inegável a garantia consagrada no texto constitucional, que assegura o direito à indenização por danos morais, em caso de a vítima ser ofendida em sua honra, em sua intimidade, em sua imagem ou em sua vida privada.

Os dispositivos inseridos no art. 5º da Constituição da República se coadunam com tudo isso, ressalvando, inclusive, a possibilidade de a pessoa impedir que sua intimidade domiciliar ou sua correspondência seja violada, na forma dos incisos XI e XII do mencionado dispositivo, com exceção da hipótese do art. 136, §1º, inciso I, alínea "c", da Constituição da República. Maria Helena Diniz enumera alguns exemplos de situações que podem configurar ofensas à intimidade individual: a violação de correspondência ou do domicílio alheio; o uso de droga ou de meios eletrônicos para compelir alguém a revelar fatos de sua vida privada ou segredos de sua profissão, ou até mesmo o emprego de binóculos para fiscalizar o que ocorre no interior de uma casa[125].

---

122. SILVA, Américo Luís Martins da. *O dano moral e a sua reparação civil*. São Paulo: Revista dos Tribunais, 1999, p. 266.
123. DELGADO, Rodrigo Mendes. *O valor do dano moral*: como chegar até ele. Teoria e prática. Leme: J.H. Mizuno, 2003, p. 149.
124. DELGADO, Rodrigo Mendes. *O valor do dano moral*: como chegar até ele. Teoria e prática. Leme: J.H. Mizuno, 2003, p. 149.
125. DINIZ, Maria Helena. A responsabilidade civil por dano moral. *Revista Literária do Direito*, São Paulo, ano 2, n. 9, jan./fev. 1996, p. 13.

Prosseguindo, a autora cita, também, a instalação de equipamentos eletrônicos, como microfones, gravadores ou filmadoras para captar conversas e imagens; a intrusão injustificada no retraimento ou isolamento de uma pessoa, seguindo-a, observando-a, escrevendo-lhe ou chamando-a continuamente pelo telefone, e, por fim, a interceptação de conversas telefônicas[126].

O direito à honra, por sua vez, assegura toda uma categoria de direitos inerentes à pessoa, tais como seu nome, sua reputação e sua dignidade. Assim, a honra pode ser considerada um bem alusivo ao sentimento da própria dignidade e à estimação que outrem faz da reputação de uma pessoa, relativamente à sua qualidade moral e a seu valor social, que pode ser afetado pela injúria, pela calúnia ou pela difamação.

Estes são alguns exemplos de direitos inerentes à pessoa humana, garantidos pelo novo ordenamento constitucional, que refletem o modo como a Constituição da República de 1988 realmente sacramentou a reparação dos danos morais, inclusive em cumulação com os danos materiais, quando decorrentes da violação dos direitos à intimidade, à vida privada, à honra e à imagem individual.

No caso das súmulas relacionadas ao dano moral, elas refletem o desenvolvimento do direito no Brasil, reconhecendo direitos e estabelecendo critérios para a reparação dos danos não patrimoniais.

A Súmula 37, criada em 1992, foi um marco importante ao afirmar a possibilidade de cumulação das indenizações por dano material e dano moral quando decorrentes do mesmo fato. Antes disso, havia dúvidas e controvérsias sobre a possibilidade de buscar reparação por ambos os danos em um único processo. A súmula trouxe maior clareza e segurança jurídica, permitindo que as vítimas pudessem pleitear tanto a compensação pelos prejuízos materiais quanto pelos danos à sua esfera emocional e moral.

A Súmula 227, de 1999, teve um papel relevante ao reconhecer que a pessoa jurídica também pode sofrer dano moral. Anteriormente, o entendimento predominante era de que somente as pessoas físicas poderiam ser vítimas de dano moral. Com a súmula, a jurisprudência passou a considerar que empresas, instituições e outras entidades jurídicas também têm sua dignidade e honra passíveis de proteção, ampliando a esfera de reparação por danos morais no âmbito empresarial e institucional.

Em 2004, a Súmula 281 esclareceu que a indenização por dano moral não estaria sujeita à tarifação prevista na Lei de Imprensa. Essa lei, em alguns de seus dispositivos, estabelecia limites ou tabelamentos para a fixação do valor da indenização em casos de danos decorrentes de notícias divulgadas pela imprensa. No entanto, a súmula deixou claro que tais limitações não seriam aplicáveis quando o dano moral não estivesse relacionado diretamente com a imprensa, assegurando a plena reparação em outros contextos.

---

126. DINIZ, Maria Helena. A responsabilidade civil por dano moral. *Revista Literária do Direito*, São Paulo, ano 2, n. 9, jan./fev. 1996, p. 14.

A Súmula 370, criada em 2009, trouxe uma importante consideração sobre o dano moral no contexto de transações financeiras. Ao estabelecer que a apresentação antecipada de cheque pré-datado caracteriza dano moral, a jurisprudência reconheceu que essa prática pode causar prejuízos à honra objetiva do indivíduo, gerando a necessidade de reparação.

Já a Súmula 385, também de 2009, tratou da anotação irregular em cadastro de proteção ao crédito. Ela esclareceu que, caso haja uma anotação legítima anterior, a irregular posterior não ensejará indenização por dano moral, mas não impede o direito ao cancelamento da anotação indevida. Essa súmula buscou evitar que o mesmo fato gere uma dupla reparação, garantindo a correção dos cadastros sem gerar indenizações excessivas.

Por fim, a Súmula 387, também criada em 2009, consolidou o entendimento sobre a cumulação das indenizações por dano estético e dano moral. Esse reconhecimento é relevante, pois, em alguns casos, um dano estético pode acarretar reflexos emocionais e psicológicos que vão além do próprio aspecto físico. A súmula reafirmou a possibilidade de buscar a reparação por ambos os danos, respeitando a natureza multifacetada das lesões sofridas pelas vítimas.

No conjunto, essas súmulas demonstram a evolução do direito brasileiro na compreensão e aplicação do dano moral, consolidando a proteção dos direitos da personalidade, inclusive das pessoas jurídicas, e estabelecendo critérios para a justa reparação dos danos não patrimoniais, de forma a garantir a justiça e equidade nas decisões judiciais.

2.2.3 Danos patrimoniais e extrapatrimoniais antes e hoje

A melhor doutrina cuida da distinção conceitual entre os danos patrimoniais e os danos morais. Em poucas palavras, são os primeiros o verdadeiro e próprio juízo econômico, e os segundos, o sofrimento psíquico ou moral, as dores, angústias e frustrações infligidas ao ofendido[127].

Citando Alfredo Minozzi, Cahali ainda acentua que a distinção entre o dano patrimonial e o não patrimonial não diz respeito ao dano em sua origem, mas ao dano quanto a seus efeitos. Segundo o autor italiano, quando se fala em danos não patrimoniais, entende-se que se faz referência aos danos que não atingem o patrimônio material da pessoa. O conteúdo dos danos não patrimoniais não é o dinheiro ou qualquer coisa que possa ser reduzida a dinheiro, mas a sensação dolorosa vivenciada pela pessoa[128].

Ainda buscando substrato na doutrina italiana, colaciona trecho da obra de Adriano de Cupis, segundo o qual "dano não-patrimonial, em conformidade com sua negativa expressão literal, é todo dano privado que não adentra ao dano patrimonial,

---

127. CAHALI, Yussef Said. *Dano moral*. 3. ed. São Paulo: Revista dos Tribunais, 2005, p. 21.
128. MINOZZI, Alfredo. *Studio sul danno non patrimoniale (danno morale)*. 3. ed. Milão: Societtà Editrice, 1917, §13, p. 40-41.

tendo por objeto um interesse não-patrimonial, vale dizer, relativo a bem não-patrimonial"[129] (tradução nossa).

Na doutrina brasileira, tem-se a conceituação de Pontes de Miranda, para quem "dano patrimonial é o dano que atinge o patrimônio do ofendido; dano não-patrimonial é o que, só atingindo o devedor como ser humano, não lhe atinge o patrimônio"[130]. De forma mais simples, Aguiar Dias destaca que, "quando ao dano não correspondem as características de dano patrimonial, estamos em presença de dano moral"[131].

Aprofundando-se na distinção, eis novo excerto da obra de Pontes de Miranda:

> A expressão dano moral tem concorrido para graves confusões, bem como a expressão alemã *Schmerzengeld* (dinheiro de dor). Às vezes, os escritores e juízes empregam a expressão dano moral em sentido amplíssimo (dano à normalidade da vida de relação, dano moral estrito, que é o dano à reputação, dano que não é qualquer dos anteriores mas também não ofende o patrimônio, como o de dor sofrida, o de destruição de bem sem qualquer valor patrimonial ou de valor patrimonial ínfimo). Aí, dano moral seria dano não-patrimonial. Outros tem como dano moral o dano à normalidade da vida de relação, o dano que faz baixar o moral da pessoa, e o dano à reputação. Finalmente, há o senso estrito de dano moral: o dano à reputação.[132]

A caracterização de cada uma das modalidades de dano, então, tem seu principal diferenciador no patrimônio, sendo mais razoável a distinção do dano segundo conceitos próprios, diferenciado o patrimônio material do indivíduo de seu patrimônio imaterial.

Assim, o dano moral restaria configurado naquelas hipóteses em que há a privação ou diminuição de bens como a paz, a liberdade individual, a integridade moral e a honra do indivíduo.

O elemento subjetivo aqui traçado é crucial para a delimitação dos danos morais. É preciso que se busque uma classificação segundo critérios personalíssimos. Nesse sentido, mister a delimitação dos direitos da personalidade, especialmente perante o arcabouço de normas e princípios constitucionais.

2.2.4 Os direitos da personalidade

Conforme se asseverou, as mudanças no estado anímico da vítima, decorrentes do dano moral, não constituem o próprio dano, em si, mas *efeitos* ou *resultados* deste dano. Nessa linha, o dano moral caracteriza-se como a efetiva ofensa a uma categoria de direitos e interesses que provocam os resultados anímicos que se confundem com o próprio dano.

---

129. DE CUPIS, Adriano. *Il danno*: teoria generale della responsabilità civile. Milão: Giuffrè, 1970, v. I, nº 10, p. 51.
130. PONTES DE MIRANDA, Francisco Cavalcanti. *Tratado de direito privado*. Rio de Janeiro: Borsoi, 1967, v. XXVI, §3.108, p. 30.
131. DIAS, José de Aguiar. *Da responsabilidade civil*. 11. ed. Rio de Janeiro: Renovar, 2006, p. 771.
132. PONTES DE MIRANDA, Francisco Cavalcanti. *Tratado de direito privado*. Rio de Janeiro: Borsoi, 1967, v. XXVI, §3.107, p. 30.

Destacando a importância de se identificar quais são os interesses ou direitos que, violados, ensejam a reparação moral, Roberto Brebbia salienta que "de todas as classificações que se formulam a respeito dos danos reconhecidos pelo Direito, é, sem deixar lugar à menor dúvida, a mais importante, a distinção que se efetua tendo em conta à natureza do direito violado, ou, o que é a mesma coisa, do bem jurídico menoscabado"[133].

Nesse sentido, muito se discute sobre os chamados *direitos da personalidade*, que a doutrina considera como direitos inatos ou inerentes ao próprio homem, existentes independentemente do direito positivo, que se limita a reconhecê-los e sancioná-los, conferindo-lhes maior visibilidade jurídica. Isso conduz à conclusão de que, mesmo antes de serem positivados, os direitos da personalidade já possuíam proteção jurídica específica, sendo passíveis de reparação.

A origem de tais direitos, dentro do panorama constitucional, se deu com o positivismo jurídico, e seus veementes críticos das teorias sobre ideias e concepções inatas defendidas pelos teóricos do direito natural. O positivismo jurídico, negando a ideia de um só direito geral da personalidade, tratou de esmiuçar quais seriam os direitos subjetivos, positivados pelo Estado, que se enquadrariam neste rol.

Assim, a evolução do pensamento jurídico culminou com a consagração, por parte do legislador, de diversos direitos especiais da personalidade, inseridos no ordenamento jurídico para salvaguardar bens jurídicos específicos, como a vida, a integridade física, a liberdade e a honra[134].

Com o fim da Segunda Grande Guerra, novas tendências jurídicas surgiram no mundo, e boa parte da doutrina, preocupada com os impactos gerados pelas atrocidades cometidas durante o conflito, e com o crescimento da sociedade consumerista, passaram a buscar uma cláusula geral dos direitos da personalidade, e, evidentemente, o Brasil seguiu esta tendência.

O art. 1º, inciso III, da Constituição da República, é bom exemplo dessa tendência, ao estabelecer, como fundamento da república, a dignidade da pessoa humana. Tal expressão, extremamente intricada, sintetiza todos os caracteres inerentes à pessoa, na sua complexidade e diversidade de manifestações. Ademais, o já mencionado art. 5º, inciso X, alude a uma gama de outros direitos da personalidade, quando trata da intimidade, da vida privada, da honra e da imagem.

Na mesma toada, o art. 5º, em seu inciso III, preconiza a proibição da tortura e do tratamento degradante; em seu inciso XLIX, assegura o respeito à integridade física e moral dos presos; nos incisos IV e IX, assegura a liberdade de expressão; no inciso VIII, garante a liberdade de crença religiosa ou convicção política ou filosófica.

Segundo Caio Mário da Silva Pereira, a Constituição estabeleceu o mínimo, quando alude a tais direitos da personalidade, mas o rol lá inscrito não se trata de "*numerus

---

133. BREBBIA, Roberto H. *El daño moral*. Buenos Aires: Editora Bibliográfica Argentina, 1950, p. 94.
134. BREBBIA, Roberto H. *El daño moral*. Buenos Aires: Editora Bibliográfica Argentina, 1950, p. 96.

clausus", ou enumeração taxativa. Segundo o autor, os direitos da personalidade não podem ser reduzidos, por via legislativa, porque inscritos na Constituição, devendo a reparação ser ampla[135].

A lição do doutrinador conduz a uma importante reflexão: mais que à lei, compete à doutrina e a à jurisprudência identificar tais direitos da personalidade, partindo das situações cotidianas, posto que, num mundo globalizado, a cada dia um novo aspecto da personalidade se destaca e passa a ser juridicamente tutelado, o que levaria a eternos fracassos de tentativa de enumeração de tais direitos.

Trazendo nova lição de Roberto Brebbia, destaca-se que a imprecisão que permeia a definição de tais atributos da personalidade não pode significar obstáculo ao reconhecimento do conjunto de direitos ou faculdades que, em razão de suas características próprias, se diferenciam claramente dos direitos patrimoniais, e devem ser tutelados da forma mais ampla possível[136].

Tais considerações são importantíssimas para destacar que o dano moral, enquanto instituto jurídico e, nas linhas gerais apresentadas nos tópicos anteriores, está conectado à violação de um ou de alguns direitos da personalidade. Esta noção é fortemente difundida pela doutrina, a exemplo de Cavalieri Filho, que destaca que "o dano moral é lesão de bem integrante da personalidade, tal como a honra, a liberdade, a saúde, a integridade psicológica, causando dor, sofrimento, tristeza, vexame e humilhação à vítima"[137].

Antônio Jeová Santos observa que: "Num sistema que coloca o homem como epicentro do direito, o reconhecimento do dano moral, como entidade passível de gerar indenização, é o coroar do reconhecimento dos direitos da personalidade"[138].

Yussef Said Cahali, a seu turno, entende mais razoável que a caracterização do dano moral se dê a partir de seus próprios elementos, tais como "a privação ou diminuição daqueles bens que têm um valor precípuo na vida do homem e que são a paz, a tranquilidade de espírito, a liberdade individual, a integridade individual, a integridade física, a honra e os demais sagrados afetos"[139].

Tais posicionamentos elucidam a necessidade de classificação dos danos morais com base nos aspectos subjetivos, ligados ao plano valorativo do indivíduo, no meio social em que repercute o fato violador, afetando sua valoração no meio social em que vive.

Conforme leciona Cahali, "multifacetário o ser anímico, tudo aquilo que molesta gravemente a alma humana, ferindo-lhe gravemente os valores fundamentais inerentes à sua personalidade ou reconhecidos pela sociedade em que está integrado, qualifica-

---

135. PEREIRA, Caio Mário da Silva. *Responsabilidade civil*. 8. ed. Rio de Janeiro: Forense, 1998, p. 65.
136. BREBBIA, Roberto H. *El daño moral*. Buenos Aires: Editora Bibliográfica Argentina, 1950, p. 61.
137. CAVALIERI FILHO, Sérgio. *Programa de responsabilidade civil*. 8. ed. São Paulo: Atlas, 2009, p. 74.
138. SANTOS, Antônio Jeová. *Dano moral indenizável*. 4. ed. São Paulo: Revista dos Tribunais, 2003, p. 57.
139. CAHALI, Yussef Said. *Dano moral*. 3. ed. São Paulo: Revista dos Tribunais, 2005, p. 20.

-se, em linha de princípio, como dano moral"[140]. E, diante da própria dificuldade de enumeração de seus casos, conforme se salientou, deve-se dar ampla interpretação ao rol dos direitos da personalidade.

Boa parte da dificuldade de aceitação da reparação de tais ofensas a bens da personalidade, reside na dificuldade de aferição da repercussão gerada no estado psicológico ou no espírito da pessoa, em face da má delimitação da própria denominação dada a essa espécie de dano. O vocábulo *moral* remete aos domínios do espírito humano, o que sugere que o dano moral seja aquele que invade e afeta esse domínio.

Wilson Melo da Silva traz vastos exemplos das denominações dadas ao instituto nos ordenamentos jurídicos europeus, como o *"dommage moral"* ou *"préjudice moral"* dos franceses, o *"daño moral"* dos espanhóis e o *"danno morale"* dos italianos[141]. Tomando por base a definição dos danos em questão a partir dos direitos da personalidade, talvez fosse mais adequada a denominação de *dano à pessoa*, para assinalar a ofensa em questão.

Comparativamente, tem-se o modelo do *common law*, de países como a Inglaterra e os Estados Unidos da América, onde se faz nítida distinção entre o *dano à pessoa* (*"personal tort"*), que abrange os danos à pessoa de um modo geral, à sua reputação, a seus sentimentos, e o *dano à propriedade* (*"property tort"*), que se refere aos danos à propriedade e ao patrimônio material em geral. Porém, tal denominação certamente não está isenta de críticas, pois, "do ponto de vista semântico, a expressão dano à pessoa não é excludente dos danos patrimoniais indiretos decorrentes da lesão sofrida pela pessoa"[142].

Neste momento, cumpre salientar a definição comumente dada pela doutrina ao dano moral sob a forma negativa, contrapondo-se ao dano material ou patrimonial, buscando um conceito de dano moral por exclusão[143].

Indo direto ao ponto, os irmãos Mazeaud pontuam que o dano moral é "o que não atinge de modo algum ao patrimônio e causa tão só uma dor moral à vítima"[144], enquanto Savatier o define como "todo sofrimento humano que não resulta de uma perda pecuniária".[145]

Além de não permitir a correta compreensão do fenômeno, este modo de conceituar o dano moral nada esclarece acerca de seu conteúdo, posto que definido com uma ideia negativa, algumas vezes acompanhada de uma fórmula redundante, que busca

---

140. CAHALI, Yussef Said. *Dano moral*. 3. ed. São Paulo: Revista dos Tribunais, 2005, p. 22.
141. SILVA, Wilson Melo da. *O dano e sua reparação*. 3. ed. Rio de Janeiro: Forense, 1983, nº 1, p. 12.
142. SILVA, Wilson Melo da. *O dano e sua reparação*. 3. ed. Rio de Janeiro: Forense, 1983, nº 1, p. 12.
143. GAUDEMET, Yves. Responsabilité de la puissance publique. *Revue du droit public et de la science politique en France et à l'étranger*, Paris, n. 2, p. 463-500, mar./abr. 1987.
144. MAZEAUD, Henri; MAZEAUD, León; TUNC, André. *Traité théorique et pratique de la responsabilité civile, délictuelle et contractuelle*. 3. ed. Paris: Librairie du Recueil Sirey, 1938, p. 424.
145. SAVATIER, René. *Traité de la responsabilité civile en droit français*. Paris: Librairie Générale de Droit et de Jurisprudence, 1951, t. I, nº 525, p. 92.

explicar o fenômeno usando expressões que fazem alusão ao aspecto moral do dano, sem verdadeiramente explicá-lo.

Aqui reside a principal crítica a esta doutrina conceptual negativa, e a essência da crítica reflete um jogo semântico, pois se o dano moral é o prejuízo que não atinge o patrimônio material, mas causa somente uma dor moral à vítima, tem-se uma ideia negativa, quando se refere, por exclusão, que os danos morais são os não patrimoniais, e tautológica, posto que, quando se afirma que o dano moral é o que causa tão somente a dor moral, repete-se a ideia com uma troca de palavras.

2.2.5 Cumulatividade de danos

O legislador constituinte originário, quando cuidou de especificar as espécies de dano contempladas pelo art. 5º, inciso V, da Constituição da República de 1988, mencionou o dano patrimonial, o dano moral e o dano à imagem, mas não incluiu o dano à imagem dentro do dano moral, como espécie dele, denotando sua autonomia. Nesse sentido, quando há dano estético, compromete-se a aparência física da pessoa, e isto, logicamente, também atinge a imagem social da pessoa lesada ou o modo pelo qual os outros a veem, e isto foi o cerne de várias discussões acerca de sua cumulatividade ou não com o dano moral.

Para a doutrina, o dano estético encontra-se compreendido na esfera do dano moral, sem, contudo, com ele se confundir. Isto, à primeira vista, abriria margem à cumulação da indenização pelo dano estético com a indenização por dano moral, representado pelo sofrimento, pela vergonha, pela angústia ou sensação de inferioridade da vítima, atingida em seus mais íntimos sentimentos e afetada em sua imagem social[146].

De fato, embora integrantes de uma mesma órbita, dano moral e dano estético não se confundem: conforme se salientou no capítulo anterior, o dano estético pressupõe deformidade ou aleijão, causando ao ofendido impressão penosa ou desagradável aos olhos de outrem; o dano moral, por sua vez, liga-se mais às afetações anímicas e espirituais da pessoa humana, conforme se explicitou nos itens anteriores.

Em síntese, "o dano estético é lesão a um direito da personalidade – o direito à integridade física, especialmente na aparência externa"[147]. Com base neste raciocínio, há quem admita a possibilidade de cumulação do dano estético com o dano moral e até mesmo com o dano patrimonial ou material.

Apenas para não deixar de tratar da questão da cumulação do dano estético com o dano moral, saliente-se que, para aqueles que identificam o dano moral com a dor

---

146. DINIZ, Maria Helena. *Curso de direito civil brasileiro*: responsabilidade civil. 23. ed. São Paulo: Saraiva, 2009, v. 7, p. 74.
147. LOPEZ, Teresa Ancona. *O dano estético*: responsabilidade civil. 2. ed. São Paulo: Revista dos Tribunais, 1999, p. 30.

psíquica, o dano estético apresentaria natureza híbrida, eis que, a depender de sua repercussão, integraria o dano patrimonial ou o dano moral.

José de Aguiar Dias salienta que o dano estético deve ser indenizado em cumulação com o dano patrimonial, de modo que "o resultado prejudicial da ofensa ao aspecto estático, sempre que se traduza em repercussão de ordem material, porque lesão a sentimento ou a dor psíquica, com repercussões patrimoniais, traduzem dano patrimonial"[148].

Some-se a isso o entendimento preconizado pelo Superior Tribunal de Justiça na já analisada Súmula nº 37, que admite a cumulação de danos materiais e morais na amplitude da reparação civil. E, sendo os danos estéticos espécies dos danos morais, parece razoável que sejam cumulados com os danos puramente patrimoniais, permitindo-se, assim, que a reparação seja realmente ampla.

No que tange à cumulação do dano estético com o dano moral, contudo, a doutrina diverge. Para alguns, a indenização de ambos os danos, cumulativamente, redunda em verdadeiro *"bis in idem"*, ou seja, uma repetição de indenização para o mesmo dano.

Todavia, há uma parcela de juristas que defende a tese de que o dano moral se refere precipuamente ao constrangimento sofrido pela vítima, cada vez que a mesma se encontra com outras pessoas e sente vergonha de sua estética deformada, esta última sendo o dano estético propriamente dito.

Nessa linha, e, partindo-se do conceito acima elucidado, sobre a estrita relação do dano moral com a efetiva ofensa a um direito da personalidade, parece certo que a indenização a título de dano estético subsiste, posto que atinge um dos bem jurídicos constitucionalmente tutelados como valioso fragmento da personalidade individual: a integridade física. Com isso, as indenizações cumuladas são fixadas a títulos diferentes: uma pelo dano estético, como aleijão ou grave deformação física, e a outra, como dano moral, pelas tristezas e sofrimentos íntimos da vítima.

Segundo Yussef Said Cahali, "todo dano estético, na sua amplitude conceitual, representa um dano moral, devendo como tal ser indenizado; mas o dano moral consequente das lesões à integridade físico-psíquica do ofendido não se exaure nas repercussões do dano estético vinculado à deformidade permanente"[149].

Tal entendimento tem prevalecido também na jurisprudência do Superior Tribunal de Justiça, que já se pronunciou sobre a questão, nos seguintes termos:

> RESPONSABILIDADE CIVIL. ACIDENTE DE TRÂNSITO. LESÕES GRAVES. DANOS MORAL E ESTÉTICO. CUMULABILIDADE. POSSIBILIDADE. ORIGENS DISTINTAS. FIXAÇÃO NESTA INSTÂNCIA. CRITÉRIO. PRECEDENTES. RECURSO PARCIALMENTE PROVIDO. I - Nos termos em que veio a orientar-se a jurisprudência das Turmas que integram a Seção de Direito Privado deste Tribunal, as indenizações pelos danos moral e estético podem ser cumuladas, mesmo quando derivadas do mesmo fato, se

---

148. DIAS, José de Aguiar. *Da responsabilidade civil*. 11. ed. Rio de Janeiro: Renovar, 2006, p. 868.
149. CAHALI, Yussef Said. *Dano moral*. 3. ed. São Paulo: Revista dos Tribunais, 2005, p. 256.

inconfundíveis suas causas e passíveis de apuração em separado. II - Na fixação da indenização a esse título, recomendável que o arbitramento seja feito com moderação, proporcionalmente ao grau de culpa, ao nível socioeconômico dos autores e, ainda, ao porte econômico da ré, orientando-se o juiz pelos critérios sugeridos pela doutrina e pela jurisprudência, com razoabilidade, valendo-se de sua experiência e do bom senso, atento à realidade da vida e às peculiaridades de cada caso.[150]

A leitura do acórdão em sua íntegra evidencia o argumento de que o dano estético dá causa a uma indenização especial, que, à época de sua prolação, encontrava-se prevista no art. 1.538, §1º, do Código Civil de 1916.

Pelo que previa dito dispositivo, quando da ofensa à integridade física resultasse aleijão ou deformidade, a indenização viria duplamente quantificada:

> Art. 1.538. No caso de ferimento ou outra ofensa à saúde, o ofensor indenizará o ofendido das despesas do tratamento e dos lucros cessantes até o fim da convalescença, além de lhe pagar a importância da multa no grau médio da pena criminal correspondente.
> §1º. Esta soma será duplicada, se do ferimento resultar aleijão ou deformidade.

Desta forma, a ponderação de que o dano moral pode existir sem o dano estético, permite a constatação desse dano como algo distinto daquele, para os defensores da cumulatividade de um e outro.

Destarte, a noção contida no aresto do Superior Tribunal de Justiça é a de que o dano estético, embora subespécie do dano moral, constitui manifestação particular deste, que, dele, deve ser considerada separadamente.

Nessa linha, embora seja inegável que o ofendido já faria jus à indenização pela ofensa à sua integridade física, independentemente da deformação causada pela lesão, também é certo que o dano estético pode se constituir em um "*plus*" de sofrimento ao ofendido, alavancando os prejuízos por ele suportados.

Forte neste entendimento, o Superior Tribunal de Justiça sacramentou a questão no ano de 2009, ao se posicionar favoravelmente à cumulatividade com a edição de sua Súmula nº 387: "É lícita a cumulação das indenizações de dano estético e dano moral".

O que é criticável nesse entendimento é a base teórica que sustenta a identificação do dano moral com a dor espiritual ou com o sofrimento em si, o que não se coaduna com a concepção de que o dano moral é a própria ofensa a direito da personalidade, ao passo que o sofrimento, o padecimento, a dor e outros sentimentos negativos constituem efeitos corolários desse dano, isto é, sua repercussão, seus derivativos, não havendo que se falar no dano estético como dano distinto do moral[151].

Ademais, o autor pondera que é mais do que razoável que, ofendida a integridade física individual, ao proceder à avaliação do dano moral, seja considerada toda a sua repercussão, isto é, certas circunstâncias, tais como sua gravidade e extensão, sua maior

---

150. BRASIL. Superior Tribunal de Justiça, *Recurso Especial nº 228.244/SP*, Quarta Turma, Relator Min. Sálvio de Figueiredo Teixeira, j. 09/11/1999, DJ 17/12/1999, p. 381.
151. SANTOS, Antônio Jeová. *Dano moral indenizável*. 4. ed. São Paulo: Revista dos Tribunais, 2003, p. 371.

ou menor duração, devem ser pontualmente consideradas na fixação da indenização, eis que o dano moral, consistente em lesão à integridade física do ofendido, repercute de forma complexa e variável em seus estados físico e anímico[152].

Nessa linha, a quantificação de qualquer indenização presumirá um atuar valorativo do julgador, a quem caberá sopesar todos os aspectos da lesão física, considerar todas as dores presumíveis e examinar cada dificuldade para a vida da vítima. Somente depois, estará legitimado a fixar a indenização[153].

Curiosamente, por decorrência lógica deste raciocínio, nasce uma dúvida pertinente: embora o dano moral seja uno, não seria prudente a sua fixação em separado do dano estético, para garantir maior transparência do julgador, que, em tais casos, procede segundo um juízo valorativo eminentemente subjetivo?

Apesar de válida, a dúvida não encontra fortes sustentáculos quando se pensa que, ao final, os valores fixados para os danos estéticos e para os danos morais, ainda que considerados separadamente, deverão ser somados para chegar-se a um produto final da indenização a título de danos morais. E, sendo o dinheiro bem absolutamente fungível, a fixação de quantias indenizatórias separadas parece refletir, tão somente, questão metodológica.

Jeová Santos levanta mais um questionamento quando indaga sobre os perigos que a indenização em separado do dano estético geraria ao abrir precedentes para que a parte pleiteasse a cumulação de indenizações a múltiplos títulos: pelo dano moral, pelo dano estético, pelo dano às afeições legítimas, pelo dano à vida de relação, pela lesão psicológica, pela perda da serenidade familiar, dentre inúmeros outros e, assim, postulando uma infinidade de vultosas indenizações, por vezes infundadas, no escuso intuito de locupletar-se indevidamente[154].

Felizmente, o prudente arbítrio tem prevalecido no momento de fixar indenizações que cumulem a reparação de ofensas estéticas e morais. A maioria da jurisprudência tem se pautado nas circunstâncias particulares de cada caso concreto para ponderar valorativamente cada ofensa, e, ao final, em indenização una a título de danos morais, contemplar a reparação como um todo unitário, mantendo-se proporcional ao resultado danoso.

2.3 FUNDAMENTAÇÃO PARA A REPARAÇÃO DO ILÍCITO

A reparação pecuniária do dano moral tem se afirmado como mecanismo de garantia da inviolabilidade de alguns atributos exteriores à vítima, que nem sempre tem significação econômica[155]. Esta modalidade de dano significou o reconhecimento de

---

152. SANTOS, Antônio Jeová. *Dano moral indenizável*. 4. ed. São Paulo: Revista dos Tribunais, 2003, p. 372.
153. SANTOS, Antônio Jeová. *Dano moral indenizável*. 4. ed. São Paulo: Revista dos Tribunais, 2003, p. 372.
154. SANTOS, Antônio Jeová. *Dano moral indenizável*. 4. ed. São Paulo: Revista dos Tribunais, 2003, p. 373.
155. Sobre o tema, consultar PEREIRA, Caio Mário da Silva. Responsabilidade civil do Estado. *Revista Brasileira de Direito Comparado*, Rio de Janeiro, v. 4, n. 8, p. 1–17, jan./jun. 1990; PORTO, Mario Moacyr. Responsabilidade

verdadeira dimensão espiritual da pessoa humana, uma vez que aspectos personalíssimos passaram a ser preponderantes na dosimetria dos danos[156].

Em interessante análise da inserção humana no seio social, Marcius Geraldo de Oliveira pondera que, "como organismo biológico integrado com todos os outros sistemas vivos e não vivos da Terra, o homem participa e interage na imensa teia, destacando-se o processo mental como essencial à atividade organizadora do mundo vivo"[157].

E conclui:

> Todos os seres vivos são membros de comunidades ecológicas ligadas umas às outras numa rede de interdependência. [...] O conceito ecoético alicerça os valores espirituais do homem, visando à proteção da natureza para a autoproteção. Destacando-se a qualidade de vida como valor de fundamental importância na vida social, o homem ganha uma dimensão espiritual. E é a partir do espírito que se justificam as reparações por danos morais.[158]

Esta dimensão espiritual do ser humano está sempre arraigada em sentimentos que formam um arquétipo de caracteres que, se violados, redundam em danos morais, gerando dor, angústia, aflição física e espiritual, dentre vários outros padecimentos. Mais do que isso, a dimensão espiritual "não se reduz à órbita afetiva ou de sua sensibilidade (aptidão de *sentir*), pois compreende também uma intelectual (aptidão de *entender*) e outra volitiva (aptidão de *querer*)"[159], conforme ressalta Antônio Jeová Santos, transcrevendo lição de Matilde Gonzalez.

O dano, em sua acepção moral, é incomensurável! Traduzir algo incomensurável em uma quantia pecuniária parece ser, nesse sentido, impensável, quando se imagina que a dor, o sofrimento e os menoscabos anímicos não têm qualquer equivalência em dinheiro. Nesse sentido, em todos os casos em que o evento danoso redunda em prejuízos de espeque moral para a vítima, serão os juízes quem fixarão as respectivas indenizações, segundo seu prudente arbítrio[160].

Sempre partindo desta noção, é essencial que o julgador se atente para uma gama de circunstâncias subjetivas e objetivas do caso concreto, no intuito de aferir completamente a extensão do dano e sua repercussão para a vítima.

---

civil do Estado. *Revista Forense*, Rio de Janeiro, v. 91, n. 329, p. 131–134, jan./mar. 1995; VERÇOSA, Haroldo Malheiros Duclerc. Responsabilidade civil do Estado. *Revista de Direito Mercantil, Industrial, Econômico e Financeiro*, São Paulo, v. 32, n. 90, p. 75–96, abr./jun. 1993.

156. WALD, Arnoldo. Os fundamentos da responsabilidade civil do Estado. *Revista de Informação Legislativa*, Brasília, v. 30, n. 117, p. 5–22, jan./mar. 1993.
157. OLIVEIRA, Marcius Geraldo Porto de. *Dano moral*: proteção jurídica da consciência. 2. ed. Leme: LED, 2001, p. 34-35.
158. OLIVEIRA, Marcius Geraldo Porto de. *Dano moral*: proteção jurídica da consciência. 2. ed. Leme: LED, 2001, p. 35.
159. GONZÁLEZ, Matilde M. Zavala de. *Resarcimiento de daños*: cuánto por daño moral. 2. ed. Buenos Aires: Hammurabi, 1996, p. 66-67.
160. MAFFINI, Rafael. Responsabilidade civil do Estado por dano moral e a questão da prioridade da reparação 'in natura'. *Revista de Direito Administrativo*, Rio de Janeiro, n. 274, p. 209–234, jan./abr. 2017, *passim*.

Algumas dessas circunstâncias já foram consagradas pela doutrina e pela jurisprudência, como a posição social e política do ofensor e do ofendido, a intensidade do ânimo empreendido pelo ofensor na causação do dano, a gravidade e a repercussão da ofensa.

Evitando-se que o dano moral se torne verdadeiro expediente de espertezas maliciosas, empreendidas pela pretensa vítima no afã de locupletar-se ilicitamente, impõe-se a observância de alguns padrões de equidade e de prudência que, necessariamente, deverão nortear a análise do julgador ao avaliar as circunstâncias sociais e econômicas da vítima e do ofensor.

O escopo que se busca é a homogeneidade entre o valor do dano que se quer reparar e o valor do dinheiro quantificado. Em regra, inexistem parâmetros específicos para esta reparação, mas alguns critérios de bom senso são esperados dos julgadores no momento da quantificação dos danos: é preciso que a indenização não seja tão insignificante, tão simbólica, a ponto de não representar qualquer reparação, mas que seja bastante para representar um quase-castigo e, ao mesmo tempo, propiciar uma compensação à vítima[161].

Uma outra noção que deve fundamentar reparação desta natureza é a de que a quantia fixada não pode redundar em qualquer tipo de enriquecimento injustificado, ou seja, em "uma situação que nunca se gozou, que modifique a vida do prejudicado ou da sua família, que o transforme em um novo rico. Não tão alta que pareça um gesto de induvidosa generosidade, porém com o bolso alheio"[162].

Deve-se ressaltar a necessidade de o julgador se atentar para o cenário econômico do país na fixação do dano moral, tendo-se em vista as condições financeiras das partes na fixação do *quantum* indenizatório, eis que, somente assim, será possível que se busque um critério equitativo nesta fixação[163].

Algumas circunstâncias são cruciais na fixação desta modalidade de dano, e sobre elas deverá o juiz se basear ao firmar seu livre convencimento e proceder ao arbitramento da quantia devida a título de reparação por danos morais. A seguir, serão vistas algumas destas circunstâncias, com destaque para sua relevância na liquidação do dano moral.

2.3.1 Prova do dano

A matéria de prova é complexa no processo civil de um modo geral. Com o dano moral, de caráter personalíssimo, esta característica se acirra na medida em que a vítima deve, em tese, comprovar uma situação anímica e espiritual.

A grande dificuldade que se enfrenta, na prática, são os danos mal explicados, narrados de forma sucinta na petição inicial por advogados despreocupados, que se limitam a delimitar pedido certo, quantificado, sem, contudo, pontuar especificamente qual é o dano.

---

161. SANTOS, Antônio Jeová. *Dano moral indenizável*. 4. ed. São Paulo: Revista dos Tribunais, 2003, p. 180-181.
162. SANTOS, Antônio Jeová. *Dano moral indenizável*. 4. ed. São Paulo: Revista dos Tribunais, 2003, p. 182.
163. WALD, Arnoldo. Os fundamentos da responsabilidade civil do Estado. *Revista de Informação Legislativa*, Brasília, v. 30, n. 117, p. 5–22, jan./mar. 1993.

Sendo modalidade de dano que atinge diretamente algum direito da personalidade, afetando os caracteres existenciais do ser humano, é evidente a necessidade de sua especificação, para permitir ao julgador um especial cuidado na dosagem da quantia indenizatória, mas as partes quase nunca têm esse cuidado, eis que, conforme conta Jeová Santos, o comum é a parte que "requer certa quantia, mas não diz qual é o dano moral, nem como se originou, nem leva testemunhas e, quando o faz, não consegue convencer. Acredita que o dano moral é um carimbo, que sempre estampa uma resposta afirmativa"[164].

Inarredável a conclusão de que a prova do dano moral, por mais complexa que possa ser, deve ser necessariamente sólida, robusta e convincente. As circunstâncias de cada caso são especialíssimas, e, se ao juiz incumbe a ponderação de todas elas na fixação do dano, também à parte deve corresponder semelhante ônus quanto à demonstração efetiva do dano sofrido[165].

Com efeito, Jeová Santos exemplifica a hipótese:

Não podemos igualar e dizer que a perda da mão direita é igual para qualquer um que tenha sofrido essa amputação. Porém, um é pianista e o outro é canhoto, que utilizava a mão direita para pentear-se. [...] Necessário enfatizar que os advogados têm de levar o caso com todas as suas peculiaridades e fundamentação do pedido e os juízes saberão declarar o direito.[166]

Ora, sendo incumbência da parte a demonstração precisa do dano e de sua repercussão, se esta não o faz satisfatoriamente, não pode o julgador, ainda que verifique a existência do dano, pautar-se em analogia ou imaginar circunstâncias não demonstradas. Por óbvio, a prova produzida pela parte será o caractere precípuo da liquidação do dano moral, norteando o prudente arbítrio do julgador.

2.3.2 O caráter punitivo tem algum valor?

Neste tópico, busca-se destacar a admissibilidade, no ordenamento brasileiro, da função punitiva da responsabilidade civil, particularmente no que diz respeito ao dano moral, autonomamente quanto à função compensatória.

Nos Estados Unidos da América esta noção é bastante utilizada em um tipo especial de indenização exemplar: os *punitive damages*[167]. Estes refletem o interesse pelo

---

164. SANTOS, Antônio Jeová. *Dano moral indenizável*. 4. ed. São Paulo: Revista dos Tribunais, 2003, p. 182.
165. SANTOS, Antônio Jeová. *Dano moral indenizável*. 4. ed. São Paulo: Revista dos Tribunais, 2003, p. 182.
166. SANTOS, Antônio Jeová. *Dano moral indenizável*. 4. ed. São Paulo: Revista dos Tribunais, 2003, p. 182.
167. Segundo Alexandre Bonna: "A experiência norte-americana na aplicação dos *punitive damages* sofre influência do seu federalismo, marcado por intensa autonomia política, legislativa e administrativa dos Estados, fruto do processo de transformação de Confederação em Federação que culminou na formação dos Estados Unidos da América, motivo pelo qual há 5 (cinco) Estados americanos que não adotam os *punitive damages* (Louisiana, Nebraska, Washington, Massachusetts e Hampshire). Por conseguinte, o instituto dos *punitive damages* se apresenta de forma diversificada nos Estados norte-americanos que o utilizam, mesmo que substancialmente seja conceituado da mesma forma, como dispõe o § 908 do *Restatement of Torts*, elaborado pelo *American Law Institute*: "indenização que não a compensatória, concedida contra uma pessoa para puni-la por sua conduta ultrajante e dissuadi-la, e outras como ela, de praticarem condutas semelhantes no futuro"". BONNA, Alexandre Pereira. *Punitive damages (indenização punitiva) e os danos em massa*. Rio de Janeiro: Lumen Juris, 2015, p. 83-84.

desestímulo, na condenação imposta, por meio da imposição de um valor suficiente a servir, como efetiva punição ao ofensor, com o objetivo de demovê-lo da prática futura de atos semelhantes, não se remetendo, contudo, à noção de vingança, mas vigorando a ideia da educação do ofensor através da imposição punitiva.

Nos dizeres de Caroline Vaz, "as prestações punitivas e dissuasórias se foram formando, assim, como *standards* do respeito pelo direito à reserva da vida privada e pela liberdade do indivíduo contra abusos de poder"[168]. Naquele país, há uma cultura do seguro e do resseguro que se pauta na aplicação dos *punitive damages* como verdadeiras sanções penais que, invariavelmente, ultrapassam o valor compensatório, e são apontados de modo destacado através de deliberação do corpo de jurados, nos casos mais graves, baseando-se no grau de culpa do agente ofensor e no sentimento de reprovação social[169].

No Brasil, a questão não é pacífica, justamente pelo caráter de pena que ostentam os danos punitivos, o que os tornariam incompatíveis com a própria noção de direito privado, segundo a melhor doutrina.

Evidentemente, a ideia em questão liga-se à noção de desestímulo, posto que os *punitive damages* "vêm sendo justificados na experiência jurídica norte-americana pela necessidade de coibir a prática de novos danos e de censurar determinada conduta apontando-a como inadmissível no país"[170]. Tal noção, por sua vez, decorre da própria busca pela paz social, cujo caráter admonitório e circunstancial do *quantum* indenizatório reflete o intuito do instituto de lenir prejuízos mediante prestação pecuniária, que, se não consegue retornar as partes ao *status quo ante*, ao menos ameniza a lesão e pune o malfeitor, inibindo a repetição do ato danoso[171].

Carlos Alberto Bittar destaca que "preenche a teoria em estudo os fins de chamar à reparação o lesante e sancioná-lo pelos danos produzidos a outrem, realçando-se, em sua base, a forte influência da Moral"[172], questão destacada também por Caio Mário da Silva Pereira, para o qual "[...] o problema de sua reparação deve ser posto em termos de que a reparação do dano moral, a par do caráter punitivo imposto ao agente, tem de assumir sentido compensatório"[173]. No Brasil, contudo, toda a discussão em torno das aludidas funções restou inserida no contexto da indenização por dano moral[174].

---

168. VAZ, Caroline. *Funções da responsabilidade civil*: da reparação à punição e dissuasão. Os *punitive damages* no direito comparado e brasileiro. Porto Alegre: Livraria do Advogado, 2009, p. 44.
169. SOARES, Guido Fernando Silva. *Common Law*: introdução ao direito dos EUA. 2. ed. São Paulo: Revista dos Tribunais, 2000, p. 29-30.
170. BONNA, Alexandre Pereira. *Punitive damages (indenização punitiva) e os danos em massa*. Rio de Janeiro: Lumen Juris, 2015, p. 101.
171. CAHALI, Yussef Said. *Dano moral*. 3. ed. São Paulo: Revista dos Tribunais, 2005, p. 33-35.
172. BITTAR, Carlos Alberto. *Reparação civil por danos morais*. 3. ed. São Paulo: Revista dos Tribunais, 1999, p. 26.
173. PEREIRA, Caio Mário da Silva. *Responsabilidade civil*. 8. ed. Rio de Janeiro: Forense, 1998, p. 60.
174. MARTINS-COSTA, Judith; PARGENDLER, Mariana. Usos e abusos da função punitiva. *Revista da Ajuris*, Porto Alegre, v. 32, n. 100, 2005, p. 253.

Ainda, destacando o aspecto punitivo típico do dano moral, Maria Helena Diniz acrescenta que "[...] o dinheiro não desempenha a função de equivalência, como no dano material, porém, concomitantemente, a função satisfatória e a de pena"[175].

Neste aspecto, imprescindível a consideração da gravidade da conduta praticada pelo ofensor para delimitar-se seu grau de reprovação, e, por conseguinte, quantificar-se o dano moral segundo o critério punitivo. Jeová Santos acentua que, "tendo o ressarcimento uma função ambivalente – satisfatória e punitiva – têm incidência e importância a culpa e o dolo no instante da fixação do montante indenizatório"[176].

De fato, o aspecto valorativo do dano moral mostra-se decisivo na quantificação da avença, e o grau de reprovação, atrelado à noção de dolo ou de culpa, é um dos elementos mais elementares da análise que deve fazer o julgador. Se o ofensor agiu com culpa leve, não poderá ser penalizado da mesma forma que o ofensor que laborou com culpa grave ou gravíssima, e é aqui que se revela a importância deste caractere da liquidação do dano moral.

E a valoração do dano moral norteia-se por alguns princípios essenciais, que, embora não constem expressamente da lei, são curiais para a análise em pauta. Sobre estes aspectos da valoração, passa-se a expor a seguir.

2.3.3 Valoração do dano moral

Os princípios de quantificação de danos típicos dos danos patrimoniais têm se revelado incompatíveis com a valoração dos danos não patrimoniais. Inexiste, com isso, um critério de aferição do *quantum* devido a título de danos morais, o que acaba deixando ao puro arbítrio do julgador a sua dosagem.

Há casos em que o legislador, de antemão, traça os parâmetros a que deve se ater o julgador no momento de fixar a indenização, como ocorria na época em que ainda vigorava no Brasil a Lei de Imprensa[177]. Por este critério, apelidado de *liquidação legal*, "não se determina o montante da indenização, mas se determina em que a mesma deva consistir, ou seja, o legislador diz os critérios de determinação e medida do dano a ser ressarcido"[178].

Há, noutra vertente, o critério da *liquidação judicial*, adotado quando não existam "regras legais, que estabeleçam os elementos constitutivos da indenização, devolvendo-

---

175. DINIZ, Maria Helena. *Curso de direito civil brasileiro*: responsabilidade civil. 23. ed. São Paulo: Saraiva, 2009, v. 7, p. 292.
176. SANTOS, Antônio Jeová. *Dano moral indenizável*. 4. ed. São Paulo: Revista dos Tribunais, 2003, p. 186.
177. A Lei de Imprensa – Lei nº 5.250, de 9 de fevereiro de 1967 – foi instituída durante a ditadura militar e vigorou, no país, até 30 de novembro de 2009, quando o Supremo Tribunal Federal, no julgamento da Arguição de Descumprimento de Preceito Fundamental nº 130, a declarou inconstitucional por sete votos a quatro, destacando sua incompatibilidade com o sistema democrático da Constituição da República de 1988.
178. AMARANTE, Aparecida Imaculada. *Responsabilidade civil por dano à honra*. 2. ed. Belo Horizonte: Del Rey, 1994, p. 259.

-se a matéria, por completo ao arbítrio do julgador"[179]. Este critério, comum nos casos de dano moral, confere ao julgador grande poder, por recair sobre ele a incumbência de fixar o valor devido, e isto é objeto de fortes críticas da doutrina.

Ao julgador cabe, diante de tal situação, colocar-se como homem comum e, com ponderação e justiça, averiguar a presença dos pressupostos da reparação, notadamente o dano e a ulterior quantia indenizatória. Chironi destacava que o papel do juiz é de relevância fundamental quando da apreciação de ofensas à moral e à honra, seja no momento de apreciar o fato, seja na hora de apurar o dano, seja na hora de fixar o *quantum* indenizatório[180].

Por certo, não seria razoável deixar ao parcial pedido da parte a proposição delimitadora do *quantum* ressarcível a título de danos morais. Em matéria de processo civil, não restam dúvidas acerca da vinculação do julgador aos limites do pedido, conforme preceitua o art. 128 do Código de Processo Civil, mas sendo os danos morais tão difíceis de se apurar, o mais indicado é, sim, que se conceba a liquidação judicial de seu valor, segundo o prudente arbítrio do julgador.

O grande perigo é, conforme apontado por Aparecida Amarante, a insegurança jurídica que isso gera. Consciente da impossibilidade de se abandonar totalmente a noção do livre arbitramento, a autora propõe algumas regras que devem ser utilizadas pelos julgadores para nortear a fixação da quantia.

São elas:

1ª regra: Que a satisfação pecuniária não produza um enriquecimento à custa do empobrecimento alheio;

2ª regra: equilíbrio entre o caso em exame e as normas gerais, de um caso em equivalência, tendo em vista:

I - curva de sensibilidade: a) em relação à pessoa que reclama a indenização; b) em relação ao nível comum, sobre o que possa produzir, numa pessoa normal, tal ou qual incidente; c) grau de educação da vítima; d) seus princípios religiosos;

II - influência do meio, considerando: a) a repercussão pública; b) posição social da vítima do dano.

3ª regra: considerar-se a espécie do fato: se é de ordem puramente civil, se comercial, ou se envolve matéria criminal;

4ª regra: que a extensão da repercussão, seja em triplo à repercussão da notícia de que resultou o dano;

A quinta e última regra: refere-se a dano provocado por acidente físico, que acarreta a perda de órgão ou membro, ou outro prejuízo de ordem estética, [...].[181]

---

179. AMARANTE, Aparecida Imaculada. *Responsabilidade civil por dano à honra*. 2. ed. Belo Horizonte: Del Rey, 1994, p. 259.
180. CHIRONI, Giampietro. *La colpa nel diritto civile odierno*: colpa extracontratuale. 2. ed. Turim: Fratelli Bocca Editori, 1906, t. 2, p. 368-370.
181. AMARANTE, Aparecida Imaculada. *Responsabilidade civil por dano à honra*. 2. ed. Belo Horizonte: Del Rey, 1994, p. 261.

De qualquer forma, o arbítrio judicial é preponderante na valoração do dano, não havendo espaço, em matéria de dano moral, para qualquer tipo de composição objetiva; os critérios apontados são meras sugestões de prudência, elaboradas pela autora no sentido de estabelecer algum critério para as condenações desta natureza. Mas, no fim, sempre recai sobre o julgador a responsabilidade da dosagem da condenação.

Disso decorre a tremenda importância do bom senso dos julgadores no momento de quantificar a indenização por danos morais: sem sensibilidade, é possível que se vislumbre condenações desproporcionais, que não refletem o sofrimento que o esperado bom senso permite visualizar na vítima.

2.3.4 Condição econômica das partes

A análise das condições econômicas de ambas as partes tem ganhado forças na doutrina e na jurisprudência, influindo diretamente na dosagem do *quantum* indenizatório. Alvo de severas críticas, este fundamento tem sido apontado como incompatível com o princípio de que a reparação deve restaurar o equilíbrio patrimonial entre lesante e lesado, tendo em vista, unicamente, o direito violado, o comportamento do ofensor e seu grau de culpa, se subjetiva for a responsabilidade.

De Cupis pondera que "o dano é em si e por si mesmo, seja mais ou menos rico, mais ou menos pobre aquele que o sofreu, seja a condição econômica do responsável mais ou menos próspera, mais ou menos deficitária"[182].

É evidente que a condição econômica das partes não influencia diretamente no próprio dano, conforme leciona o jurisconsulto italiano, mas pode servir como critério de apuração da quantia devida a título de danos morais, em caráter excepcional.

Ora, como se sabe, a quantificação do dano é tarefa das mais árduas que se impõem ao julgador. Deve-se levar em conta todas as circunstâncias do caso concreto para a correta dosagem do montante pecuniário devido, e, nesse sentido, quando se leva em conta a condição financeira de cada uma das partes, tem-se em mente o intuito de não proporcionar imposição impossível de ser cumprida ou mesmo de proporcionar enriquecimento injustificado a alguma das partes.

Não restam dúvidas de que tal critério merece críticas de todas as ordens, tanto é que o próprio De Cupis já advertia que "não se encontra sensível em proporcionar esse montante, levando-se em conta a situação econômica do prejudicado e do responsável"[183], embora deva-se sempre buscar o princípio da justiça na estipulação de qualquer imposição pecuniária a título de dano moral.

O critério insculpido no art. 944 do novel Código Civil, ao preconizar que "a indenização mede-se pela extensão do dano", reflete o intuito do legislador de proporcionar

---

182. DE CUPIS, Adriano. *Il danno*: teoria generale della responsabilità civile. Milão: Giuffrè, 1970, v. I, p. 409-412.
183. DE CUPIS, Adriano. *Il danno*: teoria generale della responsabilità civile. Milão: Giuffrè, 1970, v. I, p. 409-412.

a dosagem equitativa do dano, não se filiando puramente a critérios subjetivos. Este entendimento decorre da própria lógica da liquidação do dano, que, não se baseando em critérios objetivos, depende muito do prudente arbítrio do julgador.

Inclusive, ao comentar a questão, Humberto Theodoro Júnior lembra que, "por se tratar de arbitramento fundando exclusivamente no bom senso e na equidade, ninguém além do próprio juiz está credenciado a realizar a operação de fixação do *quantum* com que se reparará a dor moral"[184]. Nesse sentido, quando se impõe a alguém uma condenação a este título, mister que se leve em conta, de um lado, sua capacidade patrimonial, para medir a extensão da pena civil imposta, e, paralelamente, a situação da vítima, para dosar a quantia da reparação em face de suas condições pessoais e sociais.

A capacidade patrimonial do ofensor deve ser levada em consideração no arbitramento do dano moral, para que possa ser justa e suficiente, de modo que o valor da indenização não o leve à míngua patrimonial, nem seja tão insignificante que possa incentivá-lo a persistir na ofensa.

No que concerne à situação da vítima, deve-se analisar o seu modo geral de vida, a atividade que desempenha no meio social, o local onde vive, a idade, o estado civil, os vínculos familiares e outras circunstâncias especiais do caso concreto, que definirão o total indenizável.

Embasado em tais circunstâncias, o julgador terá meios justos de arbitrar o montante da indenização. Por mais criticável que seja o critério em análise, ele denota importante método de aferição da extensão do dano, conforme preconizada pelo art. 944 do Código Civil, e, exatamente por isso, deve ser sempre levado em consideração na fixação do *quantum* indenizatório.

2.3.5 Dano moral sofrido pela pessoa jurídica

Questão bastante interessante é a possibilidade de a pessoa jurídica sofrer dano de ordem moral. Conforme se viu, não restam dúvidas acerca da obrigatoriedade da indenização por danos morais à pessoa física, quando esta sofre abalos de ordem personalíssima, atingindo seu âmago individual. Mas, e a pessoa jurídica que, embora reconhecida pelo direito como sujeito de direitos e obrigações, não é capaz de sofrer alterações psíquicas?

O direito positivo, há tempos, já reconhece a personalidade jurídica dos entes abstratos, atribuindo-lhes a capacidade de direitos e obrigações nas relações jurídicas de que é parte, dando-lhes existência no plano jurídico. Não obstante, esta opção legislativa "despertou no jurista moderno a investigação filosófica para explicar o fundamento daquele reconhecimento, não satisfeito com o argumento de que a pessoa jurídica é apenas uma criação da lei, como pretendia Savigny, que a equipara ao homem"[185].

---

184. THEODORO JÚNIOR, Humberto. *Dano moral*. 3. ed. São Paulo: Juarez de Oliveira, 2000, p. 34-35.
185. AMARANTE, Aparecida Imaculada. *Responsabilidade civil por dano à honra*. 2. ed. Belo Horizonte: Del Rey, 1994, p. 201.

Daí surgiram as várias teorias que tentaram delimitar os pressupostos existenciais dos entes abstratos: (i) a teoria da ficção, pela qual a pessoa jurídica seria mera ficção criada pela lei, porquanto a qualidade de sujeito da relação jurídica é inerente unicamente ao homem; (ii) a teoria da propriedade coletiva; (iii) a teoria institucional, que preconiza a existência da ordem social para o preenchimento de finalidade de cunho socialmente útil); (iv) a teoria da realidade, segundo a qual o ente coletivo é uma realidade viva no mundo atual[186].

A teoria da realidade foi a de maior aceitação doutrinária, sendo defendida por juristas do calibre de Raymond Saleilles, Louis Josserand, Marcel Planiol, Georges Ripert e Henri Capitant, dentre vários outros, que sustentam a consideração da pessoa jurídica como mais que mera ficção: é uma realidade viva, integrante da vida social, revestida de dignidade civil e circundada de reputação[187].

Evidentemente, as pessoas jurídicas não poderiam sofrer dano moral se este supusesse, necessariamente, os fenômenos psíquicos e espirituais que somente se manifestam na pessoa humana. Todavia, exatamente pelo fato de tais reações psicológicas não se confundirem com o dano moral, é que as pessoas jurídicas podem vir a sofrer dano dessa natureza.

Hoje, o entendimento predominante na doutrina e na jurisprudência preconiza a possibilidade de reparação dos danos morais causados à pessoa jurídica. Contudo, a questão nunca foi pacífica, havendo autores que, inicialmente, sustentavam a tese da inadmissibilidade de qualquer condenação ao pagamento de indenização a este título.

Para Wilson Melo da Silva, os danos morais são puramente espirituais, devendo ser negados à pessoa jurídica, que não é "um ser orgânico, vivo, dotado de um sistema nervoso, de uma sensibilidade, e, como tal apenas poderia subsistir como simples criação ou ficção de direito"[188].

O Superior Tribunal de Justiça, sanando quaisquer dúvidas a respeito da questão, editou sua Súmula nº 227, segundo a qual "a pessoa jurídica pode sofrer dano moral". Tal entendimento, objeto de intrincada construção pretoriana, reflete o que preconiza o Código Civil de 2002, em seu art. 52, *in verbis*: "Aplica-se às pessoas jurídicas, no que couber, a proteção dos direitos da personalidade".

Há, como se vê, um juízo de aplicação analógica da sistemática dos direitos da personalidade à pessoa jurídica, decorrente de lei. Nesse sentido, doutrina e jurisprudência entendem que a pessoa jurídica é titular de *honra objetiva*, que representa sua reputação no meio social, particularmente no mercado em que exerce suas atividades. Tal conceito é bastante diferente da *honra subjetiva*, que se

---

186. AMARANTE, Aparecida Imaculada. *Responsabilidade civil por dano à honra*. 2. ed. Belo Horizonte: Del Rey, 1994, p. 201.
187. AMARANTE, Aparecida Imaculada. *Responsabilidade civil por dano à honra*. 2. ed. Belo Horizonte: Del Rey, 1994, p. 201.
188. SILVA, Wilson Melo da. *O dano e sua reparação*. 3. ed. Rio de Janeiro: Forense, 1983, p. 650-652.

caracteriza pelo sentimento de dignidade inerente à pessoa humana, segundo um juízo psíquico ou anímico[189].

Esse é o posicionamento defendido por Antônio Jeová Santos:

> Outro equívoco, no entender que a pessoa jurídica não pode padecer *dano moral*, é a conclusão errônea, sem embargos da fama de seus adeptos, na direção de que a configuração do *dano moral* somente ocorre quando existe repercussão na *psique* de uma pessoa. Também é *dano moral* qualquer violação a direitos personalíssimos e, estes, por analogia, as pessoas jurídicas os têm.[190]

E, aprofundando-se na análise destes caracteres analogicamente garantidos pela proteção constitucional, o autor exemplifica: "[...] a tutela ao nome, à marca, à honra em seu aspecto objetivo, à liberdade de ação, à intimidade, tanto que os segredos industriais gozam de especial proteção"[191]. Com isso, sempre que forem vilipendiados tais aspectos integrantes da pessoa jurídica, deve-se conferir proteção jurídica, sujeitando o ofensor ao pagamento dos danos de ordem moral que vier a causar.

Citando lição de Pierre Kayser, Jeová Santos destaca: "As pessoas morais são também investidas de direitos análogos aos direitos da personalidade. Elas são somente privadas dos direitos cuja existência está ligada necessariamente à personalidade humana"[192].

Na mesma linha, pronuncia-se Cavalieri Filho: "Induvidoso, portanto, que a pessoa jurídica é titular de honra objetiva, fazendo *jus* à indenização por *dano moral* sempre que o seu bom nome, credibilidade ou imagem forem atingidos por algum ato ilícito"[193].

Por sua vez, Aparecida Amarante, citando excerto de León Michoud, jurista adepto da teoria realista sobre a natureza jurídica das pessoas jurídicas, enfatiza que o patrimônio não é a razão de ser da existência da pessoa jurídica:

> [...] sua personalidade moral, e, por conseguinte, sua capacidade de estar em juízo, não se limita a seu interesse patrimonial; o patrimônio não é a razão de sua existência, mas um meio para buscar sua finalidade institucional. [...] Não parece que pode haver dúvida sobre o direito de uma corporação para atuar nos tribunais, pugnando pela aplicação da lei, na medida em que isto é permitido a pessoas físicas, quando ela foi pessoalmente afetada em qualquer dos seus direitos (o direito de propriedade, por exemplo).[194]

Em outras palavras, é de se concluir que as pessoas jurídicas, assim como as pessoas físicas ou naturais, também possuem bens patrimoniais e não patrimoniais. Há bens patrimoniais corpóreos, como o maquinário, as instalações e materiais utilizados no

---

189. CAHALI, Yussef Said. *Dano moral*. 3. ed. São Paulo: Revista dos Tribunais, 2005, p. 342 e ss.
190. SANTOS, Antônio Jeová. *Dano moral indenizável*. 4. ed. São Paulo: Revista dos Tribunais, 2003, p. 141.
191. SANTOS, Antônio Jeová. *Dano moral indenizável*. 4. ed. São Paulo: Revista dos Tribunais, 2003, p. 141.
192. KAYSER, Pierre. Les droits de la personnalité: aspects théoriques et pratiques. *Revue Trimestrielle de Droit Civil*, Paris: Sirey, n. 3, v. 70, jul./set. 1971, p. 445.
193. CAVALIERI FILHO, Sérgio. *Programa de responsabilidade civil*. 8. ed. São Paulo: Atlas, 2009, p. 81.
194. MICHOUD, León. *La théorie de la personnalité morale*. Paris: LGDJ, 1932, p. 209-221.

desempenho da atividade, mas também existem os bens patrimoniais incorpóreos, que são aqueles exemplificados anteriormente[195].

Insofismavelmente, esse patrimônio imaterial está ligado ao renome da pessoa jurídica, sendo resultado da boa qualidade de seus produtos ou dos serviços prestados, de sua eficiência organizacional, do modo como lida com seus empregados e clientes, e até mesmo dos investimentos publicitários que realiza.

Dito isso, marcante a lição de Jeová Santos quando diz que tal ofensa pode diminuir o conceito público de que goza a pessoa jurídica no meio social, sem que haja repercussão específica e direta em seu patrimônio, e tal dano, embora puramente não patrimonial, "existe e pode ser mensurado através de arbitramento"[196].

Não se olvida, também, das hipóteses em que o evento danoso possa trazer, além do dano moral, prejuízos de natureza patrimonial, "através do abalo de crédito, perda efetiva de chances de negócios e de celebração de clientela etc."[197], concluindo pela possibilidade de cumulação de ambos.

Outrossim, também a jurisprudência se posicionou favoravelmente à proteção dos direitos da personalidade da pessoa jurídica, proclamando a salvaguarda de sua honra objetiva, a teor do que dispõe o art. 5º, particularmente em seus incisos V e X, da Constituição da República de 1988.

Veja-se o julgado do Superior Tribunal de Justiça:

> RESPONSABILIDADE CIVIL - Dano moral - Pessoa jurídica – Admissibilidade - Instituição financeira que protesta indevidamente título cambial - Fato que acarreta conseqüências danosas de ordem patrimonial à empresa - Ofensa à honra objetiva caracterizada - Indenização devida - A honra objetiva da pessoa jurídica pode ser ofendida pelo protesto indevido de título cambial, cabendo indenização pelo dano extrapatrimonial daí decorrente.[198]

No mesmo diapasão, é o posicionamento do Egrégio Tribunal de Justiça do Distrito Federal e Territórios:

> RESPONSABILIDADE CIVIL - Danos morais - Pessoa jurídica. Ao adquirir personalidade, a pessoa jurídica faz jus à proteção legal e estatal à sua honra objetiva, considerada assim a reputação que goza em sua área de atuação. O dano moral puro é aquele em que a ofensa que lhe deu causa não traz reflexos patrimoniais, independendo, sua reparação, da existência de prejuízos econômicos oriundos do ataque irrogado. Recurso conhecido e improvido.[199]

---

195. AMARANTE, Aparecida Imaculada. *Responsabilidade civil por dano à honra*. 2. ed. Belo Horizonte: Del Rey, 1994, p. 207.
196. SANTOS, Antônio Jeová. *Dano moral indenizável*. 4. ed. São Paulo: Revista dos Tribunais, 2003, p. 145.
197. SANTOS, Antônio Jeová. *Dano moral indenizável*. 4. ed. São Paulo: Revista dos Tribunais, 2003, p. 146.
198. BRASIL. Superior Tribunal de Justiça, *Recurso Especial nº 60.033/MG*, Quarta Turma, Relator Min. Ruy Rosado de Aguiar Jr., j. 09/08/1995, DJ 27/11/1995, p. 40893, RSTJ, v. 85, p. 268.
199. DISTRITO FEDERAL. Tribunal de Justiça do Distrito Federal e Territórios, *Apelação Cível nº 0041293-23.1996.807.0000*, Terceira Turma Cível, Relatora Minª. Fátima Nancy Andrighi, j. 04/11/1996, DJ 09/04/1997, p. 6.093, sec. 3.

Feitas tais considerações, é de se concluir que o dano moral que afeta o indivíduo em seu estado anímico não poderá atingir a pessoa jurídica. Isso porque, para que se atinja a honra objetiva da pessoa jurídica, a ofensa deve afetar um valor social e não um valor puramente sentimental, independentemente de acarretar prejuízos patrimoniais diretos ou indiretos.

A Constituição da República de 1988 é enfática ao açambarcar também as pessoas jurídicas como entes passíveis de sofrerem lesão danosa à sua moral, enquanto sociedade coletiva de reputação ilibada, incólume, permitindo-se que ofensas à sua imagem se traduzam em danos morais indenizáveis.

2.4 ALGORITHMIC WRONGDOING AND THE INTERNET OF TORTS (IOT?)

Em arremate ao que se ponderou até o momento, questiona-se: pode o Estado ser responsabilizado pelos "ilícitos algorítmicos" derivados de falhas de sistemas que porventura utilize? Haveria o que se pode chamar de *"algorithmic wrongdoing"*? E mais: no apogeu da Internet das Coisas, corre-se o risco de que esta se torne uma Internet de Ilícitos (*Internet of Torts*[200], com o perdão do trocadilho)?

O avanço tecnológico trouxe consigo uma série de desafios legais e éticos, e um tema cada vez mais relevante é a responsabilidade do Estado diante dos chamados "ilícitos algorítmicos", aos quais o risco é inerente[201]. Com o crescente uso de sistemas automatizados e algoritmos na tomada de decisões governamentais, como por exemplo, no campo da segurança, educação, saúde e justiça, surge a preocupação quanto aos danos causados por eventuais falhas ou decisões prejudiciais geradas por essas tecnologias.

Segundo Felipe Braga Netto:

Ao analisar, teórica e criticamente, a responsabilidade civil do Estado, percebemos que há avanços realizados, e pontos por avançar. Certamente, hoje, o Estado responde civilmente por atos e omissões que durante boa parte do século passado, no Brasil, ele não respondia. Essas mudanças, sabemos,

---

200. O trocadilho foi originalmente cunhado por Rebecca Crootof: "Even as the potential for harm escalates, contract and tort law work in tandem to shield IoT companies from liability. Exculpatory clauses limit civil remedies, IoT devices' bundled object/service nature thwarts implied warranty claims, and contractual notice of remote interference precludes common law tort suits. Meanwhile, absent a better understanding of how IoT-enabled injuries operate and propagate, judges are likely to apply products liability and negligence standards narrowly, in ways that curtail corporate liability". CROOTOF, Rebecca. The Internet of Torts: expanding civil liability standards to address corporate remote interference. *Duke Law Journal*, Durham, v. 69, p. 583-667, 2019, p. 583.
201. Sobre o tema: "Talvez, caiba mais uma reflexão. Vivemos, atualmente, em sociedades de risco (a afirmação virou quase um truísmo). Em nossas atuais sociedades de risco, há – ou, melhor ainda, deveria haver – uma permanente (e democrática) discussão acerca de quais riscos são socialmente aceitáveis. E quem por eles deverá responder. O caminhar das décadas e dos séculos altera, por certo, nossas percepções acerca dos riscos. Não só isso. Altera também nosso olhar sobre quais riscos, hoje, o Estado (por exemplo) deverá responder, e quais estão sob a responsabilidade dos cidadãos. Trata-se de discussão democrática e necessária". BRAGA NETTO, Felipe; FALEIROS JÚNIOR, José Luiz de Moura. A atividade estatal entre o ontem e o amanhã: reflexões sobre os impactos da inteligência artificial no direito público. In: BARBOSA, Mafalda Miranda; BRAGA NETTO, Felipe; SILVA, Michael César; FALEIROS JÚNIOR, José Luiz de Moura (coord.). *Direito digital e inteligência artificial*: diálogos entre Brasil e Europa. Indaiatuba: Foco, 2021, p. 457.

são lentas, e culturalmente complexas. [...] Avançamos lentamente. Essa parece ser a nota das mudanças sociais, e isso se mostra particularmente verdadeiro no direito, que – não por acaso – recebeu a pecha de ser conservador, de não apreciar mudanças que não contam com o apoio sereno dos (muitos) anos.[202]

A pergunta que se coloca é se o Estado pode ser responsabilizado por eventuais danos causados por esses algoritmos falhos. De fato, o conceito de "*algorithmic wrongdoing*" se refere à possibilidade de o Estado ser responsabilizado por danos decorrentes de algoritmos que falhem ao cumprir seus propósitos ou produzam resultados injustos ou discriminatórios. Afinal, é preciso considerar se tais falhas ocorrem por negligência ou imperícia na concepção, implementação ou supervisão dessas tecnologias.

No contexto da crescente "Internet das Coisas" (IoT), a preocupação se intensifica, uma vez que a interconexão de dispositivos e a coleta massiva de dados ampliam a exposição a riscos. Com a possibilidade de sistemas automatizados controlarem carros, cidades inteligentes e outras infraestruturas críticas, a "*Internet of Torts*" (Internet de Ilícitos) passa a ser uma expressão de alerta[203]. Isso porque, se falhas algorítmicas ocorrerem em larga escala, poderiam resultar em prejuízos significativos para a sociedade, indo além de danos individuais[204].

A responsabilização do Estado nos casos de "ilícitos algorítmicos" envolve aspectos complexos, como a definição de quem seria responsável por tais falhas: os desenvolvedores dos algoritmos, os gestores públicos que os utilizam ou ambos. Além disso, é necessário estabelecer critérios claros para identificar a negligência, imprudência ou imperícia, bem como compreender a dificuldade em responsabilizar uma entidade impessoal, como o Estado, por danos causados por sistemas automatizados[205].

Por outro lado, argumenta-se que a responsabilização é imprescindível para garantir a *accountability* do Estado e a proteção dos direitos individuais e coletivos[206]. Nesse sentido, é importante buscar a transparência e a auditoria dos algoritmos, garantindo

---

202. BRAGA NETTO, Felipe. *Manual da responsabilidade civil do Estado*: à luz da jurisprudência do STF e do STJ e da teoria dos direitos fundamentais. 5. ed. Salvador: Juspodivm, 2018, p. 345.
203. CROOTOF, Rebecca. The Internet of Torts: expanding civil liability standards to address corporate remote interference. *Duke Law Journal*, Durham, v. 69, p. 583-667, 2019, p. 666-667.
204. DEMPSEY, James X.; CATE, Fred H. Recommendations for Government and Industry. In: CATE, Fred H.; DEMPSEY, James X. (ed.). *Bulk collection*: systematic government access to private-sector data. Oxford: Oxford University Press, 2017, p. 423-432.
205. BARBOSA, Mafalda Miranda. Responsabilidade civil do Estado e sistemas autónomos. *Revista de Direito da Responsabilidade*, Coimbra, ano 4, p. 640-668, 2022, p. 666. Comenta: "O desenvolvimento dos sistemas de inteligência artificial fica dependente do acesso a quantidades massivas de dados, através dos quais a máquina poderá «autonomamente» aprender, com base nas técnicas de *machine learning* e *deep learning*. Mas, para além desses dados, outros podem estar relacionados com os sistemas de IA. Na verdade, a tomada de decisão que se baseia em algoritmos inteligentes está diretamente relacionada com o tratamento que se possa fazer de dados dos sujeitos que serão afetados pela atuação da Administração".
206. FALEIROS JÚNIOR, José Luiz de Moura. O Estado entre dados e danos: uma releitura da teoria do risco administrativo na sociedade da informação. In: FALEIROS JÚNIOR, José Luiz de Moura; LONGHI, João Victor Rozatti; GUGLIARA, Rodrigo (coord.). *Proteção de dados pessoais na sociedade da informação*: entre dados e danos. Indaiatuba: Foco, 2021, p. 43.

que as decisões automatizadas sejam justas, éticas e imparciais. A criação de normas e regulamentações específicas para o uso de algoritmos pelo Estado pode ser uma solução para minimizar os riscos e aumentar a confiança na utilização dessas tecnologias.

Ademais, é fundamental promover a conscientização sobre os possíveis impactos negativos dos "ilícitos algorítmicos" e a necessidade de responsabilização em casos de falhas. Uma maior colaboração entre a comunidade jurídica, especialistas em tecnologia e governos pode ajudar a encontrar soluções adequadas para lidar com esse desafio crescente.

A complexidade do tema exige uma abordagem cautelosa e criteriosa para que se estabeleçam as bases de uma governança responsável das tecnologias automatizadas. Encontrar um equilíbrio entre a promoção da inovação tecnológica e a proteção dos direitos fundamentais é um desafio que requer a atuação conjunta de diferentes atores da sociedade.

Em suma, a discussão sobre a responsabilidade do Estado por "ilícitos algorítmicos" é uma reflexão necessária em um mundo cada vez mais automatizado e interconectado. A busca por soluções que garantam a ética e a justiça no uso de algoritmos pelo poder público é uma responsabilidade compartilhada por todos os envolvidos, visando a construção de uma sociedade mais equitativa, segura e tecnologicamente responsável.

3
IS THE STATE LIABLE?

O trocadilho do título – em forma de indagação – se baseia no célebre brocardo inglês *"The State is liable"* ("O Estado é responsável") e denota a desanimadora percepção quanto à dificuldade de atribuir responsabilidade ao Estado diante das falhas dos sistemas de inteligência artificial (IA) que eventualmente venha a utilizar, especialmente na ausência de uma adequada releitura da teoria do risco administrativo.

O trocadilho ressalta a complexidade enfrentada ao tentar estabelecer a responsabilidade civil do Estado quando se trata de danos causados por sistemas de IA. E, embora a frase original sugira que o Estado é responsável pelos atos e omissões de seus agentes, no contexto da IA, essa responsabilidade pode ser tão mais desafiadora de ser determinada quanto maior for o grau de autonomia do sistema algorítmico implementado.

Os sistemas de IA muitas vezes operam por meio de algoritmos complexos e automatizados, tornando difícil identificar uma causa específica para as falhas ou danos resultantes. Assim, a causalidade torna-se um desafio, pois os sistemas de IA podem "aprender" e tomar decisões com base em grandes volumes de dados e com inegável complexidade algorítmica, o que pode levar a resultados imprevistos ou indesejados.

A teoria do risco administrativo, que sustenta a responsabilidade objetiva do Estado, pode exigir uma releitura adequada para lidar com as particularidades da IA. A responsabilização do Estado no contexto da IA pode envolver a análise de fatores como a supervisão adequada dos sistemas de IA, o treinamento dos algoritmos, a transparência nos processos decisórios e a adoção de medidas preventivas para minimizar riscos.

Diante dessa complexidade, pergunta-se: *"The State is liable... but is it?"* No fundo – ironias à parte – questiona-se se é realmente possível atribuir responsabilidade ao Estado de forma clara e definitiva no contexto da IA. Destaca-se, ademais, a necessidade de uma revisão cuidadosa da teoria do risco administrativo e de outras bases teóricas para abordar adequadamente os desafios apresentados pela utilização da IA pelo Estado.

Essa reflexão enfatiza a importância de uma análise aprofundada das questões éticas, legais e sociais relacionadas à IA, a fim de garantir uma responsabilização justa e efetiva em casos de danos causados pelos sistemas de IA do Estado. A compreensão e a adaptação das teorias jurídicas são fundamentais para abordar os desafios da IA e para promover um ambiente de governança adequado e responsável.

3.1 A RESPONSABILIDADE SUBJETIVA E A TEORIA DA CULPA

A responsabilidade civil *subjetiva* se funda na teoria da culpa, que, em simples termos, foca na demonstração prática do elemento subjetivo motivador da prática de ato que gere danos a outrem, e a ulterior responsabilização do agente causador desse dano porque laborou de forma culposa.

Rudolf von Jhering resumia sua clássica definição da teoria da culpa na sucinta fórmula "sem culpa, nenhuma reparação"[1], que, por séculos, satisfez as ponderações acerca deste instituto jurídico, sendo tão influente que inspirou extrema resistência de doutrinadores que apontam sua insuficiência conceitual para as novidades da vida moderna, sem, contudo, conseguir pontuar um defeito intrínseco à fórmula.

O estudo do instituto, da forma como preconizado pela lei civil brasileira é crucial para a completa compreensão do que se entende por responsabilidade civil subjetiva, bem como para o estabelecimento de um conceito concreto de culpa. No caso específico da responsabilidade civil do Estado, a relevância se evidencia ainda mais na hipótese que é o foco central do presente trabalho: os atos estatais omissivos, ainda hoje tratados sob a ótica da responsabilidade subjetiva.

Dessa forma, visando a completa caracterização do instituto, partir-se-á do principal elemento que o caracteriza – a culpa – conforme tratada pelas doutrinas francesa, alemã e italiana, e, posteriormente, pela brasileira, tendo em vista a complexidade conceitual do elemento.

3.1.1 O elemento culpa

Para uma análise inicial da responsabilidade subjetiva, insta destacar a importância de seu elemento culpa, que tem posição de destaque na perquirição do dever reparatório quando encarado sob a ótica subjetivista.

A ideia de culpa parte sempre do pressuposto da violação de obrigação ou de dever preexistente, que passa a constituir o ato ilícito do qual a culpa é o substrato. Assim, em conceituação genérica, a culpa nada mais é que o "fundo animador do ato ilícito, da injúria, ofensa ou má conduta imputável"[2], e é composta de dois elementos essenciais: um objetivo, que encontra suas raízes na própria ilicitude, e outro subjetivo, que se afigura no mau procedimento imputável ao agente.

Uma vez verificada a conduta eivada de culpa, pode ou não ocorrer um resultado danoso ao patrimônio de outrem. Para a responsabilidade civil, só interessam essas hipóteses em que há, efetivamente, um dano à esfera patrimonial da outra pessoa, eis que é neste momento que a conduta culposa nascerá sob a forma de ato ilícito.

---

1. JHERING, Rudolf von. *Das* Schuldmoment *im Römischen Privatrecht*. Gießen: Emil Roth Verlag, 1867, p. 50, *apud* DIAS, José de Aguiar. *Da responsabilidade civil*. 11. ed. Rio de Janeiro: Renovar, 2006, p. 57.
2. DIAS, José de Aguiar. *Da responsabilidade civil*. 11. ed. Rio de Janeiro: Renovar, 2006, p. 133.

Diferentemente da responsabilidade penal, que é mais exigente, e pode emergir até mesmo do ato tentado, porém frustrado, que não é acompanhado do efeito danoso, a responsabilidade civil pressupõe o resultado danoso. Seu mecanismo só é ativado com a repercussão do ato ilícito no patrimônio de outra pessoa.

Remontando ao direito romano, boa parte da doutrina nega que tenha sido a *Lex Aquilia* a pioneira no tratamento da noção de culpa como elemento constitutivo do delito, neste pólo se situando vários autores, com destaque para Emilio Betti e os irmãos Henri e León Mazeaud. De outro lado, alguns sustentam a imprescindibilidade da culpa como elemento inerente ao delito, e, repelindo a tese de que o famoso princípio "*in lege Aquilia et levissima culpa venit*" seja mera interpolação, estão autores como Girard e von Jhering[3].

A despeito da controvérsia, é consenso que, no direito romano, não existia a noção de culpa como é vista nos dias atuais, sendo verdadeiro princípio geral ou fundamento da responsabilidade, embora seja inegável que os romanos deram início ao processo evolutivo que conduziu a tal consideração.

É no direito francês que nascem as teorias mais aprofundadas sobre o instituto, notadamente com o Código Civil de Napoleão, inspirado pelas ideias de Domat e Pothier, já abordadas no capítulo anterior[4].

Nesse sentido, é crucial que se delimite um conceito claro para a culpa, considerada em seu sentido mais amplo, que engloba o *dolo* e a *culpa em sentido estrito* (imprudência, negligência e imperícia), uma vez que nela reside a própria substância da teoria da responsabilidade subjetiva. Com um conceito simplista, o italiano Chironi define a culpa como sendo "o erro de conduta, moralmente imputável ao agente e que não seria cometido por uma pessoa avisada, em iguais circunstâncias de fato"[5]; por sua vez,

---

3. DIAS, José de Aguiar. *Da responsabilidade civil*. 11. ed. Rio de Janeiro: Renovar, 2006, p. 136.
4. BRAGA NETTO, Felipe; FALEIROS JÚNIOR, José Luiz de Moura. A atividade estatal entre o ontem e o amanhã: reflexões sobre os impactos da inteligência artificial no direito público. In: BARBOSA, Mafalda Miranda; BRAGA NETTO, Felipe; SILVA, Michael César; FALEIROS JÚNIOR, José Luiz de Moura (coord.). *Direito digital e inteligência artificial*: diálogos entre Brasil e Europa. Indaiatuba: Foco, 2021, p. 454. Com efeito: "A responsabilidade civil, ontem e hoje, caminha não só recolhendo contribuições técnicas, mas também trazendo, fecundamente, para a dimensão jurídica, dilemas e problemas sociais que nos afligem em determinado período histórico. Dizendo de outro modo: a responsabilidade civil aceita um novo modo de olhar para os problemas – distinto, talvez oposto, àquele que costumava ser praticado até então. Convém sempre lembrar que não é inédita, na história da matéria, seu uso, inovador e até iconoclasta, para evitar que determinadas pessoas, mais vulneráveis, ficassem sem indenização, desamparadas pelo direito. Foi, em linhas gerais, o que ocorreu – na passagem do século XIX para o século XX – com a teoria do risco, a partir sobretudo das obras de Josserand e Saleilles. Cabe lembrar, nesse contexto, do art. 1.384, I, do Código de Napoleão. Ficou esquecido por cerca de um século, até que Josserand fundamentou a teoria do risco nele e, desde então, suas potencialidades normativas ganharam corpo. Não só a teoria do risco, mas também a teoria do abuso de direito e a responsabilidade civil do Estado são exemplos de situações em que a doutrina e a jurisprudência se adiantaram à lei, traçando novos rumos hermenêuticos. Talvez possamos dizer que a responsabilidade civil, através dos séculos, caminha não só acumulando conhecimentos, mas sobretudo ganhando novos modos de percepção".
5. CHIRONI, Giampietro. *La colpa nel diritto civile odierno*: colpa extracontratuale. 2. ed. Turim: Fratelli Bocca, 1903, v. I, p. 38.

o francês Ripert vislumbrava tamanha complexidade na noção de culpa que preferia dizer que não há como formular um conceito para ela[6].

Realmente, o conceito de culpa, em matéria de responsabilidade civil, nunca teve uma só definição comungada por toda a doutrina. Sempre se partiu do conceito do "homem médio"[7] para perquirir-se as circunstâncias do evento danoso e dizer se o agente poderia ou não ter evitado o dano. Buscando um meio-termo entre o simplista e o complexo, René Savatier definiu culpa de modo bastante categórico:

> A culpa (*faute*) é a inexecução de um dever que o agente podia conhecer e observar. Se efetivamente o conhecia e deliberadamente o violou, ocorre o delito civil ou, em matéria de contrato, o dolo contratual. Se a violação do dever, podendo ser conhecida e evitada, é involuntária, constitui a culpa simples, chamada, fora da matéria contratual, de quase-delito.[8]

A conotação dada à culpa a partir do vocábulo francês "*faute*" gerou confusão entre a conceituação do instituto dentro da responsabilidade jurídica e da responsabilidade moral, esta última entendida como mais que uma simples violação de regra de conduta, mas também diante da possibilidade que tem o agente de prever o evento, para agir diversamente, evitando a ocorrência do dano.

Curiosamente, no idioma francês, o vocábulo "*faute*" é utilizado com duas conotações: (i) num senso objetivo, designa uma infração a um modo de agir de um tipo-modelo determinado; (ii) num senso subjetivo, representa a ideia de uma censura moral imputável ao agente[9].

Retomando a lição de Savatier, evidencia-se com muita clareza essa noção de dever, exigindo a sua violação para a consideração da ilicitude do ato e a concreta configuração da culpa. Em outras palavras, sem a violação de um dever jurídico, não se perquire a culpa, e o juízo de valor que se faz perpassa pelas análises do caso concreto para verificar se a violação cometida poderia ter sido evitada ou não.

Tal posicionamento não é corroborado por toda a doutrina francesa, no entanto, uma vez que há autores que criticam a concepção de Savatier, sustentando que a violação de um dever é prescindível, caso dos irmãos Mazeaud, de Gény, de Colin e Capitant, dentre outros, conforme mencionados pelo próprio Savatier[10]. Demais doutrinadores

---

6. RIPERT, Georges. *Revue critique de législation et jurisprudence*, 1912, p. 196 *et seq*, *apud* DIAS, José de Aguiar. *Da responsabilidade civil*. 11. ed. Rio de Janeiro: Renovar, 2006, p. 137.
7. Destaca Gabriel Magadan: "Essa lógica de reflexão sobre os acontecimentos é referenciada por meio do mencionado *standard* de observação, aos moldes do "homem médio", que, nesse caso, é o observador distante, que tem a experiência da humanidade, e que apura o acontecimento tendo como parâmetro a visão de mundo e dos acontecimentos em ordem como normalmente se apresentam". MAGADAN, Gabriel de Freitas Melro. *Responsabilidade civil extracontratual*. Causalidade jurídica: seleção das consequências do dano. São Paulo: Editora dos Editores, 2019, p. 186.
8. SAVATIER, René. *Traité de la responsabilité civile en droit français*. Paris: Librairie Générale de Droit et de Jurisprudence, 1951, t. I, nº 4, p. 5.
9. DIAS, José de Aguiar. *Da responsabilidade civil*. 11. ed. Rio de Janeiro: Renovar, 2006, p. 140.
10. SAVATIER, René. *Traité de la responsabilité civile en droit français*. Paris: Librairie Générale de Droit et de Jurisprudence, 1951, t. I, nº 5, p. 7.

franceses se posicionam entre um pensamento e outro, havendo aqueles que seguem Savatier e defendem a importância da noção de dever, e aqueles que a entendem dispensável.

Quanto à doutrina alemã, Aguiar Dias, citando o jurista húngaro Géza Marton, destaca que ela compreende a culpa como fenômeno moral, com seu sentido mais amplo materializado no "*dolus*" ("*Vorsatz*"), isto é, "a vontade dirigida para um resultado ilícito, com conhecimento da iliceidade ou da infração ao dever"[11], e seu sentido estrito evidenciado na "omissão do cuidado exigido na vida dos negócios, pela aplicação do qual seria possível evitar o resultado ilícito, não pretendido, entretanto, pelo agente, ou a omissão de aplicação da quantidade suficiente de energia psíquica"[12].

Nessa linha, depreende-se que o antigo conceito do "*bonus paterfamilias*" continua sendo adotado no estudo da culpa ao criar-se um modelo padrão de comportamento que autoriza a imputação do dever de reparação ao agente, mesmo que seu ato não seja conscientemente objetivado.

Tanto a doutrina francesa quanto a doutrina alemã, a despeito dos posicionamentos por vezes conflitantes de uns e outros doutrinadores, denotam forte preocupação com a falta de diligência do agente na eclosão do dano. Busca-se verificar se o agente empreendeu todos os esforços necessários para cumprir com tal dever de diligência ao agir, causando resultado não objetivado, mas previsível, desde que se detivesse às consequências eventuais de sua atitude.

Passando à análise de culpa frente à doutrina italiana, Giovanni Salemi destaca que o complexo conceito de culpa não se limita à falta de inteligência, de vontade ou de diligência, mas apresenta uma íntima relação entre a "*psiche*" e o ato lesivo:

> O processo psíquico é composto de vários fatores, dos quais a representação do fato e a ideia são os mais elementares [...]. O dolo é uma relação direta entre a *psiche* individual e o fato ofensivo do interesse de outrem. [...] A vontade de realizar um ato existe no dolo e na culpa; enquanto no dolo, porém, a vontade se prolonga à realização do efeito nocivo, emergente do ato, na culpa, a vontade se limita ao exercício do ato querido e apreciado como legítimo, sem se estender às suas consequências [...].[13]

Aguiar Dias destaca que, a despeito da tamanha dificuldade na elaboração de um conceito para o instituto da culpa, é importante que se busque fórmula suficientemente flexível, para atender a todas as necessidades, e suficientemente precisa, para guiar os julgadores na prolação de suas decisões[14]. Com isso, geralmente busca-se a decomposição do instituto em dois elementos: ilicitude e imputabilidade.

A *ilicitude* nasce no direito romano, com a *Lex Aquilia*, que exigia que o dano fosse "*injuria datum*", ou seja, causado sem direito ou contrariamente ao direito, de modo

---

11. MARTON, Géza. *Les fondements de la responsabilité civile*. Paris: Librairie du Recueil Sirey, 1938, n. 2, p. 10.
12. DIAS, José de Aguiar. *Da responsabilidade civil*. 11. ed. Rio de Janeiro: Renovar, 2006, p. 138.
13. SALEMI, Giovanni. *La così detta responsabilità per atti legittimi della publica amministrazione*, nº 23, p. 44 e 443, apud DIAS, José de Aguiar. *Da responsabilidade civil*. 11. ed. Rio de Janeiro: Renovar, 2006, p. 139.
14. DIAS, José de Aguiar. *Da responsabilidade civil*. 11. ed. Rio de Janeiro: Renovar, 2006, p. 140.

que, agindo conforme o direito, licitamente, não acarretaria qualquer tipo de responsabilidade ao agente, porque não haveria violação de nenhuma regra de conduta[15].

Sobre a *imputabilidade*, tem-se que decorre da acepção linguística do vocábulo "imputável", sinônimo de atribuível, que, embora dê uma ideia do alcance do instituto, não estabelece o que seja a culpa. Também não o fazem boa parte da doutrina, ao encarar a imputabilidade como capacidade de discernimento, ligando-se mais às condições mentais do agente do que à noção de culpa em si[16].

Os irmãos Mazeaud criticavam a questão, reputando-a como tautológica, sob o argumento de que a análise destes vocábulos, embora válida do ponto de vista conceitual, não lhes dava uma explicação sobre o que seria a culpa, e, a se continuar com a ideia de que a culpa se configura em condições sempre mais rigorosas que as das leis e regulamentos, fatalmente se retornará para as velhas concepções do "*bonus paterfamilias*" ou do homem prudente e diligente[17].

Para os irmãos, a definição correta de culpa depende da delimitação dos conceitos de "delito" e "quase-delito". Dizem que o primeiro, em lugar de designar o delito do direito romano, corresponde à expressão "*dolus*", utilizada pelos jurisconsultos romanos, ao passo que o segundo conceito se refere às situações excepcionais em que a obrigação nascia "*quasi ex delicto*". Havia uma confusão entre dolo e delito, e culpa e quase-delito; o dolo seria a falta intencional, e a culpa a negligência ou imprudência[18].

Explicando a distinção feita pelos romanos e comparando-a ao direito francês, Henri Lalou leciona:

> O termo "quase-delito", assim como a vigência do "quase-contrato", é o resultado de um mal-entendido. Em Roma, os crimes quase não eram fonte de obrigações, o termo "quase-ofensas" não existia. Falou-se de obrigação decorrente "*quasi ex delicto*", e a obrigação decorrente "*quasi ex delicto*" era uma obrigação decorrente "*ex variis causarum figuris*", de modo que estão sujeitos ao regime das obrigações "*ex delicto*", como as obrigações "*quasi ex contractu*" estavam sujeitas ao sistema de obrigações "*ex contractu*". [...] No direito civil francês, não há interesse prático ou doutrinário na distinção entre "delitos" e "quase-delitos". Ambos os conceitos, se combinados em uma fórmula muito abrangente, levarão a uma confusão com duplo caráter, de ilegalidade (isto é, contrariedade à lei) e prejudicialidade.[19]

A despeito disso, a barreira conceitual não é a única enfrentada pelos irmãos Mazeaud, que trazem uma nova delimitação para o problema, porém, partindo da ideia dos antigos romanos. Para eles, quando se comete uma falta delitual, pratica-se

---

15. DIAS, José de Aguiar. *Da responsabilidade civil*. 11. ed. Rio de Janeiro: Renovar, 2006, p. 140.
16. DIAS, José de Aguiar. *Da responsabilidade civil*. 11. ed. Rio de Janeiro: Renovar, 2006, p. 141.
17. MAZEAUD, Henri; MAZEAUD, León; TUNC, André. *Traité théorique et pratique de la responsabilité civile, délictuelle et contractuelle*. 3. ed. Paris: Librairie du Recueil Sirey, 1938, n° 389, p. 450.
18. MAZEAUD, Henri; MAZEAUD, León; TUNC, André. *Traité théorique et pratique de la responsabilité civile, délictuelle et contractuelle*. 3. ed. Paris: Librairie du Recueil Sirey, 1938, n°s 406-407, p. 464 *et seq*, tradução livre.
19. LALOU, Henri. *La responsabilité civile*: principes élémentaires et applications pratiques. Paris: Dalloz, 1928, p. 5-7, tradução livre.

exatamente o que os romanos denominavam de "*dolus*", o qual pressupõe uma intenção malévola de causar dano.

Por decorrência lógica disso, o ato culposo nada mais é que o erro de conduta oriundo da apreciação da própria conduta frente ao paradigma comparativo.

Os irmãos ainda rejeitam a delimitação deste tipo-padrão nos conceitos de "homem prudente" ou "homem avisado", que não seria mais do que um ente fictício e incondicionado, que não vive em época nenhuma e não se situa em meio nenhum[20].

Sugerem, pois, a utilização do tipo-padrão no mesmo cenário e diante das mesmas circunstâncias externas com que se deparou o agente, sem se preocupar com as circunstâncias internas, e, diante desta comparação, verificar se o modelo reagiria da mesma maneira que o agente; se sim, a conduta do agente terá sido boa, se não, incorrerá em culpa[21].

A teoria dos irmãos Mazeaud é criticada por Savatier. Voltando à sua concepção sobre o *dever*, ele afirma que a fixação da culpa em comparação com o procedimento esperado por um homem-padrão pressupõe necessariamente a sua diligência em relação à observância de seus deveres, que podem ser de vários tipos: resultantes de preceito emanado da autoridade pública, de um dever moral determinado ou mesmo de um dever geral de não prejudicar[22].

Insofismavelmente, a culpa enseja a consideração de um elemento moral, consistente no estado de arrependimento, que conduz à vontade de reparação inerente a quem praticou o ato ilícito, inconveniente ou censurável. Mas, para isso, é essencial que o agente conheça previamente a norma, sabendo que certa atitude viola a norma impositiva. Em outras palavras, o elemento jurídico antecede o elemento moral[23].

Ora, a culpa nada mais é que esse elemento moral gerador da infração, que reflete nada mais que a culpa genérica, a qual se desdobra no dolo e na culpa propriamente dita, nascida de imprudência, negligência ou imperícia. A culpa é, portanto, falta de diligência, inobservância da norma de conduta, ou, em outras palavras, o desprezo, por parte do agente, daquele dever de conduta a que se refere Savatier, para prever as consequências de sua conduta.

Com esse breve estudo, conclui-se que a doutrina francesa, rica que é em matéria de Direito Civil, não encontra unanimidade ao estabelecer um conceito jurídico para a culpa, em grande parte devido à celeuma de entendimentos oriundos do termo por eles adotado ("*faute*") para nomear o instituto.

---

20. MAZEAUD, Henri; MAZEAUD, León; TUNC, André. *Traité théorique et pratique de la responsabilité civile, délictuelle et contractuelle*. 3. ed. Paris: Librairie du Recueil Sirey, 1938, nº 430, p. 485.
21. MAZEAUD, Henri; MAZEAUD, León; TUNC, André. *Traité théorique et pratique de la responsabilité civile, délictuelle et contractuelle*. 3. ed. Paris: Librairie du Recueil Sirey, 1938, nº 432, p. 486 et seq.
22. SAVATIER, René. *Traité de la responsabilité civile en droit français*. Paris: Librairie Générale de Droit et de Jurisprudence, 1951, t. I, nºs 5-6, p. 7 et seq.
23. DIAS, José de Aguiar. *Da responsabilidade civil*. 11. ed. Rio de Janeiro: Renovar, 2006, p. 148.

Não obstante, é notável a contribuição dos franceses para a questão. O trabalho de Savatier, contraposto às noções trazidas pelos irmãos Mazeaud conduz à noção jurídica de dever, epítome do tratamento dado à responsabilidade civil com fulcro no ato ilícito, o que torna a compreensão de tais fundamentos doutrinários absolutamente essencial.

3.1.2 O conceito de culpa na legislação brasileira

Voltando a análise para o tratamento jurídico dado ao instituto pela doutrina brasileira, observa-se que abrange todo tipo de comportamento contrário ao direito, seja ou não intencional, entendendo-se que a ação ou omissão do agente, que origina a indenização, geralmente decorre da infração de um dever, que pode ou não decorrer de lei.

O Código Civil de 1916 elegeu a culpa como centro da responsabilidade civil, em seu art. 159, ao estabelecer que: "Aquele que, por ação ou omissão voluntária, negligência, ou imprudência, violar direito, ou causar prejuízo a outrem, fica obrigado a reparar o dano".

A exegese do dispositivo denota que a obrigação de indenizar existe em função de o agente ter procedido com culpa, por ação ou omissão voluntária, com negligência ou imprudência, merecendo, por isso, ver tal conduta censurada ou reprovada pelo direito, sendo certo que o agente deveria ter envidado todos os esforços para prevenir a ocorrência do evento.

Por sua vez, o Código Civil de 2002 previu expressamente, em seu art. 186, que: " Aquele que, por ação ou omissão voluntária, negligência ou imprudência, violar direito e causar dano a outrem, ainda que exclusivamente moral, comete ato ilícito".

Com facilidade, percebe-se que o legislador brasileiro não se preocupou com a polêmica distinção dos "delitos" e "quase-delitos" tão presentes nas teorias dos irmãos Mazeaud, demonstrando prudência, pois tal distinção poderia suscitar controvérsias. Andou bem, ainda, ao omitir-se em apresentar expressamente um conceito de culpa, que, como se viu, apresenta alta complexidade.

O Código Civil tem em vista o *ato ilícito*, pouco se importando com a distinção deste mesmo ato em doloso ou culposo, embora tais elementos constem do dispositivo legal quando se fala em ação ou omissão voluntária (dolo) e negligência ou imprudência (culpa). Também não há filiação repetitiva à responsabilidade civil do direito francês, uma vez que o legislador brasileiro não se baseou na "*faute*" dos europeus, tendo optado pela noção do ato ilícito.

Savatier, ao definir a "*faute*", no seu sentido de ato ilícito, já ensinava que não há ato ilícito sem culpabilidade, e não há culpabilidade, sem a possibilidade de observá-lo, noção que postula necessariamente a liberdade humana[24]. Evidentemente, da culpa

---

24. SAVATIER, René. *Traité de la responsabilité civile en droit français*. Paris: Librairie Générale de Droit et de Jurisprudence, 1951, t. I, nº 161, p. 207.

caracterizada no art. 186 como negligência ou imprudência, decorrem outras noções, notadamente a imperícia, sendo que todas denotam falta de diligência, falta de prevenção e falta de cuidado.

A imprudência nada mais é que o atuar afoito e precipitado no procedimento inconsiderado, que se contradiz ao procedimento sensato, desprezando as cautelas normais; trata-se de conceito ligado à noção de temeridade do ato cujas consequências ilícitas o agente poderia prever.

Já a negligência é a inobservância dos deveres de atenção, de capacidade, de discernimento e solicitude, é o que difere das considerações que regem a conduta normal dos negócios humanos. Relaciona-se com o conceito de desídia e configura-se na ignorância e desatenção e no erro evitáveis de quem deixa de ouvir o que é audível, deixa de ver o que é visível.

A imperícia, de conceituação mais simplificada, corresponde à pura falta de habilidade para o desempenho de certa tarefa, decorrente de verdadeira falta de qualificação para tanto.

Outro aspecto interessante é a distinção feita pelo Código Civil entre responsabilidade contratual e responsabilidade extracontratual, regulando-as em seções marcadamente diferentes, estando a responsabilidade extracontratual localizada no citado art. 186, ao passo que a responsabilidade contratual se situa no art. 389 do *Codex*.

Esta distinção legislativa não afeta, contudo, a noção de culpa, que nasce independentemente da natureza da responsabilidade civil engendrada. Sobre isso, veja-se o excerto da rica obra de Pontes de Miranda:

> O adágio *in 'lege Aquilia et levissima culpa venit'* não significa que deva ser mais grave a culpa contratual. Ambas podem resultar de atos e omissões: obrigações de fazer, de dar; obrigações de não-fazer, de não dar. Atos ilícitos positivos, atos ilícitos negativos. Quanto às cláusulas exonerativas, se há distinções entre as responsabilidades delituais e as contratuais, também as há entre aquelas, como espécies, e entre estas. Portanto, o critério distintivo falharia.[25]

O cerne da questão, aqui, é que o Código Civil brasileiro, qualquer que seja o entendimento preconizado como fundamento da responsabilidade civil, tem sempre em vista o ato ilícito, que acarreta "de si só e originariamente, o vínculo da obrigação"[26].

E nele concorrem: (i) elementos objetivos, que são o ato ilícito, praticado em afronta ao direito ("*contra jus*" ou "*sans droit*"), o resultado danoso, o nexo de causalidade entre o ato e o dano; e, (ii) elementos subjetivos, que são a imputabilidade do agente e

---

25. PONTES DE MIRANDA, Francisco Cavalcanti. *Tratado de direito privado*. Rio de Janeiro: Borsoi, 1967, v. XXIV, nº 308, p. 485.
26. PONTES DE MIRANDA, Francisco Cavalcanti. *Tratado de direito privado*. Rio de Janeiro: Borsoi, 1967, v. XXIV, nº 38, p. 91.

o caráter culposo de sua conduta, esta considerada em seu amplo sentido (englobando dolo e culpa em sentido estrito)[27].

O direito pátrio, portanto, posicionou-se fielmente ao princípio da culpa como fundamento da responsabilidade subjetiva, mas, embora tenha consagrado esta teoria, não deixou de excetuar casos de responsabilidade sem culpa, "muito embora não tivesse acompanhado, com mais amplitude, a orientação moderna de outras legislações, como seria desejável"[28].

3.1.3 Críticas à teoria da culpa

A teoria da culpa, embora permaneça fortemente marcada no direito, desde suas origens, apresenta um problema na errônea assimilação da noção de responsabilidade pela de culpa, que é apontado por boa parte da doutrina relativa à matéria, mas teve campanha inaugural na obra de Raymond Saleilles.

O jurisconsulto parisiense destacou a necessidade de se estabelecer uma teoria da responsabilidade que fosse verdadeiramente científica, em face das dificuldades de solução do problema em face da teoria puramente subjetiva da culpa, que conduzia à impossibilidade moral de materialização da própria noção de culpa, por estar a responsabilidade civil extracontratual enraizada no direito romano, onde o ressarcimento sempre teve caráter penal: enxergavam a reparação necessariamente no delito[29].

Criticando a teoria da culpa, tem-se, ainda, a lição de Géza Marton:

> A doutrina subjetiva da culpa, originária de Bizâncio, aparecendo sob a capa de um aspecto falseado da culpa moral, como consequência das dificuldades inerentes à sua realização, não conseguiu corresponder à ideia de uma responsabilidade sã e vigorosa, mas, bem ao contrário, conduz, pelos seus efeitos, a inconvenientes desmoralizadores.[30]

As considerações do professor de Budapeste também apontavam para o problema do direito romano, em que delito e reparação encontram-se intimamente ligados, a ponto de não ser possível encontrar solução para um caso de responsabilidade civil sem, antes, pensar-se na noção de culpabilidade.

Este pensamento associa a noção de culpa à própria noção de responsabilidade, quase que denotando uma sinonímia entre ambos os conceitos, o que é errado. Por isso, pensar a responsabilidade civil desassociada do conceito de culpa seria o primeiro passo para a evolução do instituto. Assim, surgiram a teoria do risco e as primeiras diretrizes da responsabilidade objetiva.

---

27. PONTES DE MIRANDA, Francisco Cavalcanti. *Tratado de direito privado*. Rio de Janeiro: Borsoi, 1967, v. XXIV, nº 38, p. 91.
28. LIMA, Alvino. *Culpa e risco*. 2. ed. São Paulo: Revista dos Tribunais, 1999, p. 215.
29. SALEILLES, Raymond. *Les accidents du travail et la responsabilité civile*. Paris: Arthur Rousseau Editeur, 1897, nº 391, p. 211. No mesmo sentido, confira-se: DIAS, José de Aguiar. *Da responsabilidade civil*. 11. ed. Rio de Janeiro: Renovar, 2006, p. 65.
30. MARTON, Géza. *Les fondements de la responsabilité civile*. Paris: Librairie du Recueil Sirey, 1938, nº 58, p. 151.

3.2 A RESPONSABILIDADE OBJETIVA E A TEORIA DO RISCO

Como se viu, em matéria de responsabilidade civil, o novel Código Civil brasileiro se manteve fiel à teoria subjetiva, ao estabelecer, em seu art. 186, o dever de reparar o dano por aquele que laborou com culpa. No entanto, adotou, por exceção, a responsabilidade objetiva, insculpida no parágrafo único de seu art. 927, definindo a obrigação de reparação dos danos causados, independentemente da averiguação da culpa, por quem desempenhe atividade que, por natureza, gere riscos a outrem.

Com efeito:

> Art. 927. Aquele que, por ato ilícito (arts. 186 e 187), causar dano a outrem, fica obrigado a repará-lo.
>
> Parágrafo único. Haverá obrigação de reparar o dano, independentemente de culpa, nos casos especificados em lei, ou quando a atividade normalmente desenvolvida pelo autor do dano implicar, por sua natureza, risco para os direitos de outrem.

Nesse diapasão, é a lição de Caio Mário da Silva Pereira:

> A doutrina objetiva, ao invés de exigir que a responsabilidade civil seja a resultante dos elementos tradicionais (culpa, dano, vínculo de causalidade entre uma e outro), assenta na equação binária cujos polos são o dano e a autoria do evento danoso. Sem cogitar da imputabilidade ou investigar a antijuridicidade do fato danoso, o que importa para assegurar o ressarcimento é a verificação se ocorreu o evento e se dele emanou o prejuízo. Em tal ocorrendo, o autor do fato causador do dano é o responsável.[31]

Sérgio Cavalieri Filho[32] brilhantemente acentua que "a expressão 'independentemente de culpa' contida neste dispositivo indica que foi aqui consagrada uma cláusula geral de responsabilidade objetiva". Tal constatação, por certo, deriva do fato de que, na sociedade moderna, todas (ou quase todas) as atividades pelos cidadãos desempenhadas implicam algum risco a terceiros.

Com efeito, na já estudada teoria da culpa, perquire-se a subjetividade da ação do causador do dano, a fim de demonstrar, concretamente, se ele quis o resultado (dolo) ou se atuou com culpa em sentido estrito (negligência, imprudência ou imperícia). Ocorre que a prova deste elemento eminentemente subjetivo configura verdadeiro óbice para a vítima, que acaba, injustamente, suportando os respectivos ônus.

A necessidade de substituição deste sistema subjetivista foi fator determinante para a formação de nova concepção para a matéria: a teoria objetiva. Fernando Noronha traz excelente comentário sobre a ruptura do sistema subjetivo e ulterior adoção da teoria da responsabilidade objetiva:

> A responsabilidade objetiva agravada insere-se no final de uma evolução que começou quando, num primeiro momento, se reconheceu que o requisito culpa não sempre era imprescindível para

---

31. PEREIRA, Caio Mário da Silva. *Responsabilidade civil*. 8. ed. Rio de Janeiro: Forense, 1998, p. 269.
32. CAVALIERI FILHO, Sérgio. *Programa de responsabilidade civil*. 8. ed. São Paulo: Atlas, 2009, p. 163.

o surgimento da obrigação de indenizar: o exercício de determinadas atividades, suscetíveis de causar danos a terceiros, implicava, em contrapartida aos benefícios que elas proporcionavam ao agente, o ônus de suportar os danos que eventualmente fossem causados a outrem. Foi por isso que se construiu a teoria da responsabilidade objetiva.[33]

Para Eugênio Facchini Neto, é necessário afastar-se do princípio da culpa, avançando-se em direção a um modelo misto, que posicione, de um lado, a culpa, e, de outro, a responsabilidade objetiva, fundada no risco ou na ideia de garantia da suposta vítima[34].

Por sua vez, leciona Orlando Gomes que a obrigação de indenizar sem culpa tem seu nascedouro por ministério da lei, para certos casos, por duas razões: primeiramente, pela consideração de que certas atividades exercidas pelo homem criam um risco especial para os demais, e, segundamente, a consideração de que o exercício de determinados direitos deve implicar a obrigação de ressarcir os danos gerados[35].

Baseada nesta dificuldade de ordem prática, a teoria do risco nasceu para representar uma modalidade de visualização da responsabilidade sob um viés objetivo, "em que basta a simples causação (causalidade extrínseca), sem cogitação da intenção do agente"[36]. Para essa teoria, toda pessoa que exerce alguma atividade, que, por sua natureza, gere risco de dano para terceiros, deve ser obrigada a repará-lo, ainda que sua conduta seja isenta de culpa. Isso significa dizer que a responsabilidade civil se desloca da noção de culpa para a ideia de risco.

É cediço que o risco, por si só, é incapaz de gerar a obrigação de indenizar, posto que ninguém viola dever jurídico simplesmente porque exerce atividade perigosa, mormente quando socialmente admitida e necessária. Em verdade, nesses casos, a responsabilidade surge quando o exercício da atividade gera dano a outrem, ou seja, a lei não trata apenas do risco, mas da violação de um dever jurídico.

Nesse sentido, certamente a hipótese de violação de um dever jurídico remete-nos à ideia de segurança. Cavalieri Filho explica que "a vida moderna é cada vez mais arriscada, vivemos perigosamente, de sorte que quanto mais o homem fica exposto a perigo, mais experimenta a necessidade de segurança. Logo, o dever jurídico que se contrapõe ao risco é o *dever de segurança*":

> Se, de um lado, a ordem jurídica permite e até garante a liberdade de ação, a livre iniciativa etc., de outro, garante também a plena e absoluta proteção do ser humano. Há um direito subjetivo à segurança cuja violação justifica a obrigação de reparar o dano sem nenhum exame [...] da conduta do seu autor. Na responsabilidade objetiva, portanto, a obrigação de indenizar parte da ideia de violação do dever de segurança.[37]

---

33. NORONHA, Fernando. *Direito das obrigações*: fundamentos do direito das obrigações – introdução à responsabilidade civil. São Paulo: Saraiva, 2003, v. I, p. 37.
34. FACCHINI NETO, Eugênio. Da responsabilidade civil no novo código. *Revista do Tribunal Superior do Trabalho*, Brasília, v. 76, n. 1, p. 17-63, jan./mar. 2010, p. 6.
35. GOMES, Orlando. *Obrigações*. 13. ed. Rio de Janeiro: Forense, 2000, p. 307.
36. BITTAR, Carlos Alberto. *Responsabilidade civil*: teoria & prática. 3. ed. Rio de Janeiro: Forense, 1999, p. 40.
37. CAVALIERI FILHO, Sérgio. *Programa de responsabilidade civil*. 8. ed. São Paulo: Atlas, 2009, p. 163.

Esta concepção, hoje amplamente utilizada, surgiu no final do século XIX, na França, quando foi concebida a teoria do risco a partir de uma probabilidade de dano. Em outras palavras, os franceses sintetizaram uma nova linha de pensamento com base na premissa de que aquele que exerce uma atividade perigosa deve assumir os riscos e reparar os danos dela decorrentes. Assim, todo prejuízo deve ser atribuído ao seu autor e reparado por quem causou, independentemente de ter ou não agido com culpa.

Os primeiros esboços das teorias da responsabilidade objetiva foram trazidos, primeiramente, por Mataja, na Alemanha, e Orlando, na Itália. O primeiro dizia que os danos oriundos de acidentes inevitáveis, na exploração de uma empresa, deveriam ser incluídos nas despesas do negócio atendendo primordialmente ao interesse da paz social. Assim, já existia a ideia de risco como fundamento da obrigação de indenizar. Para o segundo, a noção de culpa era apenas insuficiente, de modo que o que se reconhecia, na verdade, eram apenas foros de cidadania para uma causa nova geradora de obrigações extracontratuais: o risco[38].

Raízes deste pensamento também germinavam nas obras de René Savatier, que defendia a aplicação da teoria do risco aos atos de necessidade, sob o fundamento de que, retirando o proveito do seu ato, deveria o autor indenizar a vítima. Segundo ele, no ato de necessidade não haveria culpa, tratando-se de uma responsabilidade de caráter eminentemente objetivo não importando qual fosse seu fundamento[39]. Em outras palavras, o ato necessário deixa de ser culposo, sob a condição de que o autor suporte a reparação do mal que fez a outrem.

Mas foi a partir das riquíssimas obras de Saleilles e Josserand que se viabilizou a construção de uma teoria definitiva da responsabilidade sob esse novo enfoque. Sobre elas serão tecidos alguns comentários a seguir.

3.2.1 Relembrando Saleilles e Josserand

Raymond Saleilles e Étienne Louis Josserand foram os doutrinadores que mais se destacaram no estudo da teoria objetiva, cuja razão determinante de aceitação, tanto na França, quanto no restante do mundo ocidental, foi a consideração da responsabilidade desvinculada de culpa, assentando-se em contrário às disposições do próprio Código Napoleônico, que era totalmente partidário da teoria da culpa, proclamada por expresso no art. 1382, sobre o qual já se comentou anteriormente.

Em sua pioneira obra, surgida em 1897, Saleilles abordou a questão dos acidentes de trabalho, no direito francês, em face da responsabilidade civil, sustentando que a reparação não deriva de qualquer aferição de culpa ou da pesquisa de qualquer outro

---

38. GARCEZ NETO, Martinho. *Responsabilidade civil no direito comparado*. Rio de Janeiro: Renovar, 2000, p. 95.
39. SAVATIER, René. *Traité de la responsabilité civile en droit français*. Paris: Librairie Générale de Droit et de Jurisprudence, 1951, t. I, nº 168, p. 236.

elemento moral ou eminentemente subjetivo, verificando-se se o agente agiu bem ou mal, consciente ou inconscientemente, com ou sem diligência. Para ele, acima dos interesses de ordem individual devem ser colocados os interesses sociais e, apenas consultando estes interesses, e neles se baseando, é que se torna possível ou não a reparação.

Com brilhante clareza, o próprio Saleilles, citado por José de Aguiar Dias, sintetiza este novo pensamento:

> A lei deixa a cada um a liberdade de seus atos; ela não proíbe senão aqueles que se conhecem como causa direta do dano. Não poderia proibir aqueles que apenas trazem em si a virtualidade de atos danosos, uma vez que se possa crer fundamentalmente que tais perigos possam ser evitados, à base de prudência e habilidade. Mas, se a lei os permite, impõe àqueles que tomam o risco a seu cargo a obrigação de pagar os gastos respectivos, sejam ou não resultados de culpa. Entre eles e as vítimas não há equiparação. Ocorrido o dano, é preciso que alguém o suporte. Não há culpa positiva de nenhum deles. Qual seria, então, o critério e imputação do risco? A prática exige que aquele que obtém proveito de iniciativa lhe suporte os encargos, pelo menos a título de sua causa material, uma vez que essa iniciativa constitui um fato que, em si e por si, encerra perigos potenciais contra os quais os terceiros não dispõem de defesa eficaz. É um balanceamento a fazer. A justiça quer que se faça inclinar o prato da responsabilidade para o lado do iniciador do risco.[40]

Posteriormente, as ideias de Josserand vieram sintetizar a importância da criação de uma doutrina da responsabilidade objetiva que não esteja abandonada aos contratempos do acaso, inclusive porque, entre a vítima e o autor do dano, a primeira merece mais proteção, pois, comumente, é a que possui menos recursos e porque nada fez para causar o prejuízo.

Assim, trata de destacar a importância das considerações de Saleilles, comentando que os casos de acidentes de trabalho, deflagração, emanação de substâncias explosivas, corrosivas e tóxicas, bem como vários outros tão bem utilizados por ele para esboçar seu pensamento, representaram verdadeira revolução.

Josserand destaca que todas estas ideias afastaram o instituto da responsabilidade civil da noção de culpa, para, em seu lugar, impor a noção do risco, de modo que "a força da iniciativa e a ação consideram-se em si mesmas geradoras da responsabilidade"[41]. Em complemento à doutrina de Saleilles, acrescenta, ainda, seus próprios pensamentos sobre a substituição da responsabilidade delitual pela responsabilidade contratual, que se debruça sobre a sistemática dos contratos para dela extrair a situação privilegiada do credor que exige o cumprimento de uma obrigação, e, no campo da responsabilidade extracontratual, pontuar uma tendência à orientação no sentido de facilitar a reparação devida pela vítima do dano.

---

40. SALEILLES, Raymond. *Les accidents du travail et la responsabilité civile*. Paris: Arthur Rousseau Editeur, 1897, nº 457, p. 289.
41. JOSSERAND, Étienne Louis. *De la responsabilité du fait des choses inanimées*. Paris: Arthur Rousseau Editeur, 1897, nº 159, p. 88.

3.2.2 Modalidades de risco

Apenas para fins elucidativos, insta apresentar, neste momento, a distinção existente entre as diversas modalidades de risco, enxergadas sob a ótica do Direito Civil. Tratam-se de modalidades da teoria do risco, desenvolvidas dentro da teoria da responsabilidade objetiva, com aplicação preponderante no direito privado, mas cuja distinção é válida do ponto de vista acadêmico, a despeito do foco do trabalho ser a responsabilidade civil do Estado, matéria inserida no direito público.

Pois bem. Em breve análise, serão explicitados o risco-proveito, o risco excepcional, o risco profissional e o risco criado, com destaque a seus conceitos e origens.

O *risco-proveito* funda-se no já abordado princípio *"ubi emolumentum ibi onus"*, que se traduz na responsabilidade daquele que extrai vantagem ou proveito do fato causador do dano, tornando-se obrigado, por conseguinte, a repará-lo.

A lógica desta concepção situa-se na ideia de que, se a atividade econômica desenvolvida propicia enriquecimento ao seu empreendedor, e, paralelamente, a possibilidade de dano a quem executa o serviço, nada mais justo que, no caso de dano, ainda que ausente a culpa ou o dolo, se responsabilize o explorador da atividade. Em simples palavras, quem cria riscos potenciais de dano para outrem deve suportar os ônus correspondentes.

A principal crítica que se faz a esta teoria reside na dificuldade de se definir o que seja *proveito*, especialmente porque, se vinculado ao fator *lucro* ou *vantagem econômica*, seria inconcebível a responsabilização de todos aqueles que não fossem industriais ou comerciantes.

Paulo Sérgio Gomes Alonso assevera que o conceito em questão deve ser entendido em sentido amplo, de modo a considerar que toda e qualquer atividade possa trazer algum tipo de vantagem, legitimando seus beneficiários à responsabilização por eventuais danos. Outra crítica feita a esta teoria diz respeito à necessidade de prova efetiva do proveito, que, se admitida, configuraria o retorno ao sistema subjetivo, com todas as dificuldades a ele inerentes, não resultando em real evolução[42].

Outro argumento contra a noção de risco-proveito reside na indagação sobre se seria devida qualquer indenização na ausência de proveito em prol do agente causador do dano[43]. Porém, a concepção é demasiadamente superficial, porque o proveito não é determinado apenas pelo interesse de ordem pecuniária ou moral, mas sim, tido como finalidade criadora do próprio risco.

Já o *risco excepcional* reconhece certas atividades, por exemplo as relacionadas à energia nuclear ou manipulação de materiais radioativos, ou, ainda, redes de energia elétrica de alta tensão, como extremamente perigosas para a coletividade. E, a partir

---

42. ALONSO, Paulo Sérgio Gomes. *Pressupostos da responsabilidade civil objetiva*. São Paulo: Saraiva, 2000, p. 64.
43. ALONSO, Paulo Sérgio Gomes. *Pressupostos da responsabilidade civil objetiva*. São Paulo: Saraiva, 2000, p. 64.

disso, concebe que, em caso de eventual dano, o dever de reparação surge independentemente de qualquer indagação acerca da existência de culpa.

Em tais casos, além de se responsabilizar o explorador da atividade de extremo risco, destaca Bittar, "o Estado responde pela simples ocorrência de acidente nuclear, mesmo provocado nas condições descritas nas leis específicas, circunscrevendo-se [...] aos havidos nas instalações nucleares e nos transportes de substâncias ou de materiais radioativos"[44].

Por sua vez, a teoria do *risco profissional* pretende justificar o dever que se atribui ao empregador de reparar, independentemente de culpa, os danos sofridos pelo empregado, enquanto desempenha seu labor. Esta teoria nasceu das dificuldades vislumbradas para a comprovação da culpa de seu patrão, comumente enfrentadas nas ações de acidente do trabalho, antes do surgimento da teoria da responsabilidade objetiva.

Já a teoria do *risco criado* baseia-se em qualquer atividade ou ato humano que possa gerar danos aos demais, independentemente de qualquer proveito que possa auferir o explorador desta atividade, sem que se necessite perquirir, também, qualquer tipo de culpa.

Sobre esta teoria, Facchini Neto explica que:

> Dentro da teoria do risco criado, destarte, a responsabilidade não é mais a contrapartida de um proveito ou lucro particular, mas sim a conseqüência inafastável da atividade em geral. A ideia de risco perde seu aspecto econômico, profissional. Sua aplicação não mais supõe uma atividade empresarial, a exploração de uma indústria ou de um comércio, ligando-se, ao contrário, a qualquer ato do homem que seja potencialmente danoso à esfera jurídica de seus semelhantes. Concretizando-se tal potencialidade, surgiria a obrigação de indenizar.[45]

Evidentemente, trata-se de teoria mais abrangente do que a do risco-proveito, pois aumenta os encargos do agente, que não tem que provar que o dano resultou de vantagem ou de benefício obtido por seu causador, devendo buscar seus meios de defesa em outros fundamentos.

3.2.3 A prescindibilidade da culpa

Retornando à análise da teoria do risco no direito francês, cabe menção novamente aos sempre críticos irmãos Henri e León Mazeaud, que iniciam suas ponderações declarando a insuficiência de todos os critérios propostos em substituição ao da culpa, por diagnosticarem que todos os partidários das teorias objetivas iniciam suas análises na negação da culpa, declarando sua total desnecessidade[46].

---

44. BITTAR, Carlos Alberto. *Responsabilidade civil*: teoria & prática. 3. ed. Rio de Janeiro: Forense, 1999, p. 52.
45. FACCHINI NETO, Eugênio. Da responsabilidade civil no novo código. *Revista do Tribunal Superior do Trabalho*, Brasília, v. 76, n. 1, p. 17-63, jan./mar. 2010, p. 8.
46. MAZEAUD, Henri; MAZEAUD, León; TUNC, André. *Traité théorique et pratique de la responsabilité civile, délictuelle et contractuelle*. 3. ed. Paris: Librairie du Recueil Sirey, 1938, nº 432, p. 486.

Este ponto é veementemente rejeitado por Aguiar Dias, que aponta o equívoco dos irmãos franceses, salientando que o que sempre se pôs em foco foi a insuficiência da culpa, e não sua total desnecessidade[47].

O próprio Aguiar Dias comenta que os autores franceses discorrem pontualmente sobre cada uma das tendências responsáveis pela teoria do risco, classificando como fundamentalmente inexata a concepção materialista do direito. Para os irmãos, o direito não pode eliminar a pessoa, com sua alma e sua vontade, uma vez que seu objetivo não é regular as relações patrimoniais, mas unicamente as relações interpessoais[48].

Indagando sobre como se poderia negar a culpa sob o pretexto da impossibilidade de incidência em erro de procedimento do patrimônio, asseveram que a prova da falsidade da concepção objetiva reflete contradição e extrapola a esfera patrimonial para adentrar à pessoa, seus pensamentos, sentimentos e afeições[49].

Não bastasse, Henri e León ainda criticam os adeptos da teoria objetiva do risco profissional e do risco-proveito, salientando que não se pode argumentar que receios contra a teoria do risco foram suplantados pela doutrina dos acidentes de trabalho, que não adotou inteiramente a teoria do risco, a qual atribui ao patrão apenas "metade do dano sofrido"[50].

Criticam, também, o argumento do método histórico, sustentando que a distinção entre responsabilidade civil e responsabilidade penal, que se mostra cada vez mais apurada, conduz à inevitável eliminação da culpa civil. E dizem que não pode vingar o argumento de que a evolução jurídica ao longo da história sintetiza um elo de ligação entre os dois conceitos, que são perfeitamente distintos[51].

Neste ponto, seguem os ensinamentos de Planiol e Ripert, no tocante à inconsistência do método histórico, comentando sobre a utilização da *Lex Aquilia* como fundamento doutrinário da doutrina do risco: "Das regras formuladas por essa lei, fizeram os juristas surgir lentamente, graças a um longo trabalho de análise, que teria de recomeçar, se a ideia simplista do risco o desfizesse"[52].

Em sua obra, Alvino Lima enumera seis críticas à teoria do risco: (i) a teoria do risco seria meramente material, não se importando com a pessoa; (ii) o deslocamento do centro da aplicação do direito do indivíduo para a sociedade, quando na verdade, o indivíduo continua sendo o ponto central do direito; (iii) o agente deveria assumir a

---

47. DIAS, José de Aguiar. *Da responsabilidade civil*. 11. ed. Rio de Janeiro: Renovar, 2006, p. 85.
48. DIAS, José de Aguiar. *Da responsabilidade civil*. 11. ed. Rio de Janeiro: Renovar, 2006, p. 86.
49. MAZEAUD, Henri; MAZEAUD, León; TUNC, André. *Traité théorique et pratique de la responsabilité civile, délictuelle et contractuelle*. 3. ed. Paris: Librairie du Recueil Sirey, 1938, nºs 350-351, p. 419 et seq.
50. MAZEAUD, Henri; MAZEAUD, León; TUNC, André. *Traité théorique et pratique de la responsabilité civile, délictuelle et contractuelle*. 3. ed. Paris: Librairie du Recueil Sirey, 1938, nº 352, p. 422.
51. MAZEAUD, Henri; MAZEAUD, León; TUNC, André. *Traité théorique et pratique de la responsabilité civile, délictuelle et contractuelle*. 3. ed. Paris: Librairie du Recueil Sirey, 1938, nº 352, p. 422.
52. PLANIOL, Marcel Ferdinand; RIPERT, Georges. *Traité pratique de droit civil français*. Paris: Librairie générale de droit et de jurisprudence, 1930, v. 2, nº 863.

responsabilidade de todos os danos, de nada valendo a prudência e as cautelas; (iv) sem o proveito da atividade pelo causador do dano, não há que se falar em teoria de risco; (v) a carência da conceituação de risco, sendo impreciso, incerto e vago; (vi) a conceituação de proveito não é clara ao contrapor o conceito de culpa à própria ordem social[53].

Os irmãos Mazeaud ainda fundamentam que a teoria do risco não tem seu espaço na ciência do direito, posto que não se coaduna com os princípios certos e definidos que embasam este ramo do conhecimento, e a reputam como verdadeira definição aberta do saber filosófico ou econômico. Para eles, embora estas noções possam servir à doutrina do proveito, "jamais, porém, se servirão de semelhante noção para fundamentar decisões, jamais proclamarão que pode ser responsabilizado aquele que agir sem culpa"[54].

Em conclusão, impende destacar o magistério de Cavalieri Filho, que, ponderando os embates dos críticos da teoria do risco, alerta para a inevitável tendência de que, ao se criticar uma determinada teoria, se perpasse por posicionamentos extremados; entretanto, com o passar do tempo, isto se reduz paulatinamente, até um nível aceitável, "e foi o que aconteceu com a teoria do risco, que serve de fundamento para a responsabilidade objetiva ou sem culpa"[55].

3.3 OS ATOS OMISSIVOS

Foi abordada, nos capítulos anteriores, a evolução teórico-doutrinária do instituto da responsabilidade civil do Estado no ordenamento jurídico brasileiro, destacando-se a adoção, conforme se extrai da leitura do art. 37, §6º, da Constituição da República de 1988, da teoria do *risco administrativo* como principal norteadora da matéria, pautando-se na teoria da responsabilidade objetiva, que dispensa a comprovação da culpa para fins de reparação civil por parte do Estado.

Também se destacou que, nesse ínterim, é vital a identificação dos requisitos intrínsecos à responsabilidade civil do Estado: conduta do agente público, dano e nexo de causalidade entre uma e outro, podendo o nexo de causalidade ser afastado nas estritas hipóteses de estado de necessidade, exercício regular de direito, caso fortuito, força maior e fato exclusivo da vítima, conforme visto anteriormente.

Tais considerações são incontroversas e uníssonas na doutrina, quando o Estado age *comissivamente*. Porém, quando se trata de *conduta omissiva* do Estado, doutrina e jurisprudência se digladiam num verdadeiro dissenso, uns defendendo a adoção da responsabilidade subjetiva, outros sustentando uma vertente mais progressiva de ampliação da teoria da responsabilidade objetiva.

---

53. LIMA, Alvino. *Culpa e risco*. 2. ed. São Paulo: Revista dos Tribunais, 1999, p. 203.
54. MAZEAUD, Henri; MAZEAUD, León; TUNC, André. *Traité théorique et pratique de la responsabilité civile, délictuelle et contractuelle*. 3. ed. Paris: Librairie du Recueil Sirey, 1938, nº 354, p. 425.
55. CAVALIERI FILHO, Sérgio. *Programa de responsabilidade civil*. 8. ed. São Paulo: Atlas, 2009, p. 169-170.

A parcela majoritária da doutrina e da jurisprudência têm entendido que, para a caracterização do dever reparatório do Estado, em decorrência de conduta omissiva, é imprescindível que haja o descumprimento de um dever jurídico de agir. Nesse sentido, somente quando tal omissão represente, por parte do Estado, a violação do dever jurídico insculpido em norma jurídica própria, é que a responsabilização para reparar o dano gerado pelo descumprimento deste dever surge, no plano jurídico.

Contudo, a questão não é pacífica e reclama análise interpretativa do dispositivo constitucional do art. 37, §6º, da Constituição da República de 1988.

3.3.1 Importância da interpretação da norma constitucional

Com substrato teórico na teoria do risco administrativo, a parcela da doutrina que defende a teoria objetiva argumenta que o texto constitucional é bastante claro em atribuir à responsabilidade civil do Estado o caráter objetivo, dispensando qualquer tipo de indagação acerca de sua aplicabilidade nas condutas omissivas ou comissivas.

A Magna Carta de 1988, no art. 37, §6º, explicita com clareza a adoção da teoria objetiva, não cuidando de mencionar qualquer elemento que denote critério subjetivo da responsabilidade. No mesmo diapasão, o art. 43 do Código Civil de 2002 confirma tal interpretação, uma vez que sua redação é praticamente uma repetição do dispositivo constitucional.

Não obstante, visualizando a questão apenas sob a ótica infraconstitucional, a nova legislação consubstanciou significativa alteração do tema, haja vista que o art. 15 do Código Civil de 1916 permitia a ilação de que a teoria adotada era a responsabilidade subjetiva do Estado.

In casu, perquire-se acerca da necessidade ou não da comprovação do elemento culpa para sua configuração, muito embora o art. 37, §6º, da Constituição da República não tenha feito tal ressalva. A controvérsia existente aqui reside na hipótese dos atos omissivos: não há clareza na norma constitucional, uma vez que a redação do dispositivo não traz qualquer menção à conduta, que, conforme se viu, é elemento essencial da responsabilidade civil.

É certo que a norma embutida na Constituição deve ser considerada em sua plenitude de validade e eficácia, buscando-se sempre a clara verificação de seu alcance. Entretanto, também é certo que qualquer norma, mesmo sendo clara, não dispensa interpretação. Paulo Bonavides já acentuava que "busca a interpretação, portanto, estabelecer o sentido objetivamente válido de uma regra de direito"[56], o que permite a constatação do real alcance pretendido pelo legislador, no plano jurídico, posto que, sem interpretação válida, não teria relevância a norma jurídica. Inclusive, sobre o brocardo

---

56. BONAVIDES, Paulo. *Curso de direito constitucional*. 13. ed. São Paulo: Malheiros, 2003, p. 398.

"*in claris cessat interpretatio*", Carlos Maximiliano já aduzia que é "uma afirmativa sem nenhum valor científico, ante as ideias triunfantes da realidade"[57].

Ora, a doutrina não prescinde do exercício hermenêutico, mesmo quando claras as prescrições normativas, notadamente no mundo do direito, em que a clareza das leis não pode ser tida como absoluta. É com a interpretação que se obtém a clareza sobre o alcance e a finalidade de determinada norma jurídica.

Pautar-se neste entendimento significa delimitar a ordem jurídica sob as perspectivas formal e material, de modo que os seus procedimentos e valores devem passar sempre e necessariamente pelo filtro axiológico da Constituição da República, impondo, a cada momento da aplicação do direito, uma releitura de suas normas.

Ronald Dworkin, em brilhante comentário sobre a interpretação normativa, destaca que a ela importa "o relato de um propósito; ela pressupõe uma forma de ver o que é interpretado [...] como se este fosse o produto de uma decisão de perseguir um conjunto de temas, visões ou objetivos, uma direção em vez de outra"[58].

Sendo imperioso o exercício interpretativo dos dispositivos mencionados, este deve ser feito, inexoravelmente, à luz da Constituição da República, que serve de verdadeiro filtro de interpretação e visualização do direito.

Seguindo este fundamento, é que o legislador se prende ao dever de promover a observação empírica do fato para realizar a igualdade jurídica na positivação deste fato que desaguará na igualdade fática, como bem esclarece Robert Alexy: "[...] o legislador não pode, em princípio, se satisfazer em aceitar desigualdades fáticas previamente existentes; se elas forem incompatíveis com exigências de justiça, o legislador tem que as eliminar"[59].

Tem-se, pois, que o objetivo do direito, como ordenamento, é regular a vida e a conduta de todo e qualquer indivíduo, através de um complexo de normas jurídicas, que, pela própria natureza que possuem, devem ser gerais e abstratas.

Tércio Sampaio Ferraz Júnior alerta para o "cuidado especial" com a distinção da interpretação extensiva e a interpretação por analogia. A primeira estaria limitada a incluir no conteúdo da norma um sentido que já estava ali contido, apenas não havia sido especificado pelo legislador. Na segunda, o intérprete aplica a norma específica a um caso para o qual não havia preceito legal, admitindo uma semelhança entre os casos. Com base nisso, pressupõe-se extremo cuidado no trato da questão, notadamente quando contraposta uma norma infraconstitucional com um dispositivo da própria Magna Carta, como ocorre ao se subsumir a redação do art. 43 do novel Código Civil à regra geral constitucional da responsabilidade objetiva[60].

---

57. MAXIMILIANO, Carlos. *Hermenêutica e aplicação do direito*. 9. ed. Rio de Janeiro: Forense, 1979, p. 33.
58. DWORKIN, Ronald. *O império do direito*. Tradução de Jefferson Luiz Camargo. São Paulo: Martins Fontes, 1998, p. 71.
59. ALEXY, Robert. *Teoria dos direitos fundamentais*. Tradução de Virgílio Afonso da Silva. São Paulo: Malheiros, 2008, p. 420.
60. FERRAZ JÚNIOR, Tércio Sampaio. *Introdução ao estudo do direito*: técnica, decisão, dominação. 4. ed. São Paulo: Atlas, 2003, p. 297.

A interpretação da lei não pode ser feita por métodos simplórios; deve ser feita a partir de uma técnica interpretativa sistemática, que pressupõe a análise global do sistema jurídico posto, partindo da premissa de que qualquer exegese legislativa, seja de forma direta ou oblíqua, leva à aplicação do direito como um todo, e não da norma individualmente considerada.

Em brilhante lição, Juarez Freitas assevera que:

> Não se deve considerar a interpretação sistemática como simples instrumento de interpretação jurídica. É a interpretação sistemática, quando entendida em profundidade, o processo hermenêutico por excelência, de tal maneira que ou se compreendem os enunciados prescritivos nos plexos dos demais enunciados, ou não se alcançará compreendê-los sem perdas substanciais. Nesta medida, mister afirmar, com os devidos temperamentos, que a interpretação jurídica é sistemática ou não é interpretação.[61]

Este entendimento reflete bem a hipótese em comento, uma vez que o tema da responsabilidade civil estatal por omissão não encontra entendimento pacífico no ordenamento jurídico pátrio, e a fixação de cada um dos posicionamentos favoráveis a cada teoria depende da posição de cada intérprete da norma, pelo critério da filtragem hermenêutico-constitucional.

Hoje, a doutrina não se foca no entendimento limitado de que as fontes das obrigações devam ser tão somente a lei, o contrato e o ato ilícito. O art. 1.173 do Código Civil italiano traz melhor aporte para a matéria, definindo que as relações obrigacionais têm seu nascedouro nos contratos, fatos ilícitos ou de todo outro fato idôneo que as produza, "[...] *in conformità dell'ordinamento giuridico*", ou seja, em conformidade com o ordenamento jurídico[62].

Parcela majoritária da doutrina firmou seu convencimento quanto à prevalência da teoria subjetiva na hipótese em comento. Contudo, mais à frente, procurar-se-á demonstrar que, mesmo nos casos de conduta omissiva, tem aquela responsabilidade natureza *objetiva*. E a adoção do critério interpretativo sistemático é o único mecanismo apto a tal estudo, que deve ser realizado a partir de uma análise histórica do instituto, levando em conta os reflexos de sua aplicação, e as balizas filosóficas, sociológicas e jurídicas do ordenamento jurídico frente ao principal objetivo do Estado: a consecução do bem comum.

3.3.2 Posições doutrinárias acerca da responsabilidade estatal por atos omissivos

Conforme se salientou alhures, o tema em questão é objeto de grandes divergências doutrinárias. De um lado, há doutrinadores que defendem a teoria subjetiva para as hipóteses de atos omissivos; de outro, em menor número, há defensores da aplicabilidade da regra geral da responsabilidade objetiva para o caso.

---

61. FREITAS, Juarez. *A interpretação sistemática do Direito*. 3. ed. São Paulo: Malheiros, 2002, p. 70.
62. CAHALI, Yussef Said. *Responsabilidade civil do Estado*. 3. ed. São Paulo: Revista dos Tribunais, 2007, p. 221-222.

No que diz respeito à dita divergência, de um lado posiciona-se a corrente doutrinária capitaneada por Celso Antônio Bandeira de Mello, José dos Santos Carvalho Filho, Maria Sylvia Zanella di Pietro, Lúcia Valle Figueiredo, Odília da Luz Oliveira, Oswaldo Aranha Bandeira de Mello, Rui Stoco, dentre outros autores, que sustentam que a responsabilidade civil do Estado deve seguir a teoria *subjetiva* nas condutas omissivas, sendo imprescindível a comprovação do elemento culpa para sua configuração.

Numa outra vertente, minoritária, contrapondo-se à tese subjetivista, tem-se a corrente liderada por Hely Lopes Meirelles, Celso Ribeiro Bastos, Odete Medauar, José de Aguiar Dias, Álvaro Lazzarini, Weida Zancaner Brunini, Yussef Said Cahali, dentre outros, advogando a tese de que o Estado, em face do disposto no art. 37, §6º, da Constituição da República, deve responder *objetivamente* pelos danos causados a terceiros, seja por ação ou omissão, enfocando ambas as modalidades de conduta como possíveis causas do dano.

3.3.2.1 A posição subjetivista

A primeira corrente é a que tem encontrado maior força na atualidade, sendo seu entendimento seguido por significativa parcela da jurisprudência, conforme se abordará à frente. Seus adeptos argumentam que, em razão da presença do vocábulo "causarem", na redação do art. 37, §6º, da Constituição da República, a omissão do Estado não pode ser "causa" do dano, mas sim condição, e, sendo condição, imprescindível a análise do elemento subjetivo, isto é, da culpa.

O principal fundamento buscado por essa corrente doutrinária funda-se na teoria da "*faute du service*", abordada anteriormente, pela qual diz-se que, em caso de não prestação do serviço público, de prestação defeituosa do serviço ou, ainda, de prestação tardia do serviço, o Estado será responsabilizado pelos danos causados.

Sobre esta questão, Celso Antônio Bandeira de Mello é enfático ao dizer que "há largo campo para a responsabilidade subjetiva no caso de atos omissivos, determinando-se, então, a responsabilidade pela teoria da culpa ou falta de serviço, seja porque este não funcionou, [...] seja porque funcionou mal ou funcionou tardiamente"[63].

No mesmo sentido, é o que leciona Sérgio Cavalieri Filho sobre a responsabilidade subjetiva do Estado:

> Por todo o exposto, é de se concluir que a responsabilidade subjetiva do Estado não foi de todo banida da nossa ordem jurídica. A regra é a responsabilidade objetiva, fundada na teoria do risco administrativo, sempre que o dano for causado por agentes do Estado, nessa qualidade; sempre que houver direta relação de causa e efeito entre a atividade administrativa e o dano. Resta, ainda, espaço, todavia, para a responsabilidade subjetiva nos casos acima examinados [...].[64]

---

63. MELLO, Celso Antônio Bandeira de. *Curso de direito administrativo*. 26. ed. São Paulo: Malheiros, 2009, p. 1018.
64. CAVALIERI FILHO, Sérgio. *Programa de responsabilidade civil*. 8. ed. São Paulo: Atlas, 2009, p. 255.

Este entendimento reflete a concepção clássica de Savatier sobre a violação de um dever, que configura ato ilícito e torna-se pressuposto da responsabilização subjetiva. Para a corrente doutrinária subjetivista, a responsabilidade por omissão é a própria responsabilidade por comportamento ilícito, e reveste-se de caráter subjetivo em sua totalidade, porquanto supõe o dolo ou a culpa em sentido estrito (imprudência, negligência ou imperícia), ainda que esta não seja individualizável quanto à pessoa do agente público, mas atribuída, de forma genérica, ao serviço estatal.

Noutros termos, para que seja identificada a não prestação, ou a prestação tardia ou ineficiente do serviço, é necessário, antes de mais nada, que haja uma obrigação legal de agir e em um determinado padrão, de modo que, havendo um dever jurídico primário de agir do Estado, caso ele não cumpra este dever, ou o cumpra de forma insatisfatória, estará atuando ilicitamente, com culpa, e por isso responderá.

Evidentemente, se o Poder Público estivesse desobrigado de impedir o evento danoso, faltaria razão para impor-lhe o encargo de suportar as consequências da lesão. Assim, a responsabilidade estatal por ato omissivo é sempre responsabilidade por conduta *ilícita*, necessariamente subjetiva, portanto.

Corroborando com a lição de Celso Antônio Bandeira de Melo, José dos Santos Carvalho Filho, assim disserta:

> [...] quando a conduta estatal for omissiva, será preciso distinguir se a omissão constitui, ou não, fato gerador da responsabilidade civil do Estado. Nem toda conduta omissiva retrata um desleixo do Estado em cumprir um dever legal; se assim for, não se configurará responsabilidade estatal. Somente quando o Estado se omitir diante de um dever legal de impedir a ocorrência do dano é que será responsável civilmente e obrigado as reparar os prejuízos. A consequência, dessa maneira, reside em que a responsabilidade civil do Estado, no caso de conduta omissiva, só se desempenhará quando presentes estiverem os elementos que caracterizam a culpa.[65]

A culpa, na espécie, tem sua origem no próprio descumprimento do dever legal, que se atribui ao Estado, de impedir a consumação do dano, e, por conseguinte, nas omissões estatais, a teoria da responsabilidade objetiva não tem perfeita aplicabilidade, como ocorre nas condutas comissivas. Daí dizer-se que a omissão não é causa, mas condição do dano. Na hipótese, o Estado não é o autor do dano, e, em rigor, não se pode dizer que causou, pois sua omissão ou deficiência haveria sido *condição* do dano.

Causa é o fator que, positivamente, gera um resultado. Condição é o evento que não ocorreu, mas que, se ocorresse, teria impedido o resultado. E, sendo a omissão condição do dano, para que o Estado seja obrigado a indenizar prejuízo dela decorrente, é necessário que o mesmo possua um dever primário de proceder de determinada forma, em determinado caso, para evitar sua ocorrência.

---

65. CARVALHO FILHO, José dos Santos. *Manual de direito administrativo*. 21. ed. Rio de Janeiro: Lumen Juris, 2009, p. 496.

Nessa linha, havendo a imposição legal, se o Estado não age, ou, ainda, se age inadequadamente, resta caracterizada a culpa do serviço, ou "*faute du service*", como a definem os franceses, que estará caracterizada em três situações, a saber: a ausência do serviço, o serviço defeituoso ou o serviço demorado. Conforme abordado no primeiro capítulo, tal teoria induz uma transferência da culpa individual do agente do Estado para o próprio Estado, restando configurada a culpa nas hipóteses elencadas.

E, para elucidar ainda melhor a questão, tem-se o posicionamento doutrinário de Oswaldo Aranha Bandeira de Mello:

> Não se trata de culpa individual do agente público, causador do dano. Ao contrário, diz respeito à culpa do serviço diluída na sua organização, assumindo feição anônima, em certas circunstâncias, quando não é possível individuá-la e, então, considera-se como causador do dano só a pessoa coletiva ou jurídica. Prefigura-se a culpa no não funcionamento do serviço, se obrigatório ou na sua má prestação, ou, então, na sua prestação retardada. Destarte, a responsabilidade deflui do descumprimento da lei que deixou de ser obedecida na conformidade de seu comando. Em desviando-se a prestação do serviço do regime legal a ele imposto, deixando de prestá-lo, ou prestando-o com atraso ou de modo deficiente, por falha de sua organização, verifica-se a responsabilidade da pessoa jurídica e, portanto, do Estado, que, então, deve compor o dano consequente desta falta administrativa, desse acidente quanto à realização do serviço.[66]

Nesse sentido, também Rui Stoco destaca que a omissão do Estado é anônima, uma vez que se fundamenta em algo que a Administração Pública deixou de fazer, quando, na verdade, tinha o dever de fazer; ou, ainda, quando não tomou as providências que lhe eram exigidas; também, se com a omissão causou danos, quando deveria desempenhar um comportamento ativo. São exemplos de casos em que o serviço falhou sem que houvesse a participação direta do agente público, e, exatamente por isso, o comportamento omissivo estatal não se encaixa no que prevê o art. 37, §6º, da Constituição da República, sobrando, como solução para o caso, a responsabilidade subjetiva[67].

Sintetizando este pensamento, conclui-se que é razoável que o Estado responda *objetivamente* pelos danos que causou, mas só é razoável e impositivo que responda pelos danos que não causou quando estiver, de direito, *obrigado a impedi-los*.

Quando abordada a *conduta* como elemento da responsabilidade civil, fez-se a divisão dos conceitos de omissão genérica e específica, brilhantemente delineados por Cavalieri Filho. Recordando o que foi dito, tem-se a omissão específica quando esta é motivo direto do dano, e a genérica quando é motivo indireto do dano, de modo que, na omissão específica, há inércia estatal que influi diretamente no não impedimento do evento, significando a omissão do Estado diante de um dever específico e expressamente consagrado, enquanto, na omissão genérica, há violação de um dever de fiscalização genérico.

---

66. MELLO, Oswaldo Aranha Bandeira de. *Princípios gerais de direito administrativo*. 2. ed. Rio de Janeiro: Forense, 1979, v. II, p. 482-483.
67. STOCO, Rui. *Tratado de responsabilidade civil*: doutrina e jurisprudência. 8. ed. São Paulo: Revista dos Tribunais, 2011, p. 693.

O posicionamento de Cavalieri Filho, contudo, não encontrou guarida nas demais doutrinas, e foi refutado pelos defensores da responsabilidade subjetiva do Estado em casos de omissão, haja vista que não importa a espécie de omissão, se genérica ou específica, eis que a mesma sempre será condição do dano, e, com isso, dependerá da culpa anônima.

3.3.2.2 A posição objetivista

Com menor expressividade e aceitação da jurisprudência, a corrente que defende a tese da responsabilização objetiva do Estado por atos omissivos o faz com base na própria redação do art. 43 do Código Civil de 2002, buscando demonstrar o amadurecimento do instituto no país ao longo da história, que culminou com o total abandono da tese subjetivista para dar lugar à nova e mais adequada teoria objetiva.

Conforme se salientou ao tratar da exegese do dispositivo da lei material civil, o legislador consagrou, no texto infraconstitucional, a mesma cláusula geral de responsabilidade civil do Estado constante do art. 37, §6º, da Constituição da República, demonstrando a total aceitação da teoria objetiva, com fulcro no que preconiza a teoria do risco administrativo, e derrogando por completo a até então vigente regra subjetiva do art. 15 do Código Civil de 1916.

Esta tendência teve início, conforme visto na abordagem histórica, a partir da Constituição da República de 1946, inovadora à época por ater-se ao que de mais moderno e efetivo havia em matéria de responsabilidade civil. Inegavelmente, o legislador brasileiro sempre se atentou à evolução da responsabilidade estatal, verificando sua tendência à objetivação, afastando-se da culpa e aproximando-se do risco, até assumi-lo de vez em 1946.

Diante disso, os defensores da teoria objetiva buscam aporte no arcabouço histórico do instituto para sustentar a falta de lógica da tese subjetivista, hoje ultrapassada. Salientam que a interpretação da questão deve estar sempre balizada pela lógica da hermenêutica constitucional que, conforme salientado alhures, é essencial para que se possa atingir os verdadeiros alcance e finalidade da norma jurídica constitucional.

Com base nesta vertente, o presente trabalho abordará a teoria objetiva da responsabilidade civil do Estado no afã de demonstrar, ao final, que, mesmo nos casos de atos omissivos, tem aquela responsabilidade natureza *objetiva*, não prosperando qualquer diferenciação entre os atos comissivos e omissivos como causa e/ou condição.

Álvaro Lazzarini é quem contesta a idealização do ato comissivo como causa do dano, ao passo que o omissivo seria encarado como mera condição. O desembargador paulista fundamenta sua crítica na assertiva de que as obrigações, em direito, comportam as seguintes causas: lei, contrato, ato ilícito. Dito isso, afirma que a causa é todo fenômeno de transcendência jurídica apto a produzir efeito jurídico que permita a alguém exigir de outrem uma prestação[68].

---

68. LAZZARINI, Álvaro. Responsabilidade civil do Estado por atos omissivos dos seus agentes. *Revista de Jurisprudência do Tribunal de Justiça do Estado de São Paulo*, São Paulo, v. 23, n. 117, p. 8–26, mar./abr., 1989, p. 16.

Sua conclusão é a de que também a omissão pode ser causa do dano, sendo considerada como o comportamento omissivo do agente público, desde que deflagrador primário do dano praticado por terceiro, impossibilitando que seja considerada como simples condição do evento danoso. Alerta, ainda, para as especificidades de cada caso concreto para a concreta aferição da omissão estatal[69].

Outrossim, a regra insculpida no art. 37, §6º, da Constituição da República de 1988 não faz qualquer distinção entre condutas comissivas e omissivas, conforme se destacou[70]. Com base nisso, a presente teoria salienta a impropriedade da interpretação do vocábulo "causarem", sugerida por Celso Antônio Bandeira de Mello, apenas para as hipóteses de condutas comissivas.

Ao contrário do que entende o eminente jurista, a melhor doutrina destaca que a interpretação do dispositivo constitucional não pode ser restrita e limitada como é em tal proposta. Deve, obviamente, ser feita sistematicamente, dando ao vocábulo em questão a seguinte interpretação: "causarem, *por ação ou omissão*", eis que mais ampla e em melhor sintonia com o escopo legislativo atual.

Estreme de dúvidas, as normas inscritas no texto constitucional subordinam a aplicação de todos os textos infraconstitucionais compreendidos na matéria a que se referem, posto que indicam os valores e objetivos consagrados pelo legislador constituinte. Se a responsabilidade objetiva se encontra hoje consagrada, descabe a adoção da teoria subjetiva.

Para Odete Medauar, a responsabilidade do Estado fundamentada na teoria do risco administrativo é regida, atualmente, pela teoria da responsabilidade objetiva do Estado, que traz, por conseguinte, o sentido de igualdade de todos perante os ônus e encargos deste e o próprio sentido de justiça almejado pela noção de equidade. Diz a autora que, como nem sempre é possível identificar o agente causador do dano, muito menos demonstrar o dolo ou culpa inerentes à sua conduta, melhor se asseguram os direitos da vítima através da aplicação da responsabilidade objetiva ao Estado[71].

Cármen Lúcia Antunes Rocha também sustenta que a responsabilidade estatal é sempre objetiva, independentemente de ter sido causada por ato comissivo ou omissivo, ao afirmar que "essa responsabilidade é objetiva e cobre todo o campo de ação estatal, podendo ser decorrente de ação ou omissão, determinada pela prática de ato ilícito ou lícito e originária de comportamento culposo (*lato sensu*) ou não do autor direto e material do dano"[72].

---

69. LAZZARINI, Álvaro. Responsabilidade civil do Estado por atos omissivos dos seus agentes. *Revista de Jurisprudência do Tribunal de Justiça do Estado de São Paulo*, São Paulo, v. 23, n. 117, p. 8–26, mar./abr., 1989, p. 16.
70. BRAGA NETTO, Felipe. *Manual da responsabilidade civil do Estado*: à luz da jurisprudência do STF e do STJ e da teoria dos direitos fundamentais. 5. ed. Salvador: Juspodivm, 2018, p. 107-108.
71. MEDAUAR, Odete. *Direito administrativo moderno*. 4. ed. São Paulo: Revista dos Tribunais, 2000, p. 252, nota nº 122.
72. ROCHA, Cármen Lúcia Antunes. *Princípios constitucionais dos servidores públicos*. São Paulo: Saraiva, 1999, p. 381.

Sobre a prevalência do viés objetivo da responsabilidade civil do Estado, Celso Ribeiro Bastos, incisivamente, destaca que "já se encontra sedimentado atualmente e não há, portanto, que se questionar sobre o elemento subjetivo da culpa entre o dano e o comportamento que o provocou"[73].

Evidentemente, a questão não é pacífica e o entendimento do doutrinador pode parecer extremado à primeira vista, tendo em vista que, diferentemente do que ele afirma, a questão não se encontra sedimentada. Tanto no âmbito doutrinário, quanto no âmbito jurisprudencial, remanescem fortes dúvidas quanto à adoção da teoria objetiva. Porém, seguindo a própria evolução histórica do instituto, o legislador procurou contemplar novamente a responsabilidade objetiva do Estado, inclusive no que se refere à conduta omissiva, demonstrando a dispensabilidade da culpa, que só é necessária na ação de regresso do Estado contra o servidor público que praticou o ato.

Ademais, jamais se pode olvidar que a relação jurídica entre Administração Pública e administrado é uma relação eminentemente desigual. Não faz sentido considerar que o administrado, hipossuficiente que é, tenha que comprovar a culpa do servidor público que se omitiu, causando-lhe danos. A própria situação de desigualdade do usuário do serviço público em relação ao Estado enseja a adoção da teoria objetiva.

3.3.3 O contexto jurisprudencial mais recente

Conforme se viu, a teoria do risco administrativo é aplicável de forma incontroversa nas hipóteses em que o Estado, por meio de atos comissivos de seus agentes, provoca dano a terceiro; não há qualquer indagação acerca de culpa. Entretanto, diante das considerações feitas até o momento, por mais recrudescente que seja o posicionamento objetivista, patente é a divergência doutrinária acerca da natureza da responsabilidade civil do Estado por atos omissivos[74].

Como não poderia ser diferente, a jurisprudência brasileira, sempre em sintonia com a melhor doutrina sobre a matéria, também reflete posicionamentos divergentes, havendo alguns julgadores ainda adeptos da teoria subjetivista para as hipóteses de atos omissivos, enquanto outros, seguindo a nova tendência, já se posicionam a favor da teoria objetiva.

No Supremo Tribunal Federal, até pouco tempo atrás, tinha-se valiosa gama de precedentes no sentido de reconhecer a responsabilidade civil do Estado decorrente de conduta omissiva[75], com fundamento na teoria subjetiva.

---

73. BASTOS, Celso Ribeiro. *Curso de direito administrativo*. 3. ed. São Paulo: Saraiva, 1999, p. 190.
74. Descreve Felipe Braga Netto: "A jurisprudência, em geral, com lentes bastante tradicionalistas, não entendia como se poderia indenizar um dano que não fosse patrimonial. A doutrina, também, em geral, manifestou extrema resistência – naturalmente, com as exceções que sempre se destacam pela antevisão e pelo poder de compreender as novas realidades quando essas começam a se delinear". BRAGA NETTO, Felipe. *Manual da responsabilidade civil do Estado*: à luz da jurisprudência do STF e do STJ e da teoria dos direitos fundamentais. 5. ed. Salvador: Juspodivm, 2018, p. 340.
75. Sobre a causalidade no contexto da responsabilidade civil do Estado por crime praticado por fugitivo do sistema prisional, conferir, por todos, REINIG, Guilherme Henrique Lima. O problema da causalidade na responsa-

Nesse sentido, têm-se o seguinte julgado:

> CONSTITUCIONAL. ADMINISTRATIVO. CIVIL. RESPONSABILIDADE CIVIL DAS PESSOAS PÚBLICAS. ATO OMISSIVO DO PODER PÚBLICO: LATROCÍNIO PRATICADO POR APENADO FUGITIVO. RESPONSABILIDADE SUBJETIVA: CULPA PUBLICIZADA: FALTA DO SERVIÇO. C.F., art. 37, §6º. I – tratando-se de ato omissivo do poder público, a responsabilidade civil por tal ato é subjetiva, pelo que exige dolo ou culpa, essa numa de suas três vertentes, a negligência, a imperícia, ou a imprudência, não sendo, entretanto, necessário individualizá-la, dado que pode ser atribuída ao serviço público, de forma genérica, a falta do serviço; II – A falta do serviço – *faute du service* dos franceses – não dispensa o requisito da causalidade, vale dizer, do nexo de causalidade entre a ação omissiva atribuída ao poder público e o dano causado a terceiro. III – Latrocínio praticado por quadrilha da qual participava um apenado que fugira da prisão tempos antes; neste caso, não há falar em nexo de causalidade entre a fuga do apenado e o latrocínio.[76]

O estudo da responsabilidade civil do Estado no contexto da violência urbana é de extrema relevância para compreender e abordar os desafios enfrentados pelas vítimas e pela sociedade como um todo diante da insegurança e da violência nas cidades[77]. A violência urbana afeta diretamente a vida de milhões de pessoas, causando danos físicos, emocionais e materiais, além de comprometer o exercício pleno dos direitos fundamentais, como o direito à vida, à liberdade e à segurança[78]. Ao entender as falhas e omissões do Estado, é possível identificar pontos críticos e propor medidas para a melhoria dos serviços de segurança, a implementação de políticas de prevenção ao crime, a capacitação das forças policiais e o fortalecimento da atuação das instituições judiciárias. Além disso, a responsabilização do Estado por eventuais negligências ou excessos na área da segurança pública é um instrumento de justiça e reparação para as vítimas da violência urbana, contribuindo para a garantia de seus direitos e para o avanço da justiça social.

Também o Superior Tribunal de Justiça já se manifestou quanto à prevalência da doutrina subjetiva, como, *verbi gratia*, no seguinte julgado:

> RECURSO ESPECIAL. AÇÃO CIVIL PÚBLICA. MINISTÉRIO PÚBLICO. LEGITIMIDADE. INTERESSES TRANSINDIVIDUAIS. EPIDEMIA DE DENGUE. DANO COLETIVO E ABSTRATO. RESPONSABILIDADE CIVIL POR OMISSÃO. SERVIÇO DEFICIENTE NÃO-CONFIGURADO. INDENIZAÇÃO INDEVIDA. [...] 2. A responsabilidade civil por omissão, quando a causa de pedir da ação de reparação de danos assenta-se no *faute de service publique*, é subjetiva, uma vez que a ilicitude no comportamento omissivo é aferido sob a hipótese de o Estado deixar de agir na forma da lei e como ela determina 3. A responsabilidade civil

---

bilidade civil do Estado por crime praticado por fugitivo. *Revista de Direito Privado*, São Paulo, v. 22, n. 108, p. 95-139, abr./jun. 2021. Conferir, ainda, a análise de BRAGA NETTO, Felipe. *Manual da responsabilidade civil do Estado*: à luz da jurisprudência do STF e do STJ e da teoria dos direitos fundamentais. 5. ed. Salvador: Juspodivm, 2018, p. 221-222.

76. BRASIL. Supremo Tribunal Federal, *Recurso Extraordinário nº 369.820/RS*, Segunda Turma, Relator Min. Carlos Velloso, j. 03/11/2003, DJ 27/02/2004, p. 00038, EMENT VOL-02141-06, p. 1295.
77. BRAGA NETTO, Felipe. *Manual da responsabilidade civil do Estado*: à luz da jurisprudência do STF e do STJ e da teoria dos direitos fundamentais. 5. ed. Salvador: Juspodivm, 2018, p. 261-263.
78. BRAGA NETTO, Felipe. Violência urbana e responsabilidade civil: algumas perguntas e um vasto silêncio. In: ROSENVALD, Nelson; MILAGRES, Marcelo (coord.). *Responsabilidade civil*: novas tendências. 2. Ed. Indaiatuba: Foco, 2018, p. 567-583.

do Estado, em se tratando de implementação de programas de prevenção e combate à dengue, é verificada nas seguintes situações distintas: a) quando não são implementados tais programas; b) quando, apesar de existirem programas de eficácia comprovada, mesmo que levados a efeito em países estrangeiros, o Estado, em momento de alastramento de focos epidêmicos, decida pela implementação experimental de outros; c) quando verificada a negligência ou imperícia na condução de aludidos programas. [...].[79]

Outrossim, dessa linha não destoa o Egrégio Tribunal de Justiça de Minas Gerais, que, em alguns arestos, posiciona-se favoravelmente à teoria da culpa, a exemplo do seguinte:

> ADMINISTRATIVO E CONSTITUCIONAL. RESPONSABILIDADE CIVIL DO ESTADO. OMISSÃO. RESPONSABILIDADE SUBJETIVA. DOLO OU CULPA. AUSÊNCIA DE COMPROVAÇÃO. INDENIZAÇÃO. DESCABIMENTO. Tratando-se de ato omissivo, a responsabilidade estatal é subjetiva, pelo que exige comprovação de dolo ou culpa, numa de três vertentes - negligência, imperícia ou imprudência - para gerar direito à indenização. Não se vislumbrando conduta omissivo-culposa ou omissivo-dolosa da concessionária de serviço público, revela-se descabida a indenização pretendida.[80]

Num outro exemplo de adoção da teoria subjetiva, também do Egrégio Sodalício Mineiro, tem-se o seguinte aresto:

> INDENIZAÇÃO - ACIDENTE VEICULAR - VIA DE TRÂNSITO SEM PROTEÇÃO - NEGLIGÊNCIA DO MUNICÍPIO CONFIGURADA PELA OMISSÃO EM GARANTIR A SEGURANÇA NO LOCAL - RESPONSABILIDADE DO ESTADO - DEVER DE INDENIZAR. O ente público, assim como as pessoas jurídicas de direito privado prestadoras de serviço público, segundo a Constituição Federal, artigo 37, § 6º, respondem de forma objetiva pelos danos causados a seus agentes. Cabe ao ente público provar a existência de caso fortuito, força maior, ou culpa exclusiva da vítima para se eximir da responsabilidade pelo evento danoso. Em se tratando de ato omissivo, adotando-se a teoria francesa da *'falte du service'*, baseada na culpa, responde o ente público se age com negligência, dentro da conhecida trilogia, inobservando regra impositiva de conduta de que resultou lesão ao direito alheio, seja pela falta do serviço caracterizada neste caso pela falta de segurança no local. São devidos danos morais e materiais pela perda prematura de um filho ocorrida em virtude da *'falte du service'*.[81]

Novamente, vê-se um posicionamento conservador no trato da questão da responsabilidade estatal por ato omissivo. Este conservadorismo, conforme já se asseverou, foi alvo de severas críticas da doutrina, ao longo do último século. A teoria da responsabilidade civil do Estado se aperfeiçoou de forma notável quanto ao tratamento dado ao instituto em caso de atos comissivos, mas estagnou-se surpreendentemente no trato dos atos omissivos, conforme propagam autores como Hely Lopes Meirelles e Yussef Said Cahali.

---

79. BRASIL. Superior Tribunal de Justiça, *Recurso Especial nº 703.471/RN*, Segunda Turma, Relator Min. João Otávio de Noronha, j. 25/10/2005, DJ 21/11/2005, p. 195, RSTJ vol. 201 p. 232.
80. MINAS GERAIS. Tribunal de Justiça do Estado de Minas Gerais, *Apelação Cível nº 4406331-09.2007.8.13.0024*, Sexta Câmara Cível, Relator Des. Antônio Sérvulo, j. 09/06/2009, DJ 24/07/2009.
81. MINAS GERAIS. Tribunal de Justiça do Estado de Minas Gerais, *Apelação Cível nº 2409176-44.2007.8.13.0672*, Primeira Câmara Cível, Relatora Desª. Vanessa Verdolim Hudson Andrade, j. 02/12/2008, DJ 30/01/2009.

Com fundamento na tese de que o art. 37, §6º, da Constituição da República apenas exige a apuração de culpa em caso de ação regressiva contra o servidor, os adeptos desta tese enfatizam a necessidade de aplicação da teoria objetiva a todos os casos em que danos sejam causados por agentes públicos, pouco importando se por atos comissivos ou omissivos.

Por outro lado, merece destaque a nova postura do Supremo Tribunal Federal, bastante flexível com relação à teoria do risco administrativo e à teoria da "*faute du service*", ao tratar da responsabilidade civil do Estado decorrente de conduta omissiva, admitindo, em alguns precedentes, a responsabilidade civil do Estado por omissão, desde que presente o nexo de causalidade. Embora ainda não seja entendimento majoritário do Excelso Sodalício, observa-se, da análise dos julgados, a já mencionada tendência em admiti-la:

> [...] A teoria do risco administrativo, consagrada em sucessivos documentos constitucionais brasileiros desde a Carta Política de 1946, confere fundamento doutrinário à responsabilidade civil objetiva do Poder Público pelos danos a que os agentes públicos houverem dado causa, *por ação ou por omissão*. Essa concepção teórica, que informa o princípio constitucional da responsabilidade civil objetiva do Poder Público, faz emergir, da mera ocorrência de ato lesivo causado à vítima pelo Estado, o dever de indenizá-la pelo dano pessoal e/ou patrimonial sofrido, independentemente de caracterização de culpa dos agentes estatais ou de demonstração de falta do serviço público. - Os elementos que compõem a estrutura e delineiam o perfil da responsabilidade civil objetiva do Poder Público compreendem (a) a alteridade do dano, (b) a causalidade material entre o *eventus damni* e o comportamento positivo (ação) ou negativo (omissão) do agente público, (c) a oficialidade da atividade causal e lesiva, imputável a agente do Poder Público, que tenha, nessa condição funcional, incidido em conduta comissiva ou omissiva, independentemente da licitude, ou não, do comportamento funcional (RTJ 140/636) e (d) a ausência de causa excludente da responsabilidade estatal (RTJ 55/503 - RTJ 71/99 - RTJ 91/377 - RTJ 99/1155 - RTJ 131/417) [...].[82]

Seguindo esta posição, o Superior Tribunal de Justiça também já se filiou à doutrina objetiva, como no seguinte caso:

> RESPONSABILIDADE CIVIL DO ESTADO - MORTE DE DETENTO. O ordenamento constitucional vigente assegura ao preso a integridade física (CF art. 5, XLIX) sendo dever do Estado garantir a vida de seus detentos, mantendo, para isso, vigilância constante e eficiente. Assassinado o preso por colega de cela quando cumpria pena por homicídio qualificado responde o Estado civilmente pelo evento danoso, independentemente da culpa do agente público. Recurso improvido. Por unanimidade, negar provimento ao recurso.[83]

Finalmente, demonstrando a dimensão da controvérsia, também o Tribunal de Justiça do Estado de Minas Gerais, em alguns arestos, filia-se à teoria objetiva.

Veja-se:

---

82. BRASIL. Supremo Tribunal Federal, *Recurso Extraordinário nº 109.615/RJ*, Primeira Turma, Relator Min. Celso de Mello, j. 28/05/1996, DJ 02/08/1996, p. 25785, EMENT VOL-01835-01, p. 81.
83. BRASIL. Superior Tribunal de Justiça, *Recurso Especial nº 5.711/RJ*, Primeira Turma, Relator Min. Garcia Vieira, j. 20/03/1991, DJ 22/04/1991, p. 4771, JBCC vol. 170, p. 119.

RESPONSABILIDADE CIVIL DO ESTADO. ACIDENTE OCORRIDO EM ESTABELECIMENTO MUNICIPAL DE ENSINO. TEORIA DO RISCO ADMINISTRATIVO. INDENIZAÇÃO. DANO MORAL. 'QUANTUM'. RECURSOS CONHECIDOS E NÃO PROVIDOS. I - O Supremo Tribunal Federal consolidou o entendimento de que, no caso de danos decorrentes de atos comissivos ou omissivos, a responsabilidade do Estado é objetiva, nos termos do art. 37, §6º, da Constituição da República. II - A responsabilidade do ente estatal por acidente com aluno em escola pública é objetiva, pois decorre do dever de guarda e preservação da integridade dos estudantes, sendo irrelevante a apuração da existência de dolo ou culpa, ainda que se trate de ato omissivo, decorrente da falha na prestação do serviço. III - Comprovada a existência do acidente, dano e nexo de causalidade, exsurge o dever do Estado em indenizar a vítima pelos danos sofridos. IV - Os danos morais afetam a esfera da subjetividade, não resultando de diminuição patrimonial, mas de dor e desconforto. V - O valor da indenização por danos morais deve ter caráter dúplice, tanto punitivo do agente, quanto compensatório em relação à vítima.[84]

Feita tal análise, constata-se que, de um lado, situam-se os adeptos da teoria objetiva da responsabilidade civil do Estado, seja a conduta comissiva ou omissiva, e, de outro, os defensores da doutrina subjetiva, pautando-se na teoria da falta do serviço. Em todos os Tribunais pátrios, inclusive nos Tribunais Superiores, ainda existem divergências de entendimento quanto à aplicação de uma e de outra teoria. Os posicionamentos encontram-se divididos.

Tal divergência sempre existiu na jurisprudência pátria e, certamente, ainda será objeto de diversos embates. A polêmica que circunda o tema é muito grande, de modo que ambas as teorias conquistam adeptos, em razão da credibilidade que têm perante a doutrina pátria. Porém, um fenômeno que tem sido observado ao longo dos últimos tempos é o reconhecimento cada vez maior da teoria objetiva, nos casos de condutas omissivas, o que demonstra, talvez, uma tentativa jurisprudencial de equiparação do entendimento moderno dos atos comissivos (teoria objetiva) ao entendimento já ultrapassado que ainda se aplica aos atos omissivos (teoria subjetiva).

Muito já se debateu acerca da natureza da responsabilidade civil do Estado em caso de atos omissivos e o Supremo Tribunal Federal, em variada casuística, já acolheu a posição subjetivista e a posição objetivista, variando conforme as particularidades de cada caso e consoante a posição de cada Ministro.

O tema é objeto de reiterados enfrentamentos, haja vista a multiplicidade de ações indenizatórias em tramitação no Judiciário, desafiando o acompanhamento dos precedentes para que se possa aferir o direcionamento que a Corte vem adotando. Entretanto, este exercício analítico se faz necessário a fim de que, em que pese a ausência de entendimento pacífico, seja possível elucidar a tendência jurisprudencial vislumbrada.

Nesse afã, serão estudados três dos mais recentes julgados do Pretório Excelso sobre o tema engendrado.

---

84. MINAS GERAIS. Tribunal de Justiça do Estado de Minas Gerais, *Apelação Cível nº 0044759-75.2003.8.13.0432*, 8ª Câmara Cível, Relator Des. Bitencourt Marcondes, j. 27/05/2010, DJ 29/07/2010.

3.3.3.1 Agravo Regimental no Recurso Extraordinário com Agravo nº 854.386/RR

Julgado em 27 de abril de 2018 pela Segunda Turma do Supremo Tribunal Federal, o aresto analisou a possibilidade de responsabilização do Estado de Roraima por omissão de suas forças policiais e judiciárias na adoção de medidas contra indivíduo que infringiu medidas protetivas fixadas com base na Lei nº 11.340/2006.

Relatado pelo Ministro Gilmar Mendes, o precedente não se debruçou sobre a controvérsia acerca da natureza dessa responsabilização, partindo do pressuposto de que é objetiva e apontando omissão estatal afrontosa ao artigo 37, §6º, da Constituição da República na garantia de proteção integral à vítima de violência doméstica.

Assim se pronunciou o relator:

> No que tange à fundamentação referente à necessidade de análise da legislação infraconstitucional, sustenta-se a existência de ofensa direta à norma constitucional, prevista no art. 37, § 6º, da Constituição. (...)
>
> Como já demonstrado na decisão ora agravada, o Tribunal de origem, com base na legislação infraconstitucional e no contexto fático-probatório dos autos, consignou ter havido omissão estatal no caso, a justificar a responsabilização civil do Estado por omissão. Confira-se, a propósito, trecho da sentença mantida pela decisão colegiada ora impugnada.
>
> "Assim é que, nos casos de violência doméstica e familiar contra a mulher, o Estado chamou para si o 'grave compromisso', para usar a expressão já alhures utilizada, de adotar medidas, inclusive *ex officio*, coibitivas da violência contra a mulher e garantidoras da efetiva preservação da vida de mulheres vítimas de violência doméstica e familiar, ao editar a Lei nº 11.340/06, (...)
>
> Evidente, assim, que houve omissão do Estado, por seus agentes, atuantes na polícia civil ou no Judiciário, em eficazmente atender à ofendida, que então já necessitava de mais enérgica ação estatal, consistente na prisão preventiva do ofensor, que, em realidade, àquela altura, já desdenhava do sistema judiciário com suas ações de desobediência. A tragédia consistente na morte da mãe do autor, promovida pelo seu ex-companheiro, certamente não teria ocorrido em 19/10/2010, se o ofensor tivesse sido preso por descumprimento de medidas protetivas, como deveria tê-lo sido, à vista da Lei 11.340/06".[85]

Percebe-se, no aresto, que a Segunda Turma do STF não diferenciou omissão genérica de omissão específica, tampouco explicitou distinção entre o cabimento da teoria do risco administrativo e da culpa administrativa no caso específico. E o motivo disso é o fato de a turma julgadora e, particularmente, o Ministro relator, já possuírem posicionamento consolidado[86] no sentido de que o Estado responde de forma objetiva pelas suas omissões, desde que tenha, por determinação legal, obrigação específica de agir para impedir que o resultado danoso ocorresse; noutras palavras, a omissão específica.

---

85. BRASIL. Supremo Tribunal Federal. *Acórdão da decisão que analisou a responsabilidade civil do Estado de Roraima por omissão na garantia de proteção integral a vítima de violência doméstica (inteiro teor)*. ARE 854386 AgR/RR. Relator: Ministro Gilmar Mendes. 27 de abril de 2018.
86. Esta conclusão pode ser extraída de julgados anteriores, a exemplo dos seguintes: RE 677.139 AgR-EDv-AgR, Rel. Min. Gilmar Mendes, julgado em 22/10/2015; ARE-AgR 868.610, Rel. Min. Dias Toffoli, Segunda Turma, julgado em 01/07/2015.

Invocou-se um dever estatal de agir, que é imposto pela Lei nº 11.340/2006, e que deixou de ser observado no caso sob análise, gerando omissão que, na leitura dos julgadores, propiciou grave dano: o óbito da genitora do autor da ação, que deveria ter sido eficazmente amparada pelas medidas protetivas fixadas.

Com isso, a condenação estatal adveio da demonstração da omissão, do dano e do nexo causal entre um e outro elemento, configurando-se o dever de reparar o dano a partir da ponderação desses elementos.

3.3.3.2 *Embargos de Divergência no Segundo Agravo Regimental no Recurso Extraordinário 603.626/MS*

Julgado pelo Plenário do Supremo Tribunal Federal no dia 1º de agosto de 2018, os Embargos de Divergência versaram sobre a possibilidade de responsabilização do Estado de Mato Grosso do Sul por omissão quanto a crime perpetrado por policial, durante o período de folga, utilizando-se de arma da corporação.

No caso específico, que foi relatado pelo Min. Luis Fux, entendeu-se que a omissão estatal, por ter o crime sido praticado com o uso de arma da corporação, era apto a desencadear sua responsabilização objetiva:

> Os elementos que compõem a estrutura e delineiam o perfil da responsabilidade civil objetiva do Poder Público compreendem (a) a alteridade do dano, (b) a causalidade material entre o *eventus damni* e o comportamento positivo (ação) ou negativo (omissão) do agente público, (c) a oficialidade da atividade causal e lesiva imputável a agente do Poder Público que tenha, nessa específica condição, incidido em conduta comissiva ou omissiva, independentemente da licitude, ou não, do comportamento funcional e (d) a ausência de causa excludente da responsabilidade estatal. Precedentes. A ação ou a omissão do Poder Público, quando lesiva aos direitos de qualquer pessoa, induz à responsabilidade civil objetiva do Estado, desde que presentes os pressupostos primários que lhe determinam a obrigação de indenizar os prejuízos que os seus agentes, nessa condição, hajam causado a terceiros. Doutrina. Precedentes. - Configuração de todos os pressupostos primários determinadores do reconhecimento da responsabilidade civil objetiva do Poder Público, o que faz emergir o dever de indenização pelo dano moral e/ou patrimonial sofrido."[87]

Neste precedente, nota-se a indiferença da Corte à dicotomia entre as vertentes objetiva e subjetiva, denotando o acolhimento da teoria objetiva de forma categórica e, assim como no precedente anterior, dependente apenas de aferição concreta da omissão específica do Estado.

Novamente, a fixação do dever reparatório se revelou consequencial à configuração da omissão, à verificação do dano e ao entrelaçamento dos dois elementos pelo nexo de causalidade explicitado na leitura fática da causa de pedir apresentada.

---

87. BRASIL. Supremo Tribunal Federal. *Acórdão da decisão que analisou a responsabilidade civil do Estado de Mato Grosso do Sul por omissão quanto a crime perpetrado por policial no período de folga, mas utilizando-se da arma da corporação (inteiro teor)*. RE 603626 AgR-SEGUNDO-EDv/MS. Relator: Ministro Luis Fux. 1º de agosto de 2018.

3.3.3.3 Recurso Extraordinário nº 841.526/RS

Este precedente, emblemático que é, foi representativo de controvérsia julgada com repercussão geral em 30 de março de 2016, com veiculação no Informativo nº 819 do Supremo Tribunal Federal. Relatado pelo Min. Luiz Fux, assentou-se a posição de que, em caso de inobservância de seu dever específico de proteção previsto no artigo 5º, inciso XLIX, da Constituição da República de 1988, o Estado é responsável pela morte[88] de detento.

Quando se lê a expressão "dever específico de proteção", infirma-se do posicionamento o acatamento da omissão específica como desdobramento necessário para a responsabilização estatal por omissão. No caso específico, entendeu-se que o Estado do Rio Grande do Sul falhou em seu dever de

Entretanto, há uma ressalva que pode ser extraída da própria leitura da ementa do julgado:

> (...) 3. É dever do Estado e direito subjetivo do preso que a execução da pena se dê de forma humanizada, garantindo-se os direitos fundamentais do detento, e o de ter preservada a sua incolumidade física e moral (artigo 5º, inciso XLIX, da Constituição Federal).
>
> 4. O dever constitucional de proteção ao detento somente se considera violado quando possível a atuação estatal no sentido de garantir os seus direitos fundamentais, pressuposto inafastável para a configuração da responsabilidade civil objetiva estatal, na forma do artigo 37, § 6º, da Constituição Federal.
>
> 5. *Ad impossibilia nemo tenetur*, por isso que nos casos em que não é possível ao Estado agir para evitar a morte do detento (que ocorreria mesmo que o preso estivesse em liberdade), rompe-se o nexo de causalidade, afastando-se a responsabilidade do Poder Público, sob pena de adotar-se *contra legem* e a *opinio doctorum* a teoria do risco integral, ao arrepio do texto constitucional.
>
> 6. A morte do detento pode ocorrer por várias causas, como, *v. g.*, homicídio, suicídio, acidente ou morte natural, sendo que nem sempre será possível ao Estado evitá-la, por mais que adote as precauções exigíveis.
>
> 7. A responsabilidade civil estatal resta conjurada nas hipóteses em que o Poder Público comprova causa impeditiva da sua atuação protetiva do detento, rompendo o nexo de causalidade da sua omissão com o resultado danoso.[89]

Lê-se da ementa que restou refutada a teoria do risco integral, não se cogitando da responsabilização estatal em toda e qualquer situação que acarrete a morte de detento, o que redunda na necessidade de aferição casuística do dever específico de agir para evitar o dano.

Retomando brevemente a teoria do risco integral em termos conceituais, cita-se breve excerto de Diógenes Gasparini:

---

88. Já havia precedentes anteriores da Corte entendendo haver o dever reparatório em caso de suicídio de detento: ARE 700927 AgR, Rel. Min. Gilmar Mendes, julgado em 28/08/2012; RE 272.839, Rel. Min. Gilmar Mendes, julgado em 08/04/2005; RE 161.422, Rel. Min. Joaquim Barbosa, decisão monocrática, julgado em 18/03/2009.
89. BRASIL. Supremo Tribunal Federal. *Acórdão da decisão que analisou a responsabilidade civil do Estado do Rio Grande do Sul por omissão no zelo do sistema carcerário, que conduziu à morte de detento (inteiro teor)*. RE 841.526/RS. Relator: Ministro Luis Fux. 30 de março de 2016.

Por teoria do risco integral entende-se a que obriga o Estado a indenizar todo e qualquer dano, desde que envolvido no respectivo evento. Não se indaga, portanto, a respeito da culpa da vítima na produção do evento danoso, nem se permite qualquer prova visando elidir essa responsabilidade. Basta, para caracterizar a obrigação de indenizar, o simples envolvimento do Estado no evento. Assim, ter-se-ia de indenizar a família da vítima de alguém que, desejando suicidar-se, viesse a se atirar sob as rodas de um veículo, coletor de lixo, de propriedade da Administração Pública, ou se atirasse de um prédio sobre a via pública. Nos dois exemplos, por essa teoria, o Estado, que foi simplesmente envolvido no evento por ser o proprietário do caminhão coletor de lixo e da via pública, teria de indenizar. Em ambos os casos os danos não foram causados por agentes do Estado. A vítima os procurou, e o Estado, mesmo assim, teria de indenizar.[90]

A reafirmação da dicotomia entre omissão genérica e omissão específica aparece de forma emblemática neste julgado, realçando o papel do Estado de agir em conformidade com os deveres que lhe sejam exigíveis porquanto normatizados no próprio texto constitucional ou no acervo da legislação infraconstitucional.

Após a divulgação deste paradigma, que teve sua repercussão geral reconhecida, notou-se um direcionamento da jurisprudência do Supremo Tribunal Federal no sentido de pacificar o entendimento de que a teoria do risco administrativo deve nortear o exame da matéria – afastando-se o risco integral – desde que verificada uma omissão específica no caso concreto, decorrente da infração de dever legal de agir. Com isso e nesses termos, pacificou-se a questão.

3.4 FUNDAMENTOS DA RESPONSABILIDADE CIVIL DO ESTADO

Não se pode confundir as teorias acima mencionadas com os próprios fundamentos da responsabilidade civil do Estado, uma vez que saber quais são os requisitos necessários para a atribuição do dever reparatório do dano não é suficiente para questionar sobre a justificativa de existência desta responsabilização, que corresponde ao próprio fundamento da responsabilidade[91].

Nesse sentido, a responsabilidade do Estado obedece a um regime diferenciado, compatível com sua situação jurídica de pessoa de direito público, regida por princípios próprios[92], pois tal *status* tem o condão de causar prejuízos aos administrados, ainda que potencialmente, notadamente porque estes não detêm poderes para diminuir a atuação daquele, no âmbito de seus direitos individuais.

Para Celso Antônio Bandeira de Mello, a responsabilidade do Estado está implícita na noção de Estado de Direito, não havendo necessidade de regra expressa para firmar-se esta concepção, se considerar-se que todas as pessoas, sejam elas de direito público ou de direito privado, encontram-se sujeitas à obediência das regras de seu ordenamento

---

90. GASPARINI, Diógenes. *Direito administrativo*. 16. ed. São Paulo: Saraiva, 2011, p. 1.114.
91. VELLOSO, Carlos Mário da Silva. Responsabilidade civil do Estado. In: VELLOSO, Carlos Mário da Silva (org.). *Temas de direito público*. Belo Horizonte: Del Rey, 1997, p. 475-507.
92. PORTO, Mario Moacyr. Responsabilidade civil do Estado. *Revista Forense*, Rio de Janeiro, v. 91, n. 329, p. 131–134, jan./mar. 1995.

jurídico, qualificando-as para responder pelos comportamentos violadores de direito alheio[93].

O fundamento é visto de forma bipartida, a depender da licitude do ato analisado: se for ilícito, comissivo ou omissivo, jurídico ou material, o dever de reparar o dano será sempre a contrapartida ao princípio da legalidade[94], e, além deste, será imposto pelo princípio da igualdade, na hipótese de atos ilícitos comissivos; se o ato for lícito, o fundamento da responsabilidade civil será a garantia da equânime repartição dos ônus provenientes de atos ou efeitos lesivos, no intuito de evitar que alguns suportem prejuízos ocorridos em razão de atividades desempenhadas no interesse de todos, com fundamento no princípio da igualdade[95].

No capítulo anterior foi destacado que o Estado, como pessoa jurídica que é, sendo dotado de personalidade jurídica, não tem vontade nem ação própria, estas consideras no sentido anímico e psicológico da palavra. Isso porque apenas os seres físicos são capazes de tais manifestações, o que não significa dizer, no entanto, que faltem às pessoas jurídicas abstratamente consideradas a vontade e a ação em seus sentidos jurídicos.

Dessa forma, o Estado manifesta sua vontade por meio de seus agentes, à medida em que, revestidos de tal qualidade, exteriorizam o intuito estatal, dado que o próprio Estado, por si só, não pode possuir este querer e agir psíquico e físico, como entidade lógica que é[96].

Com base neste raciocínio, Celso Antônio Bandeira de Mello bem salienta que "assim como o Direito constrói a realidade (jurídica) 'pessoa jurídica', também constrói para ela as realidades (jurídicas) vontade e ação, imputando o querer e o agir dos agentes à pessoa do Estado"[97].

Esta concepção decorre da relação entre a vontade do Estado e as ações de seus agentes, considerada como uma relação de imputação direta dos atos dos agentes públicos ao Estado, na chamada "relação orgânica". Significa dizer que aquilo que o agente queira, funcionalmente, é o mesmo que o Estado quis, ainda que reflita o mau desempenho do serviço público. Por isso, na análise das condutas dos agentes públicos, como emanação do querer estatal, não se busca tão somente um atuar desconforme ao direito, por dolo ou culpa, mas considera-se, outrossim, se o Estado agiu ou deixou de agir bem ou mal[98].

---

93. MELLO, Celso Antônio Bandeira de. *Curso de direito administrativo*. 26. ed. São Paulo: Malheiros, 2009, p. 993.
94. REALE, Miguel. Responsabilidade civil do Estado. *Revista de Direito Público*, São Paulo, v. 21, n. 87, p. 24–34, jul./set. 1988.
95. MELLO, Celso Antônio Bandeira de. *Curso de direito administrativo*. 26. ed. São Paulo: Malheiros, 2009, p. 995.
96. REALE, Miguel. Responsabilidade civil do Estado. *Revista de Direito Público*, São Paulo, v. 21, n. 87, p. 24–34, jul./set. 1988.
97. MELLO, Celso Antônio Bandeira de. *Curso de direito administrativo*. 26. ed. São Paulo: Malheiros, 2009, p. 998.
98. MELLO, Celso Antônio Bandeira de. *Curso de direito administrativo*. 26. ed. São Paulo: Malheiros, 2009, p. 998.

Em resumo, Estado e seus agentes públicos devem ser considerados como verdadeira unidade, e não visualizados sob uma ótica bipartida, como se representado e representantes ou mandante e mandatários fossem[99].

Dito isso, insta considerar quem são as pessoas consideradas agentes públicos, cujos comportamentos reflitam real engajamento da responsabilidade do Estado. Por certo, são todos aqueles que tenham condições de *tomar decisões*, em qualquer nível de escalão do funcionalismo público, ou que realizam atividades da alçada do Estado, ligadas ao desempenho de um mister público[100].

Nesta análise, para fins de consideração da responsabilidade subsidiária do Estado, também se incluem as pessoas jurídicas de direito público ou de direito privado prestadoras de serviço público, a ele ligadas, não obstante a estrutura orgânica do Ente Político. Este rol é composto das empresas que desempenhem labores estatais explícitos, mediante concessão, permissão ou autorização, isto é, as concessionárias, delegatárias e autorizatárias de serviço público, ou implícitos, no caso das sociedades de economia mista e empresas públicas em geral.

Seria ilógico que o Estado se poupasse do dever reparatório subsidiário, ou seja, depois de esgotadas as forças da pessoa jurídica, em situação alheia à sua estrutura organizacional, uma vez que a atividade lesiva só existiu porque o Estado lhe admitiu o desempenho da atividade exclusivamente pública que gerou o dano[101].

Especificadas as pessoas cuja conduta compromete, diretamente, o Estado, importa destacar quando tal situação, de aspecto subjetivo, tem a pujança necessária para desencadear o comprometimento estatal com relação à reparação[102].

Para Bandeira de Mello, é "induvidoso que haverá engajamento do Estado quando o dano produzido pelo sujeito o foi porque seu autor era um agente estatal. Vale dizer: porque a pessoa que o produziu detinha aquele *status* jurídico"[103].

Isso implica dizer que a responsabilidade civil do Estado decorrerá não apenas dos danos produzidos pelo simples desempenho da atividade pública[104], mas também daqueles que só puderam ser produzidos em razão da prevalência da condição de agente público atribuível à pessoa que cometeu o ato danoso[105].

---

99. DIAS, José de Aguiar. Responsabilidade civil do Estado. *Revista de Direito Administrativo*, Rio de Janeiro, v. 2, n. 1, p. 42–49, jul. 1945.
100. VERÇOSA, Haroldo Malheiros Duclerc. Responsabilidade civil do Estado. *Revista de Direito Mercantil, Industrial, Econômico e Financeiro*, São Paulo, v. 32, n. 90, p. 75–96, abr./jun. 1993.
101. PEREIRA, Caio Mário da Silva. Responsabilidade civil do Estado. *Revista Brasileira de Direito Comparado*, Rio de Janeiro, v. 4, n. 8, p. 1–17, jan./jun. 1990.
102. DIAS, José de Aguiar. Responsabilidade civil do Estado. *Revista de Direito Administrativo*, Rio de Janeiro, v. 2, n. 1, p. 42–49, jul. 1945.
103. MELLO, Celso Antônio Bandeira de. *Curso de direito administrativo*. 26. ed. São Paulo: Malheiros, 2009, p. 999.
104. DIAS, José de Aguiar. Responsabilidade civil do Estado. *Revista de Direito Administrativo*, Rio de Janeiro, v. 2, n. 1, p. 42–49, jul. 1945.
105. MELLO, Celso Antônio Bandeira de. *Curso de direito administrativo*. 26. ed. São Paulo: Malheiros, 2009, p. 999.

Por óbvio, será irrelevante, em tal análise, a predominância de dolo ou culpa do agente; o que será mais importante é saber se tal qualidade foi preponderante e determinante para a prática da conduta lesiva.

Trabalha-se, no Brasil, com a responsabilidade objetiva como cláusula geral do dever estatal de reparar os danos que seus agentes causam a terceiros. Por isso, é crucial a delimitação dos caracteres da conduta lesiva praticada pelo agente público, para, então, aferir-se o ensejo do dever reparatório.

Embora o direito brasileiro, desde o advento da Constituição da República de 1946, tenha adotado a teoria da responsabilidade objetiva do Estado, nos casos de responsabilização civil extracontratual, ainda prevalece, na doutrina e na jurisprudência, a controvérsia relativa à teoria aplicável quando o problema toca aos atos estatais omissivos, muito embora a Constituição atual, em seu art. 37, §6º, pareça definir com clareza a adoção da teoria objetiva, porquanto não faz qualquer menção a algum elemento que conduza à adoção da teoria subjetiva.

Desta feita, os fundamentos da responsabilidade civil do Estado, atualmente, situam-se primordialmente na aferição do regramento aplicável para cada situação ou caso concreto, que será ou a teoria subjetiva ou a teoria objetiva, eis que, a depender da natureza da conduta praticada pelo agente público, se comissiva ou omissiva, a teoria aplicada sofrerá variações.

3.5 EXCLUDENTES E ATENUANTES DA RESPONSABILIDADE CIVIL DO ESTADO NA LEITURA TRADICIONAL DO RISCO ADMINISTRATIVO

A redação do art. 37, §6º, da Constituição da República é clara ao preconizar a responsabilidade objetiva, desligando-se, via de regra, de qualquer demonstração de culpa para a aferição do dever reparatório. Infere-se do dispositivo, contudo, a admissão de alguns casos de exclusão ou atenuação do dever estatal de reparar o dano.

Tais casos, conforme vistos pela melhor doutrina, incidem diretamente sobre o nexo de causalidade, e não diretamente sobre a responsabilidade, pois indicam alguma circunstância excepcional que elimina o liame causal entre conduta e dano[106]. Dessa forma, hipóteses como atos de terceira pessoa, fenômenos da natureza e casos de fato exclusivo ou concorrente da própria vítima fazem desaparecer o nexo de causalidade entre o dano e a ação analisada, elidindo ou, ao menos, atenuando, a responsabilidade.

Nas palavras de Toshio Mukai, além de ser certo que a teoria do risco administrativo pressupõe uma responsabilização objetiva do Estado, através de demonstração do nexo causal entre conduta e dano, "é certo também que o Estado pode eximir-se do dever de

---
106. SEVERO, Sérgio. *Tratado da responsabilidade pública*. São Paulo: Saraiva, 2009, p. 203.

indenizar total ou parcialmente se demonstrar a culpa, total ou parcial, do lesado na ocorrência do evento danoso, ou a ocorrência de força maior"[107].

Conferir ao Estado a possibilidade de comprovar algum evento ou circunstância, relativo ao fato, no intuito de eximir-se do dever reparatório, ou ao menos atenuá-lo, "serve para graduar, diminuir, mitigar ou até excluir a sua responsabilidade, pois se outro fosse o entendimento, estaria o Poder Público fadado ao colapso devido às indenizações fundadas em quaisquer fatos"[108].

Várias são as hipóteses de exclusão ou atenuação do dever reparatório, sendo as principais: o estado de necessidade, o exercício regular de direito, o caso fortuito ou força maior, o fato exclusivo ou concorrente da vítima e o fato de terceiro. Cada uma delas será abordada a seguir.

3.5.1 Estado de necessidade

Hipótese não tão comum em matéria de Direito Administrativo, mas admitida pela doutrina em casos específicos, é a exclusão do dever reparatório por estado de necessidade. Esta causa excludente, muito comum em matéria de Direito Penal, também consta da lei material civil, sendo admitida como excludente em casos de responsabilidade civil, na órbita do direito privado.

O Código Civil de 2002 prevê o estado de necessidade no art. 188, inciso II e parágrafo único, *in verbis*:

> Art. 188. Não constituem atos ilícitos:
> [...]
> II - a deterioração ou destruição da coisa alheia, ou a lesão a pessoa, a fim de remover perigo iminente.
> Parágrafo único. No caso do inciso II, o ato será legítimo somente quando as circunstâncias o tornarem absolutamente necessário, não excedendo os limites do indispensável para a remoção do perigo.

No Direito Civil, a causa é encarada como uma situação fática em que o indivíduo vê situação de prejuízo e, para prevenir-se, sacrifica a coisa alheia. Pratica, nesse sentido, ato ilícito no intuito de antepar a situação danosa; no entanto, a lei justifica o ato com o objetivo de preservar os bens mediante a remoção de perigo iminente, contanto que o ato seja comprovadamente indispensável.

Buscando aporte conceitual no Direito Penal, impende destacar a lição de Zaffaroni e Pierangeli, para quem o estado de necessidade constitui-se na prática de ato danoso que ataca diretamente bens ou pessoas, com a finalidade de evitar dano atual a outro bem jurídico tutelado, diante da impossibilidade de agir de outro modo, e, além da

---
107. MUKAI, Toshio. *Direito administrativo sistematizado*. São Paulo: Saraiva, 2000, p. 525.
108. BACELLAR FILHO, Romeu Felipe. *Direito administrativo*. São Paulo: Saraiva, 2005, p. 221.

atualidade do dano, é imprescindível que não tenha sido provocado pelo agente, mas não o ampara caso tenha o dever de afastar o perigo[109].

Esta lição, se trasladada para o Direito Civil, reflete autorização legal de preservação da coisa própria, optando pelo sacrifício da coisa alheia, colocando o agente diante de uma alternativa irrefugível. Evidentemente, as condições da causa excludente se repetem, também, na seara do direito privado, tanto é que Planiol e Ripert somente admitem o estado de necessidade quando o prejuízo resulta "de um ato indispensável para afastar o dano, do qual seria impossível que seu autor ou um terceiro se preservassem de outra maneira"[110].

Na conceituação de Antunes Varela, "age em estado de necessidade a pessoa que, para remover o perigo atual de um dano manifestamente superior, quer do agente, quer de terceiro, destrói ou danifica coisa alheia"[111].

Além disso, conforme se extrai da exegese dos arts. 929 e 930 do Código Civil de 2002, é possível concluir que a vítima do dano somente terá o direito de ser indenizada na hipótese de não ser culpada pelo perigo, caso em que assistirá ao causador do dano, praticado em estado de necessidade, o direito de ser ressarcido do valor da indenização que pagar, se o perigo for ocasionado por outrem.

Citados por Luiz Roldão de Freitas Gomes, os autores franceses Philippe Le Tourneau e Loïc Cadiet destacam, ainda, que a urgência aparenta o estado de necessidade, pois, como ele, ela escusa atitudes que, de ordinário, em momento de reflexão, seriam culposas, como os atos de assistência praticados por médicos[112].

Para o Direito Administrativo, a questão do ressarcimento do dano causado por estado de necessidade não é pacífica. Edmir Netto de Araújo assevera que esta causa excludente exonera o Estado da obrigação de indenizar em razão da predominância do interesse público sobre o particular, mas somente em situações excepcionais, que exijam medidas excepcionais, como em guerras, revoluções, estado de sítio, dentre outros[113].

Há autores, porém, que entendem que o estado de necessidade apenas elimina a ilicitude do ato danoso, mas sem excluir o dever reparatório na esfera cível, não o considerando verdadeira excludente de responsabilidade, mas uma garantia conferida ao agente, para promover a denunciação da lide, dentro de uma ação principal, ou mesmo manejar ação própria com o objetivo de ressarcir-se.

---

109. ZAFFARONI, Eugenio Raúl; PIERANGELI, José Henrique. *Manual de direito penal brasileiro*: parte geral. 2. ed. São Paulo: Revista dos Tribunais, 1999, p. 594.
110. STOCO, Rui. *Tratado de responsabilidade civil*: doutrina e jurisprudência. 8. ed. São Paulo: Revista dos Tribunais, 2011, p. 219.
111. VARELA, João de Matos Antunes. *Direito das obrigações*. Rio de Janeiro: Forense, 1977, v. I, p. 217.
112. LE TOURNEAU, Philippe; CADIET, Loïc. *Droit de la responsabilité*. Paris: Dalloz, 1998, p. 340 *et seq*.
113. ARAÚJO, Edmir Netto de. *Curso de direito administrativo*. São Paulo: Saraiva, 2005, p. 716 e 729.

É o caso de Misael Montenegro Filho, que assevera que "o STJ, através de repetidos julgados, vem sedimentando o entendimento de que, muito embora seja excludente de ilicitude, [o estado de necessidade] não exonera o agente do dever de indenizar"[114].

Em hipótese que envolve o Estado, Martinho Garcez Neto dá o exemplo dos casos em que se determina a demolição de prédios particulares prestes a ruir, em que se evidencia nítida prevalência do interesse geral dos vizinhos dos arredores de verem asseguradas suas construções[115].

Por certo, quando o Estado age com vistas ao resguardo da segurança pública ou do sossego coletivo, seja destruindo bens alheios, ocupando a propriedade privada ou subjugando os particulares, o faz em decorrência de seu *poder de polícia*. Tais atos, portanto, são absolutamente lícitos, embora redundem em prejuízos a terceiros; a questão duvidosa, aqui, é a necessidade da prática de tal ato diante das circunstâncias excepcionais.

Nesse sentido, apesar da divergência na doutrina, a posição que parece mais prudente quanto a esta causa excludente é a de quem advoga a tese de que o Estado ou qualquer particular que pratique conduta em estado de necessidade haverá de indenizar aquele que experimenta o prejuízo decorrente da conduta, independentemente de qualquer circunstância ou da legalidade da conduta. Isso porque o Código Civil "apenas estabelece que não há ilicitude do ato, o que não significa o desaparecimento dos efeitos civis daquele ato praticado com vistas à eliminação do perigo iminente"[116].

3.5.2 Exercício regular de direito

Outra causa excludente de responsabilidade atípica em matéria de Direito Administrativo é o exercício regular de direito, instituto admitido no Direito Penal e transportado para a responsabilidade civil do Estado pelo administrativista Marçal Justen Filho, seu principal defensor.

No Direito Penal, o próprio art. 23, inciso III, *in fine*, do Código Penal concebe o exercício regular de direito ao preceituar que "não há crime quando o agente pratica o fato: [...] no exercício regular de direito". Por sua vez, o Código Civil também o admite, em seu art. 188, inciso I, ao preceituar que o exercício regular de um direito reconhecido não constitui ato ilícito.

Para a doutrina, o exercício regular de direito afeta diretamente a responsabilidade, elidindo o dever de reparar o dano justamente por ser regular e conforme o direito, e não contrário e afrontoso ao direito, o que ceifa da conduta, considerada enquanto elemento da responsabilidade, um de seus elementos mais essenciais.

---

114. MONTENEGRO FILHO, Misael. *Responsabilidade civil*: aspectos processuais. São Paulo: Atlas, 2007, p. 295.
115. GARCEZ NETO, Martinho. *Responsabilidade civil no direito comparado*. Rio de Janeiro: Renovar, 2000, p. 80.
116. BITTENCOURT, Gisele Hatschbach. *Responsabilidade extracontratual do Estado*. Belo Horizonte: Fórum, 2010, p. 106.

Sobre a questão, leciona José Franklin de Sousa:

> No exercício regular de um direito está a exclusão da responsabilidade, pois se no ilícito há um comportamento contrário a direito, a conduta do agente, subordinada ao exercício regular de um direito reconhecido, elimina da estrutura do ato a contrariedade a um dever preexistente, neutralizando os efeitos do dano causado.[117]

O autor, recorrendo ao direito comparado, exemplifica o tratamento dado à questão pelo Código Civil alemão de 1900, que, em seu art. 226, prevê que "o exercício regular de um direito é inadmissível, se ele tiver por fim, somente, causar um dano a um outro"[118].

Luiz Roldão de Freitas Gomes destaca, ainda, a importância da razoabilidade da conduta praticada em exercício regular de direito, que deve conter-se contra excessos desnecessários, sob pena de equiparar-se o comportamento do agente ao ilícito, o que passa a caracterizar o dever reparatório. O doutrinador ainda destaca que o Código Civil, ao prever esta excludente, "fundamenta a teoria do abuso do direito, na medida em que seu titular o exerce contrariamente à sua finalidade, afastando-a, dessa forma"[119].

Transportando a teoria para o campo do Direito Administrativo, assevera Marçal Justen Filho que, se um servidor público pratica determinada conduta, e o faz em exercício regular de um direito, exonera o Estado da responsabilidade. Em outras palavras, se o servidor atua dentro dos limites de seus deveres funcionais, mesmo com a observância de todas as precauções e de todos os cuidados necessários, não haverá a imposição, ao Estado, do dever reparatório[120].

3.5.3 Caso fortuito e força maior

O caso fortuito e a força maior são duas das mais importantes causas excludentes do dever reparatório. Desde os primórdios, já se atribuía certos eventos à má sorte, ao destino, à fatalidade, simplesmente porque os danos sofridos decorriam de causas inexplicáveis ou desconhecidas.

A compreensão dos fenômenos naturais sempre semeou o pensamento humano, que, aprofundando-se nos estudos das ciências naturais, buscava explicações para situações incontroláveis e que, não raramente, causavam danos de enormes proporções[121]. Tempestades, inundações, incêndios, ruínas de edifícios, epidemias de doenças, dentre vários outros, são fenômenos da natureza capazes de causar estragos imensuráveis, e o ser humano não os pode controlar; quando muito, os pode simplesmente prever.

---

117. SOUSA, José Franklin de. *Responsabilidade civil*: causas de exclusão. Leme: J.H. Mizuno, 2006, p. 87.
118. SOUSA, José Franklin de. *Responsabilidade civil*: causas de exclusão. Leme: J.H. Mizuno, 2006, p. 89.
119. GOMES, Luiz Roldão de Freitas. *Elementos de responsabilidade civil*. Rio de Janeiro: Renovar, 2000, p. 171.
120. JUSTEN FILHO, Marçal. *Curso de direito administrativo*. São Paulo: Saraiva, 2005, p. 804.
121. BRAGA NETTO, Felipe. *Manual da responsabilidade civil do Estado*: à luz da jurisprudência do STF e do STJ e da teoria dos direitos fundamentais. 5. ed. Salvador: Juspodivm, 2018, p. 154-158.

Mas, além dos fenômenos naturais, também alguns fenômenos humanos podem desencadear danos de forma incontrolável e avassaladora. Guerras e revoluções, por exemplo, são eventos catalisadores de prejuízos que atingem, indistintamente, uma enorme quantidade de indivíduos, sem que estes possam controlar seu desencadeamento destrutivo.

Dessa forma, várias foram as tentativas, ao longo da história, de se desenvolver uma expressão para designar o instituto, mas sua origem remonta ao direito romano. Para os clássicos, sempre foi relevante a discussão acerca da possibilidade de distinção entre o caso fortuito ("*casus*" ou "*casus fortuitus*") e a força maior ("*vis maior*"), e várias foram as propostas apresentadas pela doutrina romana com o objetivo de distinguir os dois institutos[122].

José Carlos Moreira Alves, sintetizando o pensamento dos doutrinadores romanos, explicita as seguintes teses: (i) o caso fortuito decorre de forças da natureza; (ii) o caso fortuito é evento natural e imprevisível, ao passo que a força maior é fato eminentemente humano, irresistível; (iii) tanto o caso fortuito, quanto a força maior, abarcam eventos humanos e eventos naturais, mas distinguem-se fundamentalmente, propondo alguns doutrinadores a possibilidade de resistência ao caso fortuito, se empreendida grande diligência, o que não é possível na força maior, e outros propondo que, no caso fortuito, não se podem prever nem evitar os acontecimentos, enquanto, na força maior, os acontecimentos, embora previsíveis, são inevitáveis[123].

Já na primeira metade do século XX, na França, a doutrina daquele país usava as duas expressões para designar dois aspectos do mesmo fato. Quando falava em caso fortuito, referia-se à origem externa do fato impeditivo; quando falava em força maior, tratava de sua natureza invencível. Há quem diga que a força maior abrangeria os acontecimentos insólitos e de difícil previsão, e o caso fortuito englobaria eventos previstos, porém fatais, "nesse sentido podendo-se considerar o caso fortuito gênero de que a força maior seria espécie"[124].

Colin e Capitant defendem que o caso fortuito seria o "acontecimento gerador de uma impossibilidade relativa de execução" por parte do devedor, individualmente considerado, comparando-se os meios de ação de que dispõe com aqueles do homem médio, tendo em vista que "uma vontade mais bem aparelhada teria podido triunfar". Já a força maior, é definida pelos ilustrados juristas de Grenoble como indicativo de um fato irresistível, imprevisto e imprevisível que conduz a "uma situação de impossibilidade absoluta" de sua previsibilidade[125].

---

122. SOUSA, José Franklin de. *Responsabilidade civil*: causas de exclusão. Leme: J.H. Mizuno, 2006, p. 100.
123. MOREIRA ALVES, José Carlos. *Direito romano*. 6. ed., Rio de Janeiro: Forense, 1987, v. I, p. 49.
124. SOUSA, José Franklin de. *Responsabilidade civil*: causas de exclusão. Leme: J.H. Mizuno, 2006, p. 100.
125. COLIN, Ambroise; CAPITANT, Henri. *Cours élémentaire de droit civil français*. 11. ed., Paris: Dalloz, 1947, t. I, p. 72.

Por sua vez, o direito germânico define a força maior como acontecimento estranho ao devedor e que dispensa qualquer investigação sobre diligência do agente, deixando claro que, no caso fortuito, por outro lado, podem existir fatores que tornem admissível a investigação da diligência.

No Brasil, até o advento do Código Civil de 1916, quando ainda vigiam as ordenações reais, o caso fortuito e a força maior eram equiparados e a eles era dada mesma definição: "acontecimento superior às forças naturais, à prevenção dos homens", conforme constava do §2º do Alvará de 25 de janeiro de 1775[126].

Com a evolução do sistema jurídico brasileiro, esta definição rudimentar ganhou novos contornos, mas os institutos do caso fortuito e da força maior eram sempre utilizados na definição dos acontecimentos ligados ao acaso[127].

O clássico autor Francisco de Paula Lacerda de Almeida, em inovadora lição, inclusive destacava que "em direito, o acaso manifesta-se sob a forma de força maior ou caso fortuito: compreende a ação das causas que estão fora do alcance da vontade humana, isto é, tudo que não se pode prever, ou que não se pode evitar"[128].

A seu turno, Manoel Ignácio Carvalho de Mendonça, complementando este entendimento, já destacava que:

> Desde que o caso é necessário, isto é, inevitável, fatal e imprevisto, não mais se admitem entre nós as capciosas distinções de fatos da natureza, ou fatos do homem. Uma inundação, um terremoto, tanto como uma guerra ou uma comoção interna, entram rigorosamente na definição dada, eis que seus efeitos não são de natureza a serem evitados pelo devedor. No mesmo caso estão os atos da autoridade superior a que o obrigado deva obediência.[129]

Eduardo Espínola ainda pontua a questão da imputabilidade do fato estranho, salientando que a figura do *acaso* se liga à figura da imputabilidade, excluindo a própria ideia do fato imputável, uma vez que impede o cumprimento da obrigação, implicando insucesso inteiramente estranho às intenções dos indivíduos envolvidos na relação jurídica[130].

Com efeito, o ilustre jurista baiano ainda diz que "onde cessa a culpa, começa o caso fortuito"[131]. De fato, a inevitabilidade do acontecimento deve ser encarada como elemento essencial à constituição do caso fortuito e, para sua aferição, é imprescindível que sejam levados em consideração a própria pessoa do obrigado e a diligência que lhe competia empregar, de acordo com as circunstâncias do caso concreto.

---

126. SOUSA, José Franklin de. *Responsabilidade civil*: causas de exclusão. Leme: J.H. Mizuno, 2006, p. 102.
127. BRAGA NETTO, Felipe. *Manual da responsabilidade civil do Estado*: à luz da jurisprudência do STF e do STJ e da teoria dos direitos fundamentais. 5. ed. Salvador: Juspodivm, 2018, p. 159.
128. ALMEIDA, Francisco de Paula Lacerda de. *Obrigações*. Porto Alegre: Tip. César Reinhardt, 1987, §36.
129. MENDONÇA, Manoel Ignácio Carvalho de. *Doutrina e prática das obrigações*. 2. ed. Rio de Janeiro: Freitas Bastos, 1938, v. VI, nº 460.
130. ESPÍNOLA, Eduardo. *Sistema de direito civil brasileiro*. 4. ed. Rio de Janeiro: Conquista, 1961, v. II, p. 360-362.
131. ESPÍNOLA, Eduardo. *Sistema de direito civil brasileiro*. 4. ed. Rio de Janeiro: Conquista, 1961, v. II, p. 362.

O ponto fundamental da presente distinção reside na consideração do caso fortuito ou da força maior como inteiramente estranhos ao devedor da obrigação, por ser, para ele, invariavelmente imprevisto e inevitável. José Franklin de Sousa, inclusive, lembra que a culpa era elemento inerente à responsabilidade civil da época – subjetiva, na forma do art. 15 do Código Civil de 1916 – sendo a imprevisibilidade ou irresistibilidade do evento alheio meras consequências exteriores[132].

E prossegue o doutrinador:

> A previsibilidade ou inevitabilidade de um acontecimento resulta de várias circunstâncias particulares ao observador e do fato, que não podem ser aprioristicamente determinadas. O ser evitável ou previsível importa pouco, não só porque esses caracteres dependem de circunstâncias ocasionais, como porque o mais evitável e previsível dos fatos pode constituir caso fortuito desde que não haja culpa do agente. O caso fortuito confina com culpa: onde uma acaba, aí começa o outro.[133]

O epicentro destas causas excludentes está no fato de a obrigação de ressarcimento não ser causada pelo fato do agente, mas em decorrência de acontecimento estranho que foge ao seu poder. Nesse diapasão, doutrinadores como Weill e Terré somente consideram como causa excludente do dever reparatório a força maior *externa*, nela não se enquadrando os fatos que, a ela, sejam direta ou indiretamente intrínsecos[134].

Em definição contemporânea, Carolina Bellini Arantes de Paula destaca que "a caracterização do caso fortuito ou da força maior impõe o reconhecimento da *autonomia* da causa do dano por fator autônomo e distinto ao ato ou fato que poderia ser atribuído ao agente objetivamente responsável"[135].

Segundo Arnaldo Rizzardo, o conceito de caso fortuito e força maior "restringe-se ao estudo da responsabilidade na impossibilidade da prestação proveniente de circunstâncias estranhas à vontade do devedor, e não imputáveis a ele"[136]. Também Caio Mário da Silva Pereira tende a colocar o caso ou fortuito e a força maior fora do campo da culpa[137].

Repetindo o texto legal do art. 1.058 do Código Civil de 1916, o Código Civil de 2002 trouxe a disciplina da matéria em seu art. 393, *caput* e parágrafo único:

> Art. 393. O devedor não responde pelos prejuízos resultantes de caso fortuito ou força maior, se expressamente não se houver por eles responsabilizado.
>
> Parágrafo único. O caso fortuito ou de força maior verifica-se no fato necessário, cujos efeitos não era possível evitar ou impedir.

---

132. SOUSA, José Franklin de. *Responsabilidade civil*: causas de exclusão. Leme: J.H. Mizuno, 2006, p. 104.
133. SOUSA, José Franklin de. *Responsabilidade civil*: causas de exclusão. Leme: J.H. Mizuno, 2006, p. 104.
134. WEILL, Alex; TERRÉ, François. *Droit civil*: les obligations. 3. ed. Paris: Dalloz, 1980, nº 447.
135. PAULA, Carolina Bellini Arantes de. *As excludentes de responsabilidade civil objetiva*. São Paulo: Atlas, 2007, p. 91.
136. RIZZARDO, Arnaldo. *Responsabilidade civil*. 2. ed. Rio de Janeiro: Forense, 2006, p. 93.
137. PEREIRA, Caio Mário da Silva. *Responsabilidade civil*. 8. ed. Rio de Janeiro: Forense, 1998, p. 303.

Pontes de Miranda delimitou as teorias do caso fortuito e da força maior sob dois prismas, objetivo e subjetivo. No primeiro, abstrai-se de qualquer situação pessoal do devedor e do dever de diligência que a ele incumbe; no segundo, pauta-se pela ausência de culpa para definir tais causas excludentes[138]. Na doutrina majoritária, prevalece a concepção objetiva.

Para Fernando Noronha, é incorreta a associação dos conceitos de caso fortuito e força maior com o conceito de culpa, sob a consideração de que aqueles excluem esta. Isto porque a existência ou a ausência da culpa diz respeito a um requisito da responsabilidade civil, o *nexo de imputação*, que indica a pessoa a quem pode ser ligado um fato que tenha gerado danos, enquanto a ocorrência ou não de caso fortuito ou de força maior, ou de qualquer outra causa excludente, diz respeito a outro requisito, o *nexo de causalidade*, que não se confunde com a imputabilidade, e indica quais são os danos que podem ser considerados consequência do ato sob análise[139].

Sem dúvidas, os elementos caracterizadores do caso fortuito ou da força maior são a imprevisibilidade, a inevitabilidade de sua ocorrência e o impedimento absoluto que veda a execução obrigacional. Se o evento é imprevisível, mas evitável, ou imprevisível e inevitável, mas superável quanto aos efeitos incidentes sobre a execução do contrato, não constitui caso fortuito nem força maior.

De tais requisitos, o mais controverso na doutrina é o da imprevisibilidade, que alguns consideram desnecessário e descabido dentro do caso fortuito e da força maior. Para citar alguns, na doutrina argentina, Jorge Bustamante Alsina entende que a imprevisibilidade está incluída dentre os requisitos de tais causas excludentes[140], ao passo que, na doutrina francesa, Viney e Jourdain expõem ser o requisito da imprevisibilidade apenas uma espécie de índice do requisito da inevitabilidade, e não requisito completamente autônomo[141].

A inevitabilidade, por sua vez, deve ser ponderada não como ausência de diligência do agente e de cunho relativo, mas, como assevera Pontes de Miranda, "a inevitabilidade somente pode ser em relação aos homens, no lugar e tempo em que as consequências se hão de apresentar"[142].

Outrossim, não são pacíficas as definições doutrinárias acerca da distinção entre caso fortuito e força maior. Há uma parcela de juristas que prega a sinonímia entre os dois institutos, a exemplo do próprio Pontes de Miranda, que considera a inevitabili-

---

138. PONTES DE MIRANDA, Francisco Cavalcanti. *Tratado de direito privado*. Rio de Janeiro: Borsoi, 1967, v. XXIII, p. 87.
139. NORONHA, Fernando. *Direito das obrigações*: fundamentos do direito das obrigações – introdução à responsabilidade civil. São Paulo: Saraiva, 2003, v. I, p. 634.
140. ALSINA, Jorge Horácio Bustamante. *Teoría general de la responsabilidad civil*. 3. ed. Buenos Aires: Abeledo-Perrot, 1980, p. 264.
141. VINEY, Geneviève; JOURDAIN, Patrice. *Traité de droit civil sous la direction de Jacques Ghestin*. Les conditions de la responsabilité. 2. ed. Paris: LGDJ, 1998, p. 235-236.
142. PONTES DE MIRANDA, Francisco Cavalcanti. *Tratado de direito privado*. Rio de Janeiro: Borsoi, 1967, v. XXIII, p. 85.

dade requisito comum entre as duas causas excludentes da responsabilidade, inclusive asseverando que "qualquer tentativa de distinção entre tais excludentes seria atribuir conceitos sem base histórica ou segurança na doutrina"[143].

Somente com o advento da moderna doutrina da responsabilidade objetiva é que um novo método de diferenciação dos dois institutos foi criado pela doutrina. A noção de risco, cada vez mais presente nas atividades cotidianas, submetidas à responsabilidade objetiva, influenciaram o surgimento deste novo pensamento, que verificou que algumas atividades, em razão de sua natureza, lidavam diretamente com situações que, até então, seriam consideradas caso fortuito ou força maior.

Nessas situações, a doutrina viu que não poderia mais considerar as eventuais ocorrências como caso fortuito ou força maior, eis que estas não poderiam ser consideradas imprevisíveis se o próprio agente as admitiu como inerentes ao risco de sua atividade, e também se a sociedade as referendou ao constatar que, mesmo diante do risco, prevalecem os benefícios daquela atividade.

Se o evento que, num primeiro momento, seria considerado caso fortuito ou força maior ocorrer diante de tal circunstância, certamente não poderá ser considerado causa excludente. Desse modo, passa-se a avaliar a procedência do evento para a caracterização ou não do dever de reparar o dano, e, também, para aferir a predominância da causa de exclusão.

Dessa forma, se a procedência for externa ao círculo da atividade desenvolvida pelo agente, vislumbra-se força maior, a exemplo de um furacão, que tem suas origens estritamente ligadas a fenômenos da natureza; mas, se a procedência for interna, tem-se caso fortuito, como no caso de um incêndio, que pode ter sua origem em defeitos elétricos ou mecânicos de equipamentos, ou mesmo na acumulação negligente de substâncias ígneas, isto é, pode nascer da própria atividade, sendo, por conseguinte, totalmente previsível e embutido no risco[144].

Para Carolina Bellini de Paula, "segundo tal distinção, a força maior está relacionada à inevitabilidade ou impossibilidade de se impedir que um fato externo cause danos a terceiros, enquanto no caso fortuito esse impedimento está intrinsecamente relacionado ao agente"[145]. Portanto, seguindo a lógica de tal critério, as hipóteses de força maior redundariam na exclusão do dever de indenizar, ao passo que as hipóteses de caso fortuito não.

Quanto à responsabilização do Estado, em regra, as hipóteses em questão têm o condão de excluí-la, devido à ausência do nexo de causalidade entre o fato e o dano suportado pelo particular. Porém, existem situações em que, embora os eventos tenham sua origem ligada a fenômenos da natureza, o Estado responderá pelos danos suporta-

---

143. PONTES DE MIRANDA, Francisco Cavalcanti. *Tratado de direito privado*. Rio de Janeiro: Borsoi, 1967, v. XXIII, p. 77.
144. PAULA, Carolina Bellini Arantes de. *As excludentes de responsabilidade civil objetiva*. São Paulo: Atlas, 2007, p. 96.
145. PAULA, Carolina Bellini Arantes de. *As excludentes de responsabilidade civil objetiva*. São Paulo: Atlas, 2007, p. 97.

dos pelo administrado, por não ter executado as obras necessárias para evitar o dano ou diminuir o seu resultado, o qual era previsível.

Nesse sentido, a pessoa jurídica de direito público, ou a pessoa jurídica de direito privado prestadora de serviços públicos, responderá pelos danos em razão da execução inadequada ou insuficiente de obras para evitar o dano ou mitigar seu resultado, quando se tratar de fato notório, previsível e evitável, capaz de excluir a responsabilidade patrimonial do Estado, afetando seu nexo de causalidade.

Com efeito, não se estará permitindo ao Estado ficar em uma posição de total irresponsabilidade perante os administrados, eis que seria ilógica sua penalização por todo fenômeno natural, indistintamente. Deve-se, pois, levar em consideração a extensão dos riscos que devem ser englobados pelo próprio risco administrativo, que embasa a responsabilidade objetiva no âmbito do direito público.

3.5.4 Fato exclusivo ou concorrente da vítima

De plano, cumpre lembrar que a doutrina majoritária acertadamente defende que a denominação *culpa* exclusiva da vítima está errada do ponto de vista técnico, uma vez que a causa excludente afeta o nexo de causalidade, e não a culpa em si, motivo pelo qual se recomenda a utilização da expressão *fato exclusivo da vítima*[146].

Com origens no direito romano, esta causa excludente já era imaginada pelos doutrinadores clássicos a partir da premissa "*quod quis ex culpa sua damnun sentit, non intelligitur damnun sentire*", que se traduz por: quando alguém experimenta dano, por culpa sua, não sofre dano; a ideia é muito clara ao denotar o sentido lógico do dano causado por atitude própria e culposa[147].

Com base nesta noção, María Medina Alcoz aduz que o dano que alguém pode causar a si próprio não tem sentido jurídico, eis que, para que assim fosse, deveria pressupor danos a outrem. Em conclusão, assevera que o dano próprio não pode servir para a imputação de qualquer responsabilidade civil porque se trata de dano meramente aparente[148].

Nesse sentido, quando a vítima causa danos a si mesma, entende-se que deve ser responsabilizada pelos prejuízos causados, conforme sustenta José Carlos Brandão Proença, acrescentando que o objetivo do legislador, em tais casos, é sancionar ou punir o lesado, fazendo-o suportar seu dano, com o fim de moldar seus atos de modo a prevenir condutas autorresponsáveis[149].

---

146. MENEZES DIREITO, Carlos Alberto; CAVALIERI FILHO, Sérgio. *Comentários ao novo Código Civil*: responsabilidade civil. Rio de Janeiro: Forense, 2004, p. 89.
147. SOUSA, José Franklin de. *Responsabilidade civil*: causas de exclusão. Leme: J.H. Mizuno, 2006, p. 109.
148. MEDINA-ALCOZ, María. *La culpa de la víctima en la producción del daño extracontractual*. Madri: Dykinson, 2003, p. 131-140.
149. PROENÇA, José Carlos Brandão. *A conduta do lesado como pressuposto e critério de imputação do dano extracontratual*. Coimbra: Almedina, 1997, p. 62.

Sem quaisquer dúvidas, a excludente em questão tem seu principal fundamento na conduta da própria vítima, que atua de forma efetiva na eclosão do evento danoso, eliminando a relação de causa e efeito que compreende o ato do agente a quem supostamente se imputaria o dever reparatório, e o dano causado.

Jourdain e Viney esclarecem, ainda, que esta causa excludente não se configura quando existe subordinação da vítima ao responsável, de modo que, aquela, tenha agido a mando deste, como mero instrumento material de concretização da vontade indigitada, faltando-lhe o requisito da exterioridade[150].

Inegavelmente, a vítima pode concorrer para a eclosão do evento danoso, não lhe sendo imputável a totalidade do nexo causal com o dano sofrido[151]. Por certo, tal situação dependerá de pontual análise do caso concreto, mas o modo de atuar do suposto responsável pelo dano pode, e muito, ter agravado os danos sofridos pela vítima, embora ela, por ação própria, tenha propiciado a prática do ato contra si.

Em tais casos, a lei resguarda a hipótese de atenuação do dever reparatório, que será imputável ao responsável, na medida de sua culpa, rateando com a vítima os custos da reparação. Trata-se da conhecida figura da *culpa concorrente*, insculpida no art. 945 do Código Civil de 2002, *litteris*: "Se a vítima tiver concorrido culposamente para o evento danoso, a sua indenização será fixada tendo-se em conta a gravidade de sua culpa em confronto com a do autor do dano".

Esta figura, embora prevista pela lei material civil, é comum em análises equitativas da responsabilidade civil, ou seja, quando pertinente a apuração da dosagem de culpa de cada envolvido na ocorrência do evento danoso. Para a responsabilidade objetiva, a doutrina costuma exigir a configuração da culpa *exclusiva* (ou fato exclusivo) da vítima para elidir o dever reparatório.

Conforme se viu, a responsabilidade objetiva é totalmente desvinculada de juízos de valor acerca das intenções dos envolvidos. Em suma, não há investigação de culpa, tanto é que a denominação adequada do instituto é *fato exclusivo* da vítima. Em face disso, há forte tendência doutrinária no sentido de considerar inaplicável às hipóteses de responsabilidade objetiva, a figura da culpa concorrente.

Em regra, a responsabilidade civil do Estado, conforme preconizada pela teoria do risco administrativo, envereda-se pela teoria da responsabilidade objetiva, dispensando-se qualquer investigação sobre o elemento subjetivo do agente. Nesse caso, pela lógica aqui exposta, o dever reparatório pode ser elidido por completo, se demonstrado, mediante juízo de ponderação das circunstâncias do nexo de causalidade, que a atuação da própria vítima culminou nos prejuízos por ela sofridos.

---

150. VINEY, Geneviève; JOURDAIN, Patrice. *Traité de droit civil sous la direction de Jacques Ghestin*. Les conditions de la responsabilité. 2. ed. Paris: LGDJ, 1998, p. 235-236.
151. BRAGA NETTO, Felipe. *Manual da responsabilidade civil do Estado*: à luz da jurisprudência do STF e do STJ e da teoria dos direitos fundamentais. 5. ed. Salvador: Juspodivm, 2018, p. 162.

Se houver elementos atribuíveis às duas partes, que configurem a culpa concorrente entre as condutas da vítima e do agente público, a despeito da faceta objetiva da responsabilidade estatal, a doutrina é assente em admitir a aplicação do instituto civilista[152].

Yussef Said Cahali defende que a atuação da vítima, de forma culposamente concorrente, pode sim ser considerada atenuante na responsabilidade civil do Estado, ainda que a análise em questão se paute pela ótica objetiva; para o autor, deve-se considerar todas as circunstâncias do caso, sob pena de extravasar os limites da responsabilização do Estado, impondo a ele um dever de reparar dano maior do que o efetivamente causado pelo ato de seu agente[153].

Já Edimur Ferreira de Faria ensina, com relação à culpa concorrente, que "quando há culpa concorrente da vítima e do agente causador do dano, a responsabilidade e, consequentemente, a indenização são repartidas, podendo as frações de responsabilidade ser desiguais, de acordo com a intensidade da culpa"[154].

Comparativamente, na seara consumerista, a doutrina apresenta entendimentos dissonantes, uma vez que uns posicionam-se de modo mais conservador, salientando a prevalência da regra do Código de Defesa do Consumidor, que só admite a exclusão do dever reparatório por fato exclusivo da vítima.

Exemplificativamente, Zalmo Denari e Kazuo Watanabe, dois dos autores de seu anteprojeto, sustentam que os conceitos de fato exclusivo da vítima e culpa concorrente não se confundem, posto que, o primeiro, acarreta a inexistência completa do nexo de causalidade entre o dano e a conduta do suposto responsável, ao passo que, a segunda, contempla mera hipótese de atenuação; e prosseguem dizendo que, se a lei opta unicamente por privilegiar a hipótese da culpa exclusiva, deve este posicionamento ser respeitado, inadmitindo-se interpretações extensivas[155].

Seguindo uma posição mais moderada, Gustavo Tepedino sustenta a mitigação da responsabilidade do fornecedor de produtos ou serviços pela concorrência de conduta da própria vítima, salientando que "se houver concorrência entre o comportamento da vítima ou de terceiro e o defeito do produto não há exclusão da responsabilidade, apenas sua mitigação, uma vez que o nexo causal persiste no que tange à parcela do dano efetivamente causado pelo defeito"[156].

Concluindo, é de se perceber a diferença de entendimentos quanto à aplicabilidade do instituto, se comparado o tratamento dado pela doutrina à responsabilidade objetiva das relações civis ou de consumo e aquele dado às relações com o Estado. A culpa

---

152. BRAGA NETTO, Felipe. *Manual da responsabilidade civil do Estado*: à luz da jurisprudência do STF e do STJ e da teoria dos direitos fundamentais. 5. ed. Salvador: Juspodivm, 2018, p. 163.
153. CAHALI, Yussef Said. *Responsabilidade civil do Estado*. 3. ed. São Paulo: Revista dos Tribunais, 2007, p. 73.
154. FARIA, Edimur Ferreira de. *Curso de direito administrativo positivo*. 4. ed. Belo Horizonte: Del Rey, 2001, p. 529.
155. DENARI, Zalmo; GRINOVER, Ada Pellegrini; WATANABE, Kazuo et al. *Código Brasileiro de Defesa do Consumidor*: comentado pelos autores do anteprojeto. 6. ed. Rio de Janeiro: Forense, 1999, p. 166.
156. TEPEDINO, Gustavo. *Temas de direito civil*. 2. ed. Rio de Janeiro: Renovar, 2003, p. 271.

concorrente, em tema de responsabilidade civil do Estado, é plenamente admitida, a despeito do caráter eminentemente subjetivo que tal análise pressupõe, quando há uma concorrência da ação do agente público e do modo de agir da própria vítima, ambos contribuindo para a ocorrência do evento, gerando uma divisão de responsabilidade e, consequentemente, do *quantum* indenizatório.

Com isso, tanto nas hipóteses de fato exclusivo, quanto nas de culpa concorrente da vítima, se demonstradas as causas, surge a possibilidade de quebra do nexo de causalidade entre a ação do agente público e o evento danoso, essencial para se caracterizar a responsabilidade civil objetiva do Estado, o que exclui por completo ou, ao menos, atenua, o dever estatal de reparar o prejuízo.

3.5.5 Fato de terceiro

O fato de terceiro, enquanto causa excludente da responsabilidade civil, encontra polêmica na doutrina, notadamente pela ausência de sua previsão específica nos ordenamentos jurídicos filiados ao sistema francês. Sobre a questão, Aguiar Dias é enfático quando diz que "os Códigos filiados ao sistema francês não mencionam especialmente o fato de terceiro. Nosso Código também não o faz, limitando-se à clássica referência ao caso fortuito ou de força maior"[157].

Com efeito, o Código Civil de 2002 trabalha a questão em seu art. 930, onde consagra a possibilidade de ação de regresso contra o terceiro que causa a situação de perigo, *in verbis*: "No caso do inciso II do art. 188, se o perigo ocorrer por culpa de terceiro, contra este terá o autor do dano ação regressiva para haver a importância que tiver ressarcido ao lesado".

Aguiar Dias conclui, ao interpretar tal dispositivo, que se a ação é apenas de regresso contra o terceiro, predomina "a responsabilidade, ou melhor, a obrigação de reparar, por parte do sujeito desse direito regressivo"[158]. Disso se extrai a inarredável conclusão de que, a rigor, o fato de terceiro não seria causa excludente da responsabilidade, mas mera circunstância autorizativa de ação de regresso.

Esta tese, contudo, não perdurou, notadamente em face do tratamento dado ao instituto pelo Código de Defesa do Consumidor, que expressamente o prevê, em seus arts. 12, §3º, inciso III, e 14, §3º, inciso II, como causa excludente do dever reparatório do fornecedor. No microssistema processual consumerista, tem-se que o fato de terceiro não serve como causa excludente do dever reparatório por simplesmente ser imputável a uma terceira pessoa. Pressupõe-se a existência de alguns requisitos, que, para Aguiar Dias, são: causalidade, inimputabilidade, qualidade, identidade e iliceidade[159].

---

157. DIAS, José de Aguiar. *Da responsabilidade civil*. 11. ed. Rio de Janeiro: Renovar, 2006, p. 926-927.
158. DIAS, José de Aguiar. *Da responsabilidade civil*. 11. ed. Rio de Janeiro: Renovar, 2006, p. 927.
159. DIAS, José de Aguiar. *Da responsabilidade civil*. 11. ed. Rio de Janeiro: Renovar, 2006, p. 928.

Le Tourneau e Cadiet asseveravam que o fato de terceiro é irresistível e imprevisível, e que absorve a integralidade da causalidade, parecendo-se com a força maior, de modo que, se não for exclusivo o fato de terceiro, o autor do dano estará obrigado a repará-lo, dispondo do direito de regresso contra o terceiro[160].

Carolina Bellini de Paula assevera que a causa de exclusão dos efeitos do fato prejudicial deve ser o próprio fato de terceiro, pois somente com isso se eliminará o vínculo de causalidade entre o dano e a conduta do autor, devendo este ser pessoa diversa daquela do autor ao qual atribui-se a causação do dano, bem como da vítima[161].

Sobre os *terceiros*, Aguiar Dias traz a seguinte definição:

> Terceiro é qualquer pessoa além da vítima e do responsável. Ressalvam-se as pessoas por quem o agente responde, tanto no regime delitual (filhos, tutelados, prepostos, aprendizes etc.) como no campo contratual (encarregados da execução do contrato em geral), porque essas não são terceiros, no sentido de estranhos à relação que aqui nos interessa; quando muito, algumas de tais pessoas podem ser consideradas terceiros para efeito do direito de regresso, mas esta matéria não influi nas relações entre a vítima e o responsável.[162]

Como se vê, o fato de terceiro é considerado causa excludente de responsabilidade nos casos em que o dano é exclusivamente provocado não pela vítima, tampouco pela conduta ou atividade do suposto causador direto, mas por uma terceira pessoa, estranha a ambas as partes.

Pouco importa se o terceiro é imputável ou se tenha procedido voluntariamente para a ocorrência do dano, contanto que a ele seja atribuível a eclosão naturalística do fato danoso, isto é, para que o fato atribuível à terceira pessoa seja capaz de suprimir o nexo de causalidade, não se faz qualquer juízo de culpabilidade ou de imputabilidade desta pessoa[163].

Questão interessante diz respeito à imprevisibilidade e inevitabilidade do evento danoso, em relação ao suposto responsável. O que se investiga é se o agente tinha condições de prever e evitar o fato da terceira pessoa e, com isso, ceifar qualquer hipótese de ocorrência do próprio dano, e, verificando-se que tinha tais condições, se a causa excludente ainda teria efetividade.

Doutrinadores como Sérgio Cavalieri Filho[164], Sílvio de Salvo Venosa[165] e Fernando Noronha[166] sustentam que tais requisitos são todos absolutamente imprescindíveis para

---

160. LE TOURNEAU, Philippe; CADIET, Loïc. *Droit de la responsabilité*. Paris: Dalloz, 1998, p. 309.
161. PAULA, Carolina Bellini Arantes de. *As excludentes de responsabilidade civil objetiva*. São Paulo: Atlas, 2007, p. 109-110.
162. DIAS, José de Aguiar. *Da responsabilidade civil*. 11. ed. Rio de Janeiro: Renovar, 2006, p. 927.
163. BRAGA NETTO, Felipe. *Manual da responsabilidade civil do Estado*: à luz da jurisprudência do STF e do STJ e da teoria dos direitos fundamentais. 5. ed. Salvador: Juspodivm, 2018, p. 164.
164. CAVALIERI FILHO, Sérgio. *Programa de responsabilidade civil*. 8. ed. São Paulo: Atlas, 2009, p. 488.
165. VENOSA, Sílvio de Salvo. *Direito civil*: responsabilidade civil. São Paulo: Atlas, 2002, p. 46.
166. NORONHA, Fernando. *Direito das obrigações*: fundamentos do direito das obrigações – introdução à responsabilidade civil. São Paulo: Saraiva, 2003, v. I, p. 622.

a configuração da causa excludente, ao passo que alguns doutrinadores, como os irmãos Henri e León Mazeaud[167], sustentam que não é requisito para o rompimento do nexo de causalidade a imprevisibilidade e a inevitabilidade do fato de terceiro.

Por sua vez, Aguiar Dias capitaneia a tese de que tais requisitos devem ser considerados estritamente em função dos deveres do agente[168]. A despeito da divergência, o requisito essencial e admitido por toda a doutrina é que o fato de terceiro tenha sido a causa "determinante exclusiva do resultado danoso"[169].

No caso da responsabilidade civil do Estado, segue-se a lógica de que o Ente Político responderá pelos atos praticados por seus agentes, no exercício das respectivas funções institucionais, e que venham a causar danos aos administrados.

Tomando por base esta premissa, parece lógico que os atos praticados por terceiros que não integram os quadros de servidores da Administração Pública direta ou indireta, ou não sejam empregados das empresas privadas prestadoras de serviço público, não são de responsabilidade do Estado.

---

167. MAZEAUD, Henri; MAZEAUD, León; TUNC, André. *Traité théorique et pratique de la responsabilité civile, délictuelle et contractuelle*. 3. ed. Paris: Librairie du Recueil Sirey, 1938, p. 241.
168. DIAS, José de Aguiar. *Da responsabilidade civil*. 11. ed. Rio de Janeiro: Renovar, 2006, p. 933.
169. PEREIRA, Caio Mário da Silva. *Responsabilidade civil*. 8. ed. Rio de Janeiro: Forense, 1998, p. 321.

4
BLACK BOX IS A PUBLIC TRUST...
BUS IS IT REALLY?

Nas origens do Estado contratualista, a frase "*Public office is a public trust*" (O cargo público é uma confiança pública) indicava a imprescindibilidade da confiança depositada pelos cidadãos na atuação estatal. O título traz uma ironia quanto à dificuldade de se confiar em algoritmos que são como "caixas-pretas" (*black boxes*), em comparação com a confiança depositada na atuação dos agentes públicos para fins de responsabilização do Estado.

O trocadilho ressalta a questão da confiabilidade e transparência dos algoritmos utilizados em sistemas de inteligência artificial (IA) pelo Estado. Enquanto o princípio original destaca a confiança depositada nos agentes públicos, o trocadilho faz uma alusão irônica ao fato de que os algoritmos de IA muitas vezes são considerados "caixas-pretas", ou seja, seus processos e decisões não são facilmente compreendidos ou explicados.

Os algoritmos de IA podem ser complexos e baseados em aprendizado de máquina (*machine learning*), o que pode dificultar a compreensão das razões por trás de suas decisões ou ações específicas. Isso cria desafios significativos para a responsabilização do Estado quando ocorrem danos ou injustiças causados por esses sistemas.

A expressão "*Black box is a public trust... but is it really?*" simboliza a importância e a relutância de confiar em sistemas que não são transparentes e que operam com algoritmos opacos. Isso levanta questões sobre a capacidade de responsabilização e a necessidade de garantir que a confiança depositada no Estado não seja comprometida pela falta de transparência dos algoritmos utilizados.

Diante dessa constatação, surge a necessidade de desenvolver mecanismos de responsabilização adequados para lidar com a opacidade dos algoritmos. Isso envolve a promoção da transparência, do escrutínio público e da auditoria dos sistemas de IA utilizados pelo Estado, a fim de garantir que a confiança depositada na "*black box*" seja correspondida com a devida *accountability*.

4.1 ACCOUNTABILITY PÚBLICA E O PRINCÍPIO DA CONFIANÇA

A *accountability* é um tema central nas discussões sobre administração pública e governança, especialmente no contexto brasileiro, onde o combate à corrupção e a má gestão dos recursos públicos é um desafio constante[1]. Nesse sentido, entender o conceito e suas diferentes perspectivas é fundamental para aprimorar a gestão pública e fortalecer a relação entre Estado e sociedade, aprimorando a gestão pública e promovendo transparência, eficiência e responsabilidade na administração pública.

A *accountability* se refere ao processo de responsabilização das entidades e gestores públicos por suas ações e decisões, e pode ser analisada sob diferentes dimensões, que envolvem desde a capacidade e autoridade dos servidores públicos para agir, até a obrigação de prestação de contas e a suposição das consequências dos próprios atos[2].

A promulgação da Lei nº 14.129, no dia 29 de março de 2021, consagrou importante plêiade de normas jurídicas – princípios e regras – de inegável relevância para a compreensão e reestruturação[3] de determinadas bases do Direito Administrativo e da própria Administração Pública do século XXI. Um desses preceitos passou a constar do artigo 3º, inciso V, da referida lei, que define como princípio de governo digital, no Brasil, "o incentivo à participação social no controle e na fiscalização da administração pública". Nesse contexto, é possível analisar a *accountability* sob quatro dimensões terminológicas: a política, a administrativa, a profissional e a democrática. Serão discutidos os diferentes aspectos que envolvem cada uma dessas dimensões, bem como suas implicações na gestão pública.

É importante destacar que a *accountability* não deve ser entendida como um distanciamento completo entre Estado e cidadãos, mas sim como uma aproximação essencial baseada em transparência e boa conduta. Para ressignificar o papel do direito público, a presença da tecnologia se revela pragmaticamente indispensável, na medida em que o aparato de ferramentas que se tem à disposição dos cidadãos. Nesse sentido, a responsabilização dos gestores públicos por suas ações e decisões deve ser vista como um meio de fortalecer a relação entre Estado e sociedade, e garantir o direito fundamental à boa administração pública.

Para isso, será utilizada uma abordagem qualitativa baseada em pesquisa bibliográfica, com o intuito de aprofundar o conhecimento sobre o conceito de *accountability* e suas diferentes dimensões. Além disso, o método dedutivo será empregado na análise dos dados e na construção de argumentos sólidos e fundamentados.

4.1.1 A boa administração pública para além da opacidade algorítmica

O avanço do combate à corrupção, especialmente com o advento da Lei nº 12.846/2013, no Brasil, "reforça a importância do tema e estabelece a relevância de re-

---

1. Cf. REYNA, Justo; GABARDO, Emerson; SANTOS, Fábio de Sousa. Electronic government, digital invisibility and fundamental social rights. *Sequência*, Florianópolis, n. 85, p. 30-50, ago. 2020.
2. BOVENS, Mark. Public accountability. In: FERLIE, Ewan; LYNN JR., Laurence; POLLITT, Christopher (ed.). *The Oxford Handbook of Public Management*. Oxford: Oxford University Press, 2007, p. 182-208.
3. Cf. CRISTÓVAM, José Sérgio da Silva; MEZZAROBA, Orides; PEREIRA, Paulo Ricardo Maroso. Controle social e o paradigma da Administração Pública digital no Brasil. *Revista Internacional de Direito Digital*, Belo Horizonte, ano 2, n. 2, p. 55-77, maio/ago. 2021.

gras de governança corporativa e práticas de *compliance* nas atividades de empresas, que refletirão não apenas em seus processos internos, mas, também, em suas contratações e relacionamento com o público externo"[4]. Desde a referida lei, várias outras normas passaram a tratar do assunto.

A ruptura do paradigma burocrático preconizada pelo fomento à eficiência na Lei do Governo Digital (Lei nº 14.129/2021), particularmente em seu artigo 1º, é, talvez, a medida mais imediata para a viabilização da implementação de estruturas de tecnologia da informação e comunicação (TICs) em modelos democráticos[5], o que certamente conduziu o legislador brasileiro a descrever, no artigo 3º da lei, princípios como o da "transparência na execução dos serviços públicos e o monitoramento da qualidade desses serviços" (inc. IV), o do "incentivo à participação social no controle e na fiscalização da administração pública" (inc. V) e o do "dever do gestor público de prestar contas diretamente à população sobre a gestão dos recursos públicos" (inc. VI), dentre vários outros.

É uma nova etapa do tema, que se escora na necessidade de reinserção da ética[6] nas práticas empresariais a partir da delimitação de programas voltados à difusão de boas práticas (programas de integridade), via de regra destinados à prevenção de ilícitos praticados contra a Administração Pública, mas com notáveis possibilidades de aplicação no âmbito desta, com viés preventivo e direcionado à propagação de uma cultura de desestímulo.

O documento, *"Towards a Sound Integrity Framework: Instruments, Processes, Structures and Conditions for Implementation"*, elaborado pelo *Public Governance Committee*, da Organização para Cooperação e Desenvolvimento Econômico – OCDE, traz a seguinte definição:

> O termo "integridade" é derivado do latim e significa literalmente não (in)tocar (*tangere*) [...]. Trata-se de algo ou alguém que não está contaminado, não danificado. No contexto deste texto, "integridade" irá se referir à aplicação de valores geralmente aceitos e as normas na prática diária [...]. "Integridade pública" refere-se a aplicação de normas e valores públicos geralmente aceitos na prática diária de organizações do setor público. Integridade de gestão refere-se às atividades desenvolvidas para estimular e reforçar a integridade e prevenir a corrupção e outras violações de integridade dentro de uma organização particular[7].

---

4. CASTRO, Rodrigo Pironti Aguirre de; GONÇALVES, Francine Silva Pacheco. Compliance e gestão de riscos nas empresas estatais. 2. ed. Belo Horizonte: Fórum, 2019, p. 123.
5. BREGA, José Fernando Ferreira. Perspectivas sobre a Lei do Governo Digital no Brasil. In: CRAVO, Daniela Copetti; JOBIM, Eduardo; FALEIROS JÚNIOR, José Luiz de Moura (coord.). *Direito público e tecnologia*. Indaiatuba: Foco, 2022, p. 233.
6. Cf. KISSLER, Leo; HEIDEMANN, Francisco G. Governança pública: novo modelo regulatório para as relações entre Estado, mercado e sociedade? *Revista de Administração Pública*, Rio de Janeiro, v. 40, n. 3, p. 479-499, maio/jun. 2006.
7. ORGANIZAÇÃO PARA COOPERAÇÃO E DESENVOLVIMENTO ECONÔMICO. *Towards a sound integrity framework*: instruments, processes, structures and conditions for implementation OECD - Public Governance Committee, 2009. Disponível em: http://www.oecd.org. Acesso em: 20 jul. 2023, p. 9.

A doutrina ressalta que, "por um lado, o sistema regulatório atual avança na busca de responsabilização dos atos lesivos à Administração Pública e, agora, dedica-se, também, a responsabilizar as pessoas jurídicas de forma objetiva"[8]. Transplantando essa lógica para as estruturas do direito público, quando se fala em uma 'boa' Administração Pública, importa destacar que a suposta 'desconexão' com a legalidade não se confunde com as 'leis-quadro'[9] ao ultrapassar os meandros da produção normativa descrita no artigo 84, inciso IV, da Constituição da República, que cabe ao Presidente da República.

De fato, o poder regulamentar já é alvo de sonoras críticas da doutrina, em razão da explosão normativa gerada como desdobramento desse fenômeno, a demandar uma verdadeira mudança de paradigma[10]. Por esse motivo, não há que se cogitar, efetivamente, do total abandono da legalidade. Não se trata de suplantar o modelo tradicional de formação de leis e atos normativos para a regência da atuação administrativa, pois

> [a] Administração não age apenas de acordo com a lei; subordina-se ao que se pode chamar de *bloco de legalidade*. Não basta a existência de autorização legal: necessário atentar à moralidade administrativa, à boa-fé, à igualdade, à boa administração, à razoabilidade, à proporcionalidade – enfim, aos princípios que adensam o conteúdo das imposições legais[11].

Se o direito público é conclamado à formulação de um novo modelo regulatório, é inegável que novos instrumentos devem ser disponibilizados pelo ordenamento jurídico, e os programas de integridade, na esteira do chamado *compliance*, são um desses modais. Nota-se, porém, que a recente reforma à LINDB, particularmente por seu novo artigo 23[12], visou atacar os aspectos centrais da (in)segurança jurídica, refreando a atuação administrativa, controladora e judicial a partir do soerguimento de três pilares: (i) estabilidade; (ii) ponderabilidade/razoabilidade; (iii) previsibilidade[13].

De fato, uma reinserção da ética nos assuntos de Estado não é tarefa fácil, uma vez que perpassa por uma inexorável releitura da legalidade e da segurança jurídica[14] para a revisitação dos deveres de proteção que passam a nortear as atividades públicas[15].

---

8. FRANÇA, Phillip Gil. *Ato administrativo, consequencialismo e compliance*: gestão de riscos, proteção de dados e soluções para o controle judicial na era da IA. 4. ed. São Paulo: Revista dos Tribunais, 2019, p. 352.
9. GRAU, Eros Roberto. *O direito posto e o direito pressuposto*. 8. ed. São Paulo: Malheiros, 2011, p. 247.
10. MARQUES NETO, Floriano de Azevedo. Pensando o controle da atividade de regulação estatal. *In*: GUERRA, Sérgio (coord.). *Temas de direito regulatório*. Rio de Janeiro: Freitas Bastos, 2005, p. 202.
11. SUNDFELD, Carlos Ari. *Direito administrativo ordenador*. São Paulo: Malheiros, 2003, p. 32.
12. "Art. 23. A decisão administrativa, controladora ou judicial que estabelecer interpretação ou orientação nova sobre norma de conteúdo indeterminado, impondo novo dever ou novo condicionamento de direito, deverá prever regime de transição quando indispensável para que o novo dever ou condicionamento de direito seja cumprido de modo proporcional, equânime e eficiente e sem prejuízo aos interesses gerais".
13. MARQUES NETO, Floriano de Azevedo. Art. 23 da LINDB: o equilíbrio entre mudança e previsibilidade na hermenêutica jurídica. *Revista de Direito Administrativo*, Rio de Janeiro, Edição Especial: Direito Público na Lei de Introdução às Normas de Direito Brasileiro – LINDB (Lei nº 13.655/2018), p. 93-112, nov. 2018, p. 99.
14. SARLET, Ingo Wolfgang. A eficácia do direito fundamental à segurança jurídica: dignidade da pessoa humana, direitos fundamentais e proibição de retrocesso social no direito constitucional brasileiro. *In*: ROCHA, Cármen Lúcia Antunes (org.). *Constituição e segurança jurídica*. Belo Horizonte: Fórum, 2004, p. 96.
15. Cf. VILLAS-BÔAS FILHO, Orlando. A governança em suas múltiplas formas de expressão: o delineamento conceitual de um fenômeno complexo. *Revista de Estudos Institucionais*, Rio de Janeiro, v. 2, n. 2, p. 671-706, jul./dez. 2016.

Segundo Paulo Otero, a legalidade se escora em três postulados essenciais: (i) sua compreensão como emanação de uma vontade geral; (ii) o enquadramento da lei como critério decisional; (iii) sua função garantidora das liberdades.[16] Nesse compasso, ganha sobressalto valorativo a proteção da confiança, sobre a qual, "em sentido amplo, pode-se dizer que se trata de um dos princípios constitucionais de que mais carece o país para obter a estabilidade em termos duradouros, atraindo investimentos produtivos e viabilizando sadias parcerias público-privadas de longo prazo"[17] e cujo escopo primordial é "a conservação de condutas administrativas ou de seus efeitos, mesmo quando decorrentes de atuações contrárias à ordem jurídica e, com maior razão ainda, quando perpetradas validamente"[18].

Nesse sentido, revigora-se o princípio da confiança[19] em reforço à necessidade de reaproximação entre o público e o privado, em verdadeira releitura do conceito de interesse público e de sua sobrepujança aos intuitos e aspirações de particulares. É nesse campo que Jorge Pereira da Silva elenca os múltiplos sentidos da vinculação dos privados, apontando os seguintes: (i) a tese da formulação constitucional expressa; (ii) a tese da eficácia irradiante; (iii) a tese da eficácia mediata (em sentido estrito); (iv) a tese da eficácia relativamente a terceiros (*Drittwirkung*); (v) a tese da vinculação do legislador de direito privado; (vi) a tese dos deveres estaduais de proteção; (vii) a tese da vinculação (supletiva ou excepcional) dos tribunais; (viii) a tese da vinculação dos poderes privados; (ix) a tese da vinculação (ao conteúdo essencial dos direitos ou) à dignidade da pessoa humana; e (x) a tese da vinculação intersubjetiva plena (ou da eficácia imediata em sentido estrito)[20].

Para além dos referidos conceitos – que poderiam abarcar investigação própria e sobre os quais a obra do professor português já traz valiosos e densos substratos –, importa considerar que, em meio a diversas teorizações em torno da vinculação de particulares ao interesse público, em diagramação transversal do próprio sentido da eficácia dos direitos fundamentais sobre todos, o que se almeja é conciliar segurança jurídica e eticidade.

---

16. Com efeito: "A lei traduzia, segundo os postulados liberais, um produto da razão, revelação de uma verdade absoluta pelos mais idôneos representantes da sociedade, encontrando-se apta a regular todas as matérias sobre as quais um Estado mínimo sentia necessidade de intervir, assumindo a natureza de instrumento de garantia do cidadão perante o poder e possuindo ainda, nos termos de uma concepção positivista-legalista do Direito, o estatuto de primeira e mais importante fonte de Direito". OTERO, Paulo. Legalidade e Administração Pública: o sentido da vinculação administrativa à juridicidade. Coimbra: Almedina, 2011, p. 153.
17. FREITAS, Juarez. *O controle dos atos administrativos e os princípios fundamentais*. 3. ed. São Paulo: Malheiros, 2004, p. 60.
18. MAFFINI, Rafael da Cás. *Princípio da proteção substancial da confiança no direito administrativo brasileiro*. 2005. 253 f. Tese (Doutorado em Direito) - Faculdade de Direito, Universidade Federal do Rio Grande do Sul, Porto Alegre, 2005, p. 233.
19. FRADA, Manuel A. Carneiro da. *Teoria da confiança e responsabilidade civil*. Coimbra: Almedina, 2004, p. 17.
20. SILVA, Jorge Pereira da. *Deveres do Estado de protecção de direitos fundamentais*: fundamentação e estrutura das relações jusfundamentais triangulares. 3. ed. Lisboa: Universidade Católica Editora, 2015, p. 87.

A operacionalização desses valores a partir de preceitos que ultrapassam a estrita legalidade e avançam no sentido da racionalização dos programas de integridade, internalizando-os, não como metanormas, mas como complementos dotados de densidade suficiente a ancorar uma legalidade catalisada e verdadeiramente reforçada[21].

Essa leitura está situada em paralelo ao problema que a aplicação burocrática do conhecimento jurídico coloca para o máximo cumprimento do direito administrativo, na medida em que a doutrina sinaliza para a existência de um grau inevitável de tensão entre o modo burocrático de aplicação do conhecimento jurídico e o pleno cumprimento do direito administrativo. Os padrões de boa administração existem em um nível alto de generalidade e são mais bem considerados como princípios gerais de aplicação geral[22].

O modo de operação burocrático, no entanto, é formalmente racional. Ele arrasta os princípios do direito administrativo de um alto nível de generalidade e os fixa ao específico em termos de regras precisas que podem ser seguidas pelos burocratas. É assim que o objetivo burocrático de eficiência é alcançado. A resposta burocrática legalmente conscienciosa à revisão judicial, portanto, é traduzir o conhecimento jurídico em regras detalhadas. No entanto, isso perde a natureza geral intencional do direito administrativo[23].

Para contrastar os gargalos inerentes à gestão pública, a doutrina internacional propõe a ressignificação da governança ética a partir de quatro critérios: (i) *accountability*; (ii) *legality*; (iii) *integrity*; (iv) *responsiveness*. Partindo de sua conjugação, denota-se a viabilidade de racionalização dos programas de *compliance* a partir de uma 'boa' administração pública. Fala-se, aliás, em uma formulação pela junção das letras iniciais dos quatro parâmetros para a configuração da sigla 'ALIR', em proposição semelhante à dos 'universais evolutivos'[24].

4.1.2 O Estado e as *'black boxes'*

O Direito Digital reúne uma série de temas dos mais diversos ramos do direito, sendo desafiado à resolução de inúmeros problemas contemporâneos – e muitos deles guardam pertinência com o direito econômico. Nesse sentido, destaca-se que é flagrante a necessidade de se investigar a suficiência do labor regulatório estatal para a pacificação social a partir da tutela dos mencionados conflitos no que diz respeito aos 'mercados de múltiplos lados', delimitados primeiramente por Jean-Charles Rochet e Jean Tirole[25], em pesquisa que rendeu a este último o Prêmio Nobel de Economia em 2014.

---

21. BLACK, Julia. *Rules and regulators*. Oxford: Clarendon Press, 1997, p. 222.
22. FREITAS, Juarez. *Direito fundamental à boa Administração Pública*. 3. ed. São Paulo: Malheiros, 2007, p. 36.
23. HALLIDAY, Simon. *Judicial review and compliance with administrative law*. Oxford: Hart Publishing, 2004, p. 74.
24. Cf. PARSONS, Talcott. Evolutionary universals in society. *American Sociological Review*, Chicago, v. 29, n. 3, p. 339-357, jun. 1964.
25. *Cf.* TIROLE, Jean. *Competition in telecommunications*. Cambridge: The MIT Press, 1999.

Na expressão em inglês, os *two-sided* (no caso, *multi-sided*) *markets* operam os interesses de grupos distintos, cujos interesses são harmonizados por uma plataforma, gerando rentabilidade a partir do volume massivo de participantes interconectados para viabilizar os desideratos econômicos de uns em alinhamento aos interesses usualmente de consumo dos demais. Na Internet, isto ocorre com enorme frequência e com precisão cada vez maior devido ao implemento de algoritmos, formando os *data-rich markets*, descritos por Viktor Mayer-Schönberger e Thomas Range.[26]

Surge, então, uma 'corrida' pelos algoritmos mais eficazes e capazes de filtrar os mais variados acervos de dados para propiciar vantagens concorrenciais. Aparentemente, a regulação de ilícitos econômicos e das relações de consumo – vistas como um primeiro percalço desse novo modo de se operacionalizar atividades econômicas na Internet – seriam facilmente tuteláveis e fiscalizáveis. Entra em cena, porém, uma dificultosa compreensão dos complexos algoritmos utilizados para a realização de tais atividades.

Frank Pasquale, o renomado professor da Universidade de Maryland, atribuiu a tais algoritmos o nome de '*black boxes*' (caixas-pretas), e alertou para os perigos de uma sociedade regida pelos segredos[27]. Ainda que o próprio autor reconheça que empresas de economias capitalistas democráticas se utilizem de processos de aferição de riscos e oportunidades cada vez mais dinâmicos e complexos[28], um Estado indiferente a essa realidade será uma figura omissa e passiva à realidade inescapável de que abusos sistemáticos desses algoritmos possuem o condão de gerar danos variados.

A designação "*black box*" é usada para descrever sistemas cujo funcionamento interno é desconhecido ou difícil de entender. Isso pode ocorrer em sistemas de IA que utilizam técnicas como aprendizado profundo (*deep learning*), onde o sistema aprende a partir de grandes quantidades de dados e cria representações internas complexas que são difíceis de interpretar. Uma *black box* pode ser vista como um sistema que recebe entradas e produz saídas, mas cujo processo interno de transformação dessas entradas em saídas é desconhecido ou opaco. Isso pode dificultar a compreensão de como o sistema está tomando decisões e quais fatores estão influenciando seu comportamento.

---

26. MAYER-SCHÖNBERGER, Viktor; RAMGE, Thomas. *Reinventing capitalism in the age of Big Data*. Nova Iorque: Basic Books, 2018, p. 7. Comentam: "The key difference between conventional markets and data-rich ones is the role of information flowing through them, and how it gets translated into decisions. In data-rich markets, we no longer have to condense our preferences into price and can abandon the oversimplification that was necessary because of communicative and cognitive limits".
27. PASQUALE, Frank. *The black box society*: the secret algorithms that control money and information. Cambridge: Harvard University Press, 2015, p. 6-7. Anota: "Real secrecy establishes a barrier between hidden content and unauthorized access to it. We use real secrecy daily when we look our doors or protect our e-mail with passwords. Legal secrecy obliges those privy to certain information to keep it secret; a bank employee is obliged both by statutory authority and by terms of employment not to reveal customers' balances to his buddies. Obfuscation involves deliberate attempts at concealment when secrecy has been compromised. For example, a firm might respond to a request for information by delivering 30 million pages of documents, forcing its investigator to wate time looking for a needle in a haystack. And the end result of both types of secrecy, and obfuscation, is opacity, my blanket term for remediable incomprehensibility".
28. PASQUALE, Frank. *The black box society*: the secret algorithms that control money and information. Cambridge: Harvard University Press, 2015, p. 216.

A natureza opaca das *black boxes* pode ser problemática em algumas situações, especialmente quando se trata de sistemas críticos que afetam a vida das pessoas, como sistemas de diagnóstico médico ou sistemas de tomada de decisão judicial. Nesses casos, é importante que os usuários possam entender como o sistema está tomando decisões e quais fatores estão influenciando seu comportamento.

Para lidar com esse problema, os pesquisadores estão desenvolvendo técnicas para tornar os sistemas de IA mais transparentes e explicáveis. Isso inclui técnicas como visualização de dados, explicação local e global e auditoria de algoritmos. Essas técnicas visam tornar o funcionamento interno dos sistemas de IA mais compreensível para os usuários. No entanto, ainda há muitos desafios a serem superados para tornar os sistemas de IA completamente transparentes e explicáveis. Isso inclui questões técnicas, como a complexidade dos modelos de IA, bem como questões éticas e jurídicas, como a proteção da privacidade.

Para suplantar o cenário indesejável de um Estado fraco e impotente frente ao poderio técnico-informacional de grandes corporações, também o direito público precisa se reinventar.

4.1.3 Autosserviço e Governo Digital

O termo "autosserviço" é definido na Lei nº 14.129/2021[29], que resulta do Projeto de Lei nº 7843/2017[30], conhecida como Lei do Governo Digital[31], como a possibilidade de o usuário interagir com a administração pública por meio de meios eletrônicos para acessar informações e serviços públicos sem a necessidade de intermediários[32].

O conceito tem inspiração em experiências de outros países que já adotaram medidas semelhantes em relação à prestação de serviços públicos. Países como Reino Unido, Estados Unidos, Austrália e Canadá têm sido referência em iniciativas de autosserviço na área pública[33].

---

29. BRASIL. Lei nº 14.129/2021. *Dispõe sobre princípios, regras e instrumentos para o Governo Digital e para o aumento da eficiência pública e dá outras providências*. Disponível em: http://www.planalto.gov.br/ccivil_03/_ato2019-2022/2021/lei/L14129.htm Acesso em: 20 jul. 2023.
30. BRASIL. Projeto de Lei nº 7843/2017. *Institui regras e instrumentos para a eficiência pública*. Disponível em: https://www.camara.leg.br/proposicoesWeb/fichadetramitacao?idProposicao=2141142 Acesso em: 20 jul. 2023.
31. Sobre a lei, consultar o elucidativo artigo de Ana Cristina Aguilar Viana: VIANA, Ana Cristina Aguilar. Transformação digital na administração pública: do governo eletrônico ao governo digital. *Revista Eurolatinoamericana de Derecho Administrativo*, Santa Fe, v. 8, n. 1, p. 115-136, jan./jun. 2021.
32. Dentre as várias inovações da Lei do Governo Digital, destacam-se o conceito de "governo como plataforma" e os "laboratórios de inovação". Para maiores detalhes, cf. HAHN, Tatiana Meinhart. Os conceitos de "governo como plataforma" e "laboratórios de inovação" na Lei do Governo Digital: desafios e potencialidades. In: CRAVO, Daniela; JOBIM, Eduardo; FALEIROS JÚNIOR, José Luiz de Moura (coord.). *Direito público e tecnologia*. Indaiatuba: Foco, 2022, p. 419-437; O'REILLY, Tim. Government as platform. *Innovations: Technology, Governance, Globalization*, Cambridge, v. 6, n. 1, p. 13-40, 2011; MAYER-SCHÖNBERGER, Viktor; LAZER, David. From electronic government to information government. In: MAYER-SCHÖNBERGER, Viktor; LAZER, David (ed.). *Governance and information technology*: from electronic government to information government. Cambridge: The MIT Press, 2007, p. 1-14.
33. GRÖNLUND, Åke. *Electronic government*: design, applications & management. Hershey: Idea Group Publishing, 2002, p. 23-50.

No Reino Unido, por exemplo, o serviço "Gov.uk" é uma plataforma centralizada de serviços públicos, que permite aos usuários realizarem diversos serviços online, como solicitar documentos e benefícios sociais, agendar atendimentos em órgãos públicos, entre outros.

Nos Estados Unidos, o "USA.gov" é um portal semelhante, que oferece informações e serviços públicos em um único local, permitindo aos usuários acessarem diversos serviços de forma online.

Na Austrália, a plataforma "Service NSW" é uma iniciativa do governo local que centraliza diversos serviços públicos em uma única plataforma, como emissão de documentos, pagamentos de impostos e solicitação de benefícios sociais.

Essas experiências internacionais serviram de inspiração para a adoção do conceito de autosserviço na Lei do Governo Digital brasileira, que busca centralizar diversos serviços públicos em uma única plataforma eletrônica, permitindo aos usuários realizarem serviços de forma mais ágil, simples e eficiente[34].

O autosserviço é um dos pilares do Governo Digital, que busca oferecer serviços públicos mais ágeis, eficientes e acessíveis à população, reduzindo a burocracia e aumentando a transparência e a participação social. O objetivo é que os cidadãos possam realizar suas demandas com a administração pública de forma autônoma, sem precisar de intermediários, o que reduz custos e tempo para a prestação dos serviços.

Na prática, o autosserviço pode incluir o acesso a informações, solicitação de serviços, envio de documentos e outras demandas por meio de plataformas digitais disponibilizadas pelos órgãos públicos[35]. Com a Lei do Governo Digital, os órgãos públicos devem disponibilizar serviços eletrônicos que sejam de fácil utilização e acessíveis a todos os cidadãos, incluindo aqueles com deficiência ou dificuldade de acesso à internet[36].

O autosserviço é visto como uma das principais medidas para a implementação do Governo Digital no Brasil, que busca tornar a administração pública mais moderna e eficiente, facilitando a vida dos cidadãos e das empresas que precisam lidar com os serviços públicos[37].

A adoção do autosserviço no atendimento ao cidadão pode trazer alguns desafios e riscos que precisam ser levados em consideração pelos gestores públicos. Dentre os

---

34. SUNSTEIN, Cass R. *Simpler*: the future of government. Nova Iorque: Simon & Schuster, 2014, Cap. 7.
35. BEHN, Robert D. The challenge of evaluating m-government, e-government, and p-government: what should be compared with what? In: MAYER-SCHÖNBERGER, Viktor; LAZER, David (ed.). *Governance and information technology*: from electronic government to information government. Cambridge: The MIT Press, 2007, p. 215-238.
36. KREUZ, Letícia Regina Camargo; VIANA, Ana Cristina Aguilar. 4ª Revolução Industrial e governo digital: exame de experiências implementadas no Brasil. *Revista Eurolatinoamericana de Derecho Administrativo*, Santa Fe, v. 5, n. 2, p. 267-286, jul./dez. 2018.
37. Cf. CORVALÁN, Juan Gustavo. Digital and intelligent Public Administration: transformations in the Era of Artificial Intelligence. *A&C – Revista de Direito Administrativo e Constitucional*, Belo Horizonte, ano 18, n. 71, p. 55-87, jan./mar. 2018.

principais desafios, podemos destacar a exclusão digital de parte da população, a falta de capacitação e treinamento dos usuários para o uso de tecnologias, a falta de confiança nos serviços públicos online e o risco de vazamento de informações sensíveis.

Há uma relação entre o autosserviço e sistemas de inteligência artificial (IA) no contexto do Governo Digital[38]. Tais sistemas podem ser usados para melhorar a eficiência e a qualidade dos serviços públicos oferecidos por meio de plataformas de autosserviço[39].

Por exemplo, *chatbots* ou assistentes virtuais podem ser usados para responder a perguntas frequentes e auxiliar os usuários na realização de serviços de forma mais rápida e eficiente. Algoritmos e sistemas de IA também podem ser usados para processar grandes volumes de dados e fornecer insights úteis aos gestores públicos, permitindo a melhoria contínua dos serviços oferecidos.

Além disso, sistemas de IA podem ser usados para personalizar a experiência do usuário em plataformas de autosserviço, oferecendo sugestões e recomendações com base nas preferências e histórico de uso do usuário. Isso pode melhorar significativamente a satisfação do usuário e aumentar a adoção de serviços digitais pelo público em geral. Por meio do autosserviço, os administrados podem acessar e realizar diversas questões burocráticas de forma digital, sem a necessidade de deslocamentos ou atendimentos presenciais, o que contribui para diminuir a perda de tempo e facilitar a resolução de demandas.

Com a disponibilização de serviços on-line, os administrados podem realizar diversas ações diretamente, sem a intermediação de funcionários públicos, o que agiliza o processo e reduz a burocracia[40]. A possibilidade de acessar e resolver questões de forma autônoma, em qualquer horário e lugar, permite que o cidadão tenha maior controle sobre seus processos e evita a espera em filas e a burocracia tradicional[41]. Isso não apenas economiza tempo, mas também promove uma maior eficiência na prestação de serviços públicos, proporcionando uma experiência mais satisfatória ao administrado e uma administração mais moderna e adaptada aos desafios do século XXI.

---

38. BRAGA, Lamartine Vieira. Fostering e-government in Brazil: a case study of digital certification adoption. *Revista Brasileira de Políticas Públicas*, Brasília, v. 7, n. 3, p. 585-600, dez. 2017.
39. SANTANNA, Gustavo da Silva. *Administração pública eletrônica*: o caminho para a implantação de serviços públicos 4.0. Londrina: Thoth, 2022, p. 23-88.
40. Reduzindo-se a "perda de tempo" do administrado, torna-se pertinente eventual discussão sobre a lesão ao tempo (e seu afastamento). Com relação ao tema específico, conferir GUGLINSKI, Vitor Vilela. Da responsabilidade civil do Estado pela perda do tempo útil/livre do administrado. *Boletim de Administração Pública e Gestão Municipal*, Curitiba, v. 6, n. 54, p. 405–408, mar. 2016. Em linhas mais amplas, considere-se o conceito de lesão ao tempo e a ponderação bem contextualizada de Carlos Edison do Rêgo Monteiro Filho, "no exemplo genérico da injustificada perda do tempo na fila de agência bancária, é bem crível que, para além da questão extrapatrimonial, decorram do inesperado atraso efeitos de ordem patrimonial na vítima, como a perda de compromissos profissionais [...]". MONTEIRO FILHO, Carlos Edison do Rêgo. Lesão ao tempo: configuração e reparação nas relações de consumo. *Revista da Ajuris*, Porto Alegre, v. 43, n. 141, p. 87-113, dez. 2016. p. 107.
41. VILLELA, João Baptista. Relação de consumo e responsabilidade civil do estado. *Revista IOB de Direito Civil e Processual Civil*, São Paulo, v. 9, n. 59, p. 59–71, maio/jun. 2009.

No entanto, é importante lembrar que o uso da IA no governo digital também levanta questões éticas e de privacidade. É necessário garantir que os dados dos usuários sejam coletados e tratados de forma responsável e que sejam adotadas medidas de segurança adequadas para evitar vazamentos ou uso indevido de informações pessoais.

Para mitigar esses riscos, é importante que os órgãos públicos adotem medidas que garantam a acessibilidade e a inclusão digital, oferecendo alternativas para os cidadãos que não têm acesso à internet ou não têm habilidades para utilizar os serviços eletrônicos. Além disso, é fundamental investir em capacitação e treinamento dos usuários, oferecendo tutoriais e suporte para o uso das plataformas digitais.

Outra medida importante é a adoção de medidas de segurança e privacidade dos dados pessoais dos usuários, com o estabelecimento de protocolos e normas para a proteção de informações sensíveis. A adoção de tecnologias como a criptografia e a autenticação de usuários pode ajudar a garantir a segurança e a privacidade dos dados[42].

Por fim, é importante garantir a transparência e a participação social na implementação do autosserviço, envolvendo os cidadãos no processo de desenvolvimento e avaliação dos serviços eletrônicos. A adoção do autosserviço deve ser acompanhada de um monitoramento constante da qualidade e da efetividade dos serviços, com a identificação e correção de eventuais falhas e problemas.

Desde a entrada em vigor da Lei do Processo Eletrônico (Lei nº 11.419/2006), que estabeleceu a informatização do processo judicial, os tribunais brasileiros vêm adotando sistemas eletrônicos para a prática de atos processuais e a comunicação entre as partes e o tribunal.

Entre as principais iniciativas de autosserviço adotadas pelos tribunais, podemos destacar a disponibilização de sistemas de peticionamento eletrônico, que permitem aos advogados protocolar petições e documentos de forma online, sem precisar comparecer pessoalmente ao tribunal.

Além disso, alguns tribunais têm adotado sistemas de autosserviço para a obtenção de certidões e informações processuais, que podem ser solicitadas e obtidas de forma eletrônica pelos interessados, sem a necessidade de comparecer ao tribunal ou enviar requerimentos por correio.

Outra iniciativa de autosserviço adotada pelos tribunais é a disponibilização de sistemas de acompanhamento processual, que permitem aos usuários consultar o andamento de processos judiciais pela internet, sem precisar se deslocar até o tribunal ou consultar um advogado.

Essas iniciativas de autosserviço têm contribuído para agilizar e simplificar o acesso à justiça, tornando mais fácil e ágil a prática de atos processuais e a obtenção de informações e documentos processuais pelos cidadãos e advogados.

---

42. Cf. LAYNE, Karen; LEE, Jungwoo. Developing fully functional e-government: a four stage model. *Government Information Quarterly*, Londres, v. 18, p. 122-136, 2001.

Também há exemplos de autosserviço na interação entre cidadãos e empresas com o Executivo e Legislativo no Brasil. Um exemplo é a plataforma "gov.br", que centraliza diversos serviços públicos em um único portal eletrônico, como a emissão de documentos, pagamento de impostos e consultas a informações públicas.

Por meio da plataforma, os usuários podem realizar diversos serviços sem a necessidade de se deslocar fisicamente aos órgãos públicos, como solicitação de benefícios previdenciários, agendamento de atendimentos em órgãos públicos, entre outros.

Além disso, alguns órgãos do Legislativo também têm adotado iniciativas de autosserviço, como a disponibilização de sistemas de votação eletrônica, que permitem aos parlamentares votar em projetos de lei de forma remota, sem precisar estar presente fisicamente nas sessões legislativas.

Outra iniciativa é a consulta pública online de projetos de lei e outras propostas em tramitação, que permitem aos cidadãos e empresas opinarem e enviarem sugestões aos órgãos legislativos de forma eletrônica.

Essas iniciativas de autosserviço na interação com o Executivo e o Legislativo têm contribuído para uma maior transparência e eficiência na prestação de serviços públicos, além de facilitar o acesso dos cidadãos e empresas aos órgãos e serviços governamentais.

4.2 PLURIDIMENSIONALIDADE DA *ACCOUNTABILITY* PÚBLICA

Em breves linhas, pode-se dizer que *accountability* nada mais é que o processo pelo qual as entidades e os gestores públicos são responsabilizados pelas próprias decisões e ações, contemplando o trato com recursos públicos e todos os aspectos de desempenho que podem ser submetidos a mecanismos de controle interno e externo, como auditorias, prestações de contas etc. A tradução mais usual para o termo *accountability* é 'responsabilidade'[43], em sentido amplo[44].

Mas, em linhas mais específicas, é possível destrinchar o termo sob os seguintes contextos: (i) responsabilidade como "capacidade" (*capacity*): refere-se à capacidade ou autoridade do servidor público para agir, que, nesse sentido, implica a existência de um conjunto de leis e regulamentos que definem a capacidade ou a autoridade do servidor público de desempenhar suas obrigações de agir (funções e deveres) e como um limite para essas ações; (ii) responsabilidade como "prestação de contas" (*accountability*): refere-se à obrigação que servidores públicos têm de fornecer informações, explicações e/ou justificativas a uma autoridade superior – interna ou externa – por seus atos no desempenho de suas funções, de modo que pode-se dizer que a Administração Pública

---

43. CAIDEN, Gerald E. The problem of ensuring the public accountability of public official. *In*: JABBRA, Joseph G.; DWIVEDI, Onkar Prasad (ed.). *Public service accountability*: a comparative perspective. West Hartford: Kumarian, 1989, p. 17-38.
44. HOGWOOD, Brian W. Autonomía burocrática y responsabilidad. *Gestión y Análisis de Políticas Públicas*, Madri, v. 15, p. 19- 37, maio/ago. 1999, p. 20.

é sempre "responsável", pois, mesmo em sistemas não democráticos, sempre há o dever de os servidores públicos darem conta de suas atividades e, portanto, se sujeitarem a julgamentos ou avaliações de uma autoridade superior, variando na maneira pela qual essa prestação de contas ocorre – processos, critérios, diante de quem, consequências etc.; (iii) responsabilidade em sentido estrito (*liability*): refere-se à suposição das consequências dos próprios atos e, às vezes, também de atos praticados por terceiros, quando esses atos ocorrem dentro do campo de autoridade do administrador responsável final, uma vez que as consequências dessa dimensão de responsabilidade são normalmente fixadas por lei e podem variar muito, dependendo da ordem jurídica de cada país, podendo implicar a imposição de uma sanção (renúncia, demissão, penalidade disciplinar etc.) e a compensação pelos danos causados, mas, por outro lado, também as implicações positivas para o servidor que agiu corretamente ou de maneira exemplar[45].

A distinção entre política e administração, que forma uma das doutrinas mais clássicas da ciência política moderna e da administração pública, conota não apenas sua divisão de função e sua separação estrutural, mas também a subordinação desta última à primeira. Assim, a primazia da política no nexo político-administrativo explica o controle político final, ou melhor, o governo da maquinaria administrativa do estado em uma democracia. Com isso, a efetivação de uma reforma administrativa perpassa pela averiguação das potencialidades que os mecanismos de controle podem exercer nesse contexto[46].

David Osborne e Ted Gaebler sugerem, por exemplo, um 'governo catalítico'[47] para a reformulação do arquétipo estatal. Seria, por assim dizer, uma modelagem dinâmica de gestão, pela qual gestores públicos seriam catalisadores de atividades privadas[48], se responsabilizando pela propulsão dessa atuação dissociada da própria máquina pública[49]. É, sem dúvidas, um modelo de estado mínimo que mais se aproxima das proposições que vigoraram no curso do século XX em todo do globo, e bem menos uma sugestão alinhada aos ditames de governança que regem a atuação responsável[50].

---

45. Cf. JØRGENSEN, Torben Beck; SØRENSEN, Ditte-Lene. Codes of good governance. *Public Administration*, Nova Jersey, v. 12, n. 1, p. 71-96, dez. 2012.
46. Conferir, sobre o tema, ARAGÃO, Alexandre Santos de. A consensualidade no direito administrativo: acordos regulatórios e contratos administrativos. *Revista de Informação Legislativa*, Brasília, ano 42, n. 167, p. 293-309, jul./set. 2005; CRISTÓVAM, José Sérgio da Silva; MEZZAROBA, Orides; PEREIRA, Paulo Ricardo Maroso. Controle social e o paradigma da Administração Pública digital no Brasil. *Revista Internacional de Direito Digital*, Belo Horizonte, ano 2, n. 2, p. 55-77, maio/ago. 2021; FALEIROS JÚNIOR, José Luiz de Moura; GONTIJO, Ana Carla de Albuquerque Pacheco. Transformação digital e consensualização: o direito público robustecido pelo implemento de meios alternativos de solução de disputas. *Revista da Universidade do Sul de Santa Catarina*, Palhoça, ano XI, n. 22, jan./jun. 2021.
47. OSBORNE, David; GAEBLER, Ted. *Reinventing government*: how the entrepreneurial spirit is transforming the public sector. Reading: Addison-Wesley, 1992, p. 27.
48. PETERS, Tom J.; WATERMAN JR., Robert H. *In search of excellence*: lessons from America's best-run companies. Nova Iorque: Harper & Row, 1982, p. 3-28.
49. WEIDENBAUM, Murray L. The government-oriented corporation. *In*: SMITH, Bruce L. R.; HAGUE, Douglas C. (ed.). *Dilemma of accountability in modern government*: independence versus control. Nova Iorque: Palgrave Macmillan, 1971, p. 146.
50. WALDEGRAVE, William. *The reality of reform and accountability in today's public service*. Londres: CIPFA, 1993, p. 33-35.

Não obstante, quando se cogita em termos de *accountability* não é um distanciamento completo entre Estado e cidadãos, mas uma aproximação essencial, baseada em transparência e boa conduta.

No contexto do direito público, tomam corpo quatro espécies de responsabilidade em seu sentido popularizado como *accountability*: (a) política, (b) administrativa, (c) profissional (dentro da estrutura da vertente administrativa); (d) democrática.

4.2.1 *Accountability* em sua dimensão política

A *accountability* política se manifesta em duas dimensões: vertical e horizontal. Na sua dimensão vertical, revela uma relação que liga aqueles que ocupam altos cargos na estrutura administrativa, isto é, os servidores públicos nomeados e destituídos livremente (*ad nutum*), por razões políticas. São os indivíduos que ocupam cargos comissionados e funções de confiança, além dos agentes políticos. Na sua dimensão horizontal, a *accountability* política é um relacionamento que vincula o governo ao Parlamento[51]. Isso, novamente, depende das disposições legais e constitucionais de cada país. No entanto, é cada vez mais frequente que agentes administrativos de alto nível prestem contas diretamente ao Parlamento por seu desempenho individual ou pelas de suas respectivas unidades administrativas, especialmente em países europeus[52].

A realização dessa forma de atuação se baseia em um conjunto muito amplo de critérios, incluindo considerações técnicas e objetivas, mas mais do que em qualquer outro critério – principalmente na relação Governo/Parlamento – a dimensão horizontal da *accountability* política é lastreada em considerações políticas e em julgamentos de valor de uma natureza ideológica ou partidária. Na dimensão vertical, as posições inferiores são responsáveis pelas superiores, e as últimas podem supervisionar e controlar o desempenho das primeiras. Na dimensão vertical, porém, a realização da *accountability* política reside em considerações de caráter técnico ou objetivo, embora sempre carregadas de uma certa perspectiva política. Nas duas dimensões, vertical e

---

51. Cf. STONE, Bruce. Administrative accountability in the 'Westminster' democracies: towards a new conceptual framework. *Governance: International Journal of Policy, Administration, and Institutions*, Nova Jersey, v. 8, n. 4, p. 505-526, out./dez. 1995.
52. Analisando algumas das particularidades do caso específico do Reino Unido, tem-se os comentários de David Howell: "It must be recognised, of course, that in most of these cases, and certainly in the case of the major nationalised industries, the independent management status, in as far as it in practice exists, has been achieved more through historical and political accident than as the result of a determined strategy of government structural reform. Moreover, as other papers prepared for the conference show in far greater detail, the 'independent' position of nationalised undertakings has given rise to many complex and disturbing problems. Of these perhaps the most notable and noticed have been the inadequacy of accountability to Parliament and the public on the one hand, and the excessive degree of ministerial interference and control on the other, thus giving these great independent bodies the worst of both worlds, neither management freedom nor positive and constructive public control". HOWELL, David. Public accountability: trends and parliamentary implications. *In*: SMITH, Bruce L. R.; HAGUE, Douglas C. (ed.). *Dilemma of accountability in modern government*: independence versus control. Nova Iorque: Palgrave Macmillan, 1971, p. 235.

horizontal, as consequências da responsabilidade política podem acabar com a demissão ou exoneração do servidor público implicado[53].

O principal problema que as novas linhas de reforma administrativa causam para a *accountability* política é o nível de autonomia que é procurado pelas unidades e agências administrativas. As questões aqui levantadas são, portanto: (i) até que ponto a autoridade política é responsável ou responsabilizada pelo desempenho de agentes autônomos? (ii) Até que ponto os arranjos formais que podem ser estabelecidos para esse tipo de prestação de contas podem afetar o desempenho das unidades e agências autônomas?

4.2.2 *Accountability* em sua dimensão administrativa

A *accountability* administrativa, como a política, ocorre em dupla dimensão: vertical e horizontal. Em sua dimensão vertical, revela um relacionamento que vincula posições administrativas inferiores às superiores – políticas ou administrativas. E, em sua dimensão horizontal, vincula o administrador individual e a Administração Pública como um todo: (i) ao cidadão, sujeito concreto ou usuário do serviço; (ii) a outros órgãos externos de supervisão e controle estabelecidos para esse fim, tais como órgãos de auditoria, controladores, "*ombudsmen*"[54] etc.[55] O conteúdo dessa relação de prestação de contas, tanto na dimensão vertical quanto na horizontal, pode variar, dependendo das disposições legais e constitucionais em vigor em cada país.

No entanto, diferentemente da *accountability* política, aqui se apresenta uma grande homogeneidade entre os diferentes sistemas administrativos nacionais em relação aos critérios utilizados para sua realização. Assim, tanto a dimensão vertical da *accountability* administrativa, quanto a horizontal, são baseadas em critérios estritos e objetivos de caráter legal e funcional, que assumem a forma de obrigações de fazer ou não fazer que vinculam o funcionalismo público. Por exemplo, o dever de cumprir todas as obrigações vinculadas ao cargo; o dever de obediência e lealdade para com os superiores; o dever de neutralidade ou imparcialidade; o dever de integridade, o dever de discrição; o dever de usar adequadamente os recursos públicos; o dever de tratar os cidadãos, tanto quanto os superiores, colegas e subordinados, com atenção e respeito; e o dever de cumprir a Constituição e o restante da ordem jurídica, ao qual deve ser adicionado o dever correspondente de abster-se de executar qualquer ação que viole esses princípios.

O cumprimento desses deveres e obrigações é garantido, na dimensão vertical da responsabilidade administrativa, por meio de um amplo conjunto de mecanismos internos

---

53. Cf. THOMPSON, Dennis F. Responsibility for failures of government: the problem of many hands. *American Review of Public Administration*, Nova Iorque, v. 44, n. 3, p. 259-273, 2014.
54. O termo *ombudsman* é de origem nórdica (*umboðsmaðr*) e, assim como seus desdobramentos *ombudsperson* e *ombud*, identifica, em linhas essenciais, um cargo profissional contratado por um órgão, instituição ou empresa com a função de receber críticas, sugestões e reclamações de usuários e consumidores, com o dever agir de forma imparcial para mediar conflitos entre as partes envolvidas e propagar o interesse público.
55. Cf. LÖFFLER, Elke. *Managing accountability in intergovernmental partnerships*. Relatório apresentado à OECD-PUMA, Paris: OECD, 1999.

de controle e supervisão – representantes, controladores, auditorias etc. O objetivo desses mecanismos é, de fato, garantir a estrita conformidade do desempenho administrativo com as regras e procedimentos estabelecidos, e o uso correto dos recursos públicos. Nesse sentido, é muito comum que os mecanismos de controle financeiro adquiram uma relevância especial entre os diferentes instrumentos de controle, por meio do controle *ex ante* das despesas. Isso lhes permite condicionar a programação e o desempenho administrativos a tal ponto que – principalmente quando isso inclui um poder de veto do gestor – eles se tornam, na prática, os verdadeiros formuladores de políticas públicas, invertendo a lógica da direção e administração política e administrativa[56].

Em sua dimensão vertical, a *accountability* administrativa é fixada pela ordem jurídica e ocorre através de um conjunto de procedimentos internos. Nos casos em que há uma violação à lei, pode assumir a forma de procedimentos disciplinares e pode, em casos mais graves, gerar a demissão do servidor público em questão. Entretanto, as consequências da realização dessa dimensão da *accountability* administrativa também podem ser positivas quando os mecanismos de controle ou supervisão reconhecerem o desempenho ou comportamento correto de servidores públicos e unidades administrativas. Nesses casos, a realização da responsabilidade administrativa também pode implicar um prêmio ou reconhecimento público para aqueles que se distinguiram no exercício das funções.

Em sua dimensão horizontal, a *accountability* administrativa – além de sujeita aos princípios legais descritos nas páginas anteriores – também se baseará em outros critérios formais, legalmente estabelecidos, que enquadram os termos essenciais da relação entre a Administração Pública e os cidadãos; ainda, entre a Administração Pública e os órgãos externos de controle e supervisão. Essa relação é, aqui, uma relação concreta estabelecida por ocasião da prática de um ato administrativo específico. O cidadão, portanto, é tido como um indivíduo concreto e identificado – o usuário do serviço ou, em termos gerenciais, o cliente –, não o cidadão em termos globais ou abstratos.

Nessa relação entre a Administração e o cidadão, a lei corrige os direitos e possíveis expectativas do último e as funções e deveres da primeira, tanto os que correspondem a cada unidade administrativa, quanto os que correspondem a cada servidor público[57]. De fato, pode-se dizer que, interpretada dessa maneira, a *accountability* administrativa fornece ao cidadão a mais alta garantia de atenção e igualdade de tratamento, além de total certeza, pelo menos no que diz respeito às formas de relacionamento com a Administração (órgãos, procedimentos) e seus possíveis resultados: é uma faceta da governança pública, materializada a partir de balizas desveladas pela Eticidade[58].

---

56. NORMANTON, E. Leslie. Public accountability and audit: a reconnaissance. *In*: SMITH, Bruce L. R.; HAGUE, Douglas C. (ed.). *Dilemma of accountability in modern government*: independence versus control. Nova Iorque: Palgrave Macmillan, 1971, p. 314-315.
57. RHODES, Roderick A. W. The new governance: governing without government. *Political Studies*, University of Newcastle, Newcastle, n. XLIV, p. 652-667, 1996, p. 657.
58. PIERRE, Jon; PETERS, B. Guy. *Governing complex societies*: trajectories and scenarios. Nova Iorque: Palgrave Macmillan, 2005, p. 126.

Entretanto, esse tipo de relação de responsabilidade administrativa, formal e legalmente estabelecida, não exclui a existência de outro tipo de responsabilidade horizontal perante os cidadãos ou grupos sociais, como a *accountability* democrática, que será analisada adiante. Não obstante, desde logo se esclarece que, apesar das semelhanças com a *accountability* administrativa horizontal, a *accountability* democrática dela difere por não ter sido formalizada, mas realizada perante os cidadãos ou grupos sociais em geral e por se basear apenas na obtenção de determinados resultados por meio de ação administrativa. Por outro lado, a dimensão horizontal da *accountability* administrativa implica também a existência de órgãos externos de controle e supervisão, aos quais a Administração Pública deve prestar contas de seu desempenho: a ideia é tornar os gestores 'responsivos', para além de já serem 'responsáveis'[59]. No entanto, esse tipo de órgão, embora frequente, não existe em muitos países. Onde existem, sua estrutura e suas funções variam consideravelmente de país para país e, de qualquer forma, estão sujeitas a um conjunto de regras específicas. Isso inclui órgãos como comissões independentes de supervisão, comissões parlamentares, órgãos estaduais de controle, auditorias contábeis ou financeiras, tribunais de contas etc.[60]

O comumente chamado "*ombudsman*" – de origem nórdica, já mencionado alhures – merece menção separada. Essa última espécie de instituição é geralmente caracterizada pela amplitude e flexibilidade de seus procedimentos, por sua acessibilidade e pela falta de coerção de suas decisões e recomendações[61]. Trata-se, precisamente, da característica mais relevante, pois, diferentemente da maioria dos outros órgãos externos de controle e supervisão, os "*ombudsmen*" geralmente não têm o poder de resolver ou impor suas próprias decisões, que geralmente têm apenas a forma de recomendações e, às vezes, denúncias dos atos da administração. Seria, no Brasil, um 'ouvidor-geral'[62]. É exatamente em função disso que "a governança emergiu como uma perspectiva importante porque se concentra no desempenho, tanto em termos de serviços públicos, quanto em busca de formas alternativas e recursos políticos para o Estado manter alguma capacidade de direção"[63].

---

59. BEVIR, Mark. *Democratic governance*. Princeton: Princeton University Press, 2010, p. 109.
60. "O termo controle externo é utilizado para tratar de dois temas distintos, um com o conteúdo de fiscalização contábil, financeira, patrimonial, administrativa, a cargo do Poder Legislativo com o auxílio de órgãos especializados de contas. O controle externo se caracteriza pela atuação de um Poder ou órgão constitucional independente sobre a atuação administrativa de outros poderes que são agentes do ato controlado. Por sua vez, o controle interno materializa-se em ação de vigilância voltada às práticas do Poder ou Administração a que pertence" MEIRELLES, Hely Lopes. *Direito administrativo brasileiro*. 28. ed. São Paulo: Malheiros, 2003, p. 673-674.
61. GUALAZZI, Eduardo Lobo Botelho. Controle administrativo e 'Ombudsman'. *Revista da Faculdade de Direito da Universidade de São Paulo*, São Paulo, v. 86, n. 2, p. 144-163, ago./dez. 1991, p. 156.
62. AMARAL FILHO, Marcos Jordão Teixeira do. Ouvidor-geral – o *Ombudsman* brasileiro. In: ALMEIDA, Fernando Dias Menezes de; MARQUES NETO, Floriano de Azevedo; MIGUEL, Luiz Felipe Hadlich; SCHIRATO, Vitor Rhein (coord.). *Direito público em evolução*: estudos em homenagem à Professora Odete Medauar. Belo Horizonte: Fórum, 2013, p. 281-284.
63. PIERRE, Jon; PETERS, B. Guy. *Governing complex societies*: trajectories and scenarios. Nova Iorque: Palgrave Macmillan, 2005, p. 127, tradução livre. No original: "(...) governance has emerged as an important perspective because it concentrates on performance, both in terms of public services and in terms of finding alternative ways and political resources for the state to maintain some steering capacity".

O efeito dessas recomendações ou denúncias públicas, porém, depende muito do prestígio e da aceitação dessa instituição em cada sistema administrativo para propiciar "melhoria da transparência dos custos do portfólio de processos, projetos e serviços; esclarecimento das responsabilidades relacionadas à tomada de decisão; construção de relações claras e envolventes entre fornecedores e usuários de serviços"[64]. Enfim, as consequências da realização da *accountability* administrativa em sua dimensão horizontal são igualmente fixadas por lei e são trazidas através de processos administrativos internos, procedimentos e mecanismos de controle externo.

Por fim, recursos e atos de controle contra a Administração Pública podem acabar sendo submetidos à decisão de um tribunal de justiça por meio dos procedimentos judiciais relevantes. Em alguns países, os assuntos administrativos são da competência dos tribunais de justiça comuns, enquanto, em outros, são atribuídos aos tribunais em questões administrativas não especializadas. A resolução desses procedimentos pode significar a aceitação ou rejeição da solicitação apresentada pelo cidadão em exercício, mas também pode revisar um ato administrativo incorreto e implicar uma sanção para o servidor responsável.

De um ponto de vista prático, no entanto, o quadro descrito acima deve ser qualificado, uma vez que alguns de seus elementos operam, de fato, de uma maneira diferente da habitualmente usada para descrevê-los em termos abstratos. Por exemplo, no que diz respeito ao dever de neutralidade ou imparcialidade que deve governar o desempenho dos servidores públicos e o da Administração Pública em geral, ele não opera – nem deve – operar em termos absolutos, pois isso seria contrário à própria ideia de governo democrático, ou seja, o dever de neutralidade ou imparcialidade dos servidores públicos não pode impedi-los de executar comandos ou instruções emitidas por seus superiores na implementação do programa político do governo em exercício: um programa que é, por definição, um programa partidário e, portanto, não é neutro.

A não execução desses comandos implicaria uma violação dos deveres de obediência ou lealdade que vinculam todo o funcionalismo público. Assim, a neutralidade da Administração Pública significa, nesse sentido, a disposição dos funcionários de trabalhar com os diferentes governos e de executar seus diferentes programas políticos com total fidelidade.

Por outro lado, a dimensão horizontal da *accountability* administrativa adquire uma dimensão maior nos sistemas descentralizados, uma vez que abrange também as relações entre as diferentes áreas e níveis da administração pública, onde se torna complexa ou plural[65].

---

64. LEIGNEL, Jean-Louis; UNGARO, Thierry; STAAR, Adrien. *Digital transformation*: information system governance. Nova Jersey: John Wiley & Sons, 2016, p. 27, tradução livre. No original: "(...) improvement of the transparency of the costs of the process, projects and services portfolio; clarification of the responsibilities regarding decision-making; building of clear and engaging relationships between suppliers and service users".
65. Cf. PAPADOPOULOS, Yannis. Cooperative forms of governance: Problems of democratic accountability in complex environments. *European Journal of Political Research*, Oxford, v. 42, n. 4, p. 473-501, jun. 2003.

Noutros termos, a dimensão horizontal também se manifesta nas relações entre a Administração central e a periférica, tanto quanto entre as da Administração central com as organizações das unidades autônomas e entre as unidades e agências descentralizadas e autônomas com cada uma delas[66]. Nesse campo, mais uma vez, as relações entre os diferentes níveis de governo são fixadas por lei ou pela Constituição e, portanto, também o são as relações propulsionadas pela *accountability* administrativa[67].

As principais características da concepção clássica de *accountability* administrativa são, portanto, as seguintes: (i) sujeição total de servidores públicos e unidades administrativas a um amplo conjunto de regras e procedimentos constitucionais, legais e administrativos que governam firmemente seu desempenho; (ii) sujeição total de servidores públicos e unidades administrativas a instruções e comandos emitidos por autoridades e órgãos superiores na adição hierárquica; (iii) realização da *accountability*, em sua dimensão vertical, por meio de órgãos e servidores hierarquicamente superiores e de acordo com inúmeros mecanismos internos de supervisão e controle, dentre os quais estão os mecanismos de controle financeiro; (iv) realização da *accountability*, na sua dimensão horizontal, por meio de órgãos externos de supervisão ou controle e tribunais de justiça, por solicitação do cidadão ou oficiosamente; (v) avaliação com base no cumprimento, por servidores públicos e unidades administrativas, das disposições e procedimentos estabelecidos por regras e regulamentos formais e também quanto ao uso correto dos recursos públicos: (vi) estabelecimento, por lei, de possíveis consequências da *accountability*, sendo diferentes de país para país. As consequências da responsabilização administrativa podem incluir uma revisão do ato administrativo, compensação e sanção ou recompensa ao servidor público envolvido[68].

4.2.3   *Accountability* em sua dimensão profissional

Dentro da estrutura geral de ação administrativa, um problema especial é colocado pela chamada "*accountability* profissional", conceito que se refere a um tipo especial de relação de prestação de contas, perfeitamente identificável e que ocorre principalmente no mundo profissional. O tema foi originalmente proposto por Barbara Romzek e Melvin Dubnick, por ocasião de estudo realizado em relação às responsabilidades tomadas pela *National Aeronautics and Space Administration* – NASA e pelo governo norte-americano no caso do acidente com o ônibus espacial Challenger:

> A responsabilidade profissional [...] ocorre com maior frequência à medida que o governo lida cada vez mais com problemas tecnicamente difíceis e complexos. Nessas circunstâncias, os servidores públicos devem contar com funcionários qualificados e especializados para fornecer soluções apropriadas.

---

66. Cf. QUIRK, Barry. Accountable to everyone: postmodern pressures on public managers. *Public Administration*, Nova Jersey, v. 75, n. 3, p. 569-586, out./dez. 1997.
67. Cf. GOETZ, Anne Marie; JENKINS, Rob. Hybrid forms of accountability: citizen engagement in institutions of public-sector oversight in India. *Public Management Review*, Oxfordshire, v. 3, n. 3, p. 363-383, jul./set. 2001.
68. BAR CENDÓN, Antonio. *Accountability and public administration*: concepts, dimensions, developments. Maastricht: NISPAcee European Institute of Public Administration, 1999, p. 37-38.

Esses funcionários esperam ser responsabilizados por suas ações e insistem que os líderes das agências confiem neles para fazer o melhor trabalho possível. Se eles não atenderem às expectativas de desempenho no trabalho, presume-se que eles possam ser repreendidos ou demitidos. Caso contrário, eles esperam ter discrição suficiente para realizar o trabalho. Assim, a responsabilidade profissional é caracterizada pela colocação do controle sobre as atividades organizacionais nas mãos do funcionário, com a experiência ou habilidades especiais para sua realização. A chave do sistema de responsabilização profissional, portanto, é a deferência à experiência dentro da agência. Embora associações profissionais externas possam influenciar indiretamente a tomada de decisão do especialista interno (por meio de padrões educacionais e profissionais), a fonte de autoridade é essencialmente interna à agência[69].

No entanto, a responsabilidade profissional também pode ocorrer – e ocorre – dentro da estrutura geral da ação administrativa e da responsabilidade. Isso se deve ao aumento estrutural da Administração Pública e ao aumento da complexidade e especialização técnica de suas tarefas, o que significou a entrada na estrutura administrativa de um grande número de profissionais de alta qualificação e, portanto, ao desenvolvimento de inúmeras atividades administrativas de um profissional.

A responsabilidade profissional é caracterizada pela existência de um conjunto de normas e práticas de natureza técnica ou profissional que regem o comportamento e o desempenho dos membros de uma determinada profissão. Essas tempestades e práticas, desde que suas respectivas profissões estejam integradas na estrutura orgânica da Administração Pública, também se tornam parte do conjunto de regras, regulamentos e princípios que regem a operação nas áreas em que a profissão é exercida.

Os membros da profissão, portanto, estão sujeitos a esse conjunto normativo, mas movem-se com plena autonomia ao realizar atividades profissionais, atuando apenas de acordo com seus próprios critérios e conhecimentos profissionais.

De qualquer forma, além do quadro jurídico geral da Administração Pública, espera-se uma lealdade especial às regras e princípios técnicos e éticos que regem a profissão, os quais, por outro lado, são fixados por órgãos de controle (no Brasil, pelos Conselhos Profissionais) da própria profissão. Essas regras e princípios profissionais têm, portanto, uma dimensão técnica e ética[70]. De fato, é frequente que as profissões

---

69. ROMZEK, Barbara S.; DUBNICK, Melvin J. Accountability in the public sector: lessons from the Challenger tragedy. *Public Administration Review*, Nova Jersey, v. 47, n. 3, p. 227-238, maio/jun. 1987, p. 229, tradução livre. No original: "Professional accountability [...] occurs with greater frequency as government deal increasingly with technically difficult and complex problems. Under those circumstances, public officials must rely on skilled and expert employees to provide appropriate solutions. Those employees expect to be held fully accountable for their actions and insist that agency leaders trust them to do the best job possible. If they fail to meet job performance expectations, it is assumed they can be reprimanded or fired. Otherwise, they expect to be given sufficient discretion to get the job done. Thus, professional accountability is characterized by placement of control over organizational activities in the hands of the employee with the expertise or special skills to get the job done. The key to professional accountability system, therefore, is deference to expertise within the agency. While outside professional associations may indirectly influence the decision making of the in-house expert (through education and professional standards), the source of authority is essentially internal to the agency".
70. MAURIQUE, Jorge Antonio. Conselhos: controle profissional, processo administrativo e judicial. *In*: FREITAS, Vladimir Passos de (coord.). *Conselhos de fiscalização profissional*: doutrina e jurisprudência. 3. ed. São Paulo: Revista dos Tribunais, 2013, p. 259-260.

organizadas tenham seus próprios códigos de comportamento e de ética profissional e estabeleçam mecanismos especiais para sua aplicação e controle. Esses controles profissionais, onde existem, tendem a se concentrar no cumprimento pelos membros da profissão das disposições dessas regras e princípios profissionais, bem como nos resultados técnicos de seu desempenho, e são realizados apenas por membros da mesma profissão[71].

O problema é, portanto, como combinar os critérios clássicos que regem as atividades profissionais no âmbito privado e a operação e a *accountability* da Administração Pública com os aspectos que governam a operação e a prestação de contas das profissões integradas[72]. Esse problema, no entanto, não é novo, pois em muitos países setores profissionais altamente qualificados, como educação universitária, pesquisa científica, serviços médicos etc. foram incluídos na Administração Pública por muitos anos. Nesses casos, como nos novos que podem ocorrer com o mesmo caráter, a solução do problema está na atribuição de autonomia a esses setores profissionalizados da Administração Pública para a realização das tarefas técnicas ou profissionais relevantes. Entretanto, ao mesmo tempo, deve-se manter os elementos necessários para a existência de vínculo ou relacionamento administrativo, como a sujeição à gerência geral da Administração Pública, o *status* administrativo do pessoal envolvido nessas atividades etc., alavancando verdadeira atuação conforme que enaltece os programas de integridade e o *compliance* trabalhista.

Assim, a atividade profissional na Administração Pública requer um modelo especial de responsabilidade que deve ser integrado à estrutura geral da *accountability* administrativa.

Desse modo, as principais características da *accountability* profissional – em esfera mais restrita de cognição – serão as seguintes: (i) sujeição de funcionários profissionais a um conjunto de regras e práticas de caráter profissional (técnico e ético) distintivo da profissão e que são estabelecidos por Conselhos e Ordens; (ii) autonomia dos membros da profissão no exercício de suas funções, com atuação segundo critérios próprios e conhecimentos profissionais especializados; (iii) realização da *accountability* profissional, em sua dimensão técnica, por meio de órgãos (Conselhos e Ordens) de caráter técnico-profissional, formados por membros da mesma profissão; (iv) realização da *accountability* profissional, em sua dimensão administrativa, através dos órgãos ordinários de supervisão e controle da Administração Pública; (v) avaliação baseada tanto no cumprimento pelo desempenho das regras e princípios técnicos estabelecidos pela profissão, como pelo desempenho a partir dos resultados técnicos; (vi) definição, país a país, das conseqüências desse processo de *accountability*.

---

71. FARIA JÚNIOR, João Leão de. Ordens e Conselhos profissionais: noções (excertos de um parecer). *Revista dos Tribunais*, São Paulo, ano 64, v. 475, p. 217-219, maio 1975, p. 219.
72. SAAD-DINIZ, Eduardo. *Ética negocial e compliance*: entre a educação executiva e a interpretação judicial. São Paulo: Revista dos Tribunais, 2019, p. 198.

4.2.4 *Accountability* em sua dimensão democrática

Além das formas de *accountability* já analisadas nos tópicos anteriores, caracterizadas preponderantemente pela definição clara de seus princípios de operação e dos mecanismos estabelecidos para sua realização, existe outra forma de *accountability*, menos definida e que pode ser denominada "*accountability* democrática", uma vez que é expressa diretamente no que diz respeito aos cidadãos ou à sociedade como um todo.

Verdadeiro vetor de uma proposta de consensualização, a *accountability* democrática implica, nesse diapasão, a existência de uma relação direta entre a Administração Pública e a sociedade civil[73]. Trata-se de uma relação na qual esta não é apenas um objeto passivo da ação daquela, mas, ao contrário, adota um papel ativo, tanto em relação ao acatamento de atos administrativos, quanto em relação à solicitação de prestação de contas daqueles que os praticam[74].

De fato, o crescimento da Administração Pública e a profusão de políticas públicas e ações administrativas a todos os aspectos possíveis da vida em sociedade são fatores que propiciaram o surgimento de um processo de participação no qual duas necessidades diferentes convergem: por um lado, a necessidade da Administração Pública de obter o maior apoio possível à aceitação social de suas decisões; e, por outro, a necessidade da sociedade e de grupos específicos dentro dela de garantir que a Administração Pública leve em consideração e cumpra suas próprias demandas e interesses[75].

Esse processo de participação se torna um relacionamento de *accountability* pelo qual cidadãos e grupos sociais se transformam em agentes de controle do desempenho administrativo, e a Administração Pública, nesse sentido, passa a ser forçada a prestar contas e justificar seus atos diante deles[76].

Diferentemente das outras formas de responsabilização analisadas, a *accountability* democrática não é estabelecida de maneira formal e perfeitamente definida[77]. Pelo contrário, os elementos de seu processo – agentes públicos, critérios de avaliação, instrumentos de controle, consequências – nem sempre são bem definidos ou formalmente apresentados pela ordem jurídica e podem até variar com base no tipo de ação administrativa.

---

73. MOREIRA NETO, Diogo de Figueiredo. Novos institutos consensuais da ação administrativa. *Revista de Direito Administrativo*, Rio de Janeiro, v. 231, n. 1, p. 123-156, jan./mar. 2003, p. 133.
74. FALEIROS JÚNIOR, José Luiz de Moura. Administração Pública consensual: novo paradigma de participação dos cidadãos na formação das decisões estatais. *Revista Digital de Direito Administrativo*, Ribeirão Preto, v. 4, n. 2, p. 69-90, jul./dez. 2017, p. 71.
75. PIERRE, Jon; PETERS, B. Guy. *Governing complex societies*: trajectories and scenarios. Nova Iorque: Palgrave Macmillan, 2005, p. 129.
76. OSBORNE, David; GAEBLER, Ted. *Reinventing government*: how the entrepreneurial spirit is transforming the public sector. Reading: Addison-Wesley, 1992, p. 49-50.
77. Cf. ROWE, Mike. Joined up accountability: bringing the citizen back in. *Public Policy and Administration*, Nova Iorque, v. 14, n. 2, p. 91-102, 1999.

Em todo caso, deve-se sublinhar que essa forma de *accountability*, na Administração Pública, não é nova nem carece de qualquer restrição formal. Em verdade, não é incomum encontrar – mesmo nos modelos mais clássicos e burocráticos de Administração Pública – instrumentos de participação cívica no processo administrativo de tomada de decisão[78]. Assim, tanto na formulação de regulamentos, quanto na adoção de outros tipos de atos e decisões administrativas, é frequente encontrar uma fase do processo que é abordada na consulta pública e no recebimento de alegações feitas por cidadãos.

E, certamente, esse tipo de consulta – formalmente previsto e regulamentado no que se refere a seus procedimentos e consequências – encontra a devida guarida do ordenamento, com regramentos materiais e procedimentais próprios. No entanto, o que é realmente novo aqui é o fato de a Administração Pública prestar contas diretamente aos cidadãos por seu desempenho.

Fala-se, com sonoridade e grande ênfase, no alvorecer de uma Administração Pública consensual, marcada pela legitimação dos processos decisionais a partir do esforço coletivo e virtuoso da participação cidadã[79]. Sobre isso se tratará mais adiante, mas importa saber que não é apenas o 'governo', como autoridade suprema e politicamente responsável pelo desempenho das atividades da Administração Pública, que deve responder pela maneira como atua, tanto perante o Legislativo, quanto, em última instância, o eleitorado. Isso porque "nenhuma justificativa pode haver, nem jurídica, nem política, e muito menos ética, para pretender aplicar ao Estado moderno os critérios com os quais funcionaram os governos absolutistas no passado"[80]; por isso, para além da visão tradicional da Administração Pública, propõe-se que as unidades administrativas e os servidores públicos individualmente considerados podem e devem ser responsabilizados diretamente pelos cidadãos pela gestão e pelos resultados de suas atividades administrativas que se desvirtuem de parâmetros legais e éticos.

Assim, unidades administrativas e servidores públicos não podem mais ser considerados livres de qualquer relação direta de *accountability* perante os cidadãos sob o argumento de que, quanto a isso, responde o próprio Estado. O principal objetivo da ação administrativa é a satisfação das necessidades e interesses dos cidadãos, dentro da estrutura geral da Constituição e do restante da ordem jurídica. Nesse sentido, o desempenho administrativo deve ser inspirado não apenas pelo respeito dessa estru-

---

78. SCHIRATO, Vitor Rhein; PALMA, Juliana Bonacorsi de. Consenso e legalidade: vinculação da atividade administrativa consensual ao Direito. *Revista Eletrônica sobre a Reforma do Estado*, Salvador, v. 24, p. 1-26, jan./fev. 2011, p. 3-4.
79. TORRES, Ricardo Lobo. A cidadania multidimensional na era dos direitos. *In*: TORRES, Ricardo Lobo (org.). *Teoria dos direitos fundamentais*. Rio de Janeiro: Renovar, 1999, p. 249.
80. GORDILLO, Agustín. *Tratado de derecho administrativo*. 7. ed. Buenos Aires: Fundación de Derecho Administrativo, 2003, t. 1, p. 12, tradução libre. No original: "[...] ninguna justificación, ni jurídica ni política y menos aun ética, puede haber para pretender aplicar al Estado moderno los criterios con los cuales funcionaron los gobiernos absolutistas del pasado".

tura jurídica, mas principalmente pela obtenção da maior satisfação possível a essas necessidades e interesses.

A responsabilidade democrática, portanto, concentra sua atenção nos resultados da ação administrativa, em seu impacto na vida social e econômica, ou seja, em sua eficácia inovadora em sentido amplo. Mas, também se concentra na satisfação das demandas dos cidadãos e grupos sociais diretamente afetados pelas atividades da Administração Pública.

Esses atores se tornam, assim, os novos agentes do controle da Administração Pública, de acordo com esse novo conceito de *accountability* democrática. Com isso, cidadãos e grupos sociais que se valem dessa forma de *accountability* podem se servir dos mesmos mecanismos que também são usados para a participação cívica nos processos administrativos de tomada de decisão: comitês e conselhos de cidadãos, audiências públicas, organizações de consumidores etc.[81]

Anota-se, ademais e já sinalizando um ponto fulcral do que se abordará no capítulo 3, que além desses instrumentos de controle da *accountability* democrática, é preciso acrescentar o papel desempenhado pelas Tecnologias da Informação e Comunicação quanto à vigilância do exercício das atividades públicas.

Certamente, o escrutínio do desempenho da Administração Pública força as unidades de administração afetadas a prestar contas públicas sobre suas atividades, explicá-las e justificá-las, praticamente sem espaço (ressalvados os casos abarcados por sigilo administrativo). A tecnologia abriu as portas para novos instrumentos de comunicação, informação e, portanto, controle dos cidadãos sobre as atividades do Estado[82]. A esse respeito, não cumpre apenas dizer que a Administração Pública está agora mais aberta e transparente do que há alguns anos; é que as expectativas dos cidadãos mudaram e agora elas estão mais conscientes, mais bem informadas e mais exigentes de explicações e justificativas.

Por essa razão, não apenas a Administração Pública precisa ser eficiente – se valendo, inclusive, da tecnologia para isso –, mas, também, deve provar aos cidadãos que essa eficiência é verdadeira e que propicia verdadeiro florescimento de instrumentos de supervisão e controle do desempenho administrativo[83] que atenda aos anseios de uma sociedade cada vez mais consciente da relevância desse controle, a fim de garantir a máxima eficiência da Administração Pública.

---

81. OLIVEIRA, Gustavo Henrique Justino de; SCHWANKA, Cristiane. A administração consensual como a nova face da Administração Pública no século XXI: fundamentos dogmáticos, formas de expressão e instrumentos de ação. *A&C – Revista de Direito Administrativo & Constitucional*, Belo Horizonte, a. 8, n. 32, p. 31-50, abr./jun. 2008, p. 47.
82. JACOBSSON, Bengt; PIERRE, Jon; SUNDSTRÖM, Göran. *Governing the embedded state*: the organizational dimension of governance. Oxford: Oxford University Press, 2015, p. 39.
83. NORMANTON, E. Leslie. Public accountability and audit: a reconnaissance. In: SMITH, Bruce L. R.; HAGUE, Douglas C. (ed.). *Dilemma of accountability in modern government*: independence versus control. Nova Iorque: Palgrave Macmillan, 1971, p. 312-314.

Michael Power denomina esse hodierno fenômeno de 'sociedade de auditoria'[84], com vigilância multissetorial constante e consequências advindas da inobservância da *accountability* democrática. De qualquer forma, é evidente que o exercício desse controle não pode incluir, do ponto de vista formal, consequências concretas que não sejam a adoção de determinadas decisões ou atos administrativos; a modificação das decisões dos atores adotadas anteriormente; a anulação de atos ou decisões; ou, finalmente, a abertura de processos disciplinares contra os servidores públicos envolvidos em não conformidades.

O principal efeito geral derivado da realização da *accountability* democrática deve ser a legitimação democrática da Administração Pública. Essa legitimação é o resultado necessário da implicação direta dos cidadãos no processo de adoção de atos e regulamentos administrativos e no controle de sua implementação.

4.3 INTELIGÊNCIA ARTIFICIAL E *ACCOUNTABILITY*: DESAFIOS DA QUARTA REVOLUÇÃO INDUSTRIAL

Se, por um lado, não há dúvidas de que a evolução tecnológica acentuada do século XX permitiu ganhos inegáveis em eficiência e desencadeou profunda mudança de paradigma, também não se pode negar que fluxos incessantes de dados geram preocupações quanto aos riscos da hiperconectividade[85], uma vez que "a IoT [Internet das Coisas] pode ser vista em diferentes dimensões pelos diferentes setores da academia e da indústria; qualquer que seja o ponto de vista, a IoT ainda não atingiu a maturidade e é vulnerável a todos os tipos de ameaças e ataques."[86] Na descrição do fenômeno em questão, Klaus Schwab enumera diversas inovações tecnológicas com empolgante potencial disruptivo: (i) tecnologias implantáveis; (ii) presença digital; (iii) a visão como uma nova interface; (iv) tecnologias vestíveis; (v) computação ubíqua; (vi) supercomputadores que cabem no bolso; (vii) armazenamento para todos; (viii) A Internet das coisas e para as coisas; (ix) casas conectadas; (x) cidades inteligentes; (xi) *Big Data* e tomadas de decisão; (xii) carros autoguiados; (xiii) a inteligência artificial aplicada às tomadas de decisão; (xiv) a inteligência artificial aplicada às funções administrativas; (xv) a relação entre robótica e serviços; (xvi) a ascensão das criptomoedas; (xvii) a economia compartilhada; (xviii) a relação entre governos e *blockchain*; (xix) impressão 3D e fabricação; (xx) impressão

---

84. POWER, Michael. *The audit society*: rituals of verification. Oxford: Oxford University Press, 1997, p. 4.
85. GREENGARD, Samuel. *The Internet of Things*. Cambridge: The MIT Press, 2015, p. 58. Destaca o autor: "Within this emerging IoT framework, a dizzying array of issues, questions, and challenges arise. One of the biggest questions revolves around living in a world where almost everything is monitored, recorded, and analyzed. While this has huge privacy implications, it also influences politics, social structures, and laws".
86. JEYANTHI, Nagamalai. Internet of Things (IoT) as Interconnection of Threats (IoT). *In*: HU, Fei (Ed.). *Security and privacy in Internet of Things (IoTs)*: models, algorithms, and implementations. Boca Raton: CRC Press, 2016, p. 7, tradução livre. No original: "The IoT can be viewed in different dimensions by the different sections of academia and industry; whatever the viewpoint, the IoT has not yet reached maturity and is vulnerable to all sorts of threats and attacks".

3D e a saúde humana; (xxi) impressão 3D e os produtos de consumo; (xxii) seres projetados; (xxiii) neurotecnologias[87].

Em todos esses exemplos, podem ser identificados aspectos empolgantes e inerentemente relacionados ao potencial disruptivo dessas novas tecnologias, mas, em mesma proporção, são visualizáveis os riscos de sua adoção desmedida e desregrada. É nesse campo de discussões que a responsabilidade civil volta ao centro de investigação, pois, de um modo ou outro, a estruturação dogmática da tutela dos algoritmos de inteligência artificial está diretamente relacionada ao implemento dessas novas tecnologias disruptivas e cada vez mais tendentes à automatização de processos que, por sua vez, dependem do processamento de grandes acervos de dados[88].

O debate passa a ser norteado, nesse contexto, pelo adequado enquadramento jurídico do regime de responsabilização e pela consideração das funções da responsabilidade civil aplicáveis a cada situação.

Em se tratando da busca por inovação, logo se pensa nas relações de consumo, posto que "as leis de responsabilidade pelo fato ou defeito de produtos ainda devem funcionar para proteger o consumidor de danos, incentivando as empresas a agirem de forma adequada para mitigar riscos previsíveis"[89].

É exatamente o espectro de previsibilidade do dano que recrudesce ou potencializa os riscos envolvidos em todo o processo de desenvolvimento de aplicações baseadas em algoritmos (que implica o fabricante/produtor), e também os usos dessas tecnologias (que implicam o proprietário/utilizador)[90]. Há que se considerar, portanto, a necessidade de que sejam formuladas respostas contundentes[91] à suposta 'zona

---

87. SCHWAB, Klaus. *A quarta revolução industrial*. Tradução de Daniel Moreira Miranda. São Paulo: Edipro, 2016, p. 10.
88. VALLE, Vivian Cristina Lima López. Inteligência artificial e capacidades regulatórias do Estado no ambiente da administração pública digital. *A&C - Revista de Direito Administrativo & Constitucional*, Belo Horizonte, v. 20, n. 82, p. 67–86, out./dez. 2020, *passim*.
89. SWANSON, Greg. Non-autonomous Artificial Intelligence programs and products liability: How new AI products challenge existing liability models and pose new financial burdens. *Seattle University Law Review*, Seattle, v. 42, p. 1201-1222, 2019, p. 1222, tradução livre. No original: "Products liability laws must still function to protect the consumer from harm by encouraging businesses to act appropriately to mitigate against foreseeable risks."
90. ANTUNES, Henrique Sousa. Inteligência artificial e responsabilidade civil: enquadramento. *Revista de Direito da Responsabilidade*, Coimbra, ano 1, p. 139-154, 2019, p. 141-142. O autor exemplifica: "Imagine-se a utilização de um veículo aéreo não tripulado. Considere-se a hipótese de um drone que é usado para a entrega de uma encomenda. O aparelho é dotado de autonomia plena, compreendendo, nomeadamente, a descolagem, a definição da rota, a prevenção dos obstáculos e a aterragem. As lesões causadas pela queda do drone ou da encomenda, ou por um embate contra outro veículo ou coisa diversa, são equacionáveis em face das regras de responsabilidade civil pelos danos imputados à utilização de uma aeronave e das normas sobre a responsabilidade civil do produtor. Considerando a natureza objetiva de ambas as responsabilidades, o lesado beneficia já de uma proteção efetiva. E quanto aos veículos de circulação terrestre autónomos? A conjugação de regimes de responsabilidade sem culpa, aplicáveis ao produtor e ao detentor do veículo, parecem oferecer a mesma garantia de indemnização."
91. Sobre o tema, anota Nelson Rosenvald: "Essa percepção conglobante do fenômeno da responsabilidade civil por parte da doutrina não é diferente daquela do homem comum. Se, em princípio, para o leigo a responsabilidade civil não seria outra coisa senão um simples instrumento de reparação de prejuízos, por outro ângulo, a

cinzenta imputacional' que se identifica nesses casos, caso contrário, como adverte Ugo Pagallo, todos os envolvidos na cadeia produtiva e de uso desses sistemas, assumiriam os riscos da responsabilidade civil por danos causados por essas máquinas, "24 horas por dia"[92].

Há, nesse cerne, um contraste entre os conceitos de risco e perigo, paralelamente pertinentes às funções preventiva e precaucional da responsabilidade civil[93]. Apesar da aparente similitude linguística dos termos, nos dizeres de Mafalda Miranda Barbosa, não se deve confundir juridicamente perigo e risco, pois, "mais do que a verificação do simples perigo, estão em causa amiúde considerações ligadas à ideia de que é justo responsabilizar aquele que retira um proveito de uma atividade que com toda a probabilidade poderá causar prejuízos a terceiros"[94].

Em síntese, o perigo, de cariz mais abstrato, se mostra insuficiente para afastar a necessidade de demonstração do elemento subjetivo (culpa) na responsabilização; é imprescindível a aferição do nexo causal a partir da compreensão mais abrangente que se tem do risco. Para isso, a parametrização de deveres mais apurados (e, consequentemente, mais contingenciáveis) conduz à noção de 'previsibilidade', que melhor se alinha – no atual estado da técnica – à função preventiva[95].

A doutrina estrangeira se vale do termo *foreseeability*[96] para sintetizar esse elemento mesmo em contextos nos quais a teoria da culpa possa fazer mais sentido (como na averiguação de comportamento negligente do desenvolvedor de um sistema algorítmico). Não obstante, também se reconhece que é preciso ir além na busca por um critério adequado para atender à função precaucional da responsabilidade civil.

---

obrigação de reparar danos permanece associada aos olhos da sociedade como uma responsabilidade de caráter moral." ROSENVALD, Nelson. *As funções da responsabilidade civil*: a reparação e a pena civil. São Paulo: Atlas, 2013, p. 77.

92. PAGALLO, Ugo. *The laws of robots*: Crimes, contracts, and torts. Law, governance and technology series, v. 10. Cham/Heidelberg: Springer, 2013, p. 132. Com efeito: "Therefore, under strict liability rules for vicarious responsibility, owners and users of robots would be held strictly responsible for the behaviour of their machines 24-h a day, whereas, at times, negligence-based liability would add up to (but never avert) such strict liability regime."

93. DAL PIZZOL, Ricardo. *Responsabilidade civil*: funções punitiva e preventiva. Indaiatuba: Foco, 2020, p. 275. Explica: "O princípio da prevenção lida com perigos, ou seja, com riscos já constatados e comprovados cientificamente, como aqueles que derivam de instalações nucleares. Nesses casos, o risco é certo, sendo incerto apenas o dano. O princípio da precaução, por sua vez, diz respeito a riscos potenciais, hipotéticos, ainda não demonstrados cientificamente, como, por exemplo, riscos à saúde pelo consumo de alimentos geneticamente modificados, riscos à saúde pela exposição a antenas de telefonia celular etc.".

94. BARBOSA, Mafalda Miranda. *Liberdade vs. responsabilidade*: a precaução como fundamento da imputação delitual? Coimbra: Almedina, 2006, p. 352.

95. Conferir, sobre as funções da responsabilidade civil, a análise de ROSENVALD, Nelson. *As funções da responsabilidade civil*: a reparação e a pena civil. 4. ed. São Paulo: SaraivaJur, 2022.

96. CALO, Ryan. Robotics and the lessons of cyberlaw. *California Law Review*, Berkeley, v. 103, p. 513-563, 2015, p. 555. O autor comenta: "Foreseeability remains a necessary ingredient even where liability is otherwise "strict" (i.e., where no showing of negligence by the plaintiff is necessary to recovery). There will be situations, particularly as emergent systems interact with one another, wherein otherwise useful technology will legitimately surprise all involved. Should these systems prove deeply useful to society, as many envision, some other formulation than foreseeability may be necessary to assess liability."

Quando são analisados os algoritmos aplicados a atividades econômicas, a doutrina já debate a nebulosidade das contingências que demandam regulação mais específica. Nesse aspecto, o grande desafio que se enfrenta vai além da regulação voltada, por exemplo, à proteção de dados pessoais, embora seja este um importante primeiro passo, pois tem o condão de despertar olhares para a almejada *accountability*, como alertam Bruno Bioni e Maria Luciano: "Em poucas palavras, o *saldo normativo* das novas leis de proteção de dados pessoais é resultado cada vez mais de uma *arquitetura precaucionária* de danos. O fio condutor de todo esse processo é o acirramento da assimetria de informação".[97]

É na proteção de dados pessoais que também a doutrina europeia já identifica *locus* de grande valor para o debate sobre *accountability*:

> A *accountability* é um conceito com muitas dimensões. Foi caracterizado por estudiosos como sendo um conceito "evasivo" e até "camaleônico", porque pode significar coisas muito diferentes para pessoas diferentes. Em seu significado central, *accountability* se refere à existência de um relacionamento pelo qual uma entidade tem a capacidade de recorrer a outra entidade e exigir uma explicação e/ou justificativa para sua conduta. Com o tempo, diferentes instrumentos de proteção de dados desenvolveram diferentes tipos de mecanismos de responsabilização. No RGPD, o princípio da *accountability* é usado principalmente para sinalizar que os controladores não são apenas responsáveis pela implementação de medidas adequadas para cumprir o RGPD, mas também devem ser capazes de demonstrar conformidade a pedido das autoridades de supervisão.[98]

Sem dúvidas, o processamento de grandes acervos de dados desperta inegável potencial de exploração tecnológica, mas também denota enormes riscos. É preciso ressaltar que, no caso dos algoritmos, a singularidade tecnológica[99] pode ser atingida – e isso será melhor analisado no tópico adiante –, mas, em síntese, ainda não se chegou ao momento no qual se poderá afirmar a existência de verdadeira simbiose entre o biológico e o tecnológico, a ponto de se ter "máquinas inteligentes" equiparáveis à complexidade da mente humana.[100] Sem dúvidas, os algoritmos ainda trabalham no campo da heurística, embora não se possa simplesmente desconsiderar esse debate no atual estágio de desenvolvimento tecnológico.

---

97. BIONI, Bruno Ricardo; LUCIANO, Maria. O princípio da precaução na regulação de inteligência artificial: seriam as leis de proteção de dados o seu portal de entrada? *In*: FRAZÃO, Ana; MULHOLLAND, Caitlin (coord.). *Inteligência artificial e direito*: ética, regulação e responsabilidade. São Paulo: Thomson Reuters Brasil, 2019, p. 215-216.
98. VAN ALSENOY, Brendan. *Data protection law in the EU*: roles, responsibilities and liability. Cambridge: Intersentia, 2019, p. 318, tradução livre. No original: "Accountability is a concept with many dimensions. It has been characterized by scholars as being an "elusive" and even "chameleon-like" concept, because it can mean very different things to different people. In its core meaning, accountability refers to the existence of a relationship whereby one entity has the ability to call upon another entity and demand an explanation and/or justification for its conduct. Over time, different data protection instruments have advanced different types of accountability mechanisms. In the GDPR, the principle of accountability is mainly used to signal that controllers are not only responsible for implementing appropriate measures to comply with the GDPR, but must also be able to demonstrate compliance at the request of supervisory authorities".
99. KURZWEIL, Ray. *Singularity is near*: when humans transcend biology. Nova Iorque: Viking, 2005, p. 82-102.
100. HENDERSON, Harry. *Artificial Intelligence*: mirrors for the mind. Nova Iorque: Chelsea House, 2007, p. 152.

Fato é que essas estruturas 'não inteligentes' (*artificial unintelligences*, como diz Meredith Broussard[101]) ainda são incapazes de perceber e assimilar o mundo em toda a sua complexidade, com percepções sensoriais, discernimento moral, análise crítica da realidade e várias outras características identificadas somente nos indivíduos humanos.

Algoritmos, mesmo quando potencializados pelo *machine learning*, ainda são falíveis e extremamente propensos aos erros de representação e assimilação que, pelo caráter absolutamente matemático com que processam dados, apenas realçam o desafio de encontrar meios para conciliar a responsabilidade civil e seus clássicos institutos com essa nova realidade, ainda que em caráter prospectivo.

A centralidade dessa nova preocupação deve ser – como sempre o foi – o aspecto humano. Isso se conclui pela leitura, por exemplo, das clássicas três leis da robótica descritas por Isaac Asimov no conto "Círculo Vicioso" de sua famosa coletânea "*Eu, Robô*"[102], que, por sua vez, inspiraram o norte-americano Jack Balkin a também formular três postulados para o enquadramento jurídico dessa complexa discussão. Foram chamadas pela doutrina de 'leis da robótica na era do *Big Data*' e são assim resumidas: (a) operadores algorítmicos devem ser fiduciários de informações em relação a seus clientes e usuários finais; (b) operadores algorítmicos têm deveres para com o público em geral; (c) operadores algorítmicos têm o dever público de não se envolverem em incômodos algorítmicos.[103]

Essas três premissas devem ser internalizadas pelos desenvolvedores das aplicações para inspirar a produção do algoritmo desde seu código-fonte, o que desvela uma dimensão ética do labor de programadores e desenvolvedores.[104] O mote deve ser a prevenção e, por esse motivo, estão ligadas ao papel do produtor/fabricante no mapeamento, na compreensão e no acautelamento dos riscos no processo de desenvolvimento.

Espera-se que algoritmos complexos – especialmente por envolverem riscos intrínsecos – sejam concebidos a partir de estruturas colaborativas, nas quais a fidúcia permeie as relações entre os profissionais e as corporações diretamente envolvidos em todos os seus estágios de desenvolvimento, sinalizando a importância da confiança (*trust*) na acepção recíproca que Giddens nomeia de *reliability* ao tratar especificamente

---

101. BROUSSARD, Meredith. *Artificial Unintelligence*: how computers misunderstand the world. Cambridge: The MIT Press, 2018, p. 7-8.
102. Eis as três leis: "(i) um robô não pode ferir um ser humano ou, por inação, permitir que um ser humano sofra algum mal; (ii) um robô deve obedecer às ordens que lhe sejam dadas por seres humanos, exceto nos casos em que entrem em conflito com a Primeira Lei; (iii) um robô deve proteger sua própria existência desde que tal proteção não entre em conflito com a Primeira ou Segunda Leis." Recomenda-se, ademais, a leitura da obra, que possui tradução para o português: ASIMOV, Isaac. *Eu, Robô*. Tradução de Aline Storto Pereira. São Paulo: Aleph, 2014.
103. BALKIN, Jack M. The three laws of robotics in the age of Big Data. *Ohio State Law Journal*, Columbus, v. 78, p. 1-45, ago. 2017. http://ssrn.com/abstract=2890965. Acesso em: 20 jul. 2023.
104. SAMARAJIVA, Rohan. Interactivity as though privacy matters. *In*: AGRE, Philip E.; ROTENBERG, Marc (ed.). *Technology and privacy*: the new landscape. Cambridge: The MIT Press, 1997, p. 282.

de princípios abstratos do conhecimento técnico (*technical knowledge*).[105] Isso denota a importância da interação homem-máquina, que não deve acarretar uma preocupação aterrorizante, uma vez que, como salientam Daniel e Richard Susskind, "o futuro mais eficiente está em máquinas e seres humanos trabalhando juntos"[106].

A essência dos postulados cunhados por Balkin mostra que o esperado grau de excepcional diligência do agente que programa/desenvolve um algoritmo de IA decorre não apenas da expectativa de conformidade à regulação e à gestão de riscos (*compliance*), mas à atuação proativa quanto à mitigação de riscos (*accountability ex ante*), em concretização ao tão famoso 'princípio responsabilidade' há tempos defendido por Hans Jonas[107]. Isso não afasta, todavia, a importância da formulação de regras de boas práticas e de governança direcionadas aos possíveis danos e ao seu enfrentamento (*accountability ex post*), levando em consideração a natureza, o escopo, a finalidade, a probabilidade e a gravidade dos riscos e dos benefícios decorrentes da adoção de uma tecnologia baseada em algoritmos de IA.

O caráter cooperativo identificado nas propostas de Balkin levaram Frank Pasquale a propor uma 'quarta lei': (d) um robô sempre deve indicar a identidade de seu criador, controlador ou proprietário[108]. Esse novo postulado concretiza o que a doutrina já sustentava como 'princípio da explicabilidade' – que se materializa na tradução plausível do termo inglês *answerability* –, direcionado a permitir que determinada máquina indique quem é seu criador e, eventualmente, também revele a identidade de seu proprietário[109].

Ora, se o risco é o elemento central de todas essas propostas, mas a noção de perigo – e a própria precaução – também instigam reflexões sobre os impactos do desenvolvimento tecnológico desenfreado, resta frisar que "o conceito, a tipologia e a gravidade dos danos que inspiram a formatação dos sistemas de responsabilidade civil ao longo dos tempos variaram sob uma perspectiva proporcional à própria transformação da sociedade"[110].

---

105. Segundo o autor, "(…) confidence in the reliability of a person or system, regarding a given set of outcomes or events, where that confidence expresses faith in the probity or love of another, or in the correctness of abstract principles (technical knowledge)". GIDDENS, Anthony. *The consequences of modernity*. Redwood City/Palo Alto: Stanford University Press, 1990, p. 34.
106. SUSSKIND, Richard; SUSSKIND, Daniel. *The future of professions*: how technology will transform the work of human experts. Oxford: Oxford University Press, 2015, p. 293, tradução livre. No original: "[...] the most efficient future lies with machines and human beings working together. Human beings will always have value to add as collaborators with machines."
107. JONAS, Hans. *Le principe responsabilité*: une éthique pour la civilisation technologique. Tradução do alemão para o francês de Jean Greisch. 2. ed. Paris: Cerf, 1992, p. 225.
108. PASQUALE, Frank. Toward a fourth law of robotics: Preserving attribution, responsibility, and explainability in an algorithmic society. *University of Maryland Legal Studies Research Papers*, Baltimore, n. 21, p. 1-13, jul. 2017. Disponível em: http://ssrn.com/abstract=3002546. Acesso em: 20 jul. 2023.
109. A título de exemplo, imagine-se um *drone* que emite sinais captados por torres de controle de tráfego aéreo, permitindo que se saiba quem o está a controlar; ou, voltando aos carros autônomos, um sistema que vincule o número de série do *software* que coordena o automóvel à identidade de seu fabricante, especificando detalhes como seu grau de autonomia, a espécie de sensor utilizado no mapeamento do ambiente etc.
110. VENTURI, Thaís G. Pascoaloto. *Responsabilidade civil preventiva*: a proteção contra a violação dos direitos e a tutela inibitória material. São Paulo: Malheiros, 2014, p. 248.

Inegavelmente, o fato de o risco ser comprovado ou potencial (hipotético) não afasta a pertinência dos princípios da prevenção e da precaução exatamente porque todo tipo de "novo dano" gera certa empolgação e, como alerta Ulrich Beck, acarreta suposições de aceitação social de novas tecnologias[111] – ainda que não testadas – pelo fato de o risco, em alguma medida, se tornar inerente às diversas atividades da vida cotidiana.[112]

Discutir a função precaucional da responsabilidade civil, ainda que se reconheça o processo de evolução dos algoritmos como um fenômeno mutável e suscetível a constantes alterações, implicaria impor a responsabilização a despeito da incerteza do dano. Também significaria reconhecer maior grau de opacidade em sua previsibilidade, que passaria a reger estruturas de responsabilidade civil em razão de sua plausibilidade[113] e não mais da previsibilidade (*foreseeability*) e, com isso, o debate teórico passaria a abranger discussões mais amplas no que diz respeito ao nexo de causalidade (ou mesmo à culpa), dando ensejo a propostas variadas e que demandam compatibilização específica com o ordenamento no qual se pretenda inclui-las.

4.3.1 Transformações e perspectivas para a responsabilidade civil em tempos disruptivos

Algoritmos sofisticados, principalmente os que são robustecidos por técnicas de aprendizado profundo (*deep learning*)[114] – com potencial acentuado em razão de tecnologias emergentes, como as comunicações 5G e a Internet das Coisas –, ainda operam no nível da heurística. Como já se registrou, algoritmos são apenas fórmulas matemáticas que indicam possibilidades para que decisões sejam tomadas em função de análise probabilística.[115] Por esse motivo, o acalorado debate em torno da atribuição de "personalidade eletrônica" a máquinas não apresenta solução única, muito menos definitiva, o que impõe considerar o conceito de "singularidade tecnológica" em todo debate sobre responsabilidade civil por falhas algorítmicas.

---

111. BECK, Ulrich. *Risk society*: towards a new modernity. Tradução do alemão para o inglês de Mark Ritter. Londres: Sage Publications, 1992, p. 6. Anota: "It is common to suppose that when there is no open public conflict about the risks of some technology, chemical or the like, this is evidence of positive public acceptance of the risks, or of the full social package of risk-technology-institutions".
112. SANTOS, Romualdo Baptista dos. *Responsabilidade civil por dano enorme*. Curitiba/Porto: Juruá, 2018, p. 166. Segundo o autor, todos esses riscos, conjuntamente considerados, "estão relacionados ao processo de modernização da vida em sociedade, seja em razão da interferência do homem na natureza, seja em razão do desempenho de atividades necessárias ao modo de vida, seja ainda em consequência da exclusão das grandes massas populacionais em relação ao processo civilizatório".
113. BARBOSA, Mafalda Miranda. *Liberdade vs. responsabilidade*: a precaução como fundamento da imputação delitual? Coimbra: Almedina, 2006, p. 354. Anota: "No fundo, do que se trata é de considerar que apesar de o princípio da precaução se ter delineado em sectores concretos e de ter gerado situações de responsabilidade particulares, a ideologia que lhe subjaz, assente num entendimento específico da responsabilidade, determina que ele seja visto como um princípio mais amplo, conformador de todo o sistema, a impor especiais deveres que não se reduzem às situações de risco".
114. Sobre o tema, conferir CHARNIAK, Eugene. *Introduction to deep learning*. Cambridge: The MIT Press, 2018, p. 137 *et seq*; KELLEHER, John D. *Deep learning*. Cambridge: The MIT Press, 2019, p. 1-2.
115. KELLEHER, John D.; MAC NAMEE, Brian; D'ARCY, Aiofe. *Fundamentals of machine learning for predictive data analytics*: algorithms, worked examples, and case studies. Cambridge: The MIT Press, 2015, p. 1-16.

De fato, a expressão "inteligência artificial" acabou se popularizando como um gênero terminológico, não refletindo com exatidão o atual estado da técnica, uma vez que a natureza matemática das predições não permite dizer que um sistema algorítmico seja efetivamente inteligente.

A mencionada "singularidade tecnológica" foi primeiramente sugerida pelo matemático Vernor Vinge[116-117]. Segundo o autor, sua consolidação se dará no momento em que o avanço tecnológico for capaz de propiciar simbiose indistinguível entre o biológico e o tecnológico, permitindo a superação do 'jogo da imitação' de Turing[118] e o avanço paulatino rumo à consolidação da 'superinteligência' descrita por Bostrom[119].

Não obstante, foi no final da década de 1990 que Ray Kurzweil explorou com maior profundidade o significado da expressão[120], indicando um momento de emancipação algorítmica. Basicamente, os algoritmos se tornariam tão complexos em razão do avanço dos processos de *machine* e *deep learning* que ultrapassariam os limites da simples predição estatística e do singelo suporte à tomada de decisões em função da heurística computacional para, efetivamente, se tornarem máquinas capazes de 'pensar'.

Jean-Gabriel Ganascia explica:

> De acordo com Kurzweil, muito em breve estaremos baixando nossa consciência para máquinas, o que nos fornecerá uma forma de imortalidade. Isso resultará inevitavelmente da aceleração do progresso. Com efeito, segundo ele, a lei geral a que obedece a toda forma de evolução, seja o desenvolvimento biológico, o aperfeiçoamento das civilizações ou o aperfeiçoamento das tecnologias, é de natureza intrinsecamente exponencial.[121]

---

116. VINGE, Vernor. The coming technological singularity: How to survive in the post-human era. In: Interdisciplinary Science and Engineering in the Era of Cyberspace. *NASA John H. Glenn Research Center at Lewis Field*, Cleveland, 1993, p. 11-22. Disponível em: https://ntrs.nasa.gov/search.jsp?R=19940022856. Acesso em: 20 jul. 2023.
117. VINGE, Vernor. Techonological singularity, 1993. Disponível em: https://frc.ri.cmu.edu/~hpm/book98/com.ch1/vinge.singularity.html Acesso em: 20 jul. 2023.
118. Resumidamente, pode-se dizer que a ideia de uma máquina capaz de pensar inspirou os estudos de Alan Turing quanto ao *Entscheidungsproblem* (dilema da tomada de decisão). O pesquisador, em 1936, concebeu um modelo que visava diferenciar humanos de máquinas a partir de testes informacionais. Contudo, o que Turing desconsiderou em seus estudos foi justamente a possibilidade do ardil, da mentira e da dissimulação – comportamentos tipicamente humanos – e, ao delinear as premissas de seu famoso "Teste de Turing", notou que potenciais erros de identificação poderiam surgir, pois as máquinas jamais se desvirtuavam da exatidão matemática nos testes. O autor, enfim, publicou uma retificação de seu estudo no ano posterior (1937), destacando que seria necessário avançar rumo à consolidação de um modelo mais complexo, por ele batizado de "Jogo da Imitação", para que fosse possível aferir o potencial de uma máquina que pretenda, de forma convincente, "se passar por humana". Conferir, sobre o tema, o artigo original: TURING, Alan M. On computable numbers, with an application to the *Entscheidungsproblem*. *Proceedings of the London Mathematical Society*, Londres, v. 42, n. 1, p. 230-265, nov. 1936.
119. Cf. BOSTROM, Nick. *Superintelligence*: paths, dangers, strategies. Oxford: Oxford University Press, 2014.
120. KURZWEIL, Ray. *The age of spiritual machines*: when computers exceed human intelligence. Nova Iorque: Viking, 1999, p. 213.
121. GANASCIA, Jean-Gabriel. *Le mythe de la singularité*: faut-il craindre l'intelligence artificielle? Paris: Éditions du Seuil, 2017, p. 13, tradução livre. No original: "Selon Kurzweil, nous téléchargerons très bientôt notre conscience sur des machines, ce qui nous procurera une forme d'immortalité. Cela résultera fatalement de l'accélération des progrès. En effet, d'après lui, la loi générale à laquelle obéit toute forme d'évolution, qu'il s'agisse du développement biologique, du perfectionnement des civilisations ou de l'amélioration des technologies, est de nature intrinsèquement exponentielle."

A ideia, embora remeta a alguma espécie de distopia usualmente identificada na literatura ou nos filmes de ficção científica (o que poderia ser verdadeiro *nonsense* para qualquer investigação jurídica[122]), revela mudança de paradigma que permitiria aos algoritmos – a partir de então considerados 'singulares' ou artificialmente inteligentes e propensos à tomada de decisões morais – agir como um humano, com pensamentos abstratos, discernimento baseado em valores e potencial discriminatório decorrente da formação de uma personalidade moldada e robustecida pelo acumulo informacional[123].

Não é por outra razão que os impactos da IA vêm sendo discutidos no contexto da Agenda 2030 de Objetivos para o Desenvolvimento Sustentável da Organização das Nações Unidas[124]. O tema, entretanto, não é novo. Em 1992, Lawrence Solum publicou artigo pioneiro sobre a questão[125], muito antes do avanço vertiginoso da tecnologia do século XXI. Não obstante, as inquietações ganharam forças a partir de 2015, quando a União Europeia publicou o *Draft Report with recommendations on civil law rules and robotics* (2015/2103), no qual já era possível notar algumas preocupações quanto aos danos causados por máquinas.

Foi a partir desse documento que, em 16 de fevereiro de 2017, o Parlamento Europeu aprovou uma Resolução intitulada "Disposições de Direito Civil sobre Robótica", na qual, expressamente e em caráter prospectivo, foi apresentada a possibilidade de atribuição de personalidade eletrônica a robôs (Diretriz 59, item "f").[126] Segundo Mafalda Miranda Barbosa, a proposta revelou a necessidade de que eventual e futuro regulamento seja estruturado em torno dos princípios da precaução, da reversibilidade, da segurança e da responsabilidade[127].

É preciso lembrar que "caracterizar a personalidade como um atributo jurídico não implica dizer, contudo, que o legislador possui ampla liberdade para instituir ou

---

122. TOMASEVICIUS FILHO, Eduardo. Inteligência artificial e direitos da personalidade: uma contradição em termos? *Revista da Faculdade de Direito da USP*, São Paulo, v. 113, p. 133-149, jan./dez. 2018, p. 142.
123. Cf. MADSBJERG, Christian. *Sensemaking*: the power of the humanities in the age of the algorithm. Nova Iorque: Hachette, 2017.
124. VINUESA, Ricardo; AZIZPOUR, Hossein; LEITE, Iolanda *et al*. The role of artificial intelligence in achieving the Sustainable Development Goals. *Nature Communications*, Nova Iorque, v. 11, 2020. Disponível em: https://www.nature.com/articles/s41467-019-14108-y. Acesso em: 20 jul. 2023.
125. SOLUM, Lawrence. Legal personhood for Artificial Intelligences. *North Carolina Law Review*, Chapel Hill, v. 70, n. 4, p. 1231-1287, 1992.
126. Eis o que prevê a diretriz: "59. Insta a Comissão a explorar, analisar e ponderar, na avaliação de impacto que fizer do seu futuro instrumento legislativo, as implicações de todas as soluções jurídicas possíveis, tais como: [...] f) Criar um estatuto jurídico específico para os robôs a longo prazo, de modo a que, pelo menos, os robôs autónomos mais sofisticados possam ser determinados como detentores do estatuto de pessoas eletrónicas responsáveis por sanar quaisquer danos que possam causar e, eventualmente, aplicar a personalidade eletrónica a casos em que os robôs tomam decisões autónomas ou em que interagem por qualquer outro modo com terceiros de forma independente." PARLAMENTO EUROPEU. *Resolução de 16 de fevereiro de 2017*. Disposições de Direito Civil sobre Robótica. Disponível em: https://www.europarl.europa.eu/doceo/document/TA-8-2017-0051_PT.html. Acesso em: 20 jul. 2023.
127. BARBOSA, Mafalda Miranda. Inteligência artificial, e-persons e direito: desafios e perspectivas. *Revista Jurídica Luso-Brasileira*, Lisboa, ano 3, n. 6, p. 1475-1503, 2017, p. 1501-1502.

destituir personalidades, especialmente no que tange ao ser humano."[128] Para esse fim, a adoção de nomenclaturas específicas tem seu valor, como anota Visa Kurki:

> Certas formas emergentes de personalidade jurídica provavelmente exigirão novas nomenclaturas. Se a personalidade jurídica for estendida à IA ou a animais, surgirá a questão de 'como chamar' essas formas de personalidade jurídica. Novos termos ou frases, como 'personalidade animal' ou 'personalidade eletrônica', podem ser facilmente introduzidos. Tais soluções poderiam resolver possíveis questões de interpretação jurídica do conceito, da mesma forma que 'pessoa natural' e 'pessoa jurídica' são usadas, hoje, quando diferentes escopos de personalização precisam ser mantidos distintos[129].

Para o ordenamento brasileiro, esse é, enfim, um debate que concerne à viabilidade prática de eventual reparação dos danos causados por falhas algorítmicas, ainda que os conceitos de personalidade e capacidade se situem na Parte Geral do Código Civil.

Mais do que a personalidade jurídica, o tema envolve capacidade e autonomia. Trata-se, portanto, de uma investigação não apenas sobre a personalidade jurídica, que, no caso dos algoritmos de IA, é puramente 'tecnológica'[130]. Ainda tratando do tema, Marcelo de Oliveira Milagres afirma que "parece que o fundamento para o reconhecimento da personalidade às máquinas autônomas é a maior viabilidade do ressarcimento dos danos decorrentes de suas ações"[131].

Tudo está a indicar a prevalência de um argumento eminentemente pragmático e não necessariamente adaptado às peculiaridades do desenvolvimento tecnológico existente ao final da segunda década do século XXI. Em suma, a "personalidade eletrônica" que se cogita atribuir a entes (ainda) não dotados de verdadeira inteligência, pelas limitações do atual estado da técnica, não encontra justificativas concretas. Sua análise é fruto da preocupação plausível que se tem quanto ao atingimento da singularidade tecnológica. A intenção é criar um ecossistema normativo adequado, antes que isso se torne um grande desafio para o Direito.

Então, sendo certo que a singularidade tecnológica não foi atingida, propostas que buscam investigar sua compatibilidade com institutos jurídicos como a responsabilidade civil acabam conduzindo à refutação, de plano, da ideia de atribuição da "personalidade eletrônica", pois sua adoção simplesmente parece não fazer sentido. Porém, algumas

---

128. EHRHARDT JÚNIOR, Marcos; SILVA, Gabriela Buarque Pereira. Pessoa e sujeito de direito: reflexões sobre a proposta europeia de personalidade jurídica eletrônica. *Revista Brasileira de Direito Civil*, Belo Horizonte, v. 23, n. 1, p. 57-79, jan./mar. 2020, p. 61.
129. KURKI, Visa. *A theory of legal personhood*. Oxford: Oxford University Press, 2019, p. 200, tradução livre. No original: "Certain emerging forms of legal personhood will likely require new nomenclature. If legal personhood is extended to AIs or animals, the question will arise what to call these forms of legal personhood. New terms or phrases, such as 'animal person' or 'electronic person', could easily be introduced. Such solutions could resolve potential questions of statutory interpretation, much as 'natural person' and 'artificial person' are used today when different classes of legal persons need to be kept distinct."
130. MEDON, Filipe. *Inteligência artificial e responsabilidade civil*: autonomia, riscos e solidariedade. 2. ed. Salvador: Juspodivm, 2022, p. 467.
131. MILAGRES, Marcelo de Oliveira. A robótica e as discussões sobre a personalidade eletrônica. *In*: EHRHARDT JÚNIOR, Marcos; CATALAN, Marcos; MALHEIROS, Pablo (coord.). *Direito civil e tecnologia*. Belo Horizonte: Fórum, 2020, p. 513.

alternativas possíveis são apontadas pela doutrina especializada. Uma delas, de cariz intermediário, surgiu a partir de emblemático trabalho do alemão Jan-Erik Schirmer[132] sobre a secular *Teilrechtsfähigkeit* da Sec. 90a do Código Civil alemão (*Bürgerliches Gesetzbuch* ou BGB).

A sugestão de Schirmer envolve considerar um robô 'parcialmente capaz', atribuindo-lhe "personalidade jurídica fragmentária" quase indistinta da capacidade jurídica, para que seja construída evolutivamente[133], ou seja, estabelecendo-se níveis de maior ou menor capacidade jurídica até o atingimento da singularidade tecnológica como uma nova espécie de personalidade jurídica.

Em sintonia com os contornos próprios do BGB, essa proposta se materializa na indistinção entre personalidade e capacidade, cujo acolhimento em ordenamentos diversos do alemão apresenta desafios maiores, mesmo para a tutela dos algoritmos de cariz puramente heurístico no atual estado da técnica. Não obstante, a essência da proposta faz certo sentido como medida de transição, mesmo para ordenamentos, como o brasileiro, que distinguem a capacidade da personalidade.

Uma segunda proposta – ainda mais recente – é detalhada pelo britânico Ryan Abbott: em obra dedicada especificamente ao tema, o autor sugere equiparar humanos e robôs em condições paritárias para que não se faça qualquer distinção, nem mesmo para fins de proteção jurídica, entre um e outro. Em abordagem consequencialista, o autor defende que, se um robô é capaz de realizar determinada atividade laborativa antes relegada apenas a humanos, deve receber o mesmo tratamento que um humano receberia, caso falhe. Sua análise é declaradamente centrada no postulado da eficiência e na meta de prevenir distorções de mercado, o que, claramente, não parece se coadunar com o atual estágio de desenvolvimento tecnológico que, como se disse, ainda não atingiu a singularidade tecnológica.[134]

---

132. SCHIRMER, Jan-Erik. Artificial Intelligence and legal personality. "Teilrechtsfähigkeit": A partial legal status made in Germany. *In*: WISCHMEYER, Thomas; RADEMACHER, Timo (ed.). *Regulating Artificial Intelligence*. Cham: Springer, 2020, p. 134.
133. FALEIROS JÚNIOR, José Luiz de Moura; MENKE, Fabiano. "*Teilrechtsfähigkeit*": uma proposta alemã para a responsabilização civil na IA. *Migalhas de Responsabilidade Civil*, 06 ago. 2020. Disponível em: https://s.migalhas.com.br/S/8AF9D. Acesso em: 20 jul. 2023. Ainda sobre o tema: "[...] Schirmer descreve a personalidade jurídica ostentada por humanos como um 'pote de doces' que está cheio desde o começo; o pote representaria a personalidade jurídica e os doces simbolizariam direitos específicos, logo, um pote cheio de doces indicaria a personalidade em sua plenitude: ou se tem o pote cheio, ou não há pote algum. Na *Teilrechtsfähigkeit*, a diferença adviria da atribuição de personalidade, mas sem direitos pré-concebidos pelo ordenamento; o pote existiria, mas estaria inicialmente vazio de doces, sendo preenchido, pouco a pouco, em sintonia com a própria evolução da personalidade, até que se tornasse plena".
134. ABBOTT, Ryan. *The reasonable robot*: Artificial Intelligence and the Law. Cambridge: Cambridge University Press, 2020, p. 141-142. Anota: "Policymakers should be concerned with the functionality of machines and consequentialist benefits – what will result in the greatest social benefit from these technologies – in deciding how to legally treat AI. At the end of the day, people do not concern themselves with whether a self-driving Tesla with an unpredictable neural network, a self-driving Uber using Good Old-Fashioned AI, or a human driver is behind the wheel of a car coming toward them. They – we – simply do not want to be run over".

A despeito das ideias e propostas de transição, o que importa para o momento é reconhecer que, enquanto a mencionada singularidade tecnológica não for atingida, modelos pouco usuais poderão servir para tutelar provisoriamente determinadas situações jurídicas fragilizadas pela falta de clareza quanto à proteção que o ordenamento lhes pode haurir. É o caso das situações jurídicas de cariz existencial, como as que envolvem a discriminação algorítmica a partir de vieses.

Lembrando os dizeres de Caitlin Mulholland, "para que uma pessoa seja obrigada a reparar um dano injusto, é fundamental que ela tenha a autonomia de atuação, isto é, tenha a capacidade de reconhecer a licitude ou ilicitude de sua conduta e, ao mesmo tempo, a habitualidade de identificar e prever a potencialidade danosa desta."[135]

A experiência recente já demonstrou que os vieses, a despeito de serem total ou parcialmente previsíveis, podem acarretar algum tipo de dano, inclusive de natureza discriminatória. Confira-se o seguinte exemplo:

> Exemplo curioso é o da tecnologia *LiDAR* (acrônimo de *Light Radar*), baseada no rastreamento da luz refletida por objetos do entorno de um veículo autônomo. A luz que retorna é absorvida por sensores para o cálculo de sua densidade (luminância), que, catalogada, alimenta de dados um algoritmo capaz de processar e projetar, em plano tridimensional, obstáculos presentes nas cercanias, deles desviando para prevenir abalroamentos. Dessa forma, utilizando-se de feixes de luz, milhões de cálculos são processados em segundos para permitir o deslocamento desses veículos sem qualquer intervenção humana, e, a partir do aprendizado de máquina (*machine learning*), vão se tornando mais confiáveis[136].

A tecnologia mencionada no excerto vem sendo empregada para o desenvolvimento de carros, navios e *drones* autônomos. Porém, notícias recentes dão conta da maior propensão desses veículos ao atropelamento de pessoas negras[137] pelo fato de o feixe de luz provocar enviesamento, na medida em que pessoas negras deixam de ser identificadas nas cercanias pelo simples fato de toda a tecnologia ser dependente da luminância aferida pelo reflexo, e é sabido que cores mais escuras absorvem mais luz. Nesse ponto se dessumiria o viés algorítmico gerador de dano, em caráter totalmente previsível e representativo de riscos que poderiam ser evitados pelo implemento de

---

135. MULHOLLAND, Caitlin. Responsabilidade civil e processos decisórios autônomos em sistemas de inteligência artificial (IA): autonomia, imputabilidade e responsabilidade. *In*: FRAZÃO, Ana; MULHOLLAND, Caitlin (coord.). *Inteligência artificial e direito*: ética, regulação e responsabilidade. São Paulo: Thomson Reuters Brasil, 2019, p. 332.
136. FALEIROS JÚNIOR, José Luiz de Moura. Discriminação por algoritmos de inteligência artificial: a responsabilidade civil, os vieses e o exemplo das tecnologias baseadas em luminância. *In*: BARBOSA, Mafalda Miranda; BRAGA NETTO, Felipe; SILVA, Michael César; FALEIROS JÚNIOR, José Luiz de Moura (coord.). *Direito digital e inteligência artificial*: diálogos entre Brasil e Europa. Indaiatuba: Foco, 2021. p. 970.
137. CUTHBERTSON, Anthony. Self-driving cars more likely to drive into black people, study claims. *The Independent*, 06 mar. 2019. Disponível em: https://www.independent.co.uk/life-style/gadgets-and-tech/news/self-driving-car-crash-racial-bias-black-people-study-a8810031.html. Acesso em: 20 jul. 2023; SAMUEL, Sigal. A new study finds a potential risk with self-driving cars: failure to detect dark-skinned pedestrians. *Vox*, 06 mar. 2019. Disponível em: https://www.vox.com/future-perfect/2019/3/5/18251924/self-driving-car-racial-bias-study-autonomous-vehicle-dark-skin. Acesso em: 20 jul. 2023.

outro modal tecnológico ou pelo refinamento do modelo em questão. Em que pese a doutrina já sinalizar uma 'branquidão' das tecnologias baseadas em algoritmos de IA, o exemplo do sensor baseado em luminância não permite dizer que o próprio algoritmo possa ser adjetivado como racista, pois há, em verdade, um viés a ser considerado na leitura que se faz do resultado danoso *in concreto*[138].

A questão, portanto, apresenta nuances próprias e extremamente complexas, demandando investigações mais profundas para a compatibilização dessa e de outras tecnologias potencialmente propensas à causação de danos em razão dos vieses, ainda que a singularidade tecnológica seja, ainda, apenas uma perspectiva no horizonte.

4.3.2 Uma leitura do risco a partir da acurácia das inferências causais

A discussão em torno da necessidade de regulação específica para os algoritmos de inteligência artificial é um tema recorrente na doutrina. Seus impactos desafiam a compreensão do próprio papel do Estado no controle do desenvolvimento tecnológico. Se, por um lado, espera-se que a pujança da inovação traga melhorias para a qualidade de vida em geral, por outro, não se nega que encarar o tema do ponto de vista regulatório é um desafio.[139]

Estruturar uma abordagem abrangente e capaz de esgotar a discussão no atual estado do desenvolvimento tecnológico não parece um desafio plausível. Certamente, o tema demanda discussões mais detalhadas sobre o papel do Estado nesse complexo cenário, mas, quanto à responsabilidade civil, a doutrina vem procurando estabelecer um modelo sistemático para a delimitação dos contornos de aferição do risco no desenvolvimento de aplicações centradas em algoritmos de inteligência artificial.

Frank Pasquale sugere a parametrização de deveres informados baseados em dados ("*data-informed duties*") para a criação de modelos-padrão (*standards*) que podem ser utilizados para embasar eventual responsabilização. Nos dizeres do autor, "[e]sses padrões são particularmente importantes devido ao potencial de que dados imprecisos e inadequados contaminem o aprendizado de máquina."[140]

Nesse aspecto, constata-se que o processo heurístico baseado em dados, se for contaminado logo nos estágios iniciais de processamento, pode gerar resultados dis-

---

138. CAVE, Stephen; DIHAL, Kanta. The whiteness of AI. *Philosophy & Technology*, Londres, v. 33, p. 685-703, 2020, p. 698. Destacam: "While we believe the attribution to AI of these qualities, so strongly associated with Whiteness, goes a long way to making sense of the racialisation of anthropomorphic intelligent machines, we also want to propose one further hypothesis: that the Whiteness of the machines allows the White utopian imagination to fully exclude people of colour".
139. TOMASEVICIUS FILHO, Eduardo; FERRARO, Angelo Viglianisi. Le nuove sfide dell'umanità e del diritto nell'era dell'Intelligenza Artificiale. *Revista Direitos Culturais*, Santo Ângelo, v. 15, n. 37, p. 401-413, 2020, p. 412-413.
140. PASQUALE, Frank. Data-informed duties in AI development. *Columbia Law Review*, Nova Iorque, v. 119, p. 1917-1940, 2019, p. 1917, tradução livre. No original: "Such standards are particularly important given the potential for inaccurate and inappropriate data to contaminate machine learning".

torcidos e enviesados. Em resumo, a curadoria de dados no antecedente (*inputs*) deve imperar e ser observada no curso de todo o processo algorítmico – que também deve ser auditável –, sob pena de os substratos finais obtidos no consequente (*outputs*) não serem confiáveis.

Essencialmente, a parametrização de modelos-padrão deixa de depender da complexa atividade regulatória estatal para o atendimento contingencial da vasta plêiade de estruturas algorítmicas, que pode variar em diversos aspectos, e oferece maior liberdade para o desenvolvimento de métricas autorreguladas para cada tipo de atividade. Nesse contexto, seria possível trabalhar com bases comparativas que ofereceriam condições mais precisas e bem mapeadas para determinar a atuação em conformidade (*compliance*), com o risco equivalente devidamente aferido para o tipo de atividade algorítmica em questão.

A proposta de Pasquale encontra sustentáculos, inclusive, em apontamentos lançados na clássica obra de Stuart Russell e Peter Norvig, que já falavam na 'quantificação das incertezas': "Os agentes podem precisar lidar com a incerteza, seja devido à observabilidade parcial, ao não-determinismo da incerteza ou a uma combinação dos dois"[141]. Em síntese, pode-se afirmar que as conjecturas a partir das quais são concebidos os *data-informed duties* se alinham à já mencionada 'quarta lei da robótica' proposta por Pasquale (princípio da explicabilidade)[142]. Sua ideia reforça a necessidade de superação de um problema também descrito pelo autor, noutra obra[143]: o dos algoritmos de 'caixas-pretas' (*black boxes*), usualmente identificados pela utilização de técnicas de *machine learning* que propiciam o aprimoramento descontrolado e não supervisionado dessas aplicações, a ponto de se tornarem tão complexas que sequer seus próprios criadores as compreendem[144].

Na responsabilidade civil, o enfrentamento do 'incerto' e do 'imprevisível' não é uma novidade[145], pois a dogmática tradicional já lida com tais conceitos no direito

---

141. RUSSELL, Stuart J.; NORVIG, Peter. *Artificial Intelligence*: a modern approach. 3. ed. Boston: Pearson, 2016, p. 480, tradução livre. No original: "Agents may need to handle uncertainty, whether due to partial observability, uncertainty nondeterminism, or a combination of the two."
142. PASQUALE, Frank. Toward a fourth law of robotics: Preserving attribution, responsibility, and explainability in an algorithmic society. *University of Maryland Legal Studies Research Papers*, Baltimore, n. 21, p. 1-13, jul. 2017. Disponível em: http://ssrn.com/abstract=3002546. Acesso em: 20 jul. 2023.
143. PASQUALE, Frank. *The black box society*: the secret algorithms that control money and information. Cambridge: Harvard University Press, 2015. p. 6-7.
144. Comentando as dificuldades práticas da dificuldade de identificação do criador desenvolvedor, conferir, por todos: ASARO, Peter. A body to kick, but still no soul to damn: legal perspectives on robotics. *In*: LIN, Patrick; ABNEY, Keith; BEKEY, George (ed.). *Robot ethics*: the ethical and social implications of robotics. Cambridge: The MIT Press, 2011.
145. Anota Thaís Venturi: "[...] tem-se sustentado a necessidade de os ordenamentos jurídicos (tanto quanto os sistemas de tutela jurisdicional) priorizarem a aplicação dos princípios da prevenção e da precaução, cujos campos de atuação alastram-se com notável extensão e velocidade, precisamente para atender ao objetivo de contenção dos danos, sobretudo quando se apresentem, respectivamente, já comprovados ou altamente prováveis". VENTURI, Thaís G. Pascoaloto. *Responsabilidade civil preventiva*: a proteção contra a violação dos direitos e a tutela inibitória material. São Paulo: Malheiros, 2014, p. 249.

ambiental, em função da aplicação da teoria do risco integral como fundamento da reparação especificamente baseada na tutela do perigo e no princípio da precaução[146].

A mesma lógica, se trasladada para o contexto dos algoritmos de IA, propiciaria algumas consequências peculiares. Sobre o tema, Yaniv Benhamou e Justine Ferland[147] já apontaram a perspectiva funcional que teriam tais deveres informados baseados em dados ("*data informed duties*").

a) Uma primeira constatação dos autores é a de que, quanto às exigências imponíveis a operadores algorítmicos[148], impõe-se o cumprimento de deveres de cuidado, que dizem respeito: a.1) à escolha da tecnologia, em particular à luz das tarefas a serem realizadas e das próprias competências e habilidades do operador; a.2) ao quadro organizacional previsto, em especial no que diz respeito a um acompanhamento adequado; e a.3) à manutenção, incluindo quaisquer verificações de segurança e reparos. O não cumprimento de tais obrigações poderia desencadear responsabilidade por culpa, independentemente de o operador também ser estritamente responsável pelo risco criado, a partir do implemento de determinada tecnologia.

b) Com relação aos produtores e fabricantes, nas relações de consumo, inclusive para os que atuam incidentalmente como operadores, na acepção respectiva que a legislação de proteção de dados atribui ao termo, devem ser observados os seguintes padrões de conduta, segundo Benhamou e Ferland[149]: b.1) conceber, descrever e comercializar produtos de uma forma que lhes permita cumprir os "*data-informed duties*", tornando os riscos mais previsíveis (em realce à esperada *foreseeability*)[150]; e b.2) monitorar adequadamente o produto após a sua colocação em circulação, à luz das características das tecnologias digitais emergentes, em particular a sua abertura e dependência do ambiente digital geral, incluindo a obsolescência (programada ou não), o surgimento de *malware* ou mesmo sua vulnerabilidade a eventuais ataques externos.

---

146. CALO, Ryan. Robotics and the lessons of cyberlaw. *California Law Review*, Berkeley, v. 103, p. 513-563, 2015, p. 555.
147. BENHAMOU, Yaniv; FERLAND, Justine. Artificial Intelligence & damages: assessing liability and calculating the damages. *In*: D'AGOSTINO, Pina; PIOVESAN, Carole; GAON, Aviv (ed.). *Leading legal disruption*: Artificial Intelligence and a toolkit for lawyers and the law. Toronto: Thomson Reuters Canada, 2021.
148. BALKIN, Jack M. The path of robotics law. *California Law Review Circuit*, Berkeley, v. 6, p. 45-60, jun. 2015. p. 52. O autor é assertivo: "We might hold many different potential actors liable, including the owner, operator, retailer, hardware designer, operating system designer, or programmer(s), to name only a few possibilities".
149. BENHAMOU, Yaniv; FERLAND, Justine. Artificial Intelligence & damages: assessing liability and calculating the damages. *In*: D'AGOSTINO, Pina; PIOVESAN, Carole; GAON, Aviv (ed.). *Leading legal disruption*: Artificial Intelligence and a toolkit for lawyers and the law. Toronto: Thomson Reuters Canada, 2021.
150. KARNOW, Curtis E. A. The application of traditional tort theory to embodied machine intelligence. *In*: CALO, Ryan; FROOMKIN, A. Michael; KERR, Ian (ed.). *Robot Law*. Cheltenham: Edward Elgar, 2016, p. 76. Anota: "Predictability and foreseeability are, in practice, vague and peculiar notions, and people with different experiences and beliefs about how the world works will treat different things as "predictable." In any event humans are poor at predicting odds, and generally are not accurate estimating the likelihood of future events. Perhaps we may get better at predicting the behavior of autonomous robots as we interact with them; actions that appear at first random may begin to cluster in their frequencies, revealing theretofore unanticipated patterns that will help future prediction."

c) A chamada supervisão, entendida no contexto do dever de monitoramento ("superior" ou "hierárquico", que pode ser decorrente até mesmo do poder de polícia estatal[151], naquilo que Pasquale denomina de "*oversight*" em sua nova obra[152]) poderia ser alcançada pela realização de auditorias e estudos do algoritmo específico, mesmo após a sua liberação ao mercado. Desse modo, como decorrência da implementação de sistemas de monitoramento supervisionados, seria esperada a identificação de anomalias e a parametrização prévia dos sistemas para "avisar" sobre a ocorrência de comportamentos inesperados, bem como pela observação das tendências específicas de evolução a partir do *machine learning* para prever tais comportamentos. Uma vez que tal monitoramento seja implementado, a obrigação de informar as vítimas potenciais surge como dever anexo da boa-fé objetiva.[153]

d) Havendo viabilidade, os autores defendem que os produtores devem ser compelidos a incluir *backdoors* obrigatórios[154] em seus algoritmos. Outras designações para isso são as expressões "freios de emergência por padrão" (*by design*), "recursos de desligamento automático" ("*shut down*"), ou recursos que permitam aos operadores ou usuários "desligar a IA" por comandos manuais, ou torná-la "ininteligente" ao simplesmente pressionar um botão do pânico ("*panic button*"). Não garantir tais ferramentas e opções poderia ser considerado um defeito de design suficiente para justificar a responsabilização por infringência ao dever geral de segurança que lhes seria imponível, o que abriria margem à tutela de danos pela responsabilidade civil por fato do produto, reconhecendo como defeituoso o algoritmo. De fato, a depender das circunstâncias, os fabricantes ou operadores também poderiam ser obrigados a "desligar" os próprios robôs como parte de suas tarefas de monitoramento e auditoria algorítmica.

e) Semelhante aos deveres de pós-venda já existentes e que são compostos de avisos e instruções para *recall* de produtos defeituosos, os produtores/fabricantes também podem assumir deveres de suporte e correção – corolários da auditabilidade e da transparência[155] –consentâneos com outros desenvolvimentos recentes sobre a obrigação potencial dos desenvolvedores de *software* de atualizar algoritmos inseguros, durante

---

151. SCHERER, Matthew U. Regulating Artificial Intelligence systems: Risks, Challenges, Competencies, and Strategies. *Harvard Journal of Law & Technology*, Cambridge, v. 29, n. 2, p. 353-400, mar./jun. 2016, p. 380.
152. PASQUALE, Frank. *New laws of robotics*: Defending human expertise in the Age of AI. Cambridge: Harvard University Press, 2020, p. 99.
153. WISCHMEYER, Thomas. Artificial Intelligence and transparency: Opening the black box. *In*: WISCHMEYER, Thomas; RADEMACHER, Timo (Ed.). *Regulating Artificial Intelligence*. Cham: Springer, 2020, p. 76. Explica: "In light of AI's growing impact on society, there is broad agreement that those who regulate, employ or are affected by AI-based systems should have an adequate understanding of the technology. A steady stream of policy papers, national planning strategies, expert recommendations, and stakeholder initiatives frames this objective in terms of AI transparency".
154. LIAO, Cong; ZHONG, Haoti; SQUICCIARINI, Anna; ZHU, Sencun; MILLER, David. Backdoor Embedding in Convolutional Neural Network Models via Invisible Perturbation. *Proceedings of the Tenth ACM Conference on Data and Application Security and Privacy*, Nova Iorque, p. 97-108, mar. 2020. Disponível em: https://doi.org/10.1145/3374664.3375751. Acesso em: 20 jul. 2023.
155. PASQUALE, Frank. Data-informed duties in AI development. *Columbia Law Review*, Nova Iorque, v. 119, p. 1917-1940, 2019, p. 1937.

todo o tempo em que a referida tecnologia estiver no mercado (ou seja, para além de qualquer estipulação contratual sobre prazo de garantia).[156]

Uma proposta alternativa à de estruturação dos *data-informed duties* envolve o reconhecimento da função preventiva e sua funcionalização a partir da desejável *accountability*[157] para o desenvolvimento de algoritmos de inteligência artificial. Essa ideia é colhida dos escritos do italiano Giovanni Comandé, que realçam a necessidade de transição da tradicional responsabilidade estrita (*liability*) para um modelo de responsabilização que se ocupe, também, das funções preventiva e precaucional, impondo a quem assume melhor posição hierárquica – quanto à assunção de deveres "informados" – o múnus de fazer escolhas e justificá-las àqueles sobre os quais incidem seus efeitos.

Na sociedade da informação, a *accountability* representa uma 'cultura'[158] (mais, portanto, que um dever) e seus efeitos ultrapassam os da mera 'prestação de contas' (como se poderia cogitar a partir da tradução literal do termo) pelas escolhas feitas. Ampliando o escopo desse debate, nova menção é devida ao 'princípio responsabilidade' descrito por Hans Jonas para conjecturar a *accountability* como 'virtude'.[159] Trata-se, portanto, da expectativa legítima de que o agente responda, nas esferas apropriadas

---

156. De fato, embora nenhuma lei contenha claramente uma obrigação clara e explícita de fazê-lo, já se tem sinalização jurisprudencial que interpreta as normas jurídicas existentes de uma forma que cria tal obrigação aos desenvolvedores; é o caso do precedente holandês *Consumentenbond v. Samsung*. Para um estudo detalhado do caso e de suas repercussões, conferir: WOLTERS, Pieter T. J. The obligation to update insecure software in the light of Consumentenbold/Samsung. *Computer Law & Security Review*, Londres, v. 35, n. 3, p. 295-305, maio 2019.
157. O termo 'responsabilidade' não possui significado único. Seu escopo é ainda mais amplo em idiomas como o francês ou o espanhol, nos quais a 'responsabilidade' é usada em relação a um campo muito amplo de relações jurídicas, políticas e econômicas e, dentro delas, às suas respectivas dimensões. Em inglês, porém, a existência de termos diferentes para se referir às várias dimensões da responsabilidade – *responsibility, accountability, liability* – permite uma aplicação mais precisa do conceito. Sobre isso, conferir ROSENVALD, Nelson. A polissemia da responsabilidade civil na LGPD. *Migalhas de Proteção de Dados*, 06 nov. 2020. Disponível em: https://s.migalhas.com.br/S/477BB2. Acesso em: 20 jul. 2023.
158. NISSENBAUM, Helen. Accountability in a computerized society. *Science and Engineering Ethics*, Nova Iorque, v. 2, n. 1, p. 5-42, mar. 1996, p. 7. Anota: "A strong culture of accountability is worth pursuing for a number of reasons. For some, a developed sense of responsibility is a good in its own right, a virtue to be encouraged. Our social policies should reflect this value appropriately by expecting people to be accountable for their actions. For others, accountability is valued because of its consequences for social welfare".
159. JONAS, Hans. *Le principe responsabilité*: une éthique pour la civilisation technologique. Tradução do alemão para o francês de Jean Greisch. 2. ed. Paris: Cerf, 1992, p. 225-226. Diz: "Si à propos de la science et de la technique nous pouvions encore parler en termes univoques d'un progrès et même d'un progrès potentiellement infini – peut-être les seuls mouvements négentropiques permanents dans lesquels l'état ultérieur dépasse toujours celui qui le précède – le tableau est bien moins précis dans le domaine de l'ordre politico-social qui a un rapport bien plus étroit avec la moralité (et qui jusqu'à une époque récente fournissait également la véritable matière de l'histoire). Et même, en y réfléchissant, on est tenté d'établir la règle que plus quelque chose dans la vie collective est proche de la sphère éthique, plus hésitant devient le « progrès » en elle comme forme naturelle du mouvement: apparemment ce qui est moralement le plus neutre et ce qui est évalué selon des critères parfaitement «objectifs», là où chaque plus est un mieux, se prête manifestement mieux au perfectionnement cumulatif – pour le dire brièvement: le «pouvoir» mieux que «l'être». Mais il y a des ordres politiques, économiques et sociaux meilleurs et pires, et indépendamment du fait qu'en soi ils peuvent être plus ou moins moraux, c'est-à-dire plus conformes à des normes éthiques, ils posent également des conditions meilleures ou pires pour l'être moral – la «vertu» – de leurs membres".

(política, civil, criminal, administrativa, ética, social), por suas possíveis falhas e pelas deficiências de suas escolhas (especialmente se forem escolhas informadas).[160]

Primando pela proteção da confiança, a discussão sobre *accountability* ultrapassa os limites da culpa[161] e passa a contemplar aspectos éticos que passam a ser reinterpretados para a aplicação de algoritmos de inteligência artificial no campo de investigação que concerne à necessidade de regulação específica. Ao invés de normatizar "como" devem ser criados, aplicados e fiscalizados os algoritmos, esse modelo mais aberto cria nichos específicos nos quais faz mais sentido estabelecer *guidelines* mais abstratas, com grau de generalização suficiente para orientar o desenvolvimento tecnológico sem ceifá-lo da ambientação profícua ao seu livre florescimento.

Nos Estados Unidos da América, foi apresentado, em 12 de dezembro de 2017, o "*Fundamentally Understanding the Usability and Realistic Evolution of Artificial Intelligence Act*", ou apenas "*Future of AI Act*"[162], que é bastante apegado à correlação entre o conceito de IA e o funcionamento do cérebro humano, denotando proximidade conceitual com a ideia de "singularidade tecnológica". Tal documento indica, ainda, diretrizes éticas para o fomento ao desenvolvimento algorítmico, mas não aborda a responsabilidade civil de forma direta.

Alguns documentos mais recentes, como o *Artificial Intelligence Act* europeu de 2021[163] (2021 EU AIA) e o recentíssimo *Algorithmic Accountability Act* norte-americano de 2022[164] (2022 US AAA), que atualizou a versão anterior, de 2019[165], evitam a discussão terminológica sobre o alcance semântico do termo "inteligência", preferindo

---

160. COMANDÉ, Giovanni. Intelligenza Artificiale e responsabilità tra liability e accountability: il carattere trasformativo dell'IA e il problema della responsabilità. *In*: NUZZO, Antonio; OLIVIERI, Gustavo (a cura di) *Analisi giuridica dell'Economia*. Studi e discussioni sul diritto dell'impresa. Bologna: Il Mulino, 2019, v. 1, p. 185. Com efeito: "Con accountability si allude all'obbligo di chi prenda delle decisioni e operi delle scelte di 1) giustificarle dinanzi a coloro che di tali scelte subiscono gli effetti ed eventualmente 2) debbano, non solo rendere il conto per le scelte fatte, ma debbano anche 3) rispondere nelle sedi opportune (responsabilità politica, civile, penale, amministrativa, deontologica, sociale) per loro eventuali fallimenti e mancanze".
161. VENTURI, Thaís G. Pascoaloto. *Responsabilidade civil preventiva*: a proteção contra a violação dos direitos e a tutela inibitória material. São Paulo: Malheiros, 2014, p. 262. Comenta: "[...] fundar a responsabilidade civil na culpa não é exatamente a melhor ou a mais apropriada forma de se incluir no meio social a necessidade da adoção de toda a cautela possível para se evitar os acidentes e os danos. Em verdade, isso pode ser realizado com maior eficácia justamente pela adoção do regime de responsabilidade civil objetiva, na medida em que se sabe que, descumpridos os deveres de precaução ou de prevenção, a responsabilidade incide automaticamente".
162. ESTADOS UNIDOS DA AMÉRICA. House of Representatives. House Resolution No. 4625, Dec. 12, 2017. *FUTURE of Artificial Intelligence Act*. Disponível em: https://www.congress.gov/115/bills/hr4625/BILLS--115hr4625ih.pdf Acesso em: 20 jul. 2023.
163. EUROPA. European Commission. *Artificial Intelligence Act*. 2021/0106(COD), abr. 2021. Disponível em: https://eur-lex.europa.eu/legal-content/EN/TXT/?uri=CELEX%3A52021PC0206 Acesso em: 20 jul. 2023.
164. ESTADOS UNIDOS DA AMÉRICA. House of Representatives. House Resolution No. 6580, Feb. 3, 2022. *Algorithmic Accountability Act of 2022*. Disponível em: https://www.congress.gov/bill/117th-congress/house-bill/6580/text Acesso em: 20 jul. 2023.
165. ESTADOS UNIDOS DA AMÉRICA. House of Representatives. House Resolution No. 2231, Apr. 10, 2019. *Algorithmic Accountability Act of 2019*. Disponível em: https://www.congress.gov/116/bills/hr2231/BILLS--116hr2231ih.pdf Acesso em: 20 jul. 2023.

se reportar a "sistemas decisionais automatizados"¹⁶⁶ (*Automated Decision Systems*, ou ADS's) para explicitar a necessidade de que seja definido um regime de responsabilidade civil aplicável em decorrência de eventos danosos propiciados por tais sistemas, e, até mesmo, para reafirmar a importância da estruturação de parâmetros éticos para o desenvolvimento de algoritmos.

Segundo abalizada doutrina¹⁶⁷, os documentos citados possuem qualidades que podem servir para mútua inspiração, denotando a importância da adequada assimilação semântica (além de outros temas) para a evolução das discussões até mesmo a nível global.

No Brasil, os Projetos de Lei nºs 5.051/2019, 21/2020 e 872/2021 visam regulamentar o tema em linhas gerais (e não apenas para o contexto dos carros autônomos), priorizando a delimitação de um sistema de responsabilização baseado na anacrônica teoria da culpa, que simplesmente não faz sentido para tutelar matéria tão complexa.

Todavia, em fevereiro de 2022, foi instituída, pelo Senado Federal, a elogiável "Comissão de Juristas responsável por subsidiar elaboração de substitutivo sobre IA" (CJSUBIA). Foram realizadas diversas reuniões e audiências públicas e os trabalhos de elaboração do substitutivo foram concluídos em dezembro de 2022¹⁶⁸.

O Projeto de Lei nº 2.338/2023, fruto dos trabalphos da CJSUBIA, foi enfim apresentado, pelo presidente do Senado Federal, Rodrigo Pacheco, com o objetivo de regular a Inteligência Artificial no Brasil. Uma das principais características do projeto é a proposta de um arranjo institucional de fiscalização e supervisão, que visa proporcionar segurança jurídica para aqueles que inovam e desenvolvem tecnologia. O texto dedica um capítulo inteiro à proteção dos direitos das pessoas afetadas por sistemas de IA, estabelecendo garantias como o acesso a explicações sobre as decisões tomadas por esses sistemas, o direito de contestar decisões automatizadas e solicitar intervenção humana, além do direito à correção de vieses discriminatórios. Com essa proposta, busca-se estabelecer um marco legal para a tecnologia, assegurando a proteção dos direitos das pessoas afetadas e estabelecendo mecanismos de governança e supervisão.

Como se disse anteriormente, as relações envolvendo a colocação de produtos baseados em algoritmos de IA no mercado serão, via de regra, relações de consumo, impondo considerar toda a construção dogmática existente para atividades de risco ao se trabalhar com *accountability*.

---

166. Cf. SELBST, Andrew. An institutional view of algorithmic impact assessments. *Harvard Journal of Law & Technology*, Cambridge, v. 35, 2021. Disponível em: https://ssrn.com/abstract=3867634 Acesso em: 20 jul. 2023.
167. MÖKANDER, Jakob; JUNEJA, Prathm; WATSON, David S.; FLORIDI, Luciano. The US Algorithmic Accountability Act of 2022 vs. The EU Artificial Intelligence Act: what can they learn from each other? *Minds and Machines*, Cham: Springer, v. 22, p. 1-9, jun. 2022. Disponível em: https://doi.org/10.1007/s11023-022-09612-y Acesso em: 20 jul. 2023.
168. BRASIL. Senado Federal. Atividade Legislativa. *Comissão de Juristas responsável por subsidiar elaboração de substitutivo sobre IA (CJSUBIA)*. Disponível em: https://legis.senado.leg.br/comissoes/comissao?codcol=2504 Acesso em: 20 jul. 2023.

A título exemplificativo, questões como o ônus da prova devem ser analisadas com cautela[169]. Isso porque o Brasil, "ao contrário do direito comunitário europeu, adota uma presunção relativa de defeito do produto, por força do dano sofrido pelo consumidor, dispensando-se este de sua prova cabal."[170] Noutros termos, invertido o ônus, eventual comprovação de inexistência de defeito recairá sobre o fornecedor, e, mesmo que se convolasse em caso fortuito, este seria considerado fortuito interno pela leitura que se faz dos riscos do desenvolvimento, não afastando o dever de indenizar, tampouco o mitigando.

Naturalmente, ainda que não se tenha atingido a singularidade tecnológica, para que se torne mais plausível a discussão sobre a imputação de responsabilidade civil a máquinas e robôs[171] ou para a construção de uma teoria em torno da "personalidade eletrônica"[172], o debate sobre a extensão do risco no contexto das relações de consumo continuará a envolver esforço investigativo quanto aos limites de sua assunção.

E, de fato, esse é um debate que vem se robustecendo: Bruno Bioni e Maria Luciano, já citados no início desse artigo, ressaltam que atividades de risco que envolvem dados pessoais já são vistas como "portas de entrada" para o debate sobre *accountability*[173], pois sinalizam a tendência de transição para um regime mais amplo de responsabilidade civil, que abrange outras funções e realça a governança em suas estruturas de aferição do risco. Isso corresponderia exatamente ao que se está a sustentar com escoro nas doutrinas de Pasquale e Comandé.

Nesse ponto, cabe nova menção a Hans Jonas e ao 'princípio responsabilidade':

> Mas o próprio homem passou a fazer parte dos objetos da tecnologia. O *homo faber* aplica sua arte a si mesmo e está prestes a inventar uma nova fabricação do inventor e criador de tudo o mais. Esta

---

169. Na União Europeia, merecem menção os Princípios de Direito Europeu da Responsabilidade Civil, com destaque para os do art. 5(101) sobre atividades anormalmente perigosas, que envolvem "risco previsível e bastante significativo de dano, mesmo com observância do cuidado devido". Com efeito: "Art. 5:101. Actividades anormalmente perigosas. (1) Aquele que exercer uma actividade anormalmente perigosa é responsável, independentemente de culpa, pelos danos resultantes do risco típico dessa actividade. (2) Uma actividade é considerada anormalmente perigosa quando: a. cria um risco previsível e bastante significativo de dano, mesmo com observância do cuidado devido, e; b. não é objeto de uso comum. (3) O risco de dano pode ser considerado significativo tendo em consideração a gravidade ou a probabilidade do dano". SINDE MONTEIRO, Jorge Ferreira; PEREIRA, André Gonçalo Dias. Princípios de Direito Europeu da Responsabilidade Civil (Portuguese Translation) *In*: KOCH, Bernhard; KOZIOL, Helmut; MAGNUS, Ulrich et al. *Principles of European tort law*: Text and commentary. European Group on Tort Law. Viena: Springer Wien, 2005, p. 253-254.
170. CALIXTO, Marcelo Junqueira. *A responsabilidade civil do fornecedor de produtos pelos riscos do desenvolvimento*. Rio de Janeiro: Renovar, 2004, p. 148.
171. VLADECK, David C. Machines without principals: Liability rules and Artificial Intelligence. *Washington Law Review*, Seattle, v. 89, n. 1, p. 117-150, 2014, p. 149-150.
172. RUFFOLO, Ugo. Per i fondamenti di un diritto della robotica self-learning; dalla machinery produttiva all'auto driverless: verso una "responsabilità da algoritmo". *In*: RUFFOLO, Ugo (a cura di). *Intelligenza Artificiale e responsabilità*. Milão: Giuffrè, 2017, p. 26-30.
173. BIONI, Bruno Ricardo; LUCIANO, Maria. O princípio da precaução na regulação de inteligência artificial: seriam as leis de proteção de dados o seu portal de entrada? *In*: FRAZÃO, Ana; MULHOLLAND, Caitlin (coord.). *Inteligência artificial e direito*: ética, regulação e responsabilidade. São Paulo: Thomson Reuters Brasil, 2019, p. 215-216.

conclusão de seu poder de dominação, que pode muito bem significar uma vitória sobre o homem, esta instalação final da arte acima da natureza, provoca o esforço final do pensamento ético que nunca antes teve que considerar alternativas que são objeto de uma escolha face ao que se considerava o dado definitivo da constituição do homem.[174]

A precaução traz ares de incerteza a um debate no qual o incerto flerta com a ideia de segurança e permanência dos valores humanos. Como anota Shannon Vallor, para os tempos de hoje, a dúvida que paira envolve o discernimento necessário para que se cultive o que será necessário amanhã: *"Can we cultivate the will, and the wisdom, to do today what is needed for tomorrow?"*[175] De um lado, busca-se tutelar aquilo que, embora seja uma criação humana, instiga e desafia o próprio homem e seus limites; de outro, surge a *accountability* como paradigma de reforço à proliferação de verdadeira cultura baseada no mapeamento de riscos e na conformação das estruturas de pesquisa, produção e desenvolvimento de novas tecnologias, com vistas ao aumento do rol de contingências previsíveis e à conversão de perigos em riscos, ou do incerto em plausível para que se possa aliviar esse dilema.[176]

Atividades norteadas pela função precaucional têm o objetivo de "obter o maior grau possível de prevenção de danos, comprometendo minimamente outros valores igualmente relevantes, como a livre iniciativa e o desenvolvimento econômico."[177] Se os algoritmos não são capazes de "pensar", mas são suficientemente avançados para tomar decisões "resultantes de uma combinação de *inputs* de programação não originária"[178], uma leitura ampliativa do conceito de 'responsabilidade' poderá ao menos nortear a solução de problemas como "a opacidade decisória, a falta de explicação quanto aos critérios utilizados e a herança de *inputs* viciados, enviesados e preconceituosos, o

---

174. JONAS, Hans. *Le principe responsabilité*: une éthique pour la civilisation technologique. Tradução do alemão para o francês de Jean Greisch. 2. ed. Paris: Cerf, 1992, p. 38, tradução livre. No original: "Mais l'homme lui-même a commencé à faire partie des objets de la technique. L'homo faber applique son art à lui-même et s'apprête à inventer une nouvelle fabrication de l'inventeur et du fabricateur de tout le reste. Cet achèvement de son pouvoir de domination qui peut très bien signifier la victoire sur l'homme, cette ultime installation de l'art au-dessus de la nature, provoque l'ultime effort de la pensée éthique qui jamais auparavant n'avait eu à envisager des alternatives faisant l'objet d'un choix, face à ce qui était considéré comme les données définitives de la constitution de l'homme".
175. VALLOR, Shannon. *Technology and the virtues*: a philosophical guide to a future worth wanting. Oxford: Oxford University Press, 2016, p. 253. Acrescenta: "For human beings, nothing is written in stone; yet in a perplexing irony, it is often those most welcoming of technosocial innovation who succumb to the false belief that present patterns of moral, economic, and political practice are permanent fixtures, rather than what they are— malleable cultural habits with a long history of adapting to changing social conditions."
176. Segundo Comandé, "il costo dell'osservazione sistematica dei comportamenti pericolosi degli utenti può anche diventare sufficientemente basso da rendere più efficiente per i produttori l'adozione di misure precauzionali attraverso il ridisegno del prodotto." COMANDÉ, Giovanni. Intelligenza Artificiale e responsabilità tra liability e accountability: il carattere trasformativo dell'IA e il problema della responsabilità. *In*: NUZZO, Antonio; OLIVIERI, Gustavo (a cura di) *Analisi giuridica dell'Economia*. Studi e discussioni sul diritto dell'impresa. Bologna: Il Mulino, 2019, v. 1, p. 185.
177. DAL PIZZOL, Ricardo. *Responsabilidade civil*: funções punitiva e preventiva. Indaiatuba: Foco, 2020, p. 277.
178. FERREIRA, Ana Elisabete. Responsabilidade civil extracontratual por danos causados por robôs autónomos: breves reflexões. *Revista Portuguesa do Dano Corporal*, Coimbra: Imprensa da Universidade de Coimbra, n. 27, p. 39-63, dez, 2016, p. 44.

que culmina na produção de discriminações injustificadas".[179] É o que se espera com o fomento à *accountability*.

4.4 *ACCOUNTABILITY* E A BUSCA PELAS *'CLEAR BOXES'* NOS SISTEMAS DE IA

A *accountability* é um tema fundamental para melhorar a gestão pública e promover transparência, eficiência e responsabilidade na administração pública. Ela se refere ao processo de responsabilização das entidades e dos gestores públicos por suas ações e decisões e pode ser analisada sob diferentes dimensões, incluindo a política, a administrativa, a profissional e a democrática.

A *accountability* política apresenta duas dimensões: vertical e horizontal. Na dimensão vertical, há uma relação entre aqueles que ocupam altos cargos na estrutura administrativa, como agentes políticos e cargos comissionados. Na dimensão horizontal, há uma relação que vincula o Executivo ao Legislativo, em que agentes administrativos de alto nível prestam contas diretamente a quem os fiscaliza por seu desempenho individual ou de suas unidades administrativas.

A *accountability* administrativa, assim como a política, ocorre em dupla dimensão: vertical e horizontal. Na dimensão vertical, há uma relação que vincula posições administrativas inferiores às superiores – políticas ou administrativas. Na dimensão horizontal, há uma relação que vincula o administrador individual e a Administração Pública como um todo aos cidadãos, órgãos externos de supervisão e controle, como órgãos de auditoria, controladores e *ombudsmen*.

Além disso, a *accountability* profissional é um tipo especial de relação de prestação de contas que ocorre principalmente no mundo profissional. Por fim, a *accountability* democrática é uma forma de prestação de contas menos definida, mas que é expressa diretamente pelos cidadãos ou pela sociedade como um todo e que está diretamente relacionada à democracia e à transparência na gestão pública, em que a sociedade tem o direito de fiscalizar e cobrar dos governantes e servidores públicos uma atuação mais ética e responsável.

Partindo dessa diferenciação entre as quatro dimensões do termo *accountability*, fica mais clara a importância da participação social, agora catalisada pelas estruturas de governo digital. Sem dúvidas, a promulgação da Lei nº 14.129/2021, que define, dentre outros temas, o incentivo à participação social no controle e na fiscalização da administração pública como um princípio de governo digital, consagrou importantes normas jurídicas para a compreensão e reestruturação da administração pública do século XXI.

A Lei do Governo Digital é uma medida imediata para a implementação de estruturas de tecnologia da informação e comunicação em modelos democráticos. Princípios

---

179. MEDON, Filipe. *Inteligência artificial e responsabilidade civil*: autonomia, riscos e solidariedade. 2. ed. Salvador: Juspodivm, 2022, p. 526.

como transparência na execução dos serviços públicos, incentivo à participação social no controle e na fiscalização da administração pública e dever do gestor público de prestar contas diretamente à população sobre a gestão dos recursos públicos são importantes para fortalecer a *accountability*.

Conclui-se que a *accountability* não deve ser vista como um distanciamento completo entre Estado e cidadãos, mas como uma aproximação essencial baseada em transparência e boa conduta. A responsabilização dos gestores públicos por suas ações e decisões deve ser vista como um meio de fortalecer a relação entre Estado e sociedade e garantir o direito fundamental à boa administração pública. Para aprofundar o conhecimento sobre o conceito de *accountability* e suas diferentes dimensões, uma abordagem qualitativa baseada em pesquisa bibliográfica foi realizada a partir de quatro critérios: *accountability, legality, integrity* e *responsiveness*. Partindo de sua combinação, denota-se a viabilidade de racionalização dos programas de *compliance* a partir de uma 'boa' administração pública que congregue os cidadãos em torno do objetivo maior de garantir lisura no cumprimento dos afazeres estatais.

A conjugação desses critérios denota a viabilidade de racionalização dos programas de compliance a partir de uma boa administração pública. A configuração da sigla ALIR, a partir da junção das letras iniciais dos quatro parâmetros, é uma proposição semelhante à dos universais evolutivos. E, a partir disso, constatou-se que a 'responsabilidade como capacidade' (*capacity*) refere-se à autoridade do servidor público para agir, limitada pelas leis e regulamentos que definem suas obrigações e deveres. Já a 'responsabilidade como prestação de contas' (*accountability*) envolve a obrigação do servidor público de prestar informações e justificativas de suas ações a uma autoridade superior interna ou externa. Por fim, a 'responsabilidade em sentido estrito' (*liability*) envolve as consequências dos próprios atos e dos atos praticados por terceiros dentro do campo de autoridade do administrador responsável final.

Não se tem respostas definitivas quanto aos desafios que ainda pairam sobre o desenvolvimento dos algoritmos de inteligência artificial no atual estado da técnica. O conceito de singularidade tecnológica vem sendo debatido há décadas e houve notável evolução algorítmica desde que Kurzweil o explorou, mas ainda não se tem máquinas inteligentes ou pensantes. Não obstante, debater as perspectivas dessa disrupção ainda se faz necessário até mesmo para que caminhos regulatórios compatíveis sejam diagnosticados.

É inegável que o tema ainda suscitará muitos questionamentos, mas o avanço rumo à consagração da função precaucional da responsabilidade civil parece ser realmente necessário para a compatibilização do desenvolvimento tecnológico com a necessária proteção e prevenção dos vieses algorítmicos, especialmente a partir da proliferação de uma cultura de *accountability* que possa ser reconhecida como virtude.

Soluções intermediárias são valiosos temas para o debate e para a propagação de questionamentos profícuos sobre a compatibilização das regras existentes no ordenamento com os desafios vislumbráveis a médio prazo. A cumulação de deveres informados (os *data-informed duties* descritos por Pasquale) com a parametrização de riscos a partir do reforço de rotinas lastreadas em *accountability* pode propiciar configuração coerente com as três premissas sugeridas por Balkin e a quarta, indicada por Pasquale.

Não há que se falar nesses postulados como 'novas leis da robótica', mas premissas para a adequada compreensão das limitações do atual estágio de desenvolvimento tecnológico (embora continue evoluindo) e, em paralelo, da insuficiência de certos paradigmas do próprio ordenamento para, isoladamente, garantirem a tutela de riscos relacionados a algoritmos de inteligência artificial falíveis. A hipótese se confirma exatamente por isso, revelando a importância de profícuo debate sobre o desenvolvimento tecnológico e até mesmo sobre a perspectiva – absolutamente teórica – de atingimento da singularidade tecnológica para fins de reconhecimento de pretensa "personalidade eletrônica".

Para além disso, outros debates fundamentais deverão ser travados em estudos específicos, inclusive para a compatibilização do regime de proteção aos consumidores e às relações de consumo com os riscos inerentes ao desenvolvimento de algoritmos. Igualmente, ressalta-se a necessidade de que sejam discutidos temas como a atribuição e a inversão do ônus da prova, a definição de dogmática específica para um "supervisor" da IA, ou a própria criação de regime de seguros obrigatórios.

Tudo isso se convola na desejável ampliação da compreensão que se tem sobre os desafios desses algoritmos, que se acirrarão com o incremento da complexidade pelo *machine* e pelo *deep learning*, indicando a importância da introjeção da ética nos processos de desenvolvimento, implementação e fiscalização de seu uso.

5
REPENSANDO O RISCO ADMINISTRATIVO

A compreensão das potencialidades da gestão de dados a partir de paradigmas de governança digital aplicáveis ao Poder Público ultrapassa as lindes da tecnocracia e deságua no clamor por um Estado capaz de dar concretude normativa aos deveres de proteção que lhe são impostos e, em última instância, à promoção da pacificação social (seu *telos* essencial).

É nesse contexto que se impõe uma remodelagem do papel da Administração Pública, agora também inserida no mundo digital e, ao mesmo tempo, usuária e exploradora de atividades relacionadas a dados que circulam pela Internet.

E, com base nessa atuação, o legislador pátrio não deixou de tutelar as atividades exercidas pelo Estado, enquanto agente de tratamento de dados, na Lei Geral de Proteção de Dados Pessoais (Lei nº 13.709, 2018), tendo dedicado um capítulo inteiro (artigos 23 a 32) exatamente a este tema, e os dois últimos artigos, 31 e 32, cuidam de deveres de prevenção, sem expressar categoricamente um regime de responsabilidade civil mais específico ou aprofundado do que o regido pela tradicional e vigente teoria do risco administrativo[1], o que abre margem a interpretações, especialmente se tais dispositivos forem lidos em conjunto com os artigos 42 a 44 da lei – que versam sobre regras de responsabilidade civil e sobre os quais pairam inúmeras controvérsias interpretativas[2].

---

1. WIMMER, Miriam. Proteção de dados pessoais no Poder Público. *Revista do Advogado*, São Paulo, v. 39, n. 144, p. 126–133, nov. 2019, *passim*.
2. SANTOS, Romualdo Baptista dos. Responsabilidade civil do Estado na sociedade de vigilância: análise à luz da Lei Geral de Proteção de Dados – LGPD. In: CRAVO, Daniela Copetti; JOBIM, Eduardo; FALEIROS JÚNIOR, José Luiz de Moura (coord.). *Direito público e tecnologia*. Indaiatuba: Foco, 2022, p. 412. Comenta: "A responsabilidade civil do Estado é prevista no art. 37, § 6º, da Constituição, segundo o qual o poder público responde pelos danos que seus agentes causarem aos particulares, no exercício de suas funções. Trata-se de cláusula geral de responsabilidade civil objetiva, cabendo ação de regresso contra o causador direto do dano, mediante prova da culpa. Além disso, a Lei Geral de Proteção de Dados não afasta a responsabilidade civil do Estado por violações relacionadas ao tratamento de dados pessoais, mas ao contrário afirma em várias passagens que as disposições da lei se aplicam às pessoas jurídicas de direito público (LGPD, art. 7º, III, e arts. 23 a 32). Em virtude desse regime jurídico, temos que o poder público se submete parcialmente aos ditames da LGPD, no que se refere à responsabilidade administrativa, visto que não cabe à ANPD impor sanções administrativas aos demais entes públicos, mas tão somente elaborar relatórios e solicitar providências de conformidade, nos termos dos arts. 29, 31 e 32 da LGPD. No entanto, as pessoas jurídicas de direito público respondem por danos que causarem aos particulares, em virtude do tratamento de dados, por força dos arts. 42 a 45 c/c os arts. 23 a 32 da LGPD e também por conta da cláusula geral de responsabilidade civil do art. 37, § 6º, da Constituição".

Como se viu, a rediscussão da teoria do risco administrativo à luz das novas tecnologias do século XXI é de extrema importância. Com o avanço da tecnologia, surgem novos desafios e riscos para o Estado e para a sociedade, e é fundamental que a responsabilidade civil do Estado esteja alinhada com essas mudanças. Assim, tendo em vista esse tema ainda pouco explorado, analisar-se-á, neste breve ensaio, a adequação dos elementos tradicionais de regência da responsabilidade civil do Estado a esse novo contexto, marcado pela presença massiva de dados e pela necessidade de estruturação de parâmetros específicos para a demarcação do campo de incidência das inovações tecnológicas hodiernas às atividades do Poder Público.

A revolução digital exige que se repense o arcabouço jurídico que envolve a responsabilização do Estado pelos danos decorrentes de atividades digitais. A teoria do risco administrativo, embora válida e coerente no contexto de sua criação, pode não ser plenamente adequada para abarcar as complexidades e desafios dos ilícitos algorítmicos e dos danos decorrentes da atuação do Estado como agente de tratamento de dados. A massiva circulação de informações e a crescente automatização das decisões estatais ampliam as possibilidades de danos aos cidadãos e impõem a necessidade de um enquadramento legal mais específico e abrangente.

Ademais, a discussão sobre a responsabilidade civil do Estado em tempos digitais também deve considerar o contexto internacional. Muitos países estão revisando suas legislações e adotando abordagens mais detalhadas e abrangentes para lidar com os desafios da sociedade da informação. Nesse sentido, é fundamental que o Brasil se mantenha atualizado e participe ativamente do debate global sobre governança digital, trocando experiências e boas práticas para o aprimoramento de suas normas.

5.1 RESPONSABILIDADE OBJETIVA E A TEORIA DO RISCO ADMINISTRATIVO

A responsabilidade civil do Estado, especialmente quanto à sua natureza (se subjetiva ou objetiva) quando decorrente de atos omissivos, sempre suscitou polêmicas no ordenamento jurídico brasileiro. Em resumo, a responsabilidade civil objetiva dispensa a comprovação da culpa do agente para torná-lo responsável pela reparação do dano. Desse modo, para configurar-se o dever de indenizar do Estado, basta a comprovação da existência do dano e do nexo causal entre este dano e a atividade estatal. Não obstante, alguns pontos da teoria da responsabilidade objetiva, notadamente com relação à atuação estatal – ativa ou omissiva –, ainda causam dissenso e controvérsia, principalmente em tempos marcados pela transferência das rotinas e atividades públicas para o meio virtual.

Para Gustavo Zagrebelsky, a história constitucional se manifesta na mudança, na contingência política, na acumulação de experiências do passado no presente.[3] Com esse mote, em breve retrospecto histórico, cumpre anotar que a Constituição de 1946

---

3. ZAGREBELSKY, Gustavo. *Storia e Costituzione*. Milão: Giuffrè, 1993, p. 36.

foi a responsável por incorporar a teoria do risco administrativo ao ordenamento brasileiro.[4-5] Naquele momento, enfim, a responsabilidade objetiva do Estado tornou-se a regra, passando a existir até os dias atuais, com expressa previsão na Constituição da República de 1988, em seu artigo 37, §6º[6], que é praticamente reproduzido pelo artigo 43 do Código Civil (Lei nº 10.406/2002).[7] Não obstante a clareza com que se encontra solução jurídica para a responsabilização estatal por atos comissivos, sempre pairaram dúvidas acerca da incidência dos mencionados dispositivos aos atos omissivos, embora o acolhimento da responsabilidade objetiva também para as omissões estatais sempre parecesse ser uma certeira tendência pretoriana, um pensamento de vanguarda, uma realidade inevitável.

O que se notou, porém, revendo a casuística dos tribunais pátrios, foi que, durante décadas, houve uma completa ausência de pacificação jurisprudencial acerca da questão, até que, em precedente de 2016 (Recurso Extraordinário nº 841.526/RS), julgado pelo Supremo Tribunal Federal com repercussão geral, definiu-se pela prevalência da responsabilidade objetiva também para as omissões.[8] Basicamente, "o que a Corte fez, partindo da dicotomia entre omissão genérica e omissão específica, foi acolher esta última como viés de diferenciação para a aplicação da responsabilidade objetiva – afastando-se da teoria da culpa administrativa e refutando por completo a teoria do risco integral."[9]

---

4. O artigo 194 da Constituição dos Estados Unidos do Brasil de 1946 foi a norma que inaugurou, no ordenamento jurídico pátrio, a teoria da responsabilidade objetiva, desvinculando a responsabilidade estatal de qualquer prova de culpa ou falta do serviço, pouco importando se o agente público agiu irregularmente. Tal dispositivo previa que "as pessoas jurídicas de direito público Interno são civilmente responsáveis pelos danos que os seus funcionários, nessa qualidade, causem a terceiros". Para maiores detalhamentos, consulte-se:
5. Analisando o período anterior, especialmente entre a Constituição de 1891 e as que a ela se seguiram – fortemente influenciada pelas grandes codificações civis e pela prevalência da teoria da culpa, de inspiração francesa (*"faute du service"*) –, conferir: SEVERO, Sérgio. *Tratado da responsabilidade pública*. São Paulo: Saraiva, 2009, p. 47, nota nº 159. Por sua vez, explorando as nuances da responsabilidade civil do Estado arquitetada para o século XXI, conferir: BRAGA NETTO, Felipe. *Manual da responsabilidade civil do Estado*: à luz da jurisprudência do STF e do STJ e da teoria dos direitos fundamentais. 5. ed. Salvador: Juspodivm, 2019, p. 40-69.
6. "Art. 37. [...] § 6º - As pessoas jurídicas de direito público e as de direito privado prestadoras de serviços públicos responderão pelos danos que seus agentes, nessa qualidade, causarem a terceiros, assegurado o direito de regresso contra o responsável nos casos de dolo ou culpa."
7. "Art. 43. As pessoas jurídicas de Direito Público Interno são civilmente responsáveis por atos dos seus agentes que nessa qualidade causem danos a terceiros, ressalvado direito regressivo contra os causadores do dano, se houver, por parte destes, culpa ou dolo."
8. A despeito disso, o entendimento pacificado pelo Supremo Tribunal Federal ainda relegou à análise casuística a definição última dos fundamentos aplicáveis a um ou a outro caso, razão pela qual novos precedentes surgiram e foram submetidos ao crivo da corte. Para demonstrar a prevalência do entendimento pacificado em 2016, dois outros arestos são especialmente relevantes: Agravo Regimental no Recurso Extraordinário com Agravo nº 854.386/RR e Embargos de Divergência no Segundo Agravo Regimental no Recurso Extraordinário 603.626/MS. O primeiro foi julgado em 27 de abril de 2018 e o segundo, em 1º de agosto de 2018.
9. MELO, Luiz Carlos Figueira de; FALEIROS JÚNIOR, José Luiz de Moura. A responsabilidade civil objetiva do Estado por atos omissivos: realidade ou apenas tendência? *Revista Publicum*, Rio de Janeiro, v. 5, n. 1, p. 92-110, jan./jun. 2019, p. 106.

5.1.1 Um breve panorama sobre o risco integral

A partir da segunda metade do século XX, começou-se a discutir as especificidades da teoria do risco aplicável às atividades do Estado. Inicialmente, houve um grande debate sobre a viabilidade de aplicar a teoria do risco integral nessas situações[10].

De acordo com Guido Zanobini, o risco integral é baseado no princípio de que, se um cidadão sofre prejuízo devido a um ato material proibido ou a um ato jurídico irregular imputável ao Estado, desde que haja uma relação causal entre o dano e o ato, isso seria suficiente para estabelecer a responsabilidade civil do Estado. Não seria necessário discutir causas excludentes[11].

Em outras palavras, deve haver uma relação de interdependência entre o fato ilegítimo e o dano. Além disso, a causalidade deve ser objetiva e não pode ser confundida com a antiga noção de culpa[12]. A principal justificativa para a obrigação do Estado de indenizar danos a direitos individuais seria o princípio da igualdade de ônus e encargos[13]. Esse princípio pressupõe que, quando as atividades públicas causam danos a um ou alguns cidadãos, o Estado, que representa os interesses da coletividade, deve assumir os ônus decorrentes desse exercício, que serão compartilhados pela coletividade. A lógica desse postulado tem suas raízes nas origens históricas do Estado e na ideia do Contrato Social[14].

A teoria do risco administrativo foi criada para possibilitar a reparação de danos injustamente causados a um cidadão com a participação de todos os outros, eliminando a desigualdade gerada entre a vítima e seus pares. Essa teoria se preocupa principalmente com a reparação do dano em si e, levando em conta a natureza estrutural do próprio Estado, converte essa reparação em uma distribuição do dano por toda a coletividade, como se fosse um seguro. No entanto, há uma diferença na redução da responsabilidade, pois o dano é dividido entre todos os outros cidadãos, que contribuem para sua indenização.

A lógica deste postulado encontra suas raízes nas próprias origens históricas de constituição do Estado[15], conduzindo à associação das vontades individuais dependente do Contrato Social, tão bem elucidado por Rousseau, quando define o Estado como

---

10. SALAZAR, Alcino de Paula. *Responsabilidade do Poder Público por atos judiciais*. Rio de Janeiro: Canton & Reile, 1941, p. 45-46. Anota: "O simples liame de causalidade entre o dano e o ato ou omissão do funcionário, desde que este tenha agido na esfera de suas atribuições, determina a responsabilidade da Fazenda Pública sem que seja necessário indagar se houve culpa, em qualquer de seus graus."
11. ZANOBINI, Guido. *Corso di diritto amministrativo*. 6. ed. Milão: Giuffrè, 1950, v. I, p. 272.
12. D'ALESSIO, Francesco. *Istituzioni di diritto amministrativo*. 4. ed. Turim: Unione Editrice Torinese, 1949, v. 2, p. 254.
13. CAHALI, Yussef Said. *Responsabilidade civil do Estado*. 3. ed. São Paulo: Revista dos Tribunais, 2007, p. 90.
14. Zanobini, sobre o assunto, afirma que a responsabilidade se baseia, especialmente, num princípio mais substancial de justiça distributiva, que tende a evitar todo o prejuízo injustificado e não equitativamente repartido por todos: ZANOBINI, Guido. *Corso di diritto amministrativo*. 6. ed. Milão: Giuffrè, 1950, v. I., p. 270.
15. CHAPUS, René. Le service public et la puissance publique. *Revue du droit public et de la science politique en France et à l'étranger*, Paris, v. 84, n. 2, p. 235-282, 1968.

"objeto de um contrato no qual os indivíduos não renunciam a seus direitos naturais, mas ao contrário, entram em acordo para a proteção desses direitos, que o Estado é criado para preservar"[16], conduzindo à conclusão de que o Estado é a unidade e, como tal, representa a vontade geral. Paul Duez dizia que o Estado nada mais é do que "enorme empresa, cuja finalidade é satisfazer, por meio de processos apropriados, a certas necessidades de interesse geral".[17] Ainda com relação a esta comparação, à frente desta empresa, aduzia o autor, estão colocados os governantes e seus agentes, sendo que, os primeiros, imprimem à gestão da empresa suas diretivas mestras, enquanto os segundos lhe asseguram a marcha cotidiana pelo pormenor, no quadro das diretivas. Trocando em miúdos, o Estado passaria a ser visto como um "segurador universal"[18].

Baseada no risco que o exercício da atividade pública gera ao particular, a teoria em questão foi criada para viabilizar a reparação de danos injustamente causados a determinado cidadão a partir da participação de todos os demais e de modo a eliminar a desigualdade gerada entre a vítima e seus pares. Nela predomina a preocupação com a reparação do dano em si, e, levando-se em conta a natureza estrutural do próprio Estado, converte-se esta reparação em uma distribuição do dano por toda a coletividade, como se fosse mesmo um seguro[19]. A diferença, no entanto, reside na minoração da responsabilidade, pois o dano é rateado entre todos os demais administrados, que contribuem para sua indenização.[20]

Ao longo dos anos, a teoria do risco integral tem sido amplamente criticada pela doutrina jurídica devido ao seu caráter extremo, abusivo e injusto. Poucos ainda a defendem, principalmente por sua reduzida aplicabilidade, que pode acarretar graves consequências aos princípios fundamentais do ordenamento jurídico[21]. Hely Lopes Meirelles destacou que essa teoria nunca foi acolhida no Brasil e, nos sistemas jurídicos em que foi admitida, acabou sendo abandonada devido ao potencial de conduzir ao abuso e à injustiça social[22].

Um dos principais pontos de crítica à teoria do risco integral está relacionado à sua incompatibilidade com a justa possibilidade de restituição na responsabilidade civil. A ideia de que o Estado é sempre responsável pela vítima, independentemente

---

16. ROUSSEAU, Jean-Jacques. *Do contrato social*. Tradução de Antônio de Pádua Danesi. 3. ed. São Paulo: Martins Fontes, 1996, p. 56.
17. DUEZ, Paul. *La responsabilité de la puissance publique*: en dehors du contrat. Paris: Dalloz, 1927, p. 14-15, tradução livre.
18. CRETELLA JÚNIOR, José. *O Estado e a obrigação de indenizar*. São Paulo: Saraiva, 1980, p. 91. Comenta: "O Estado – o grande agente de seguros – não vai deixar de pagar o prêmio devido, principalmente quando o prejuízo não veio de terceiros, mas é proveniente da própria empresa seguradora – a Administração – que, funcionando mal, prejudicou o segurado – o funcionário ou administrado, ocasionando-lhe um dano ou desequilíbrio financeiro."
19. HARADA, Kiyoshi. Responsabilidade civil do Estado. *Revista do Instituto dos Advogados de São Paulo*, São Paulo, v. 3, n. 5, p. 123–133, jan./jun. 2000.
20. CRETELLA JÚNIOR, José. *O Estado e a obrigação de indenizar*. São Paulo: Saraiva, 1980, p. 86.
21. DIAS, José de Aguiar. *Da responsabilidade civil*. 11. ed. Rio de Janeiro: Renovar, 2006, p. 829.
22. MEIRELLES, Hely Lopes. *Direito administrativo brasileiro*. 28. ed. São Paulo: Malheiros, 2003, p. 658.

das circunstâncias, é questionada pelos doutrinadores. Afinal, a responsabilidade do Estado não pode ser estabelecida de maneira indiscriminada, ignorando a necessidade de analisar as situações de forma individualizada.

Em outras palavras, a teoria do risco integral não encontra ampla aceitação porque desconsidera a necessidade de equilíbrio nas responsabilidades envolvidas. A atribuição automática de responsabilidade ao Estado não é adequada em todas as situações, pois cada caso apresenta peculiaridades que devem ser levadas em conta na determinação da responsabilidade civil[23].

Dessa forma, é essencial adotar uma abordagem mais equilibrada e justa na análise da responsabilidade do Estado por danos causados a terceiros. A responsabilização deve ocorrer com base em uma avaliação cuidadosa dos fatos e circunstâncias específicas de cada caso, levando em consideração os princípios fundamentais do direito e as garantias individuais.

A busca por um sistema de responsabilidade civil mais adequado e justo requer uma análise aprofundada das diversas teorias existentes, bem como uma reflexão sobre a realidade social e jurídica do país. É necessário considerar as particularidades do ordenamento jurídico brasileiro e buscar soluções que promovam a segurança jurídica e a proteção dos direitos de todos os envolvidos, incluindo o próprio Estado. Assim, uma abordagem equilibrada da responsabilidade civil pode garantir uma justiça mais efetiva e coerente com os valores e princípios da sociedade contemporânea.

5.1.2 O risco administrativo sob renovada perspectiva

Não tendo o risco integral granjeado acolhida doutrinária e muito menos jurisprudencial no Brasil, enfim se sacramentou o fundamento essencial da responsabilidade civil do Estado: a teoria do risco administrativo, criada no afã de propiciar a reparação de danos causados pelo Estado aos administrados, mas permitindo que aquele demonstre, para fins de se eximir ou de atenuar o dever de indenizar, o fato exclusivo ou concorrente da própria vítima quanto à eclosão do evento danoso.

Sua origem advém de uma adaptação da teoria do risco do direito civil – e, na verdade, é preciso frisar sempre que o direito público sempre sofreu influxos dos institutos do direito privado –, gerando para o Estado a obrigação de indenizar como decorrência do simples comportamento estatal baseado no 'fato da administração'. Sua principal diferença quanto à teoria da culpa administrativa (fundamento vetusto da responsabilidade civil subjetiva de outros tempos) reside neste ponto, uma vez que, sendo objetiva, não se perquire culpa, sendo irrelevante analisar se houve 'falta (*faute*, para referenciar o verbete francês) da administração', como ocorre na teoria da culpa administrativa.

---

23. CHAPUS, René. Le service public et la puissance publique. *Revue du droit public et de la science politique en France et à l'étranger*, Paris, v. 84, n. 2, p. 235–282, 1968.

Com isso, o dever de indenizar deixa de encontrar amparo no caráter da própria conduta do agente causador do dano para debruçar-se no risco que o exercício de determinada atividade gera para terceiros, em função do proveito econômico daí resultante. Basicamente, havendo o prejuízo, indeniza-se, mas com alguns limites.

Para Yussef Cahali, a distinção entre ambas as teorias não é estabelecida conceitual ou ontologicamente, mas em função das consequências irrogadas pelo risco administrativo que, necessariamente, é qualificado por seu efeito de permitir a contraprova excludente da responsabilidade.[24] Hely Lopes Meirelles distingue as duas modalidades simplesmente dizendo que a teoria do risco administrativo admite as causas excludentes da responsabilidade (v.g., fato exclusivo da vítima, fato de terceiro ou força maior), ao passo que a teoria do risco integral não as admite.[25]

No Brasil, esta teoria foi amplamente adotada[26], e vem balizando a maior parte da casuística imputável ao Estado. Entretanto, é preciso ir além: vive-se a plenitude da sociedade da informação, marcada precipuamente pela transposição das rotinas – especialmente dos atos de gestão – à Internet. E essa virtualização já permite algumas indagações importantes, das quais se elegeu, neste brevíssimo ensaio, a investigação em torno da atuação do Estado enquanto agente de tratamento de dados e sujeito, por isso, aos rigores da Lei Geral de Proteção de Dados Pessoais (Lei nº 13.709/2018).

Conforme se verá adiante, é em razão da LGPD que o debate se torna mais amplo, uma vez que surgem novas possibilidades para a contemplação de causas excludentes. O debate, com isso, se revolverá à compreensão da causalidade, que, segundo Sérgio Severo:

> O engajamento da responsabilidade pública requer uma relação causal entre o serviço público e o dano causado ao particular. Em regra, o dano deve guardar relação direta com a atividade pública. Embora em algumas hipóteses seja observada a atenuação de tal requisito, é inequívoca a inviabilidade da pretensão quando não configurada uma relação com a ação estatal. Porém, a causalidade entre o resultado danoso e o ato do agente comporta certas dificuldades, que se acentuam no regime de direito público.[27]

Para compreender melhor esse raciocínio, voltemos ao direito privado.

António Menezes Cordeiro acentua que a causalidade é produto de uma valoração jurídica.[28] E, nesse contexto, o propósito de se estudar o nexo de causalidade, para efeitos de responsabilidade civil, tem sua relevância atrelada à relação "entre a injuridicidade

---

24. CAHALI, Yussef Said. *Responsabilidade civil do Estado*. 3. ed. São Paulo: Revista dos Tribunais, 2007, p. 40.
25. MEIRELLES, Hely Lopes. *Direito administrativo brasileiro*. 28. ed. São Paulo: Malheiros, 2003, p. 623.
26. BRAGA NETTO, Felipe. *Novo manual de responsabilidade civil*. Salvador: Juspodivm, 2019, p. 374. Anota: "Cabe lembrar que, no Brasil, a responsabilidade civil do Estado é objetiva (CF, art. 37, §6º), desde 1946, e está fundada na teoria do risco administrativo. Comporta portanto, as excludentes de responsabilidade civil (caso fortuito e força maior; culpa exclusiva da vítima). Abrange, em princípio, tanto os chamados atos de império (julgar, legislar), como os atos de gestão (aluguel de imóvel particular, por exemplo). O Estado responde pelos atos de gestão de qualquer agente, desde o mais modesto até o presidente da República."
27. SEVERO, Sérgio. *Tratado da responsabilidade pública*. São Paulo: Saraiva, 2009, p. 203.
28. MENEZES CORDEIRO, António. *Da responsabilidade civil dos administradores das sociedades comerciais*. Lisboa: Lex, 1996, p. 547.

da ação e o mal causado"[29], o que pode ser melhor compreendido pela verificação do caso, analisando-se se há, entre os dois fatos conhecidos (o danoso e o próprio dano), um vínculo de causalidade suficientemente caracterizado.[30]

Em essência, a causalidade direta e imediata tem seu nascedouro na acepção desdobrada da noção naturalística de causa e efeito, que sempre simbolizou barreiras cognitivas imanentes à tutela dos danos indiretos ou remotos, suscitando polêmicas na medida em que, embora "excluísse a ressarcibilidade do chamado dano indireto ou remoto, [...] tal abordagem gerava, em certos casos, enorme injustiça".[31]

O nexo de causalidade é responsável, portanto, por criar esta vinculação lógica que une o comportamento e o dano em sequência lógica de conduta e resultado, sem a qual não se pode imputar qualquer obrigação de ressarcimento, principalmente ao Estado, e em especial quando se trate de responsabilidade objetiva, em que a culpa é deixada de lado e se atribui suprema importância para o nexo causal.

Francisco Muniz assevera que "[a] teoria da causalidade direta e imediata restou refletida no texto legal de diversos ordenamentos (a exemplo do art. 1.223 do Código Civil italiano e do art. 403 do Código Civil brasileiro)"[32], o que é alvo de intensas críticas doutrinárias[33], na medida em que o 'outro lado da moeda', ou seja, a teoria da causalidade alternativa incerta, também é tema tormentoso para a doutrina pátria, em especial devido à confusão que usualmente se faz entre causalidade e imputação[34], o que pode se tornar expediente para conflitos no quadro jurisprudencial. E, em relação a isso, mister destacar que doutrinadores como Pablo Malheiros da Cunha Frota[35] entendem ser prevalente no ordenamento brasileiro a teoria do dano direto e imediato, ao passo

---

29. PEREIRA, Caio Mário da Silva. *Responsabilidade civil*. Atualizado por Gustavo Tepedino. 12. ed. Rio de Janeiro: Forense, 2018, p. 105.
30. VINEY, Geneviève. *Traité de droit civil*: les obligations, responsabilité civile. Paris: LGDJ, 1965, n. 333, p. 406.
31. SCHREIBER, Anderson. *Novos paradigmas da responsabilidade civil*: da erosão dos filtros da reparação à diluição dos danos. 6. ed. São Paulo: Atlas, 2015, p. 61-62. Nesse contexto, o autor ainda descreve o seguinte: "[d]esta forma, podem-se identificar danos indiretos, passíveis de ressarcimento, desde que sejam consequência necessária da conduta tomada como causa. De fato, a melhor doutrina conclui, atualmente, que a necessariedade consiste no verdadeiro núcleo da teoria da causalidade direta e imediata, não se excluindo a ressarcibilidade excepcional de danos indiretos, quando derivados necessariamente da causa em questão".
32. MUNIZ, Francisco Arthur de Siqueira. Das retóricas da causalidade à imputação objetiva: lineamentos para a responsabilidade civil pelos danos decorrentes de doenças vetoriais. *In*: BARBOSA, Mafalda Miranda; MUNIZ, Francisco Arthur de Siqueira. *Responsabilidade civil*: 50 anos em Portugal e 15 anos no Brasil. Salvador: Juspodivm, 2017, p. 258.
33. Pode-se citar, *verbi gratia*, a ponderação de Felipe Peixoto Braga Netto: "Não se sabe bem por que o legislador tratou tão mal um tema tão importante. Antes de tudo, a norma só se refere a devedor. Isto é, só cuida, ou pelo menos só quis cuidar, da chamada responsabilidade contratual (está, ademais, no título referente ao inadimplemento das obrigações). Além disso, só alude ao dano material (perdas e danos). Não faz referência ao dano extrapatrimonial". BRAGA NETTO, Felipe. *Manual da responsabilidade civil do Estado*: à luz da jurisprudência do STF e do STJ e da teoria dos direitos fundamentais. 5. ed. Salvador: Juspodivm, 2018, p. 193.
34. SCHREIBER, Anderson. *Novos paradigmas da responsabilidade civil*: da erosão dos filtros da reparação à diluição dos danos. 6. ed. São Paulo: Atlas, 2015, p. 75.
35. FROTA, Pablo Malheiros da Cunha. *Responsabilidade civil por danos*: imputação e nexo de causalidade. Curitiba: Juruá, 2014, p. 94.

que outros, como Francisco Muniz[36] e Anderson Schreiber[37], indicam uma celeuma jurisprudencial a evidenciar a aplicação de uma e de outra teoria sem um padrão equacionável de julgamento.

Diversas são as tentativas doutrinárias de solução desse impasse, o que levou alguns autores a sucessivas tentativas de propugnar métricas abrangentes para o equacionamento dos desdobramentos causais. Manual Carneiro da Frada, de forma categórica, sugere o delineamento de presunções causais: "Outra forma de contornar as dificuldades de prova da causalidade é o estabelecimento de presunções de causalidade, de considerar por exemplo naqueles casos em que a violação de um dever torna praticamente impossível a demonstração da causalidade [...]".[38]

O tema certamente não é novo na literatura jurídica[39], e essa situação conduz à necessidade de ressignificação da metodologia jurídica aplicável à compreensão da responsabilidade civil a partir da casuística, impondo-se o reconhecimento do que Frada denomina de 'método do caso', de modo a permitir a realização de asserções intuitivas a partir da compreensão "de que, no caso concreto, o nexo de causalidade é presumível ou provável, ou de que o suposto agente lesante assumiu o risco de se encontrar em meio a uma situação de incerteza".[40]

A par dessa necessidade, impõe-se uma releitura da teoria do risco, na medida em que toda a dogmática aplicável à delimitação de presunções causais estará atrelada, necessariamente, ao espectro de imputação da vertente açulada para o caso concreto, na aferição de qualquer dever reparatório, notadamente o do Estado.

5.2 ENFIM, UMA ADMINISTRAÇÃO PÚBLICA DIGITAL

Não há dúvidas de que a Administração Pública do século XXI é marcada pelos impactos da Quarta Revolução Industrial. Seu maior estudioso, Klaus Schwab, já destacara que "a escala do impacto e a velocidade das mudanças fazem que a transformação seja diferente de qualquer outra revolução industrial da história da huma-

---

36. MUNIZ, Francisco Arthur de Siqueira. Das retóricas da causalidade à imputação objetiva: lineamentos para a responsabilidade civil pelos danos decorrentes de doenças vetoriais. In: BARBOSA, Mafalda Miranda; MUNIZ, Francisco Arthur de Siqueira. *Responsabilidade civil*: 50 anos em Portugal e 15 anos no Brasil. Salvador: Juspodivm, 2017, p. 258-259.
37. SCHREIBER, Anderson. *Novos paradigmas da responsabilidade civil*: da erosão dos filtros da reparação à diluição dos danos. 6. ed. São Paulo: Atlas, 2015, p. 63.
38. FRADA, Manuel A. Carneiro da. *Direito civil, responsabilidade civil*: o método do caso. Coimbra: Almedina, 2010, p. 102.
39. MULHOLLAND, Caitlin Sampaio. *A responsabilidade civil por presunção de causalidade*. Rio de Janeiro: GZ Editora, 2010, p. 62; CRUZ, Gisela Sampaio da. *O problema do nexo causal na responsabilidade civil*. Rio de Janeiro: Renovar, 2005, p. 17.
40. MUNIZ, Francisco Arthur de Siqueira. Das retóricas da causalidade à imputação objetiva: lineamentos para a responsabilidade civil pelos danos decorrentes de doenças vetoriais. In: BARBOSA, Mafalda Miranda; MUNIZ, Francisco Arthur de Siqueira. *Responsabilidade civil*: 50 anos em Portugal e 15 anos no Brasil. Salvador: Juspodivm, 2017, p. 261.

nidade."[41] Trata-se, enfim, do crepúsculo de uma nova era, na qual, "muito além da noção de governo eletrônico, é preciso (re)pensar o Estado na era digital, transpondo as barreiras materiais do mundo real para se inserir no universo *cyber* que a Internet trouxe à tona." [42]

Nesse novo contexto, as estruturas clássicas do Estado passam a demandar reformulações, pois tudo o que se vislumbra passa a sofrer, em alguma medida, os impactos da inovação e de novas tecnologias, afetando não apenas o desempenho prestacional do Estado, a nível de eficiência na oferta de políticas públicas, mas também sua capacidade de se inserir nesse novo contexto. Em simples termos, os impactos atingem a Administração Pública e o direito administrativo.[43]

Tais impactos, por reverberarem sobre a disciplina tradicional do direito administrativo não poderiam deixar de afetar a base fundamental da responsabilidade civil do Estado e, na linha do que explica José Fernando Brega, este é um desafio que precisa ser enfrentado:

> 1) o governo eletrônico é uma realidade jurídica, que pode ser compreendida também sob a perspectiva do direito administrativo; 2) na condição de realidade jurídica, o governo eletrônico está sujeito a um conjunto de fundamentos, decorrentes do ordenamento vigente, em especial de seus preceitos constitucionais; 3) a utilização de meios eletrônicos provoca consequências substanciais em relação a institutos clássicos do direito administrativo, tornando necessário que estes e suas respectivas bases sejam reavaliados pela ciência do direito a partir da realidade tecnológica atual e dos fundamentos jurídicos sistemáticos referidos na hipótese anterior.[44]

Evidentemente, o chamado 'direito digital' reúne uma série de temas dos mais diversos ramos do direito, sendo desafiado à resolução de inúmeros problemas contemporâneos – e muitos deles guardam pertinência com o direito administrativo – advindos de novas tecnologias.[45] Em leitura conectada a alguns aspectos extraídos do direito privado, percebe-se que isso se dá por um motivo bem simples: a Internet é explorada essencialmente por participantes privados! Meia dúzia de grandes corporações fornecem a grande gama de ferramentas comunicacionais que não apenas moldam

---

41. SCHWAB, Klaus. *A quarta revolução industrial*. Tradução de Daniel Moreira Miranda. São Paulo: Edipro, 2016, p. 115.
42. FALEIROS JÚNIOR, José Luiz de Moura. *Administração Pública Digital*: proposições para o aperfeiçoamento do Regime Jurídico Administrativo na sociedade da informação. Indaiatuba: Foco, 2020, p. 79.
43. MEDAUAR, Odete. *O direito administrativo em evolução*. 3. ed. Brasília: Gazeta Jurídica, 2017, p. 362.
44. BREGA, José Fernando Ferreira. *Governo eletrônico e direito administrativo*. Brasília: Gazeta Jurídica, 2015, p. 320.
45. OLAVE, Ruperto Pinochet. La recepción de la realidad de las nuevas tecnologías de la información por el derecho civil: panorama actual y perspectivas futuras. *Ius et Praxis*, Talca, v. 7, n. 2, p. 469-489, 2001, p. 470, tradução livre. No original: "Los medios de comunicación pertenecientes a las nuevas tecnologías, algunos al alcance de la mayoría de las personas, han servido, entre otras utilidades, para expresar voluntades jurídicamente relevantes, hecho que ha producido una rápida incorporación de la realidad electrónica en el ámbito del negocio jurídico, con el consiguiente período de adaptación que ello supone, generando como todo proceso adaptativo, una serie de nuevos problemas e interrogantes, tanto de naturaleza técnica como de carácter teórico jurídico, que el mundo del derecho ha debido enfrentar."

uma nova cultura digital (eminentemente líquida[46]) ou trazem impactos deletérios ao convívio interpessoal[47], mas que, pelo poder da arquitetura da rede, têm o condão de se sobrepujar ao Estado.

Foram nomes como Joel Reidenberg e Lawrence Lessig os primeiros a tratar de possíveis codificações para o mundo virtual. A ideia de uma *Lex Informatica*[48], conforme sugerida pelo primeiro, ou de um *Code*[49], como indicado pelo segundo, seriam soluções generalistas para um problema global. Em termos de atendimento à função promocional dos deveres de proteção aos direitos fundamentais (e de vedação à proteção insuficiente)[50], incumbe ao Estado se cercar de todas as ferramentas que possam operar em sentido positivo na acepção que se dá ao aprimoramento da técnica em sintonia com a ética.[51] A ideia essencial tangencia os quatro modais de regulação comportamental apontados por Lawrence Lessig na estruturação do *Code* (normas e ética, mercado, arquitetura e o direito), e assim sintetizados por Murray:

> Uma tentativa de estender o modelo tradicional de análise regulatória para o ciberespaço foi feita por Lawrence Lessig em sua monografia Code and Other Laws of Cyberspace. Neste Lessig procura identificar quatro 'modalidades de regulamentação': (1) lei, (2) mercado, (3) arquitetura e (4) normas que podem ser usadas individual ou coletivamente, direta ou indiretamente, pelos reguladores. Cada modalidade, portanto, tem um papel a desempenhar na regulação de sua decisão. Lessig sugere que o verdadeiro quadro regulatório é aquele em que as quatro modalidades são consideradas juntas. Os reguladores projetarão modelos regulatórios híbridos, escolhendo a melhor combinação dos quatro para alcançar o resultado desejado.[52]

---

46. BAUMAN, Zygmunt. *A cultura no mundo líquido moderno*. Tradução de Carlos Alberto Medeiros. Rio de Janeiro: Zahar, 2013, p. 21.
47. GOLEMAN, Daniel. *Social intelligence*: the new science of human relationships. Nova Iorque: Bantam Books, 2006, p. 6. Anota: "Today, just as science reveals how crucially important nourishing relationships are, human connections seem increasingly under siege. Social corrosion has many faces."
48. REIDENBERG, Joel R. Lex Informatica: the formulation of information policy rules through technology. *Texas Law Review*, Austin, v. 76, n. 3, p. 553-584, 1998, p. 583.
49. LESSIG, Lawrence. *Code, and other laws of cyberspace 2.0*. 2. ed. Nova Iorque: Basic Books, 2006, p. 123.
50. SILVA, Jorge Pereira da. *Deveres do Estado de protecção de direitos fundamentais*: fundamentação e estrutura das relações jusfundamentais triangulares. 3. ed. Lisboa: Universidade Católica Editora, 2015, p. 585.
51. VERONESE, Alexandre; SILVEIRA, Alessandra; LEMOS, Amanda Nunes Lopes Espiñeira. Inteligência Artificial, mercado único digital e a postulação de um direito às inferências justas e razoáveis: uma questão jurídica entre a ética e a técnica. *In*: FRAZÃO, Ana; MULHOLLAND, Caitlin (coord.). *Inteligência artificial e direito*: ética, regulação e responsabilidade. São Paulo: Thomson Reuters Brasil, 2019, p. 258. Registram: "[...] os conceitos de *Code* (Lawrence Lessig) e de *Lex Informatica* (Joel R. Reidenberg e outros) são suficientes para evidenciar o problema. A solução exposta pelos dois autores citados residiria na construção de mecanismos jurídicos – ou econômicos, ou sociais, ou éticos – que possam influenciar a produção de programas afinados com um paradigma progressista em relação aos direitos. O espaço de solução é, portanto, indiretamente, jurídico. Ele será, contudo, diretamente, técnico ou ético. É somente a partir dessa constatação que se percebe a importância dos fóruns [...]. Muitos aos atrás, François Ost e Michel van de Kerchove já haviam diagnosticado o aparecimento de fontes jurídicas novas que mostravam a emergência de um novo tipo de direito."
52. MURRAY, Andrew. Conceptualising the post-regulatory (cyber)state. *In*: BROWNSWORD, Roger; YEUNG, Karen (ed.). *Regulating technologies*: legal futures, regulatory frames and technological fixes. Oxford: Hart Publishing, 2008, p. 291-292, tradução livre. No original: "An attempt to extend the traditional model of regulatory analysis into Cyberspace was made by Lawrence Lessig in his monograph Code and Other Laws of Cyberspace. In this Lessig seeks to identify four 'modalities of regulation': (1) law, (2) market, (3) architecture, and (4) norms which may be used individually or collectively either directly or indirectly by regulators. Each

Os "impérios da comunicação" apontados por Tim Wu[53] são verdadeiros conglomerados informacionais alçados ao patamar em que se tornam capazes de se agigantar frente ao Estado exatamente por serem, na prática, os detentores do poder advindo do controle da arquitetura indicado como terceiro modal regulatório na acepção de Lessig. A proteção de dados pessoais dá contornos peculiares ao papel do Estado neste novo plano 'digitalizado' das interações humanas, demandando intervenção substancial para a proteção de direitos; é aqui que se encontra o fundamento essencial para que se tenha não apenas uma Lei Geral de Proteção de Dados promulgada no país, mas, inserido nela, um capítulo especificamente voltado à aferição do papel do Estado enquanto agente de dados.

5.2.1 O Estado enquanto agente de tratamento de dados

A Lei Geral de Proteção de Dados cuidou, em capítulo próprio, de tutelar as atividades de tratamento de dados nas quais o próprio agente – controlador ou operador – é o Estado. E esses dois conceitos são essenciais para uma compreensão assertiva, pelos conceitos do artigo 5º da LGPD, sobre o enquadramento do Ente Político como agente de dados (gênero previsto no inc. IX), na medida em que o controlador (inciso VI) possui competência decisional e o operador (inciso VII) apenas exerce funções executivas, atuando como *longa manus* do controlador. Isso é crucial para a aferição seguinte, que consta dos arts. 23 a 32 da lei e onde há diversas nuances que indicam particularidades para a compreensão da aplicabilidade dessa norma às atividades estatais[54].

De início, nota-se a expressa menção, no artigo 23, à Lei de Acesso à Informação:

> Art. 23. O tratamento de dados pessoais pelas pessoas jurídicas de direito público referidas no parágrafo único do art. 1º da Lei nº 12.527, de 18 de novembro de 2011 (Lei de Acesso à Informação), deverá ser realizado para o atendimento de sua finalidade pública, na persecução do interesse público, com o objetivo de executar as competências legais ou cumprir as atribuições legais do serviço público, desde que:
>
> I - sejam informadas as hipóteses em que, no exercício de suas competências, realizam o tratamento de dados pessoais, fornecendo informações claras e atualizadas sobre a previsão legal, a finalidade,

---

modality thus has a role to play in regulating your decision. Lessig suggests that the true regulatory picture is one in which all four modalities are considered together. Regulators will design hybrid regulatory models choosing the best mix of the four to achieve the desired outcome."

53. WU, Tim. *The master switch*: the rise and fall of information empires. Nova Iorque: Vintage, 2010, p. 255-256.
54. Uma dessas possibilidades é a divulgação indevida de dados pessoais em portais virtuais, que pode gerar danos que se protraem no tempo. Sobre o tema, em linhas gerais, consultar PAIVA, Mário Antônio Lobato de. Responsabilidade civil do Estado por danos provenientes de veiculação de dados nos sites dos tribunais. *Revista Zênite*, Curitiba, v. 3, n. 34, p. 1113-1118, maio, 2004. Consultar, ainda, RUARO, Regina Linden. Responsabilidade civil do Estado por dano moral em caso de má utilização de dados pessoais. *Direitos Fundamentais e Justiça*, Belo Horizonte, v. 1, n. 1, p. 231-245, out./dez. 2007. Já para uma análise contextual específica, que envolve a divulgação de listas de pessoas vacinadas contra a Covid-19 nos tempos da pandemia que perdurou mais acentuadamente de 2020 a 2022, consultar o estudo de RIVABEM, Fernanda Schaefer. A divulgação de dados de vacinados contra a Covid-19: entre a LGPD (Lei nº 13.709/2018) e a LAI (Lei nº 12.527/2011), divulgar ou não, eis a questão! *Revista de Direito Médico e da Saúde*, Brasília, n. 24, p. 79-93, 2021.

os procedimentos e as práticas utilizadas para a execução dessas atividades, em veículos de fácil acesso, preferencialmente em seus sítios eletrônicos;

II - (VETADO); e

III - seja indicado um encarregado quando realizarem operações de tratamento de dados pessoais, nos termos do art. 39 desta Lei; e

IV - (VETADO).

Dois foram os vetos, mas algumas nuances chamam a atenção: (i) no *caput*, naturalmente, a remissão feita ao artigo 1º, parágrafo único, da Lei nº 12.527/2011 (Lei de Acesso à Informação)[55], que contempla toda a estrutura de funcionamento da Administração, subordinando até mesmo o Judiciário, o Ministério Público e as Cortes de Contas aos rigores da lei; (ii) ainda no *caput*, a menção sugestiva a uma 'finalidade pública' do tratamento de dados, conceito que pode ser melhor explorado noutro estudo; (iii) no inciso I, a definição de um dever de transparência que surge atrelado a modais de *compliance*[56]; (iv) no inciso III, a exigência de indicação de um 'encarregado público' (ou *data protection officer* [DPO] público), "pessoa indicada pelo controlador e operador para atuar como canal de comunicação entre o controlador, os titulares dos dados e a Autoridade Nacional de Proteção de Dados (ANPD)" (art. 5º, VIII).

Este último ponto suscita grandes controvérsias, pois a lei não é clara quanto à eventual distinção do encarregado ou DPO público em relação ao particular. Isso traz consequências, inclusive, por não haver clareza sobre se essa indicação deverá se dar apenas quando a Administração Pública se revestir das características de controladora, ou também quando for operadora, na dicção da lei.[57]

Mas, sendo certo que a LGPD incide sobre as operações de tratamento de dados realizadas pelo Poder Público e havendo grande nebulosidade sobre isso na própria lei geral, outro não poderia ser o desfecho desta tendência, senão a edição, pela União, de uma normativa especificamente voltada à regência de sua política de governança para o compartilhamento de dados, que passa a se apresentar em sintonia exata com os propósitos de *compliance* digital, por "análise jurídica e técnica que transcende o

---

55. "Art. 1º Esta Lei dispõe sobre os procedimentos a serem observados pela União, Estados, Distrito Federal e Municípios, com o fim de garantir o acesso a informações previsto no inciso XXXIII do art. 5º, no inciso II do § 3º do art. 37 e no § 2º do art. 216 da Constituição Federal. Parágrafo único. Subordinam-se ao regime desta Lei: I - os órgãos públicos integrantes da administração direta dos Poderes Executivo, Legislativo, incluindo as Cortes de Contas, e Judiciário e do Ministério Público; II - as autarquias, as fundações públicas, as empresas públicas, as sociedades de economia mista e demais entidades controladas direta ou indiretamente pela União, Estados, Distrito Federal e Municípios."
56. Analisando os impactos da transparência para esse fim, confira-se: NEWBOLD, Stephanie P. Is transparency essential for public confidence in government? *Public Administration Review*, Nova Jersey, v. 71, n. S1, p. 547-552, dez. 2011; LIMBERGER, Têmis. Transparência administrativa e novas tecnologias: o dever de publicidade, o direito a ser informado e o princípio democrático. *Revista do Ministério Público do Estado do Rio Grande do Sul*, n. 60, p. 47-65, abr. 2008; MESSA, Ana Flávia. *Transparência, compliance e práticas anticorrupção na Administração Pública*. São Paulo: Almedina, 2019, p. 142.
57. ALVES, Fabrício da Mota. Estruturação do cargo de DPO em entes públicos. *In*: BLUM, Renato Opice; VAINZOF, Rony; MORAES, Henrique Fabretti (coord.). *Data Protection Officer (encarregado)*: teoria e prática de acordo com a LGPD e o GDPR. São Paulo: Thomson Reuters Brasil, 2020, p. 528-529.

Direito, impondo um diálogo transversal e interdisciplinar".[58] Trata-se do Decreto nº 10.046, de 07 de outubro de 2019, que assim prevê, em seu artigo 3º:

> Art. 3º. O compartilhamento de dados pelos órgãos e entidades de que trata o art. 1º observará as seguintes diretrizes:
>
> I - a informação do Estado será compartilhada da forma mais ampla possível, observadas as restrições legais, os requisitos de segurança da informação e comunicações e o disposto na Lei nº 13.709, de 14 de agosto de 2018 - Lei Geral de Proteção de Dados Pessoais;
>
> II - o compartilhamento de dados sujeitos a sigilo implica a assunção, pelo recebedor de dados, dos deveres de sigilo e auditabilidade impostos ao custodiante dos dados;
>
> III - os mecanismos de compartilhamento, interoperabilidade e auditabilidade devem ser desenvolvidos de forma a atender às necessidades de negócio dos órgãos e entidades de que trata o art. 1º, para facilitar a execução de políticas públicas orientadas por dados;
>
> IV - os órgãos e entidades de que trata o art. 1º colaborarão para a redução dos custos de acesso a dados no âmbito da administração pública, inclusive, mediante o reaproveitamento de recursos de infraestrutura por múltiplos órgãos e entidades;
>
> V - nas hipóteses em que se configure tratamento de dados pessoais, serão observados o direito à preservação da intimidade e da privacidade da pessoa natural, a proteção dos dados e as normas e os procedimentos previstos na legislação; e
>
> VI - a coleta, o tratamento e o compartilhamento de dados por cada órgão serão realizados nos termos do disposto no art. 23 da Lei nº 13.709, de 2018.

O compartilhamento de dados entre órgãos e entidades da Administração Pública federal já estava previsto, em caráter programático, no artigo 27 da LGPD, que traz três exceções em seus incisos.[59] O objetivo precípuo, sem dúvida alguma, é a delimitação de políticas institucionais adequadas aos propósitos elencados pelo legislador no que concerne à proteção de dados pessoais.

O artigo 2º, inciso XV, do decreto conceitua como 'governança de dados' o "exercício de autoridade e controle que permite o gerenciamento de dados sob as perspectivas do compartilhamento, da arquitetura, da segurança, da qualidade, da operação e de outros aspectos tecnológicos". No cotejo do compartilhamento, por sua vez, o artigo 4º define três níveis essenciais: (i) amplo; (ii) restrito; (iii) específico.[60]

---

58. FALEIROS JÚNIOR, José Luiz de Moura. Notas introdutórias ao compliance digital. *In*: CAMARGO, Coriolano Almeida; CRESPO, Marcelo; CUNHA, Liana; SANTOS; Cleórbete (coord.). *Direito digital*: novas teses jurídicas. 2. ed. Rio de Janeiro: Lumen Juris, 2019, p. 123.
59. "Art. 27. A comunicação ou o uso compartilhado de dados pessoais de pessoa jurídica de direito público a pessoa de direito privado será informado à autoridade nacional e dependerá de consentimento do titular, exceto: I - nas hipóteses de dispensa de consentimento previstas nesta Lei; II - nos casos de uso compartilhado de dados, em que será dada publicidade nos termos do inciso I do caput do art. 23 desta Lei; ou III - nas exceções constantes do § 1º do art. 26 desta Lei."
60. "Art. 4º O compartilhamento de dados entre os órgãos e as entidades de que trata o art. 1º é categorizado em três níveis, de acordo com sua confidencialidade: I - compartilhamento amplo, quando se tratar de dados públicos que não estão sujeitos a nenhuma restrição de acesso, cuja divulgação deve ser pública e garantida a qualquer interessado, na forma da legislação; II - compartilhamento restrito, quando se tratar de dados protegidos por sigilo, nos termos da legislação, com concessão de acesso a todos os órgãos e entidades de que trata o art. 1º para a execução de políticas públicas, cujo mecanismo de compartilhamento e regras sejam simplificados e

Sendo certo que o *Big Data* público já é uma realidade, o controle de dados exercido pelo Poder Público passa a ostentar nova dimensão com a possibilidade de compartilhamento interorgânico, que já era possível desde a edição da política de governança da Administração Pública federal direta, autárquica e fundacional (Decreto nº 9.203/2017)[61], responsável, dentre outras medidas, pela criação do Comitê Interministerial de Governança – CIG, conforme dicção de seu artigo 7º, "com a finalidade de assessorar o Presidente da República na condução da política de governança da administração pública federal".

Em seu artigo 3º, o Decreto nº 9.203/2017 ainda elenca alguns princípios de regência das políticas de integridade, sendo eles: capacidade de resposta; integridade; confiabilidade; melhoria regulatória; prestação de contas e responsabilidade; e transparência. Nesse aspecto, voltando ao Decreto nº 10.046/2019, a criação do 'Cadastro Base do Cidadão' (artigo 16 e seguintes), por exemplo, revela a possibilidade de cognição ampla sobre aspectos relacionados a todas as esferas da vida do usuário. A integração a partir do fornecimento de informações pelos Cartórios de Registro Civil, bem como o cruzamento de dados extraídos de bases como a da Receita Federal do Brasil e do Instituto Nacional do Seguro Social propiciam a consolidação de verdadeira 'vigilância de dados' estatal.[62] Fato é que o projeto de regulamentação de uma política de governança de dados específica para o Poder Público, a ser fiscalizada por um Comitê também definido pelo decreto (artigos 21 e seguintes) se alinha à premência de que sejam iniciadas as atividades da Autoridade Nacional de Proteção de Dados – ANPD, que, embora formalmente criada, ainda não está em operação.

---

estabelecidos pelo Comitê Central de Governança de Dados; e III - compartilhamento específico, quando se tratar de dados protegidos por sigilo, nos termos da legislação, com concessão de acesso a órgãos e entidades específicas, nas hipóteses e para os fins previstos em lei, cujo compartilhamento e regras sejam definidos pelo gestor de dados. § 1º A categorização do nível de compartilhamento será feita pelo gestor de dados, com base na legislação. § 2º A categorização do nível de compartilhamento será detalhada de forma a tornar clara a situação de cada item de informação. § 3º A categorização do nível de compartilhamento como restrito ou específico será publicada pelo respectivo gestor de dados no prazo de noventa dias, contado da data de publicação das regras de compartilhamento de que trata o art. 31. § 4º A categorização do nível de compartilhamento como restrito e específico especificará o conjunto de bases de dados por ele administrado com restrições de acesso e as respectivas motivações. § 5º A categorização do nível de compartilhamento, na hipótese de ainda não ter sido feita, será realizada pelo gestor de dados quando responder a solicitação de permissão de acesso ao dado. § 6º A categorização do nível de compartilhamento será revista a cada cinco anos, contados da data de publicação deste Decreto ou sempre que identificadas alterações nas diretrizes que ensejaram a sua categorização. § 7º Os órgãos e entidades de que trata o art. 1º priorizarão a categoria de compartilhamento de dados de maior abertura, em compatibilidade com as diretrizes de acesso a informação previstas na legislação."

61. FALEIROS JÚNIOR, José Luiz de Moura; MIGLIAVACCA, Viviane Furtado. A parametrização das políticas de compliance na Administração Pública: uma análise dos mecanismos de governança definidos pelo Decreto 9.203/2017. *Revista do Tribunal Regional Federal da 1ª Região*, Brasília, ano 32, n. 1, p. 56-70, jan./jun. 2020, p. 67. Com efeito: "Sem dúvidas, o amadurecimento de uma visão quase universal acerca da necessidade de combate à corrupção e de aprimoramento dos institutos de prevenção são fatores que se somam à presença irrefreável da tecnologia e à ascensão globalizatória para conduzir o pensamento jurídico a uma perspectiva de Administração Pública consensual, norteada pela adesão dos cidadãos aos processos decisionais e legitimada pela implementação de políticas de compliance efetivas e eficazes."

62. *Cf.* CLARKE, Roger A. Information technology and dataveillance. *Communications of the ACM*, Nova Iorque, v. 31, n. 5, p. 498-512, maio 1988.

Não obstante, preocupações surgem no contexto dos dois decretos, pois abre-se largo espaço ao acirramento de alguns riscos se esse compartilhamento de dados se der de forma inadvertida. Maior compartilhamento significa maior risco de vazamentos, o que incrementa ainda mais a necessidade de uma atuação forte da ANPD e do Comitê específico para a prevenção de tais situações – desdobramento natural do princípio da *accountability* –, como anota Cíntia Rosa Pereira de Lima:

> Na LGPD, o princípio está expressamente incorporado no inc. X do art. 6º, ou seja, o princípio da responsabilização e prestação de contas, segundo o qual o agente de tratamento de dados deve demonstrar que adotou medidas eficazes e capazes de comprovar a observância e o cumprimento das normas de proteção de dados pessoais, provando, inclusive a eficácia dessas medidas. Portanto, este princípio exige uma conduta proativa por parte dos agentes de tratamento de dados.[63]

Exatamente pela vastidão dos bancos de dados entrelaçados a partir do CNIS e pela quantidade avassaladora de informações que passarão a ser compartilhadas entre órgãos e entidades do Governo Federal, impõe-se, ainda com maior rigor, a observância a mecanismos de segurança da informação, pois, "no contexto de uma sociedade de vigilância, [...] os danos que decorrem da violação de dados pessoais se manifestam de maneira mais eloquente em sua dimensão coletiva"[64].

Nesse contexto, pode-se asseverar que a facultatividade descrita no *caput* do artigo 50 – constatada pela utilização do verbo "poderá" –, mesmo para o Poder Público, certamente não terá o mesmo impacto que a cogência desses parâmetros traria para o contexto da proteção de dados.[65] Contudo, o estabelecimento de largo rol de deveres nos parágrafos 1º e 2º do mesmo dispositivo, com exigência de demonstração de sua efetividade[66], revela que a opção pela implementação de boas práticas e de governança nos processos de coleta

---

63. LIMA, Cíntia Rosa Pereira de. *Autoridade Nacional de Proteção de Dados e a efetividade da Lei Geral de Proteção de Dados*: de acordo com a Lei Geral de Proteção de Dados (Lei nº 13.709/2018 e as alterações da Lei nº 13.853/2019), o Marco Civil da Internet (Lei nº 12.965/2014) e as sugestões de alteração do CDC (PL 3.514/2015). São Paulo: Almedina, 2020, p. 209.
64. SANTOS, Romualdo Baptista dos. Responsabilidade civil do Estado na sociedade de vigilância: análise à luz da Lei Geral de Proteção de Dados – LGPD. In: CRAVO, Daniela Copetti; JOBIM, Eduardo; FALEIROS JÚNIOR, José Luiz de Moura (coord.). *Direito público e tecnologia*. Indaiatuba: Foco, 2022, p. 413.
65. FALEIROS JÚNIOR, José Luiz de Moura. *Administração Pública Digital*: proposições para o aperfeiçoamento do Regime Jurídico Administrativo na sociedade da informação. Indaiatuba: Foco, 2020, p. 153-157.
66. LIMA, Cíntia Rosa Pereira de; PEROLI, Kelvin. *Direito digital*: compliance, regulação e governança. São Paulo: Quartier Latin, 2019, p. 136. Os autores destacam os seguintes aspectos para a garantia de efetividade: "[...] (i) o nexo estrutural (*structural nexus*), entendido como o desenvolvimento de políticas e procedimentos na própria empresa capazes de promover a cultura de conformidade, em seu âmago; (ii) o fluxo de informações (*information flow*) da empresa necessita ser eficiente, no sentido de que o *compliance* deve ser implantado no fluxo de informações do alto comando até os empregados do chão de fábrica, para garantir que a comunicação entre todos, de todos níveis hierárquicos, seja rápida e eficaz; (iii) monitoramento e vigilância (*monitoring and surveillance*), sendo também função do *compliance* o monitoramento do comportamento dos empregados, a fim de garantir a sua adesão às políticas e procedimentos da empresa, o que gera, consequentemente, a vigilância, que deve ser minimizada e utilizada apenas para os fins corporativos; (iv) o *enforcement* das políticas, procedimentos e normas de direito, que devem ser direcionados tanto para as atividades que oferecem maior risco de não-conformidade, quanto para as que menos risco oferecem, o que pressupõe, em verdade, a análise e o gerenciamento de riscos efetivos pela empresa."

e tratamento de dados trará consequências para o agente de dados, e muitas delas estão relacionadas à responsabilidade civil e, como não poderia deixar de ser, sendo objetiva a natureza da responsabilidade civil do Estado no art. 37, §6º, da Constituição, nuances específicas quanto ao nexo de causalidade precisam ser averiguadas.

5.2.2 Excludentes causais específicas: o exemplo da LGPD

Em seu artigo 43, a Lei Geral de Proteção de Dados enumera causas excludentes do nexo de causalidade aplicáveis à responsabilidade pelos processos de tratamento de dados:

> Art. 43. Os agentes de tratamento só não serão responsabilizados quando provarem:
>
> I - que não realizaram o tratamento de dados pessoais que lhes é atribuído;
>
> II - que, embora tenham realizado o tratamento de dados pessoais que lhes é atribuído, não houve violação à legislação de proteção de dados; ou
>
> III - que o dano é decorrente de culpa exclusiva do titular dos dados ou de terceiro.

A não realização do tratamento (inc. I) aparece também na legislação europeia (artigo 82 (3), *in fine*)[67] e revela consequência natural para a imputação de responsabilidades. Em simples termos, não tendo sido determinado agente o realizador do tratamento de dados, não se pode lhe atribuir a responsabilidade pelos danos eventualmente sofridos pelo titular. Por sua vez, as hipóteses de fato exclusivo do titular de dados (vítima) ou de terceiro (inc. III) seguem a mesma dinâmica aplicável às causas correlatas da responsabilidade civil tradicional. Evidentemente, a demonstração de fato exclusivo deverá ser detalhada e assertiva o suficiente para afastar o dever de reparar o dano.

Anota Romualdo Baptista dos Santos:

> Os danos que resultam das atividades de tratamento de dados pessoais, pelo poder público, podem ser de várias modalidades, a começar pela simples exposição dos dados à curiosidade pública. Em certos casos, a vítima pode ficar sujeita à execração pública ou até mesmo exposta a risco em sua segurança pessoal e de sua família, por conta do acesso de terceiros a dados que se encontram a cargo do poder público. Outras vezes, funcionários públicos podem utilizar-se informações privilegiadas constantes dos bancos de dados públicos, invadindo a privacidade das pessoas, com finalidades irregulares e ilícitas. Há casos em que os dados pessoais que se encontram sob a guarda do poder público são disponibilizados a outras pessoas, como empresas de segurança, que os utiliza para fins de seleção de empregados. Episódios recentes veiculados pela mídia apontam para a vulnerabilidade dos sistemas de gerenciamento de dados ante a ação de hackers, como por exemplo a invasão dos sites do Superior Tribunal de Justiça e do Ministério da Saúde. De outra ponta, cumpre relatar a pane do sistema de armazenamento e tratamento de dados do CNPQ, cujas causas ainda não foram esclarecidas e cujas consequências ainda são incalculáveis[68].

---

67. "Artigo 82, n.º 3. O responsável pelo tratamento ou o subcontratante fica isento de responsabilidade nos termos do n.º 2, se provar que não é de modo algum responsável pelo evento que deu origem aos danos."
68. SANTOS, Romualdo Baptista dos. Responsabilidade civil do Estado na sociedade de vigilância: análise à luz da Lei Geral de Proteção de Dados – LGPD. In: CRAVO, Daniela Copetti; JOBIM, Eduardo; FALEIROS JÚNIOR, José Luiz de Moura (coord.). *Direito público e tecnologia*. Indaiatuba: Foco, 2022, p. 412.

Porém, a hipótese de demonstração de não violação à legislação (inc. II) é a que causa maior nebulosidade, contudo, uma vez que os parâmetros para essa aferição nem sempre são objetivos. Tampouco há uma "régua" que permita aferir concretamente os limites de eventual violação praticada.

O artigo 44, no intuito de parametrizar deveres, apresenta três circunstâncias a serem consideradas nesse exercício interpretativo:

> Art. 44. O tratamento de dados pessoais será irregular quando deixar de observar a legislação ou quando não fornecer a segurança que o titular dele pode esperar, consideradas as circunstâncias relevantes, entre as quais:
>
> I - o modo pelo qual é realizado;
>
> II - o resultado e os riscos que razoavelmente dele se esperam;
>
> III - as técnicas de tratamento de dados pessoais disponíveis à época em que foi realizado.

Ocorre que, noutras inúmeras passagens da lei, há dispositivos que trabalham com critérios incertos para a delimitação da observância à lei. Eis alguns exemplos: (i) quanto aos dados reidentificados (ou dados anteriormente anonimizados[69] que perderam tal característica e permitiram que seu titular fosse desvendado), o artigo 12, § 1º, descreve que "[a] determinação do que seja razoável deve levar em consideração fatores objetivos, tais como custo e tempo necessários para reverter o processo de anonimização, de acordo com as tecnologias disponíveis, e a utilização exclusiva de meios próprios"; (ii) no tratamento de dados pessoais de crianças e adolescentes, o artigo 14, § 5º, registra que "[o] controlador deve realizar todos os esforços razoáveis para verificar que o consentimento a que se refere o § 1º deste artigo foi dado pelo responsável pela criança, consideradas as tecnologias disponíveis"; (iii) ao impor o dever de comunicação de "incidente de segurança que possa acarretar risco ou dano relevante aos titulares", o artigo 48, § 1º, exige uma série de medidas cuja aferição também envolverá análise fática.

Na vasta maioria das passagens em que a LGPD apresenta conceitos abertos ou indeterminados, é descrita a obrigação de posterior regulamentação pela autoridade nacional, a Agência Nacional de Proteção de Dados – ANPD. Apesar disso, a celeuma adquire ainda mais complexidade quando se analisa esse conceito de "tratamento regular" à luz da faculdade de se implementar os programas de governança[70] e as políticas de integridade dos artigos 50 e 51 da lei. Sem dúvidas, para agentes de dados que realizarem o *compliance* digital, a aferição da excludente de não violação à lei adquire muito mais

---

69. Sobre o tema, confira-se: MARTINS, Guilherme Magalhães; FALEIROS JÚNIOR, José Luiz de Moura. A anonimização de dados pessoais: consequências jurídicas do processo de reversão, a importância da entropia e sua tutela à luz da Lei Geral de Proteção de Dados. *In*: DE LUCCA, Newton; SIMÃO FILHO, Adalberto; LIMA, Cíntia Rosa Pereira de; MACIEL, Renata Mota (coord.). *Direito & Internet IV*: sistema de proteção de dados pessoais. São Paulo: Quartier Latin, 2019.
70. Para aprofundamento no tema, sugere-se a leitura de LEVI-FAUR, David. From "Big Government" to "Big Governance". In: LEVI-FAUR, David (ed.). *The Oxford Handbook of Governance*. Oxford: Oxford University Press, 2012, Cap. 1.

subjetividade e novos aspectos passam a ser relevantes em qualquer investigação de dano[71] – especialmente quando envolverem o Estado.

5.3 GOVERNO DIGITAL E RISCO ADMINISTRATIVO

O termo *compliance* é sabidamente oriundo da Língua Inglesa. Sua origem está na etimologia do verbo "*to comply*", que não possui tradução exata, mas revela a expectativa de uma postura de conformidade e adesão a parâmetros regulatórios.

Sua presença, em contraste ao rigor hermético da legalidade estrita, parece apresentar um novo desafio à compreensão não apenas do próprio princípio da legalidade (pilar estruturante da atividade administrativa), mas, também, à ressignificação da própria teoria do risco administrativo, quando o Estado se enquadrar no conceito de 'agente de dados'.

Giselda Hironaka destaca que, "ao longo do século XX, dezenas de teorias foram desenvolvidas para criar parâmetros fundantes de um sistema de responsabilidade civil distinto daquele que até o anterior século pareceu bastar".[72] Quando se investiga a dificuldade de enfrentamento causal para que se conceda guarida a uma teoria consistente e apta a tutelar eventual dano disso decorrente, a partir de uma investigação empírica lógica, a imputação objetiva surge como um gatilho convidativo, conforme sustenta Mafalda Miranda Barbosa, que tenta compatibilizar, sob viés imputacional, a intencionalidade predicativa do sistema jurídico aos paradigmas do planejamento econômico.[73] Em sentido contrário, destacando a ausência de correlação nesta compreensão, tem-se a lição de Francisco Muniz:

---

71. Sobre o tema, anota a doutrina: "Dúvidas não há, diante do cenário de mudança já delineado no presente artigo, que a atuação em conformidade com a LGPD demandará a estruturação de mecanismos (técnicos e organizacionais) robustos direcionados exclusivamente a assegurar o respeito à legalidade no tratamento de dados pessoais. Além de garantir a conformidade com as demais normas da LGPD, os agentes de tratamento devem construir estruturas que permitam o atendimento a diversos outros deveres específicos, associados a boas práticas corporativas. É o caso (i) do dever de manter registro de todas as atividades de tratamento realizadas (art. 37); (ii) da apresentação, pelo controlador, quando requisitado, de relatório de impacto à proteção de dados pessoais (art. 38); (iii) da observância, por ambos os agentes de tratamento, das normas de segurança (art. 46) – que, se não comprovadas, induzem à sua automática responsabilização (art. 44, parágrafo único); e, ainda (iv) da comprovação da efetividade do programa de governança em privacidade adotado, nos termos do art. 50, § 2º, inciso II. Identificar quais medidas organizacionais e técnicas deverão ser adotadas na construção de um programa de compliance de dados pessoais não consiste em tarefa simples e, na ausência de outros parâmetros, parece adequado recorrer às orientações extraídas da própria LGPD, bem como às bases previamente estabelecidas em áreas, como a legislação antitruste e anticorrupção, em que se debatem os requisitos de programas de compliance efetivos." FRAZÃO, Ana; OLIVA, Milena Donato; ABÍLIO, Vivianne da Silveira. Compliance de dados pessoais. *In*: TEPEDINO, Gustavo; FRAZÃO, Ana; OLIVA, Milena Donato (coord.). *Lei Geral de Proteção de Dados Pessoais e suas repercussões no direito brasileiro*. São Paulo: Revista dos Tribunais, 2019, p. 698-699.
72. HIRONAKA, Giselda Maria Fernandes Novaes. Responsabilidade pressuposta: evolução de fundamentos e de paradigmas da responsabilidade civil na contemporaneidade. *In*: BARBOSA, Mafalda Miranda; MUNIZ, Francisco Arthur de Siqueira. *Responsabilidade civil*: 50 anos em Portugal e 15 anos no Brasil. Salvador: Juspodivm, 2017, p. 283.
73. BARBOSA, Ana Mafalda Castanheira Neves de Miranda. *Do nexo de causalidade ao nexo de imputação*: contributo para a compreensão da natureza binária e personalística do requisito causal ao nível da responsabilidade civil extracontratual. Cascais: Principia, 2013, v. II, p. 1242.

A ausência de necessariedade correlacional entre a causalidade dita natural e a compreensão de causalidade jurídica que consubstancia o nexo de imputação dissocia a solução imputacional da responsabilidade civil extracontratual, tanto na intenção quanto na operacionalidade, das soluções que convocam a análise econômica do direito para resolver os problemas marcados pela complexidade e incerteza a partir de uma razão probabilística ou estocástica.[74]

A par desse raciocínio, extrai-se a conclusão de que a causalidade adequada perpassa por uma compreensão abrangente de construção da narrativa causal para que se possibilite imputar determinado dano a uma omissão.[75] Nesse aspecto, a dicotomia entre omissão genérica e omissão específica aflora de forma emblemática para a compreensão da causalidade concernente ao enquadramento dos atos omissivos estatais[76], realçando o papel do Estado de agir em conformidade com os deveres que lhe sejam exigíveis, porquanto normatizados no próprio texto constitucional ou no acervo da legislação infraconstitucional.

A doutrina reputa ser inaceitável adotar um conceito puramente naturalístico de causa, que tenha lastro no raciocínio de que a omissão nunca pode ser causa exatamente porque é o 'não ser', isto é, o nada. Na filosofia e no direito, porém, 'causa' tanto pode ser um comportamento comissivo como omissivo.[77]

Para Gustavo Tepedino, "a omissão pode ser uma condição para que outro evento cause o dano, mas ela mesma (omissão) não pode produzir o efeito danoso. A omissão poderá ter condicionado sua ocorrência, mas não o causou".[78] Justamente em face de tal circunstância, hipóteses que envolvam condutas omissivas sempre foram encaradas sob a ótica da responsabilidade subjetiva, atraindo a teoria da culpa anônima ou *faute du service*. Noutros termos, a ação, tomada em sua acepção jurídica, é um conceito diferente da ação humana, que interessa à filosofia e mesmo às outras ciências, de modo que o direito, enquanto ciência normatizada e dotada de conceitos específicos, traduz a

---

74. MUNIZ, Francisco Arthur de Siqueira. Das retóricas da causalidade à imputação objetiva: lineamentos para a responsabilidade civil pelos danos decorrentes de doenças vetoriais. In: BARBOSA, Mafalda Miranda; MUNIZ, Francisco Arthur de Siqueira. *Responsabilidade civil*: 50 anos em Portugal e 15 anos no Brasil. Salvador: Juspodivm, 2017, p. 267.
75. Gabriel Magadan elucida os percalços dessa aferição: "A dificuldade enfrentada na utilização da causalidade na apuração de danos é decorrente de sua própria concepção mecânica, muito embora seja possível visualizar, sobretudo na jurisprudência, que a complexidade das situações que envolvem a causalidade enseja uma discussão mais profunda, abarcando casos que se correlacionam, em prova de materialidade, imputação, e de extensão danosa. [...] O modelo de causalidade não se atém ao subjetivismo do agente e seu grau de previsibilidade, o que é levado em conta para a atribuição da responsabilidade civil, em si, mas, no caso em apreço, a respeito da apuração dos danos, o critério para a verificação da extensão será o da probabilidade, em uma ordem natural dos acontecimentos, considerando o possível abstratamente e as circunstâncias concretas para determinar o provável, selecionar consequências e delimitar a área de ressarcibilidade." MAGADAN, Gabriel de Freitas Melro. *Responsabilidade civil extracontratual*: causalidade jurídica. Seleção das consequências jurídicas do dano. São Paulo: Editora dos Editores, 2019, p. 152-153.
76. MELO, Luiz Carlos Figueira de; FALEIROS JÚNIOR, José Luiz de Moura. A responsabilidade civil objetiva do Estado por atos omissivos: realidade ou apenas tendência? *Revista Publicum*, Rio de Janeiro, v. 5, n. 1, p. 92-110, jan./jun. 2019, p. 106.
77. Cf. SILVA, Almiro do Couto e. A responsabilidade extracontratual do Estado no direito brasileiro. *Revista de Direito Administrativo*, Rio de Janeiro, n. 202, out./dez., 1995.
78. TEPEDINO, Gustavo. *Temas de direito civil*. 2. ed. Rio de Janeiro: Renovar, 2003, p. 190-191.

ideia de omissão a partir do fato de que uma pessoa não fez o que deveria ter feito; nada mais é do que o não agir diante de uma situação esperada, calculada.[79]

> O carácter caleidoscópico com que a categoria da causalidade tem vindo a ser conformada não permite percepcionar claramente a cisão entre a natureza das duas questões. Com tantas consequências que isso comporta.
>
> Consequências ao nível da pureza dos alicerces, pois no primeiro caso o que está verdadeiramente em causa é um problema referente à imputação [...] consequências ao nível intersistemático, já que a possibilidade de salvaguardar a pureza da adequação, pela imperiosa consciência da impertinência de um critério fisicista, desarreigado de considerações normativas, impõe a introdução de correções ao mesmo[80].

Da mesma forma que o caso concreto deve nortear a aferição de eventual nexo imputacional relativo a lesões sofridas pela vítima, permitindo-se empregar o entendimento mais justo para a solução do problema à luz do caso concreto, ainda que seja necessário manipular a invocação de uma ou outra teoria, ou mesmo misturar os seus fundamentos para proporcionar à vítima maiores chances de reparação[81], a casuística[82] também será a metodologia aplicável à aferição de eventual dever reparatório estatal pela atuação ativa (mas desregulada) no tratamento de dados, ou pela omissão fiscalizatória[83] que lhe incumbe, quanto às atividades de tratamento de dados realizadas por particulares[84].

Sem qualquer dúvida, a causalidade alternativa aparece como solução viável para responder à dificuldade imputacional na condição de viés definitivo de concretização da aferição casuística, indo além do risco administrativo e da própria noção de omissão genérica ou específica. O ponto dúbio persiste, contudo, quanto à opacidade dos parâmetros regulatórios e à dificuldade de se aferir quais seriam os deveres impostos para que eventual omissão (genérica ou específica) possa ser aferida.

No direito digital, segundo Guilherme Martins e José Faleiros Júnior:

---

79. ANNONI, Danielle. *A responsabilidade do Estado pela demora na prestação jurisdicional*. Rio de Janeiro: Forense, 2003, p. 46-47.
80. BARBOSA, Ana Mafalda Castanheira Neves de Miranda. *Do nexo de causalidade ao nexo de imputação*: contributo para a compreensão da natureza binária e personalística do requisito causal ao nível da responsabilidade civil extracontratual. Cascais: Principia, 2013, v. I, p. 32.
81. MULHOLLAND, Caitlin Sampaio. *A responsabilidade civil por presunção de causalidade*. Rio de Janeiro: GZ Editora, 2010, p. 193.
82. Novamente, ganha especial relevância o estudo proposto por Manuel A. Carneiro da Frada, porquanto "se as normas jurídicas são um instrumento de conformação da vida social dirigidas a uma série indefinida de pessoas e situações, então tem de extrair-se delas um sentido que garanta uma uniformidade de soluções". (FRADA, Manuel A. Carneiro da. *Direito civil, responsabilidade civil*: o método do caso. Coimbra: Almedina, 2010, p. 144.)
83. FARIA, Edimur Ferreira de. Da responsabilidade civil do Estado por omissão fiscalizatória. *A&C - Revista de Direito Administrativo & Constitucional*, Belo Horizonte, v. 19, n. 78, p. 221-248, out./dez. 2019.
84. RUARO, Regina Linden. Responsabilidade civil do Estado por dano moral em caso de má utilização de dados pessoais. *Direitos Fundamentais e Justiça*, Belo Horizonte, v. 1, n. 1, p. 231-245, out./dez. 2007.

Em simples termos, não se deve concluir que o risco é o critério central de responsabilização dos agentes de dados. O risco é o fundamento essencial para que sejam estabelecidos critérios próprios de imputação advindos da violação dos deveres estabelecidos pela legislação protetiva e, quando presente o *compliance*, catalisados pela inobservância dos programas de integridade e das políticas de governança de dados.[85]

O papel do *compliance* para a ressignificação do papel do Estado no século XXI – digitalizado e de fronteiras translucidas[86] –, tendo a governança como verdadeiro vetor de alavancagem da vetusta legalidade estrita, agora flexibilizada, mas não menos carecedora de efetivo controle, remete à importância do chamado *e-government*[87] que proliferou mundo afora na década de 1990, marcando uma importante transição.[88] Com ele, tem-se a necessidade de superação da terminologia 'governo eletrônico' em prol da expressão 'Administração Pública digital', que "além de prover um conjunto de serviços de forma mais eficiente, é uma política pública fundamentada no relacionamento mais democrático entre Administração Pública e cidadãos, como uma interação entre quem toma decisões e os cidadãos".[89]

É concebível que os direitos à privacidade e à proteção de dados, baseados em noções e garantias constitucionais complexas, como autodeterminação informacional, dignidade humana e liberdade de ação, sejam simplesmente abstratos demais para que os indivíduos possam empregá-los efetivamente, daí a necessidade da regulação.[90]

Sendo certo o descompasso existente entre a atuação estatal e sua capacidade de responder à incessante inovação tecnológica, destacou-se a imperiosidade de superação do modo tradicional de atuação legislativa, sugestionando-se, como solução adequada,

---

85. MARTINS, Guilherme Magalhães; FALEIROS JÚNIOR, José Luiz de Moura. Compliance digital e responsabilidade civil na Lei Geral de Proteção de Dados. *In*: MARTINS, Guilherme Magalhães; ROSENVALD, Nelson (coord.). *Responsabilidade civil e novas tecnologias*. Indaiatuba: Foco, 2020, p. 292.
86. SHAPIRO, Martin. Administrative law unbounded: reflections on government and governance. *Indiana Journal of Global Legal Studies*, Bloomington, v. 8, n. 2, p. 369-377, 2001, p. 374. Anota: "Thus far, we have considered the erosion of the boundaries that separate the governors from the governed. A second erosion of these boundaries is taking place along a different geographic dimension; national governments are increasingly losing authority to both supra- and subnational governments. It is now commonplace that the two losses are linked."
87. GRÖNLUND, Åke. *Electronic government*: design, applications & management. Hershey: Idea Group Publishing, 2002, p. 23-50.
88. DAVISON, Robert M.; WAGNER, Christian; MA, Louis C. K. From government to e-government: a transition model. *Information Technology & People*, Londres, v. 18, n. 3, p. 280-299, set. 2005.
89. MESSA, Ana Flávia. *Transparência, compliance e práticas anticorrupção na Administração Pública*. São Paulo: Almedina, 2019, p. 263.
90. MAYER-SCHÖNBERGER, Viktor. Beyond privacy, beyond rights—toward a "system" theory of information governance. *California Law Review*, Berkeley, v. 98, p. 1853-1886, 2010, p. 1877-1878. Sobre o tema, o autor ainda comenta: "Perhaps, then, the lack of enforcement is not caused by the complexity (or simplicity) of the individual right to be enforced, but by the costliness of the specific enforcement process. If that were the case, reducing the enforcement cost (including the risk of enforcement) could result in the needed increase in enforcement action. There are numerous strategies to lower enforcement costs for individuals. One could choose a less costly legal basis that would lead to less costly enforcement action: for example, employing a different legal vehicle (such as switching from rights to torts), increasing the economic incentive for success (e.g., the amount of statutory damages awarded), or adjusting procedural elements (e.g., by shifting the burden of proof or implementing no-fault compensation schemes)."

a adoção de instrumentos de governança para a aceleração da responsividade estatal às inúmeras contingências sociais desdobradas desse descompasso. Essa responsividade, aliás, compõe um dos elementos essenciais da governança, juntamente com a responsabilidade, a legalidade e a integridade, convolados em verdadeira *accountability* pública[91].

Sobre isso, alguns detalhes foram explicitados para reforçar a necessidade de clara delimitação do tema, tamanha sua sensibilidade em um período no qual o papel essencial do Estado quanto à garantia da segurança pública é desafiado pela complexidade tecnológica, que envolve o próprio Estado em suas abstenções – omissivas, porquanto leigo, quanto à fiscalização de atividades desempenhadas por participantes privados que exercem poder pelo domínio da arquitetura das redes (sobreposição pela técnica) –, ou por suas ações – comissivas, quando seja, ele próprio, agente de tratamento de dados.

Importante lembrar o conceito de segurança pública, descrito por Moreira Neto:

> O conceito teórico de *segurança pública* é, pois, o de uma *atividade estatal* voltada à preservação da *ordem pública* e, como corolário, da incolumidade das pessoas e do patrimônio. Em síntese, entre ordem pública e segurança pública, existe uma relação de finalidade para o instrumento, ou seja, a ordem pública é o objeto da segurança pública e, esta, o instrumento do Estado organizado para manter ou estabelecer a ordem pública, caracterizando-se pelo emprego da coerção no desempenho da *vis absoluta*, por ele legitimamente monopolizada.[92]

Evidentemente, para que haja melhoria de desempenho do Estado na condução de suas políticas públicas relacionadas às TICs e à melhoria de desempenho na gestão interna para garantia dessa almejada segurança pública, impõe-se, paralelamente à inevitável inovação tecnológica, uma nova abordagem de atuação centrada nos parâmetros de governança elucidados anteriormente, que são capazes de consolidar uma 'tecnologia de *compliance*'. Somente assim – com o realce ético – se atingirá o desiderato primordial da otimização estatal com redução de más condutas, ainda que omissivas. Novas interações entre inovação e regulação partem, nesse contexto, de uma leitura ampliativa dos papéis de partícipes públicos e privados:

> Apesar de a inovação tecnológica ser comumente protagonizada pelos particulares, muitas vezes a administração é responsável, direta ou indiretamente, por seu desenvolvimento ou promoção. [...] Nesse sentido, tecnologias que auxiliam a organização, recuperação e análise de vastas quantidades de informação colaboram significativamente para a qualidade da regulação, provendo maior velocidade e precisão do resultado final. Além disso, a construção de websites que permitem a contribuição em processos de consulta pública, bem como o acesso a agendas públicas, relatórios e documentos em geral, representam um avanço em termos de participação popular e transparência nesses processos.[93]

---

91. FALEIROS JÚNIOR, José Luiz de Moura. O Estado entre dados e danos: uma releitura da teoria do risco administrativo na sociedade da informação. In: FALEIROS JÚNIOR, José Luiz de Moura.; LONGHI, João Victor Rozatti; GUGLIARA, Rodrigo (coord.). *Proteção de dados pessoais na sociedade da informação*: entre dados e danos. Indaiatuba: Foco, 2021, p. 21-47.
92. MOREIRA NETO, Diogo de Figueiredo. *Curso de direito administrativo*: parte geral e parte especial. 15. ed. Rio de Janeiro: Forense, 2009, p. 463.
93. BAPTISTA, Patrícia; KELLER, Clara Iglesias. Por que, quando e como regular as novas tecnologias? Os desafios trazidos pelas inovações disruptivas. *Revista de Direito Administrativo*, Rio de Janeiro, v. 273, n. 3, p. 123-163, set./dez. 2016, p. 136.

Isso se dá em razão da flagrante necessidade de se investigar a suficiência do labor regulatório estatal para a pacificação social a partir da tutela de conflitos no que diz respeito aos mercados de dados, que operam os interesses de grupos distintos, harmonizados por plataformas digitais geridas por empresas privadas a partir do implemento de algoritmos, formando os *data-rich markets*, descritos por Viktor Mayer-Schönberger e Thomas Range.[94]

Surge, então, uma 'corrida' pelos algoritmos mais eficazes e capazes de filtrar os mais variados acervos de dados para propiciar vantagens concorrenciais que o Estado dificilmente é capaz de diagnosticar. Aparentemente, a regulação de ilícitos econômicos e das 'novas' relações de consumo (agora algorítmicas) – vistas como um primeiro percalço desse novo modo de se operacionalizar atividades econômicas na Internet – seriam facilmente tuteláveis e fiscalizáveis. Entra em cena, porém, uma dificultosa compreensão dos complexos algoritmos utilizados para a realização de tais atividades. Frank Pasquale, o renomado professor da Universidade de Maryland, atribuiu a tais algoritmos o nome de '*black boxes*' (caixas-pretas), e alertou para os perigos de uma sociedade regida pelos segredos.[95]

Ainda que o próprio autor reconheça que empresas de economias capitalistas democráticas se utilizem de processos de aferição de riscos e oportunidades cada vez mais dinâmicos e complexos[96], um Estado indiferente a essa realidade será uma figura omissa e passiva frente à realidade inescapável de que abusos sistemáticos desses algoritmos possuem o condão de gerar danos variados.

Para suplantar o cenário indesejável de um Estado fraco e impotente frente ao poderio técnico-informacional de grandes corporações, também o direito público precisa se reinventar. Nesse contexto, é preciso ir além da noção de 'governo eletrônico'.[97]

Inegavelmente entusiasmante, a tecnologia traz, em si, percalços que não podem ser ignorados pelo administrador público, sob pena de incorrer em excessos perigosos, ou omissões inaceitáveis. Se o *compliance* propicia realces à ética, reinserindo-a no cotidiano estatal a partir da delimitação de alguns parâmetros específicos, maior relevância se deve dar, conclusivamente, à figura do indivíduo – protegido constitucionalmente por uma plêiade de direitos inalienáveis e que, agora, se vê projetado no mundo virtual, com direitos patrimoniais e situações jurídicas existenciais, consolidando verdadeira faceta da personalidade individual, digna de proteção.[98]

---

94. MAYER-SCHÖNBERGER, Viktor; RAMGE, Thomas. *Reinventing capitalism in the age of big data*. Nova Iorque: Basic Books, 2018, p. 10-12.
95. PASQUALE, Frank. *The black box society*: the secret algorithms that control money and information. Cambridge: Harvard University Press, 2015, p. 6-7.
96. PASQUALE, Frank. *The black box society*: the secret algorithms that control money and information. Cambridge: Harvard University Press, 2015, p. 216.
97. FALEIROS JÚNIOR, José Luiz de Moura. *Administração Pública Digital*: proposições para o aperfeiçoamento do Regime Jurídico Administrativo na sociedade da informação. Indaiatuba: Foco, 2020, p. 166-168.
98. SILVA, Jorge Pereira da. *Deveres do Estado de protecção de direitos fundamentais*: fundamentação e estrutura das relações jusfundamentais triangulares. 3. ed. Lisboa: Universidade Católica Editora, 2015, p. 354. Comenta:

A somatória de *accountability, legality, integrity* e *responsiveness* dá ensejo a uma combinação potente de preceitos para a regência de uma 'nova' Administração Pública, não apenas atualizada aos modelos mais hodiernos de gestão pública, mas efetivamente 'digital', no sentido que o termo permite colher a partir dos impactos da sociedade da informação sobre a governança pública.

Pode-se dizer que *accountability* nada mais é que o processo pelo qual as entidades e os gestores públicos são responsabilizados pelas próprias decisões e ações, contemplando o trato com recursos públicos e todos os aspectos de desempenho que podem ser submetidos a mecanismos de controle interno e externo, como auditorias, prestações de contas etc.[99] Nesse sentido, pode-se dizer que a Administração Pública é sempre "responsável" (*accountable*), pois – mesmo em sistemas não democráticos – sempre há o dever de os servidores públicos darem conta de suas atividades e, portanto, estarem sujeitos a julgamentos ou avaliações de uma autoridade superior.[100] A responsabilidade em sentido estrito (*liability*), por outro lado, se refere à suposição das consequências dos próprios atos e, às vezes, também de atos praticados por terceiros, quando esses atos ocorrem dentro do campo de autoridade do administrador responsável final. As consequências dessa dimensão de responsabilidade são normalmente fixadas por lei e podem variar muito, dependendo da ordem jurídica de cada país.[101]

Esse panorama não comporta, por óbvio, o risco administrativo em suas feições tradicionais e evidência disso pode ser colhida da leitura do já transcrito artigo 43, inciso II, da LGPD, que cria uma moldura de chanfro aberto para a consolidação de causas

---

"O desiderato a se atingir é o de que o poder de intervenção estatal e a liberdade dos cidadãos se equilibrem de modo a garantir ao indivíduo tanta protecção quanto a necessária, mas também tanta liberdade pessoal quanto seja possível. Por isso, segundo a denominada concepção pessoal do bem jurídico, tem-se entendido que integram este conceito aquelas "realidades ou fins que são necessários para uma vida social livre e segura, que garantam os direitos humanos e fundamentais do indivíduo, assim como para o funcionamento do sistema estatal erigido para a consecução de tal objectivo. Não que, com esta referência, se pretenda induzir à importação acrítica para o direito constitucional dos resultados (nem sempre pacíficos) atingidos pela doutrina penalista sobre a teoria do bem jurídico – até porque a protecção penal é apenas uma modalidade, entre várias outras, de protecção de direitos fundamentais –, mas é importante reconhecer que a multifuncionalidade dos direitos fundamentais implica uma atenção redobrada ao conceito de bem jusfundamental e a sua colocação no centro do processo construtivo dos *conglomerados jurídicos* usualmente designados por direitos fundamentais."

99. CAIDEN, Gerald E. The problem of ensuring the public accountability of public official. *In*: JABBRA, Joseph G.; DWIVEDI, Onkar Prasad (ed.). *Public service accountability*: a comparative perspective. West Hartford: Kumarian, 1989, p. 17-38.

100. JØRGENSEN, Torben Beck; SØRENSEN, Ditte-Lene. Codes of good governance. *Public Administration*, Nova Jersey, v. 12, n. 1, p. 71-96, dez. 2012, p. 94-95; WALDEGRAVE, William. *The reality of reform and accountability in today's public service*. Londres: CIPFA, 1993, p. 33-35.

101. HOGWOOD, Brian W. Autonomía burocrática y responsabilidad. *Gestión y Análisis de Políticas Públicas*, Madri, v. 15, p. 19- 37, maio/ago. 1999, p. 20. Diz o autor: "Las palabras *accountability* y *responsibility* se usan frecuentemente intercambiándolas, y cuando hay intentos para diferenciarlas, al hacer la pareja y contrastarla puede tener significados opuestos dados por diferentes autores. Las definiciones del diccionario, a menudo, definen uno según términos del otro. Chambers tiene como uno de sus significados de *account*: 'responder como único responsable: tener la responsabilidad o crédito'; *responsible* tiene como una de sus definiciones: 'poder ser llamado a responder por estar al mando y el control'. La distinción o falta de ella no es simplemente una cuestión de semántica, una que se trata de decidir si ellos, en el centro del debate en Inglaterra, encuentran diferencias en las relaciones entre ministerios, empleados civiles y el Parlamento."

excludentes mais adequadas à espécie de tratamento de dados que se realize. Do referido inciso – relembremo-nos – consta a possibilidade de se afastar o nexo de causalidade quanto aos agentes de tratamento nas hipóteses em "que, embora tenham realizado o tratamento de dados pessoais que lhes é atribuído, não houve violação à legislação de proteção de dados." E, sendo o Estado um potencial agente de tratamento de dados, a 'régua' adotada para aferir se houve ou não violação à LGPD poderá não ser a mesma utilizada para o particular.

Tudo dependerá, dentre vários outros fatores, da qualidade das medidas de segurança empregadas para uma atuação administrativa ativa e efetiva. Isso significa dizer que a própria teoria do risco administrativo enfrentará desafios e demandará ressignificações. Se, por um lado, trilhar caminho direcionado ao risco integral parece ser uma opção extrema, por outro, reconhecer eventual limitação do Estado em face do advento de tecnologias que são exploradas ao alvedrio da cognição estatal não pode conduzir a um esfacelamento de deveres ou à admissão de alguma espécie de 'subjetivação' do debate, com o retorno da superada discussão sobre culpa administrativa ('*faute du service*'). Bem ao contrário disso, o risco administrativo deve permanecer, mas potencializado, atualizado, 'turbinado' (caso se prefira) pela governança pública efetiva e entrelaçada ao *compliance* digital, seja para remapear o escopo das causas excludentes aplicáveis aos processos de tratamento de dados, seja para delimitar uma estrutura de *accountability* que não redunde em soluções temporárias como a delimitação de presunções causais.

5.4 HORIZONTES POSSÍVEIS: O RISCO ADMINISTRATIVO CATALISADO PELA NOÇÃO DE *ACCOUNTABILITY*

À luz do exposto, pode-se salientar que este brevíssimo estudo se direcionou à revisitação das bases fundamentais da teoria do risco administrativo – fundamento da responsabilidade civil do Estado – para permitir o reposicionamento do instituto no século XXI, remodelando as estruturas de previsibilidade causal em função da complexidade inerente às novas tecnologias.

Basicamente, o que se pretendeu demonstrar foi que uma "Administração Pública Digital" deve ser reestruturada em suas bases fundamentais. A legalidade hermética precisa se acoplar à governança pública efetiva para que o descompasso entre inovação e regulação seja atenuado, evitando o surgimento de lacunas perigosas e aviltantes. E isso, essencialmente, se mostra adequado para que a ideia do Estado enquanto agente de tratamento de dados seja levada a efeito com toda a sua potencialidade.

A Lei Geral de Proteção de Dados trouxe institutos curiosos para a formatação desse raciocínio, definindo, por exemplo, grande abertura para a discussão causal ao prever, no artigo 43, II, o afastamento do nexo pela demonstração de não violação às disposições da lei. Este parâmetro aberto, pelo que se explorou, não deve conduzir ao raciocínio de que uma 'subjetivação' da responsabilidade civil do Estado aparece no horizonte como solução viável às dificuldades advindas da complexidade de cognição, fiscalização e controle dos algoritmos baseados em *Big Data*, voltando, com isso, a se cogitar da culpa administrativa ('*faute du service*'). Seria um retrocesso.

O chamado *compliance* digital, ainda fragmentário e merecedor de estudos mais aprofundados, também aparece na LGPD (artigos 50 e 51) como uma faculdade do agente de dados. Porém, para a Administração Pública – cada vez mais norteada pela governança, com exemplos brasileiros recentes como os Decretos Federais nº 9.203, 10.046 e 10.047 – essa 'abertura' pode abrir caminhos para que se repense o escopo da teoria do risco administrativo, mantendo-a hígida e viável no plano da discussão causal para não se permitir o avanço rumo ao extremo da teoria do risco integral.

Em simples termos: o *compliance* digital pode ser a 'régua' definidora de critérios e parâmetros mais flexíveis para a definição de violações a deveres no desempenho das atividades estatais, em sintonia com os variados graus de complexidade que as atividades relacionadas a dados exijam, e seja a Administração controladora ou operadora, nas acepções descritas pela LGPD. Poderá, ademais, ser um dos instrumentais mais profícuos para a atuação futura da Agência Nacional de Proteção de Dados, seja no exercício de seu poder regulamentar, seja no exercício de seu poder de polícia.

CONCLUSÃO

Este breve estudo revisita as bases fundamentais da teoria do risco administrativo, que é a base da responsabilidade civil do Estado, para permitir sua atualização no século XXI. A ideia é remodelar as estruturas de previsibilidade causal em função da complexidade das novas tecnologias. O objetivo é demonstrar que uma "Administração Pública Digital" deve ser reestruturada em suas bases fundamentais, combinando legalidade hermética com governança pública efetiva para reduzir o descompasso entre inovação e regulação.

Conclui-se que os direitos e garantias fundamentais são o alicerce da sociedade humana, e sua salvaguarda deve ser sempre um dos objetivos do Estado. Para isto, é imprescindível que exista uma preocupação jurídica sólida com a responsabilização daquele que cause danos a outrem, gerando desequilíbrio social.

Com base nisso, é absolutamente inegável a necessidade de um tratamento específico para a responsabilidade civil do Estado, criando-se um instituto jurídico que compreenda as situações em que a atividade estatal gere danos aos administrados. Esta necessidade é facilmente visualizada na história, quando se analisa as origens do instituto e o formato que lhe foi dado em seus primórdios, quando sequer se cogitava da responsabilização do Estado, bem como sua ulterior evolução, sempre em sintonia com o momento político, econômico e sociológico de cada povo.

O presente trabalho, ao perquirir as origens históricas da responsabilidade civil e do dano moral, propiciou uma importante noção de como as raízes de ambos os institutos jurídicos estão intrinsecamente dimensionadas na realidade histórica do direito vigente. Sem tal análise, o conhecimento do instituto tornar-se-ia superficial, inconsistente e incompleto.

Com efeito, não há dúvidas de que a sociedade só pode sobreviver se existir um órgão encarregado da administração de seus interesses e necessidades, por meio do oferecimento de serviços públicos essenciais à promoção do bem estar de seus administrados: o Estado. Mas, evidentemente, esse objetivo não é sempre atingido, o que torna necessária a interferência de um Poder Judiciário forte para impor-lhe o cumprimento de suas atribuições, e condená-lo a reparar os danos causados na má-execução destas atribuições.

Para que isso seja possível, é essencial a positivação jurídica da responsabilidade civil, a partir de seu delineamento nos planos doutrinário e jurisprudencial, para permitir a efetivação dos direitos e garantias constitucionais. Havendo expressa previsão de uma cláusula geral de responsabilidade civil do Estado, assegura-se uma prestação mais eficaz do serviço público, tornando o agente público mais cauteloso em sua atuação, sabendo que, se agir mal ou de forma ineficiente, vindo a causar danos, o Estado poderá responder civilmente por tais danos, e também ele, agente público, de forma regressiva.

Com base nisso, vislumbra-se a importância social da cláusula insculpida no art. 37, §6º, da Constituição da República de 1988, que é o dispositivo atualmente vigente e que regula a responsabilidade civil do Estado. A Constituição da República, no citado dispositivo, não diferenciou as condutas comissivas e omissivas, mas não há dúvidas quanto à possibilidade de responsabilização do Estado em caso de conduta lesiva comissiva praticada por agente público, sendo plenamente aplicável a moderna teoria da responsabilidade objetiva, que prescinde da análise do elemento culpa.

A história mostra a ênfase que se dá à figura do Estado, bem como às suas atividades essenciais, notadamente em face do surgimento das teorias públicas do risco: a teoria do risco integral, mais severa, enfrentando o Estado como um segurador universal, e a teoria do risco administrativo, mais moderada por permitir a demonstração de causas excludentes do dever reparatório. E a aceitação destas teorias, em substituição às antigas concepções subjetivistas, que propugnavam a perquirição da culpa do agente, demonstra a preferência do legislador pela linha objetiva.

A evolução do instituto da responsabilidade do Estado evidencia-se, também, com a análise do art. 43 do Código Civil de 2002, cuja redação não permite outra conclusão senão a de que a averiguação da culpa apenas tem cabimento na ação regressiva do Estado em face do agente público causador do dano. No Brasil, nunca se duvidou da evolução da matéria, e o legislador sempre deixou clara sua tendência à objetivação, afastando a responsabilidade estatal da noção de culpa e aproximando-a da noção de risco.

Somente se cogitou da teoria subjetiva durante um curto elastério de tempo, compreendido do início de vigência do vetusto Código Civil de 1916 até a promulgação da Constituição da República de 1946, quando expressamente optou-se pela teoria objetiva.

Dessa forma, parece correta a admissão da teoria da responsabilidade objetiva também para as hipóteses de atos omissivos do agente, sendo relevante a perquirição da culpa apenas para fins da ação regressiva do Estado contra o agente público. Muito mais que uma tendência jurisprudencial, esta teoria deve ser a regra, dando-se ampla aplicabilidade para a cláusula geral de responsabilidade civil preconizada no texto constitucional.

O estudo em comento demonstrou que a doutrina majoritária, inclusive a vertente que defende a teoria subjetiva, admite o ato ilícito como enfoque da teoria da responsabilidade objetiva. Ora, se para o ato ilícito comissivo há melhor proteção constitucional, não faz sentido dar-se menor proteção aos administrados que sofram prejuízos decorrentes de atos ilícitos omissivos, que, do ponto de vista da legalidade, são demasiadamente graves por significarem o descumprimento de um dever legal de agir.

Com isso, o vocábulo *causarem*, que consta da redação do art. 37, §6º, da Constituição da República, deve ser interpretado tanto para ações quanto para omissões, evitando-se, assim, o retrocesso hermenêutico de se admitir a responsabilidade objetiva somente para os casos de atos comissivos, o que é inconcebível, principalmente se comparado o dito dispositivo com os das Cartas Constitucionais anteriores, adaptados e aprimorados ao longo da história até culminarem na edição do presente regramento.

Sobre o dano moral, o presente estudo proporcionou a enfática conclusão de que não se pode confundi-lo com a dor, o sofrimento ou a tristeza propriamente ditos, que são meros consectários do dano. Com supedâneo nisso, percebe-se que o dano moral é um instituto jurídico ainda em construção, cujo conceito encontra íntima conexão com os direitos da personalidade, constitucionalmente garantidos e verdadeiramente multifacetados, eis que advindos da própria complexidade humana e das relações sociais.

Novamente se destaca a relevância da compreensão histórica: a ciência do Direito acompanha o próprio desenvolvimento social, em todos os seus aspectos, relações e inovações, e a noção de dano moral, intimamente atrelada aos direitos da personalidade, tende a ser cada vez mais ampliada para alcançar situações ainda não contempladas pelo ordenamento jurídico, e esta evolução, por mais que encontre alguma resistência doutrinária e jurisprudencial, é simplesmente inevitável.

Hodiernamente, em um mundo marcado pelo uso da técnica como princípio de aplicação da ciência e da aderência aos valores do consumo e aos valores do mercado, em todos os campos e profissões, este novo panorama das relações sociais influencia diretamente os fundamentos do dano moral, tão dependentes da subjetividade do julgador no momento de sua apuração, eis que o aprimoramento das relações humanas, em constante evolução, exige especial cautela e notável percepção quando se analisa as circunstâncias e particularidades de cada caso concreto.

A teoria do risco administrativo é um dos pilares da responsabilidade civil do Estado. Ela estabelece que o Estado deve responder pelos danos causados aos administrados em decorrência de suas atividades, independentemente de culpa. Essa teoria tem sido amplamente discutida e aplicada ao longo dos anos, mas é importante que ela seja constantemente revista e atualizada, especialmente em razão do desenvolvimento tecnológico.

O avanço tecnológico tem trazido novos desafios para a sociedade e para o Estado. A cada dia surgem novas formas de interação entre os cidadãos e o poder público, bem como novas formas de prestação de serviços públicos. Essas mudanças exigem uma constante atualização da teoria do risco administrativo, a fim de garantir que ela continue sendo eficaz na proteção dos direitos dos cidadãos.

Um exemplo disso é o crescente uso de tecnologias de informação e comunicação pelo Estado. Essas tecnologias têm permitido uma maior eficiência na prestação de serviços públicos, mas também têm trazido novos riscos para os cidadãos. É importante que a teoria do risco administrativo seja capaz de abranger esses novos riscos, garantindo que o Estado seja responsabilizado por eventuais danos causados aos administrados.

Além disso, o desenvolvimento tecnológico tem trazido novas formas de atuação do Estado, como a utilização de drones e outras tecnologias para a vigilância e o monitoramento da população. Essas atividades podem gerar danos aos cidadãos, e é importante que a teoria do risco administrativo esteja preparada para lidar com essas situações.

Outro aspecto importante é o crescente uso de inteligência artificial pelo Estado. Essa tecnologia tem sido utilizada para a tomada de decisões e para a prestação de serviços públicos, mas também pode gerar danos aos cidadãos. É fundamental que a teoria do risco administrativo seja capaz de abranger esses novos desafios, garantindo que o Estado seja responsabilizado por eventuais danos causados aos administrados.

Além disso, o desenvolvimento tecnológico tem trazido novas formas de interação entre os cidadãos e o Estado. As redes sociais, por exemplo, têm se tornado um importante canal de comunicação entre os cidadãos e o poder público. É importante que a teoria do risco administrativo esteja preparada para lidar com eventuais danos causados aos cidadãos em decorrência dessa interação.

Outro aspecto relevante é o crescente uso de tecnologias para a coleta e o tratamento de dados pessoais pelo Estado. Essas atividades podem gerar danos aos cidadãos, e é fundamental que a teoria do risco administrativo esteja preparada para lidar com essas situações. Em suma, é fundamental que a teoria do risco administrativo seja constantemente revista e atualizada, levando em consideração os desafios trazidos pelo desenvolvimento tecnológico. Isso garantirá que ela continue sendo eficaz na proteção dos direitos dos cidadãos e na responsabilização do Estado por eventuais danos causados aos administrados. A rediscussão da teoria do risco administrativo no século XXI é, portanto, uma necessidade urgente. É preciso garantir que essa teoria esteja em sintonia com as mudanças sociais e tecnológicas, garantindo uma proteção efetiva aos direitos dos cidadãos.

A *accountability*, enfim, é fundamental para melhorar a gestão pública e promover transparência, eficiência e responsabilidade. Ela se refere ao processo de responsabilização das entidades e gestores públicos por suas ações e decisões. Existem diferentes dimensões da *accountability*, incluindo política, administrativa, profissional e democrática. A *accountability* política tem duas dimensões: vertical e horizontal. Na vertical, há uma relação entre altos cargos na estrutura administrativa. Na horizontal, há uma relação entre o Executivo e o Legislativo. A *accountability* administrativa também tem duas dimensões: vertical e horizontal. Na vertical, há uma relação entre posições administrativas inferiores e superiores. Na horizontal, há uma relação entre o administrador individual e a Administração Pública como um todo. A *accountability* profissional é um tipo especial de prestação de contas que ocorre principalmente no mundo profissional. A *accountability* democrática é menos definida, mas está diretamente relacionada à democracia e transparência na gestão pública.

A Lei do Governo Digital incentiva a participação social no controle e fiscalização da administração pública. Ela é uma medida imediata para implementar estruturas de tecnologia da informação em modelos democráticos. Princípios como transparência, incentivo à participação social e dever do gestor público de prestar contas são importantes para fortalecer a *accountability*. Em resumo, esta deve ser vista como uma aproximação entre Estado e cidadãos baseada em transparência e boa conduta. A responsabilização dos gestores públicos deve ser vista como um meio de fortalecer a relação entre Estado e sociedade. Para aprofundar o conhecimento sobre o conceito de *accountability*, foi realizada uma abordagem qualitativa baseada em pesquisa bibliográfica usando quatro critérios: *accountability, legality, integrity* e *responsiveness*. A combinação desses critérios mostra a viabilidade de racionalizar os programas de compliance a partir de uma boa administração pública.

REFERÊNCIAS

ABBOTT, Ryan. *The reasonable robot*: Artificial Intelligence and the Law. Cambridge: Cambridge University Press, 2020.

ALEXY, Robert. *Teoria dos direitos fundamentais*. Tradução de Virgílio Afonso da Silva. São Paulo: Malheiros, 2008.

ALMEIDA, Francisco de Paula Lacerda de. *Obrigações*. Porto Alegre: Tip. César Reinhardt, 1987.

ALMEIDA, Jose Luiz Gavião de. *Responsabilidade sem dano no Código Civil de 2002*. 2013. Tese (Professor Titular) – Universidade de São Paulo, São Paulo, 2013.

ALMEIDA, Vitor Luís de. *A responsabilidade civil do Estado por erro judiciário*. Belo Horizonte: D'Plácido, 2016.

ALONSO, Paulo Sérgio Gomes. *Pressupostos da responsabilidade civil objetiva*. São Paulo: Saraiva, 2000.

ALSINA, Jorge Horácio Bustamante. *Teoría general de la responsabilidad civil*. 3. ed. Buenos Aires: Abeledo-Perrot, 1980.

ALVES, Fabrício da Mota. Estruturação do cargo de DPO em entes públicos. *In*: BLUM, Renato Opice; VAINZOF, Rony; MORAES, Henrique Fabretti (coord.). *Data Protection Officer (encarregado)*: teoria e prática de acordo com a LGPD e o GDPR. São Paulo: Thomson Reuters Brasil, 2020.

ALVES, José Carlos Moreira. *Direito romano*. 6. ed. Rio de Janeiro: Forense, 1987, v. II.

AMARAL FILHO, Marcos Jordão Teixeira do. Ouvidor-geral – o *Ombudsman* brasileiro. *In*: ALMEIDA, Fernando Dias Menezes de; MARQUES NETO, Floriano de Azevedo; MIGUEL, Luiz Felipe Hadlich; SCHIRATO, Vitor Rhein (coord.). *Direito público em evolução*: estudos em homenagem à Professora Odete Medauar. Belo Horizonte: Fórum, 2013.

AMARANTE, Aparecida Imaculada. *Responsabilidade civil por dano à honra*. 2. ed. Belo Horizonte: Del Rey, 1994.

ANNONI, Danielle. *A responsabilidade do Estado pela demora na prestação jurisdicional*. Rio de Janeiro: Forense, 2003.

ANTUNES, Henrique Sousa. Inteligência artificial e responsabilidade civil: enquadramento. *Revista de Direito da Responsabilidade*, Coimbra, ano 1, p. 139-154, 2019.

ARAGÃO, Alexandre Santos de. A consensualidade no direito administrativo: acordos regulatórios e contratos administrativos. *Revista de Informação Legislativa*, Brasília, ano 42, n. 167, p. 293-309, jul./set. 2005.

ARAGÃO, Alexandre Santos de. Os fundamentos da responsabilidade civil do Estado. *Revista Brasileira de Direito Público*, Belo Horizonte, v. 1, n. 3, p. 9–20, out./dez. 2003.

ARAÚJO, Edmir Netto de. *Curso de direito administrativo*. São Paulo: Saraiva, 2005.

ASARO, Peter. A body to kick, but still no soul to damn: legal perspectives on robotics. *In*: LIN, Patrick; ABNEY, Keith; BEKEY, George (ed.). *Robot ethics*: the ethical and social implications of robotics. Cambridge: The MIT Press, 2011.

ASIMOV, Isaac. *Eu, Robô*. Tradução de Aline Storto Pereira. São Paulo: Aleph, 2014.

BACELLAR FILHO, Romeu Felipe. *Direito administrativo*. São Paulo: Saraiva, 2005.

BALKIN, Jack M. The path of robotics law. *California Law Review Circuit*, Berkeley, v. 6, p. 45-60, jun. 2015.

BALKIN, Jack M. The three laws of robotics in the age of Big Data. *Ohio State Law Journal*, Columbus, v. 78, p. 1-45, ago. 2017. http://ssrn.com/abstract=2890965. Acesso em: 20 jul. 2023.

BAPTISTA, Patrícia; KELLER, Clara Iglesias. Por que, quando e como regular as novas tecnologias? Os desafios trazidos pelas inovações disruptivas. *Revista de Direito Administrativo*, Rio de Janeiro, v. 273, n. 3, p. 123-163, set./dez. 2016.

BAR CENDÓN, Antonio. *Accountability and public administration*: concepts, dimensions, developments. Maastricht: NISPAcee European Institute of Public Administration, 1999.

BARBOSA, Ana Mafalda Castanheira Neves de Miranda. *Do nexo de causalidade ao nexo de imputação*: contributo para a compreensão da natureza binária e personalística do requisito causal ao nível da responsabilidade civil extracontratual. Cascais: Principia, 2013, v. I.

BARBOSA, Ana Mafalda Castanheira Neves de Miranda. *Do nexo de causalidade ao nexo de imputação*: contributo para a compreensão da natureza binária e personalística do requisito causal ao nível da responsabilidade civil extracontratual. Cascais: Principia, 2013, v. II.

BARBOSA, Mafalda Miranda. A causalidade na responsabilidade civil do Estado. *Revista de Direito da Responsabilidade*, Coimbra, ano 2, p. 388-437, 2020.

BARBOSA, Mafalda Miranda. Inteligência artificial, e-persons e direito: desafios e perspectivas. *Revista Jurídica Luso-Brasileira*, Lisboa, ano 3, n. 6, p. 1475-1503, 2017.

BARBOSA, Mafalda Miranda. *Liberdade vs. responsabilidade*: a precaução como fundamento da imputação delitual? Coimbra: Almedina, 2006.

BARBOSA, Mafalda Miranda. Responsabilidade civil do Estado e sistemas autónomos. *Revista de Direito da Responsabilidade*, Coimbra, ano 4, p. 640-668, 2022.

BASTOS, Celso Ribeiro. *Curso de direito administrativo*. 3. ed. São Paulo: Saraiva, 1999.

BAUMAN, Zygmunt. *A cultura no mundo líquido moderno*. Tradução de Carlos Alberto Medeiros. Rio de Janeiro: Zahar, 2013.

BECK, Ulrich. *Risk society*: towards a new modernity. Tradução do alemão para o inglês de Mark Ritter. Londres: Sage Publications, 1992.

BEHN, Robert D. The challenge of evaluating m-government, e-government, and p-government: what should be compared with what? In: MAYER-SCHÖNBERGER, Viktor; LAZER, David (ed.). *Governance and information technology*: from electronic government to information government. Cambridge: The MIT Press, 2007.

BENHAMOU, Yaniv; FERLAND, Justine. Artificial Intelligence & damages: assessing liability and calculating the damages. *In*: D'AGOSTINO, Pina; PIOVESAN, Carole; GAON, Aviv (ed.). *Leading legal disruption*: Artificial Intelligence and a toolkit for lawyers and the law. Toronto: Thomson Reuters Canada, 2021.

BÉNOÎT, Francis-Paul. *Le droit administratif français*. Paris: Dalloz, 1968.

BEVILÁQUA, Clóvis. *Código Civil dos Estados Unidos do Brasil comentado*. 4. ed., Rio de Janeiro: Livraria Francisco Alves, 1930, v. I.

BEVIR, Mark. *Democratic governance*. Princeton: Princeton University Press, 2010.

BIONI, Bruno Ricardo; LUCIANO, Maria. O princípio da precaução na regulação de inteligência artificial: seriam as leis de proteção de dados o seu portal de entrada? *In:* FRAZÃO, Ana; MULHOLLAND, Caitlin (coord.). *Inteligência artificial e direito*: ética, regulação e responsabilidade. São Paulo: Thomson Reuters Brasil, 2019.

BITENCOURT NETO, Eurico. Transformações do Estado e Administração Pública no século XXI. *Revista de Investigações Constitucionais*, Curitiba, v. 4, n. 1, p. 207-225, jan./abr. 2017.

BITTAR, Carlos Alberto. *Reparação civil por danos morais*. 3. ed. São Paulo: Revista dos Tribunais, 1999.

BITTAR, Carlos Alberto. *Responsabilidade civil*: teoria & prática. 3. ed. Rio de Janeiro: Forense, 1999.

BITTENCOURT, Gisele Hatschbach. *Responsabilidade extracontratual do Estado*. Belo Horizonte: Fórum, 2010.

BLACK, Julia. *Rules and regulators*. Oxford: Clarendon Press, 1997.

BONAVIDES, Paulo. *Curso de direito constitucional*. 13. ed. São Paulo: Malheiros, 2003.

BONAVIDES, Paulo; ANDRADE, Antônio Paes de. *História constitucional do Brasil*. 3. ed. Rio de Janeiro: Paz e Terra, 1991.

BONNA, Alexandre Pereira. *Dano moral*. Indaiatuba: Foco, 2021.

BONNA, Alexandre Pereira. *Punitive damages (indenização punitiva) e os danos em massa*. Rio de Janeiro: Lumen Juris, 2015.

BOSTROM, Nick. *Superintelligence*: paths, dangers, strategies. Oxford: Oxford University Press, 2014.

BRAGA, Lamartine Vieira. Fostering e-government in Brazil: a case study of digital certification adoption. *Revista Brasileira de Políticas Públicas*, Brasília, v. 7, n. 3, p. 585-600, dez. 2017.

BRAGA NETTO, Felipe. *Manual da responsabilidade civil do Estado*: à luz da jurisprudência do STF e do STJ e da teoria dos direitos fundamentais. 5. ed. Salvador: Juspodivm, 2018.

BRAGA NETTO, Felipe. *Novo manual de responsabilidade civil*. Salvador: Juspodivm, 2019.

BRAGA NETTO, Felipe. Violência urbana e responsabilidade civil: algumas perguntas e um vasto silêncio. In: ROSENVALD, Nelson; MILAGRES, Marcelo (coord.). *Responsabilidade civil*: novas tendências. 2. Ed. Indaiatuba: Foco, 2018.

BRAGA NETTO, Felipe; FALEIROS JÚNIOR, José Luiz de Moura. A atividade estatal entre o ontem e o amanhã: reflexões sobre os impactos da inteligência artificial no direito público. In: BARBOSA, Mafalda Miranda; BRAGA NETTO, Felipe; SILVA, Michael César; FALEIROS JÚNIOR, José Luiz de Moura (coord.). *Direito digital e inteligência artificial*: diálogos entre Brasil e Europa. Indaiatuba: Foco, 2021.

BRASIL. Lei nº 14.129/2021. *Dispõe sobre princípios, regras e instrumentos para o Governo Digital e para o aumento da eficiência pública e dá outras providências*. Disponível em: http://www.planalto.gov.br/ccivil_03/_ato2019-2022/2021/lei/L14129.htm Acesso em: 20 jul. 2023.

BRASIL. Projeto de Lei nº 7843/2017. *Institui regras e instrumentos para a eficiência pública*. Disponível em: https://www.camara.leg.br/proposicoesWeb/fichadetramitacao?idProposicao=2141142 Acesso em: 20 jul. 2023.

BRASIL. Senado Federal. Atividade Legislativa. *Comissão de Juristas responsável por subsidiar elaboração de substitutivo sobre IA (CJSUBIA)*. Disponível em: https://legis.senado.leg.br/comissoes/comissao?codcol=2504 Acesso em: 20 jul. 2023.

BRASIL. Superior Tribunal de Justiça, *Recurso Especial nº 228.244/SP*, Quarta Turma, Relator Min. Sálvio de Figueiredo Teixeira, j. 09/11/1999, DJ 17/12/1999, p. 381.

BRASIL. Superior Tribunal de Justiça, *Recurso Especial nº 5.711/RJ*, Primeira Turma, Relator Min. Garcia Vieira, j. 20/03/1991, DJ 22/04/1991, p. 4771, JBCC vol. 170, p. 119.

BRASIL. Superior Tribunal de Justiça, *Recurso Especial nº 60.033/MG*, Quarta Turma, Relator Min. Ruy Rosado de Aguiar Jr., j. 09/08/1995, DJ 27/11/1995, p. 40893, RSTJ, v. 85, p. 268.

BRASIL. Superior Tribunal de Justiça, *Recurso Especial nº 703.471/RN*, Segunda Turma, Relator Min. João Otávio de Noronha, j. 25/10/2005, DJ 21/11/2005, p. 195, RSTJ vol. 201 p. 232.

BRASIL. Supremo Tribunal Federal, *Recurso Extraordinário nº 109.615/RJ*, Primeira Turma, Relator Min. Celso de Mello, j. 28/05/1996, DJ 02/08/1996, p. 25785, EMENT VOL-01835-01, p. 81.

BRASIL. Supremo Tribunal Federal, *Recurso Extraordinário nº 369.820/RS*, Segunda Turma, Relator Min. Carlos Velloso, j. 03/11/2003, DJ 27/02/2004, p. 00038, EMENT VOL-02141-06, p. 1295.

BRASIL. Supremo Tribunal Federal. *Acórdão da decisão que analisou a responsabilidade civil do Estado de Roraima por omissão na garantia de proteção integral a vítima de violência doméstica (inteiro teor)*. ARE 854386 AgR/RR. Relator: Ministro Gilmar Mendes. 27 de abril de 2018.

BRASIL. Supremo Tribunal Federal. *Acórdão da decisão que analisou a responsabilidade civil do Estado de Mato Grosso do Sul por omissão quanto a crime perpetrado por policial no período de folga, mas utilizando-se da arma da corporação (inteiro teor)*. RE 603626 AgR-SEGUNDO-EDv/MS. Relator: Ministro Luis Fux. 1º de agosto de 2018.

BRASIL. Supremo Tribunal Federal. *Acórdão da decisão que analisou a responsabilidade civil do Estado do Rio Grande do Sul por omissão no zelo do sistema carcerário, que conduziu à morte de detento (inteiro teor)*. RE 841.526/RS. Relator: Ministro Luis Fux. 30 de março de 2016.

BREBBIA, Roberto H. *El daño moral*. Buenos Aires: Editora Bibliográfica Argentina, 1950.

BREGA, José Fernando Ferreira. *Governo eletrônico e direito administrativo*. Brasília: Gazeta Jurídica, 2015.

BREGA, José Fernando Ferreira. Perspectivas sobre a Lei do Governo Digital no Brasil. In: CRAVO, Daniela Copetti; JOBIM, Eduardo; FALEIROS JÚNIOR, José Luiz de Moura (coord.). *Direito público e tecnologia*. Indaiatuba: Foco, 2022.

BROUSSARD, Meredith. *Artificial Unintelligence*: how computers misunderstand the world. Cambridge: The MIT Press, 2018.

BRUNINI, Weida Zancaner. *Da responsabilidade extracontratual da Administração Pública*. São Paulo: Revista dos Tribunais, 1981.

BUENO, Eduardo. *Brasil:* uma História. São Paulo: Ática, 2003.

BÜHRING, Márcia Andréa. *Responsabilidade civil extracontratual do Estado*. São Paulo: Thomson/IOB, 2004.

CAHALI, Yussef Said. *Dano moral*. 3. ed. São Paulo: Revista dos Tribunais, 2005.

CAHALI, Yussef Said. *Responsabilidade civil do Estado*. 3. ed. São Paulo: Revista dos Tribunais, 2007.

CAIDEN, Gerald E. The problem of ensuring the public accountability of public official. *In:* JABBRA, Joseph G.; DWIVEDI, Onkar Prasad (ed.). *Public service accountability*: a comparative perspective. West Hartford: Kumarian, 1989.

CALIXTO, Marcelo Junqueira. *A responsabilidade civil do fornecedor de produtos pelos riscos do desenvolvimento*. Rio de Janeiro: Renovar, 2004.

CALO, Ryan. Robotics and the lessons of cyberlaw. *California Law Review*, Berkeley, v. 103, p. 513-563, 2015.

CAMPOS, Gabriel de Britto. Evolução histórica da responsabilidade civil do Estado. *Fórum Administrativo*, Belo Horizonte, v. 11, n. 126, p. 43-57, ago. 2011.

CANOTILHO, José Joaquim Gomes. *Direito constitucional e teoria da constituição*. 7. ed. Coimbra: Almedina, 2011.

CARMO, Júlio Bernardo do. *O dano moral e sua reparação no âmbito do direito civil e do trabalho*. Belo Horizonte: RTM, 1996.

CARRÁ, Bruno Leonardo Câmara. *Responsabilidade civil sem dano*: uma análise crítica. Limites epistêmicos a uma responsabilidade civil preventiva ou por simples conduta. São Paulo: Atlas, 2015.

CARVALHO FILHO, José dos Santos. *Manual de direito administrativo*. 21. ed. Rio de Janeiro: Lumen Juris, 2009.

CARVALHO FILHO, José dos Santos. Responsabilidade civil do Estado por atos legislativos. In: TUBENCHLAK, James; BUSTAMANTE, Ricardo (coord.). *Livro de estudos jurídicos*. Rio de Janeiro: Instituto de Estudos Jurídicos, 1991.

CARVALHO, José Murilo de. *D. Pedro II*. São Paulo: Cia. das Letras, 2007.

CASTRO, Rodrigo Pironti Aguirre de; GONÇALVES, Francine Silva Pacheco. *Compliance e gestão de riscos nas empresas estatais*. 2. ed. Belo Horizonte: Fórum, 2019.

CAVALCANTI, Amaro. *Responsabilidade civil do Estado*. Rio de Janeiro: Borsoi, 1957, v. I.

CAVALIERI FILHO, Sérgio. *Programa de responsabilidade civil*. 8. ed. São Paulo: Atlas, 2009.

CAVE, Stephen; DIHAL, Kanta. The whiteness of AI. *Philosophy & Technology*, Londres, v. 33, p. 685-703, 2020.

CHAPUS, René. Le service public et la puissance publique. *Revue du droit public et de la science politique en France et à l'étranger*, Paris, v. 84, n. 2, p. 235-282, 1968.

CHARNIAK, Eugene. *Introduction to deep learning*. Cambridge: The MIT Press, 2018.

CHIRONI, Giampietro. *La colpa nel diritto civile odierno*: colpa extracontratuale. 2. ed. Turim: Fratelli Bocca, 1903, v. I.

CLARKE, Roger A. Information technology and dataveillance. *Communications of the ACM*, Nova Iorque, v. 31, n. 5, p. 498-512, maio 1988.

CLÈVE, Clèmerson Merlin. Responsabilidade civil do Estado por atos jurisdicionais. *A&C - Revista de Direito Administrativo & Constitucional*, Belo Horizonte, v. 12, n. 47, p. 107-125, jan./mar. 2012.

COELHO, Fábio Ulhoa. Os usos da jurimetria. *Revista de Direito Bancário e do Mercado de Capitais*, São Paulo, v. 63, n. 1, p. 193-199, jan./mar. 2014.

COLIN, Ambroise; CAPITANT, Henri. *Cours élémentaire de droit civil français*. 11. ed., Paris: Dalloz, 1947, t. I.

COMANDÉ, Giovanni. Intelligenza Artificiale e responsabilità tra liability e accountability: il carattere trasformativo dell'IA e il problema della responsabilità. *In:* NUZZO, Antonio; OLIVIERI,

Gustavo (a cura di) *Analisi giuridica dell'Economia*. Studi e discussioni sul diritto dell'impresa. Bologna: Il Mulino, 2019, v. 1.

CORVALÁN, Juan Gustavo. Digital and intelligent Public Administration: transformations in the Era of Artificial Intelligence. *A&C – Revista de Direito Administrativo e Constitucional*, Belo Horizonte, ano 18, n. 71, p. 55-87, jan./mar. 2018.

COUTINHO FILHO, Augusto. Regulação 'Sandbox' como instrumento regulatório no mercado de capitais. *Revista Digital de Direito Administrativo*, Ribeirão Preto, v. 5, n. 2, p. 264-282, jul./dez. 2018.

CRETELLA JÚNIOR, José. *O Estado e a obrigação de indenizar*. São Paulo: Saraiva, 1980.

CRETELLA JÚNIOR, José. Responsabilidade civil do Estado legislador. In: CAHALI, Yussef Said (coord.). *Responsabilidade civil*: doutrina e jurisprudência. São Paulo, Saraiva, 1984.

CRISTÓVAM, José Sérgio da Silva. Responsabilidade civil do Estado por danos decorrentes de atividades do terceiro setor. *A&C - Revista de Direito Administrativo & Constitucional*, Belo Horizonte, v. 19, n. 76, p. 105–123, abr./jun. 2019.

CRISTÓVAM, José Sérgio da Silva; MEZZAROBA, Orides; PEREIRA, Paulo Ricardo Maroso. Controle social e o paradigma da Administração Pública digital no Brasil. *Revista Internacional de Direito Digital*, Belo Horizonte, ano 2, n. 2, p. 55-77, maio/ago. 2021.

CRISTÓVAM, José Sérgio da Silva; SAIKALI, Lucas Bossoni; SOUSA, Thanderson Pereira de. Governo digital na implementação de serviços públicos para a concretização de direitos sociais no Brasil. *Sequência*, Florianópolis, n. 84, p. 209-242, abr. 2020.

CROOTOF, Rebecca. The Internet of Torts: expanding civil liability standards to address corporate remote interference. *Duke Law Journal*, Durham, v. 69, p. 583-667, 2019.

CRUZ, Gisela Sampaio da. *O problema do nexo causal na responsabilidade civil*. Rio de Janeiro: Renovar, 2005.

CUTHBERTSON, Anthony. Self-driving cars more likely to drive into black people, study claims. *The Independent*, 06 mar. 2019. Disponível em: https://www.independent.co.uk/life-style/gadgets-and-tech/news/self-driving-car-crash-racial-bias-black-people-study-a8810031.html. Acesso em: 20 jul. 2023.

D'ALESSIO, Francesco. *Istituzioni di diritto amministrativo*. 4. ed. Turim: Unione Editrice Torinese, 1949, v. 2.

DAL PIZZOL, Ricardo. *Responsabilidade civil*: funções punitiva e preventiva. Indaiatuba: Foco, 2020.

DAVISON, Robert M.; WAGNER, Christian; MA, Louis C. K. From government to e-government: a transition model. *Information Technology & People*, Londres, v. 18, n. 3, p. 280-299, set. 2005.

DE CUPIS, Adriano. *Il danno*: teoria generale della responsabilità civile. Milão: Giuffrè, 1970, v. I.

DE PLÁCIDO E SILVA, Oscar Joseph. *Vocabulário jurídico*. 24. ed. Rio de Janeiro: Forense, 2004.

DELGADO, Rodrigo Mendes. *O valor do dano moral*: como chegar até ele. Teoria e prática. Leme: J.H. Mizuno, 2003.

DEMOGUE, René. *Traité des obligations en général*. Paris: Arthur Rousseau Editeur, 1931, v. IV.

DEMPSEY, James X.; CATE, Fred H. Recommendations for Government and Industry. In: CATE, Fred H.; DEMPSEY, James X. (ed.). *Bulk collection*: systematic government access to private-sector data. Oxford: Oxford University Press, 2017.

DENARI, Zalmo; GRINOVER, Ada Pellegrini; WATANABE, Kazuo et al. *Código Brasileiro de Defesa do Consumidor*: comentado pelos autores do anteprojeto. 6. ed. Rio de Janeiro: Forense, 1999.

DI PIETRO, Maria Sylvia Zanella. *Direito administrativo*. 22. ed. São Paulo: Atlas, 2009.

DIAS, José de Aguiar. *Da responsabilidade civil*. 11. ed. Rio de Janeiro: Renovar, 2006.

DIAS, José de Aguiar. Responsabilidade civil do Estado. *Revista de Direito Administrativo*, Rio de Janeiro, v. 2, n. 1, p. 42–49, jul. 1945.

DINIZ, Maria Helena. A responsabilidade civil por dano moral. *Revista Literária do Direito*, São Paulo, ano 2, n. 9, jan./fev. 1996.

DINIZ, Maria Helena. *Curso de direito civil brasileiro*: responsabilidade civil. 23. ed. São Paulo: Saraiva, 2009, v. 7.

DISTRITO FEDERAL. Tribunal de Justiça do Distrito Federal e Territórios, *Apelação Cível nº 0041293-23.1996.807.0000*, Terceira Turma Cível, Relatora Minª. Fátima Nancy Andrighi, j. 04/11/1996, DJ 09/04/1997, p. 6.093, sec. 3.

DRESCH, Rafael de Freitas Valle; FALEIROS JÚNIOR, José Luiz de Moura. Comentários ao inciso X. In: SARLET, Ingo Wolfgang; RAMOS, Rafael; CUNDA, Daniela Zago G. da; WUNDERLICH, Alexandre; DUQUE, Marcelo Schenk; JOBIM, Marco Félix (org.). *Direitos fundamentais*: comentários ao artigo 5º da Constituição Federal de 1988. Londrina: Thoth, 2022.

DUEZ, Paul. *La responsabilité de la puissance publique*: en dehors du contrat. Paris: Dalloz, 1927.

DUGUIT, León. *Las transformaciones del Derecho publico y privado*. Tradução de Carlos Posada. Buenos Aires: Heliasa, 1975.

DWORKIN, Ronald. *O império do direito*. Tradução de Jefferson Luiz Camargo. São Paulo: Martins Fontes, 1998.

EHRHARDT JÚNIOR, Marcos; SILVA, Gabriela Buarque Pereira. Pessoa e sujeito de direito: reflexões sobre a proposta europeia de personalidade jurídica eletrônica. *Revista Brasileira de Direito Civil*, Belo Horizonte, v. 23, n. 1, p. 57-79, jan./mar. 2020.

ESPÍNOLA, Eduardo. *Sistema de direito civil brasileiro*. 4. ed. Rio de Janeiro: Conquista, 1961, v. II.

ESTADOS UNIDOS DA AMÉRICA. House of Representatives. House Resolution No. 4625, Dec. 12, 2017. *FUTURE of Artificial Intelligence Act*. Disponível em: https://www.congress.gov/115/bills/hr4625/BILLS-115hr4625ih.pdf Acesso em: 20 jul. 2023.

ESTADOS UNIDOS DA AMÉRICA. House of Representatives. House Resolution No. 6580, Feb. 3, 2022. *Algorithmic Accountability Act of 2022*. Disponível em: https://www.congress.gov/bill/117th--congress/house-bill/6580/text Acesso em: 20 jul. 2023.

ESTADOS UNIDOS DA AMÉRICA. House of Representatives. House Resolution No. 2231, Apr. 10, 2019. *Algorithmic Accountability Act of 2019*. Disponível em: https://www.congress.gov/116/bills/hr2231/BILLS-116hr2231ih.pdf Acesso em: 20 jul. 2023.

EUROPA. European Commission. *Artificial Intelligence Act*. 2021/0106(COD), abr. 2021. Disponível em: https://eur-lex.europa.eu/legal-content/EN/TXT/?uri=CELEX%3A52021PC0206 Acesso em: 20 jul. 2023.

FACCHINI NETO, Eugênio. Da responsabilidade civil no novo código. *Revista do Tribunal Superior do Trabalho*, Brasília, v. 76, n. 1, p. 17-63, jan./mar. 2010.

FALEIROS JÚNIOR, José Luiz de Moura. Administração Pública consensual: novo paradigma de participação dos cidadãos na formação das decisões estatais. *Revista Digital de Direito Administrativo*, Ribeirão Preto, v. 4, n. 2, p. 69-90, jul./dez. 2017.

FALEIROS JÚNIOR, José Luiz de Moura. *Administração Pública Digital*: proposições para o aperfeiçoamento do Regime Jurídico Administrativo na sociedade da informação. Indaiatuba: Foco, 2020.

FALEIROS JÚNIOR, José Luiz de Moura. Discriminação por algoritmos de inteligência artificial: a responsabilidade civil, os vieses e o exemplo das tecnologias baseadas em luminância. *In*: BARBOSA, Mafalda Miranda; BRAGA NETTO, Felipe; SILVA, Michael César; FALEIROS JÚNIOR, José Luiz de Moura (coord.). *Direito digital e inteligência artificial*: diálogos entre Brasil e Europa. Indaiatuba: Foco, 2021.

FALEIROS JÚNIOR, José Luiz de Moura. Governo eletrônico, de performance e digital: qual é o melhor arquétipo conceitual para a Administração Pública do século XXI? *Revista da Procuradoria Geral do Município de Porto Alegre*, Porto Alegre, v. 34, n. 35, p. 38-57, 2022.

FALEIROS JÚNIOR, José Luiz de Moura. Notas introdutórias ao compliance digital. *In*: CAMARGO, Coriolano Almeida; CRESPO, Marcelo; CUNHA, Liana; SANTOS; Cleórbete (coord.). *Direito digital*: novas teses jurídicas. 2. ed. Rio de Janeiro: Lumen Juris, 2019.

FALEIROS JÚNIOR, José Luiz de Moura. O Estado entre dados e danos: uma releitura da teoria do risco administrativo na sociedade da informação. In: FALEIROS JÚNIOR, José Luiz de Moura; LONGHI, João Victor Rozatti; GUGLIARA, Rodrigo (coord.). *Proteção de dados pessoais na sociedade da informação*: entre dados e danos. Indaiatuba: Foco, 2021.

FALEIROS JÚNIOR, José Luiz de Moura; GONTIJO, Ana Carla de Albuquerque Pacheco. Transformação digital e consensualização: o direito público robustecido pelo implemento de meios alternativos de solução de disputas. *Revista da Universidade do Sul de Santa Catarina*, Palhoça, ano XI, n. 22, jan./jun. 2021.

FALEIROS JÚNIOR, José Luiz de Moura; MENKE, Fabiano. "*Teilrechtsfähigkeit*": uma proposta alemã para a responsabilização civil na IA. *Migalhas de Responsabilidade Civil*, 06 ago. 2020. Disponível em: https://s.migalhas.com.br/S/8AF9D. Acesso em: 20 jul. 2023.

FALEIROS JÚNIOR, José Luiz de Moura; MIGLIAVACCA, Viviane Furtado. A parametrização das políticas de compliance na Administração Pública: uma análise dos mecanismos de governança definidos pelo Decreto 9.203/2017. *Revista do Tribunal Regional Federal da 1ª Região*, Brasília, ano 32, n. 1, p. 56-70, jan./jun. 2020.

FARIA JÚNIOR, João Leão de. Ordens e Conselhos profissionais: noções (excertos de um parecer). *Revista dos Tribunais*, São Paulo, ano 64, v. 475, p. 217-219, maio 1975.

FARIA, Edimur Ferreira de. *Curso de direito administrativo positivo*. 4. ed. Belo Horizonte: Del Rey, 2001.

FARIA, Edimur Ferreira de. Da responsabilidade civil do Estado por omissão fiscalizatória. *A&C - Revista de Direito Administrativo & Constitucional*, Belo Horizonte, v. 19, n. 78, p. 221–248, out./dez. 2019.

FARIAS, Cristiano Chaves de; ROSENVALD, Nelson; BRAGA NETTO, Felipe Peixoto. *Curso de Direito Civil*: responsabilidade civil. 8. ed. Salvador: Juspodivm, 2021, v. 3.

FERRARI, Isabela; BECKER, Daniel; WOLKART, Erik Navarro. "*Arbitrum ex Machina*": panorama, riscos e a necessidade de regulação das decisões informadas por algoritmos. *Revista dos Tribunais*, São Paulo, v. 995, set. 2018.

FERRAZ JÚNIOR, Tércio Sampaio. *Introdução ao estudo do direito:* técnica, decisão, dominação. 4. ed. São Paulo: Atlas, 2003.

FERREIRA, Ana Elisabete. Responsabilidade civil extracontratual por danos causados por robôs autônomos: breves reflexões. *Revista Portuguesa do Dano Corporal*, Coimbra: Imprensa da Universidade de Coimbra, n. 27, p. 39-63, dez, 2016.

FERREIRA, Aurélio Buarque de Holanda. *Novo Aurélio – Século XXI*: o dicionário da Língua Portuguesa. 3. ed. Rio de Janeiro: Nova Fronteira, 1999.

FORTINI, Cristiana. A responsabilidade civil do Estado por omissão legislativa. *A&C - Revista de Direito Administrativo & Constitucional*, Belo Horizonte, v. 6, n. 26, p. 221-234, out./dez. 2006.

FRADA, Manuel A. Carneiro da. *Direito civil, responsabilidade civil*: o método do caso. Coimbra: Almedina, 2010.

FRADA, Manuel A. Carneiro da. *Teoria da confiança e responsabilidade civil*. Coimbra: Almedina, 2004.

FRANÇA, Phillip Gil. *Ato administrativo, consequencialismo e compliance*: gestão de riscos, proteção de dados e soluções para o controle judicial na era da IA. 4. ed. São Paulo: Revista dos Tribunais, 2019.

FRAZÃO, Ana; OLIVA, Milena Donato; ABÍLIO, Vivianne da Silveira. Compliance de dados pessoais. *In*: TEPEDINO, Gustavo; FRAZÃO, Ana; OLIVA, Milena Donato (coord.). *Lei Geral de Proteção de Dados Pessoais e suas repercussões no direito brasileiro*. São Paulo: Revista dos Tribunais, 2019.

FREDIANI, Yone. Responsabilidade civil do Estado legislador. *Revista do Advogado*, São Paulo, v. 22, n. 66, p. 72-83, jun. 2002.

FREITAS, Juarez. *A interpretação sistemática do Direito*. 3. ed. São Paulo: Malheiros, 2002.

FREITAS, Juarez. *Direito fundamental à boa Administração Pública*. 3. ed. São Paulo: Malheiros, 2007.

FREITAS, Juarez. *O controle dos atos administrativos e os princípios fundamentais*. 3. ed. São Paulo: Malheiros, 2004.

FROMM, Erich. *The revolution of hope*: Toward a humanized technology. Nova Iorque: Harper & Row, 1968.

FROTA, Pablo Malheiros da Cunha. *Responsabilidade civil por danos*: imputação e nexo de causalidade. Curitiba: Juruá, 2014.

FULLER, Steve. *Humanity 2.0*: What it means to be human. Past, present and future. Hampshire/Nova Iorque: Palgrave Macmillan, 2011.

GANASCIA, Jean-Gabriel. *Le mythe de la singularité*: faut-il craindre l'intelligence artificielle? Paris: Éditions du Seuil, 2017.

GARCEZ NETO, Martinho. *Prática da responsabilidade civil*. Rio de Janeiro: Editora Jurídica Universitária, 1970.

GARCEZ NETO, Martinho. *Responsabilidade civil no direito comparado*. Rio de Janeiro: Renovar, 2000.

GARDNER, Howard. *Frames of mind*: the theory of multiple intelligences. Nova Iorque: Basic Books, 2011.

GASPARINI, Diógenes. *Direito administrativo*. 14. ed. São Paulo: Saraiva, 2009.

GASPARINI, Diógenes. *Direito administrativo*. 16. ed. São Paulo: Saraiva, 2011.

GAUDEMET, Yves. Responsabilité de la puissance publique. *Revue du droit public et de la science politique en France et à l'étranger*, Paris, n. 2, p. 463–500, mar./abr. 1987.

GIDDENS, Anthony. *The consequences of modernity*. Redwood City/Palo Alto: Stanford University Press, 1990.

GOETZ, Anne Marie; JENKINS, Rob. Hybrid forms of accountability: citizen engagement in institutions of public-sector oversight in India. *Public Management Review*, Oxfordshire, v. 3, n. 3, p. 363-383, jul./set. 2001.

GOLEMAN, Daniel. *Social intelligence*: the new science of human relationships. Nova Iorque: Bantam Books, 2006.

GOMES, Luiz Roldão de Freitas. *Elementos de responsabilidade civil*. Rio de Janeiro: Renovar, 2000.

GOMES, Orlando. *Obrigações*. 13. ed. Rio de Janeiro: Forense, 2000.

GONÇALVES, Carlos Roberto. *Responsabilidade civil*. 11. ed. São Paulo: Saraiva, 2009.

GONZÁLEZ, Matilde M. Zavala de. *Resarcimiento de daños:* cuánto por daño moral. 2. ed. Buenos Aires: Hammurabi, 1996.

GORDILLO, Agustín. *Tratado de derecho administrativo*. 7. ed. Buenos Aires: Fundación de Derecho Administrativo, 2003, t. 1.

GRAU, Eros Roberto. *O direito posto e o direito pressuposto*. 8. ed. São Paulo: Malheiros, 2011.

GREENGARD, Samuel. *The Internet of Things*. Cambridge: The MIT Press, 2015.

GRÖNLUND, Åke. *Electronic government*: design, applications & management. Hershey: Idea Group Publishing, 2002.

GUALAZZI, Eduardo Lobo Botelho. Controle administrativo e 'Ombudsman'. *Revista da Faculdade de Direito da Universidade de São Paulo*, São Paulo, v. 86, n. 2, p. 144-163, ago./dez. 1991.

GUNKEL, David J. Comunicação e inteligência artificial: novos desafios e oportunidades para a pesquisa em comunicação. *Galáxia*, São Paulo, n. 34, p. 05-19, jan./abr. 2017.

HACHEM, Daniel Wunder. A responsabilidade civil do Estado frente às omissões estatais que ensejam violação à dignidade da pessoa humana. *A&C - Revista de Direito Administrativo & Constitucional*, Belo Horizonte, v. 8, n. 34, p. 59–71, out./dez. 2008.

HAHN, Tatiana Meinhart. Os conceitos de "governo como plataforma" e "laboratórios de inovação" na Lei do Governo Digital: desafios e potencialidades. In: CRAVO, Daniela; JOBIM, Eduardo; FALEIROS JR., José Luiz de Moura (coord.). *Direito público e tecnologia*. Indaiatuba: Foco, 2022.

HALLIDAY, Simon. *Judicial review and compliance with administrative law*. Oxford: Hart Publishing, 2004.

HARADA, Kiyoshi. Responsabilidade civil do Estado. *Revista do Instituto dos Advogados de São Paulo*, São Paulo, v. 3, n. 5, p. 123–133, jan./jun. 2000.

HAURIOU, Maurice. *Précis de droit administratif et de droit public*. 11. ed. Paris: Librairie du Recueil Sirey, 1927.

HENDERSON, Harry. *Artificial Intelligence*: mirrors for the mind. Nova Iorque: Chelsea House, 2007.

HESSE, Konrad. *A força normativa da Constituição*. Tradução de Gilmar Ferreira Mendes. Porto Alegre: Sérgio Antônio Fabris Editor, 1981.

HIRONAKA, Giselda Maria Fernandes Novaes. Responsabilidade pressuposta: evolução de fundamentos e de paradigmas da responsabilidade civil na contemporaneidade. *In*: BARBOSA, Mafalda Miranda; MUNIZ, Francisco Arthur de Siqueira. *Responsabilidade civil*: 50 anos em Portugal e 15 anos no Brasil. Salvador: Juspodivm, 2017.

HOBBES, Thomas. *Do cidadão*. Tradução de Renato Janine Ribeiro. São Paulo: Martins Fontes, 1992.

HOGWOOD, Brian W. Autonomía burocrática y responsabilidad. *Gestión y Análisis de Políticas Públicas*, Madri, v. 15, p. 19- 37, maio/ago. 1999.

HOWELL, David. Public accountability: trends and parliamentary implications. *In*: SMITH, Bruce L. R.; HAGUE, Douglas C. (ed.). *Dilemma of accountability in modern government*: independence versus control. Nova Iorque: Palgrave Macmillan, 1971.

INGRAM, George; DOOLEY, Meagan. *Digital government*: foundations for global development and democracy. Nova Iorque: Center for Sustainable Development, 2021.

JACOBSSON, Bengt; PIERRE, Jon; SUNDSTRÖM, Göran. *Governing the embedded state*: the organizational dimension of governance. Oxford: Oxford University Press, 2015.

JEYANTHI, Nagamalai. Internet of Things (IoT) as Interconnection of Threats (IoT). *In*: HU, Fei (Ed.). *Security and privacy in Internet of Things (IoTs)*: models, algorithms, and implementations. Boca Raton: CRC Press, 2016.

JONAS, Hans. *Le principe responsabilité*: une éthique pour la civilisation technologique. Tradução do alemão para o francês de Jean Greisch. 2. ed. Paris: Cerf, 1992.

JØRGENSEN, Torben Beck; SØRENSEN, Ditte-Lene. Codes of good governance. *Public Administration*, Nova Jersey, v. 12, n. 1, p. 71-96, dez. 2012.

JØRGENSEN, Torben Beck; SØRENSEN, Ditte-Lene. Codes of good governance. *Public Administration*, Nova Jersey, v. 12, n. 1, p. 71-96, dez. 2012.

JOSSERAND, Étienne Louis. *De la responsabilité du fait des choses inanimées*. Paris: Arthur Rousseau Editeur, 1897.

JUSTEN FILHO, Marçal. *Curso de direito administrativo*. São Paulo: Saraiva, 2005.

JUSTEN FILHO, Marçal. Estado democrático de direito e responsabilidade civil do Estado. *Revista de Direito Público da Economia*, Belo Horizonte, v. 5, n. 19, p. 159–208, jul./set. 2007.

KAPLAN, Jerry. *Humans need not apply*: a guide to wealth and work in the Age of Artificial Intelligence. New Haven: Yale University Press, 2015.

KARNOW, Curtis E. A. The application of traditional tort theory to embodied machine intelligence. *In*: CALO, Ryan; FROOMKIN, A. Michael; KERR, Ian (ed.). *Robot Law*. Cheltenham: Edward Elgar, 2016.

KAYSER, Pierre. Les droits de la personnalité: aspects théoriques et pratiques. *Revue Trimestrielle de Droit Civil*, Paris: Sirey, n. 3, v. 70, jul./set. 1971.

KELLEHER, John D. *Deep learning*. Cambridge: The MIT Press, 2019.

KELLEHER, John D.; MAC NAMEE, Brian; D'ARCY, Aiofe. *Fundamentals of machine learning for predictive data analytics*: algorithms, worked examples, and case studies. Cambridge: The MIT Press, 2015.

KISSLER, Leo; HEIDEMANN, Francisco G. Governança pública: novo modelo regulatório para as relações entre Estado, mercado e sociedade? *Revista de Administração Pública*, Rio de Janeiro, v. 40, n. 3, p. 479-499, maio/jun. 2006.

KREUZ, Letícia Regina Camargo; VIANA, Ana Cristina Aguilar. 4ª Revolução Industrial e governo digital: exame de experiências implementadas no Brasil. *Revista Eurolatinoamericana de Derecho Administrativo*, Santa Fe, v. 5, n. 2, p. 267-286, jul./dez. 2018.

KURKI, Visa. *A theory of legal personhood*. Oxford: Oxford University Press, 2019.

KURZWEIL, Ray. *Singularity is near*: when humans transcend biology. Nova Iorque: Viking, 2005.

KURZWEIL, Ray. *The age of spiritual machines*: when computers exceed human intelligence. Nova Iorque: Viking, 1999.

LALOU, Henri. *La responsabilité civile*: principes élémentaires et applications pratiques. Paris: Dalloz, 1928.

LATOUR, Bruno. *Aramis ou l'Amour des techniques*. Paris: La Découverte, 1992.

LAYNE, Karen; LEE, Jungwoo. Developing fully functional e-government: a four stage model. *Government Information Quarterly*, Londres, v. 18, p. 122-136, 2001.

LAZZARINI, Álvaro. Responsabilidade civil do Estado por atos omissivos dos seus agentes. *Revista de Jurisprudência do Tribunal de Justiça do Estado de São Paulo*, São Paulo, v. 23, n. 117, p. 8-26, mar./abr., 1989.

LE TOURNEAU, Philippe; CADIET, Loïc. *Droit de la responsabilité*. Paris: Dalloz, 1998.

LEIGNEL, Jean-Louis; UNGARO, Thierry; STAAR, Adrien. *Digital transformation*: information system governance. Nova Jersey: John Wiley & Sons, 2016.

LENZ, Luis Alberto Thompson Flores. A responsabilidade civil do Estado pela prática de ato ilícito. *Revista de Direito Administrativo*, Rio de Janeiro, n. 205, p. 117-124, jul./set. 1996.

LESSA, Pedro. *Do Poder Judiciário*. Rio de Janeiro: Francisco Alves, 1915.

LESSIG, Lawrence. *Code, and other laws of cyberspace 2.0*. 2. ed. Nova Iorque: Basic Books, 2006.

LEVI-FAUR, David. From "Big Government" to "Big Governance". In: LEVI-FAUR, David (ed.). *The Oxford Handbook of Governance*. Oxford: Oxford University Press, 2012.

LIAO, Cong; ZHONG, Haoti; SQUICCIARINI, Anna; ZHU, Sencun; MILLER, David. Backdoor Embedding in Convolutional Neural Network Models via Invisible Perturbation. *Proceedings of the Tenth ACM Conference on Data and Application Security and Privacy*, Nova Iorque, p. 97-108, mar. 2020. Disponível em: https://doi.org/10.1145/3374664.3375751. Acesso em: 20 jul. 2023.

LIMA, Alvino. *Culpa e risco*. 2. ed. São Paulo: Revista dos Tribunais, 1999.

LIMA, Cíntia Rosa Pereira de. *Autoridade Nacional de Proteção de Dados e a efetividade da Lei Geral de Proteção de Dados*: de acordo com a Lei Geral de Proteção de Dados (Lei nº 13.709/2018 e as alterações da Lei nº 13.853/2019), o Marco Civil da Internet (Lei nº 12.965/2014) e as sugestões de alteração do CDC (PL 3.514/2015). São Paulo: Almedina, 2020.

LIMA, Cíntia Rosa Pereira de; PEROLI, Kelvin. *Direito digital*: compliance, regulação e governança. São Paulo: Quartier Latin, 2019.

LIMBERGER, Têmis. Transparência administrativa e novas tecnologias: o dever de publicidade, o direito a ser informado e o princípio democrático. *Revista do Ministério Público do Estado do Rio Grande do Sul*, n. 60, p. 47-65, abr. 2008.

LIMBERGER, Têmis; KOSSMANN, Edson Luís. O princípio constitucional da eficiência ante o Estado (in)suficiente. *Revista de Direito Administrativo*, Rio de Janeiro, v. 273, p. 287-311, set./dez. 2016.

LIPPMANN, Ernesto. Da responsabilidade civil do Estado pelo erro judicial na esfera penal. *Revista Jurídica Síntese*, Porto Alegre, v. 43, n. 211, p. 19–21, maio 1995.

LOEVINGER, Lee. Jurimetrics: The Next Step Forward. *Minnesota Law Review*, Minneapolis, v. 33, n. 5, p. 455-493, abr. 1949.

LÖFFLER, Elke. *Managing accountability in intergovernmental partnerships*. Relatório apresentado à OECD-PUMA, Paris: OECD, 1999.

LOPEZ, Teresa Ancona. *O dano estético:* responsabilidade civil. 2. ed. São Paulo: Revista dos Tribunais, 1999.

LOSANO, Mario G. *Giuscibernetica*: macchine e modelli cibernetici nel Diritto. Turim: Eunaudi, 1969.

MADSBJERG, Christian. *Sensemaking*: the power of the humanities in the age of the algorithm. Nova Iorque: Hachette, 2017.

MAFFINI, Rafael da Cás. *Princípio da proteção substancial da confiança no direito administrativo brasileiro*. 2005. 253 f. Tese (Doutorado em Direito) - Faculdade de Direito, Universidade Federal do Rio Grande do Sul, Porto Alegre, 2005.

MAFFINI, Rafael. Responsabilidade civil do Estado por dano moral e a questão da prioridade da reparação 'in natura'. *Revista de Direito Administrativo*, Rio de Janeiro, n. 274, p. 209–234, jan./abr. 2017.

MAGADAN, Gabriel de Freitas Melro. *Responsabilidade civil extracontratual*: causalidade jurídica. Seleção das consequências jurídicas do dano. São Paulo: Editora dos Editores, 2019.

MARQUES NETO, Floriano de Azevedo. Art. 23 da LINDB: o equilíbrio entre mudança e previsibilidade na hermenêutica jurídica. *Revista de Direito Administrativo*, Rio de Janeiro, Edição Especial: Direito Público na Lei de Introdução às Normas de Direito Brasileiro – LINDB (Lei nº 13.655/2018), p. 93-112, nov. 2018.

MARQUES NETO, Floriano de Azevedo. Pensando o controle da atividade de regulação estatal. *In:* GUERRA, Sérgio (coord.). *Temas de direito regulatório*. Rio de Janeiro: Freitas Bastos, 2005.

MARQUES NETO, Floriano de Azevedo. *Regulação estatal e interesses públicos*. São Paulo: Malheiros, 2002.

MARRARA, Thiago. Direito administrativo e novas tecnologias. *Revista de Direito Administrativo*, Rio de Janeiro, v. 256, p. 225-251, jan./abr. 2011.

MARRARA, Thiago. Direito administrativo brasileiro: transformações e tendências. *In:* MARRARA, Thiago (org.). *Direito administrativo*: transformações e tendências. São Paulo: Almedina, 2014.

MARRARA, Thiago. Responsabilidade civil do Estado por erro judiciário. *Revista de Direito Administrativo Contemporâneo*, São Paulo, v. 3, n. 18, p. 135–155, maio/jun. 2015.

MARTINS, Guilherme Magalhães; FALEIROS JÚNIOR, José Luiz de Moura. A anonimização de dados pessoais: consequências jurídicas do processo de reversão, a importância da entropia e sua tutela à luz da Lei Geral de Proteção de Dados. *In:* DE LUCCA, Newton; SIMÃO FILHO, Adalberto;

LIMA, Cíntia Rosa Pereira de; MACIEL, Renata Mota (coord.). *Direito & Internet IV*: sistema de proteção de dados pessoais. São Paulo: Quartier Latin, 2019.

MARTINS, Guilherme Magalhães; FALEIROS JÚNIOR, José Luiz de Moura. Compliance digital e responsabilidade civil na Lei Geral de Proteção de Dados. *In*: MARTINS, Guilherme Magalhães; ROSENVALD, Nelson (coord.). *Responsabilidade civil e novas tecnologias*. Indaiatuba: Foco, 2020.

MARTINS-COSTA, Judith; PARGENDLER, Mariana. Usos e abusos da função punitiva. *Revista da Ajuris*, Porto Alegre, v. 32, n. 100, 2005.

MARTON, Géza. *Les fondements de la responsabilité civile*. Paris: Librairie du Recueil Sirey, 1938.

MAURIQUE, Jorge Antonio. Conselhos: controle profissional, processo administrativo e judicial. *In*: FREITAS, Vladimir Passos de (coord.). *Conselhos de fiscalização profissional*: doutrina e jurisprudência. 3. ed. São Paulo: Revista dos Tribunais, 2013.

MAXIMILIANO, Carlos. *Comentários à Constituição brasileira*. Rio de Janeiro: Editor Jacinto Ribeiro dos Santos, 1918.

MAXIMILIANO, Carlos. *Hermenêutica e aplicação do direito*. 9. ed. Rio de Janeiro: Forense, 1979.

MAYER-SCHÖNBERGER, Viktor. Beyond privacy, beyond rights—toward a "system" theory of information governance. *California Law Review*, Berkeley, v. 98, p. 1853-1886, 2010.

MAYER-SCHÖNBERGER, Viktor; LAZER, David. From electronic government to information government. In: MAYER-SCHÖNBERGER, Viktor; LAZER, David (ed.). *Governance and information technology*: from electronic government to information government. Cambridge: The MIT Press, 2007.

MAYER-SCHÖNBERGER, Viktor; RAMGE, Thomas. *Reinventing capitalism in the age of big data*. Nova Iorque: Basic Books, 2018.

MAZEAUD, Henri; MAZEAUD, León; TUNC, André. *Traité théorique et pratique de la responsabilité civile, délictuelle et contractuelle*. 3. ed. Paris: Librairie du Recueil Sirey, 1938.

MEDAUAR, Odete. *Direito administrativo moderno*. 4. ed. São Paulo: Revista dos Tribunais, 2000.

MEDAUAR, Odete. *O direito administrativo em evolução*. 3. ed. Brasília: Gazeta Jurídica, 2017.

MEDEIROS, Rui. *Ensaio sobre a responsabilidade civil do Estado por actos legislativos*. Coimbra: Almedina, 1982.

MEDINA-ALCOZ, María. *La culpa de la víctima en la producción del daño extracontractual*. Madri: Dykinson, 2003.

MEDON, Filipe. *Inteligência artificial e responsabilidade civil*: autonomia, riscos e solidariedade. 2. ed. Salvador: Juspodivm, 2022.

MEIRELLES, Hely Lopes. *Direito administrativo brasileiro*. 28. ed. São Paulo: Malheiros, 2003.

MELLO, Celso Antônio Bandeira de. *Curso de direito administrativo*. 26. ed. São Paulo: Malheiros, 2009.

MELLO, Oswaldo Aranha Bandeira de. *Princípios gerais de direito administrativo*. 2. ed. Rio de Janeiro: Forense, 1979, v. II.

MELO, Luiz Carlos Figueira de; FALEIROS JÚNIOR, José Luiz de Moura. A responsabilidade civil objetiva do Estado por atos omissivos: realidade ou apenas tendência? *Revista Publicum*, Rio de Janeiro, v. 5, n. 1, p. 92-110, jan./jun. 2019.

MENDONÇA, Manoel Ignácio Carvalho de. *Doutrina e prática das obrigações*. 2. ed. Rio de Janeiro: Freitas Bastos, 1938, v. VI.

MENEGALE, José Guimarães. *Direito administrativo e ciência da administração*. Rio de Janeiro: Borsoi, 1957.

MENEZES CORDEIRO, António. *Da responsabilidade civil dos administradores das sociedades comerciais*. Lisboa: Lex, 1996.

MENEZES DIREITO, Carlos Alberto; CAVALIERI FILHO, Sérgio. *Comentários ao novo Código Civil*: responsabilidade civil. Rio de Janeiro: Forense, 2004.

MESSA, Ana Flávia. *Transparência, compliance e práticas anticorrupção na Administração Pública*. São Paulo: Almedina, 2019.

MICHOUD, Léon. *La théorie de la personnalité morale*. Paris: LGDJ, 1932.

MILAGRES, Marcelo de Oliveira. A robótica e as discussões sobre a personalidade eletrônica. *In*: EHRHARDT JÚNIOR, Marcos; CATALAN, Marcos; MALHEIROS, Pablo (coord.). *Direito civil e tecnologia*. Belo Horizonte: Fórum, 2020.

MINAS GERAIS. Tribunal de Justiça do Estado de Minas Gerais, *Apelação Cível nº 4641900-92.2004.8.13.0024*, Oitava Câmara Cível, Relator Des. Vieira de Brito, j. 18/11/2010, DJ 04/02/2011.

MINAS GERAIS. Tribunal de Justiça do Estado de Minas Gerais, *Apelação Cível nº 4406331-09.2007.8.13.0024*, Sexta Câmara Cível, Relator Des. Antônio Sérvulo, j. 09/06/2009, DJ 24/07/2009.

MINAS GERAIS. Tribunal de Justiça do Estado de Minas Gerais, *Apelação Cível nº 2409176-44.2007.8.13.0672*, Primeira Câmara Cível, Relatora Desª. Vanessa Verdolim Hudson Andrade, j. 02/12/2008, DJ 30/01/2009.

MINAS GERAIS. Tribunal de Justiça do Estado de Minas Gerais, *Apelação Cível nº 0044759-75.2003.8.13.0432*, 8ª Câmara Cível, Relator Des. Bitencourt Marcondes, j. 27/05/2010, DJ 29/07/2010.

MINOZZI, Alfredo. *Studio sul danno non patrimoniale (danno morale)*. 3. ed. Milão: Societtà Editrice, 1917.

MIRANDA, Jorge. A Constituição e a responsabilidade civil do Estado. *Revista do Ministério Público do Estado do Rio de Janeiro*, Rio de Janeiro, n. 21, p. 153–163, jan./jun. 2005.

MODESTO, Paulo. Responsabilidade civil do Estado pela demora na prestação jurisdicional. *Revista de Direito Administrativo*, Rio de Janeiro, n. 227, p. 291–308, jan./mar. 2002.

MÖKANDER, Jakob; JUNEJA, Prathm; WATSON, David S.; FLORIDI, Luciano. The US Algorithmic Accountability Act of 2022 vs. The EU Artificial Intelligence Act: what can they learn from each other? *Minds and Machines*, Cham: Springer, v. 22, p. 1-9, jun. 2022. Disponível em: https://doi.org/10.1007/s11023-022-09612-y Acesso em: 20 jul. 2023.

MONTEIRO FILHO, Carlos Edison do Rêgo. Lesão ao tempo: configuração e reparação nas relações de consumo. *Revista da Ajuris*, Porto Alegre, v. 43, n. 141, p. 87-113, dez. 2016.

MONTEIRO, Washington de Barros. *Curso de direito civil*. 27. ed. São Paulo: Saraiva, 1988.

MONTENEGRO FILHO, Misael. *Responsabilidade civil*: aspectos processuais. São Paulo: Atlas, 2007.

MONTENEGRO, Antônio Lindbergh C. *Ressarcimento de danos*. Rio de Janeiro: Editora Didática e Científica, 1981.

MOREIRA ALVES, José Carlos. *Direito romano*. 6. ed., Rio de Janeiro: Forense, 1987, v. I.

MOREIRA NETO, Diogo de Figueiredo. *Curso de direito administrativo*: parte geral e parte especial. 15. ed. Rio de Janeiro: Forense, 2009.

MOREIRA NETO, Diogo de Figueiredo. Novos institutos consensuais da ação administrativa. *Revista de Direito Administrativo*, Rio de Janeiro, v. 231, n. 1, p. 123-156, jan./mar. 2003.

MOTA, Maurício Jorge Pereira da. *Responsabilidade civil do Estado Legislador*. Rio de Janeiro: Lumen Juris, 1999.

MUKAI, Toshio. *Direito administrativo sistematizado*. São Paulo: Saraiva, 2000.

MULHOLLAND, Caitlin Sampaio. *A responsabilidade civil por presunção de causalidade*. Rio de Janeiro: GZ Editora, 2010.

MULHOLLAND, Caitlin. Responsabilidade civil e processos decisórios autônomos em sistemas de inteligência artificial (IA): autonomia, imputabilidade e responsabilidade. *In*: FRAZÃO, Ana; MULHOLLAND, Caitlin (coord.). *Inteligência artificial e direito*: ética, regulação e responsabilidade. São Paulo: Thomson Reuters Brasil, 2019.

MUNIZ, Francisco Arthur de Siqueira. Das retóricas da causalidade à imputação objetiva: lineamentos para a responsabilidade civil pelos danos decorrentes de doenças vetoriais. *In*: BARBOSA, Mafalda Miranda; MUNIZ, Francisco Arthur de Siqueira. *Responsabilidade civil*: 50 anos em Portugal e 15 anos no Brasil. Salvador: Juspodivm, 2017.

MURRAY, Andrew. Conceptualising the post-regulatory (cyber)state. *In*: BROWNSWORD, Roger; YEUNG, Karen (ed.). *Regulating technologies*: legal futures, regulatory frames and technological fixes. Oxford: Hart Publishing, 2008.

NERY, Ana Rita de Figueiredo. Responsabilidade civil e serviços públicos: um espaço de convivência entre a autoridade e a consensualidade. In: ROSENVALD, Nelson; MILAGRES, Marcelo (coord.). *Responsabilidade civil*: novas tendências. 2. Ed. Indaiatuba: Foco, 2018.

NEWBOLD, Stephanie P. Is transparency essential for public confidence in government? *Public Administration Review*, Nova Jersey, v. 71, n. S1, p. 547-552, dez. 2011.

NISSENBAUM, Helen. Accountability in a computerized society. *Science and Engineering Ethics*, Nova Iorque, v. 2, n. 1, p. 5-42, mar. 1996.

NORMANTON, E. Leslie. Public accountability and audit: a reconnaissance. *In*: SMITH, Bruce L. R.; HAGUE, Douglas C. (ed.). *Dilemma of accountability in modern government*: independence versus control. Nova Iorque: Palgrave Macmillan, 1971.

NORONHA, Fernando. *Direito das obrigações*: fundamentos do direito das obrigações – introdução à responsabilidade civil. São Paulo: Saraiva, 2003, v. I.

NUNES, Dierle; MARQUES, Ana Luiza Pinto Coelho. Inteligência artificial e direito processual: vieses algorítmicos e os riscos de atribuição de função decisória às máquinas. *Revista de Processo*, São Paulo: Revista dos Tribunais, v. 285, n. 11, p. 421-447, nov. 2018.

NUNES, Marcelo Guedes. *Jurimetria*: como a estatística pode reinventar o direito. São Paulo: Revista dos Tribunais, 2016.

O'REILLY, Tim. Government as platform. *Innovations: Technology, Governance, Globalization*, Cambridge, v. 6, n. 1, p. 13-40, 2011.

OLAVE, Ruperto Pinochet. La recepción de la realidad de las nuevas tecnologías de la información por el derecho civil: panorama actual y perspectivas futuras. *Ius et Praxis*, Talca, v. 7, n. 2, p. 469-489, 2001.

OLIVEIRA, Gustavo Henrique Justino de; SCHWANKA, Cristiane. A administração consensual como a nova face da Administração Pública no século XXI: fundamentos dogmáticos, formas de expressão e instrumentos de ação. *A&C – Revista de Direito Administrativo & Constitucional*, Belo Horizonte, a. 8, n. 32, p. 31-50, abr./jun. 2008.

OLIVEIRA, Josivaldo Félix de. *A responsabilidade do Estado por ato lícito*. São Paulo: Habeas, 1998.

OLIVEIRA, Marcius Geraldo Porto de. *Dano moral*: proteção jurídica da consciência. 2. ed. Leme: LED, 2001.

ORGANIZAÇÃO PARA COOPERAÇÃO E DESENVOLVIMENTO ECONÔMICO. *Towards a sound integrity framework*: instruments, processes, structures and conditions for implementation OECD - Public Governance Committee, 2009. Disponível em: http://www.oecd.org. Acesso em: 20 jul. 2023.

OSBORNE, David; GAEBLER, Ted. *Reinventing government*: how the entrepreneurial spirit is transforming the public sector. Reading: Addison-Wesley, 1992.

OTERO, Paulo. Legalidade e Administração Pública: o sentido da vinculação administrativa à juridicidade. Coimbra: Almedina, 2011.

PAGALLO, Ugo. *The laws of robots*: Crimes, contracts, and torts. Law, governance and technology series, v. 10. Cham/Heidelberg: Springer, 2013.

PAIVA, Mário Antônio Lobato de. Responsabilidade civil do Estado por danos provenientes de veiculação de dados nos sites dos tribunais. *Revista Zênite*, Curitiba, v. 3, n. 34, p. 1113-1118, maio, 2004.

PALOTTI, Pedro Lucas de Moura; FILGUEIRAS, Fernando de Barros; NASCIMENTO, Maricilene Isaira Baia do. "Policy design" e múltiplas evidências: proposta analítica da dinâmica política de transformação digital dos serviços públicos da Administração Pública federal brasileira. *Boletim de Análise Político-Institucional*, [S.l], n. 24, p. 79-89, nov. 2020.

PAPADOPOULOS, Yannis. Cooperative forms of governance: Problems of democratic accountability in complex environments. *European Journal of Political Research*, Oxford, v. 42, n. 4, p. 473-501, jun. 2003.

PARLAMENTO EUROPEU. *Resolução de 16 de fevereiro de 2017*. Disposições de Direito Civil sobre Robótica. Disponível em: https://www.europarl.europa.eu/doceo/document/TA-8-2017-0051_PT.html. Acesso em: 20 jul. 2023.

PARSONS, Talcott. Evolutionary universals in society. *American Sociological Review*, Chicago, v. 29, n. 3, p. 339-357, jun. 1964.

PASQUALE, Frank. Data-informed duties in AI development. *Columbia Law Review*, Nova Iorque, v. 119, p. 1917-1940, 2019.

PASQUALE, Frank. *New laws of robotics*: Defending human expertise in the Age of AI. Cambridge: Harvard University Press, 2020.

PASQUALE, Frank. *The black box society*: the secret algorithms that control money and information. Cambridge: Harvard University Press, 2015.

PASQUALE, Frank. Toward a fourth law of robotics: Preserving attribution, responsibility, and explainability in an algorithmic society. *University of Maryland Legal Studies Research Papers*, Baltimore, n. 21, p. 1-13, jul. 2017. Disponível em: http://ssrn.com/abstract=3002546. Acesso em: 20 jul. 2023.

PAULA, Carolina Bellini Arantes de. *As excludentes de responsabilidade civil objetiva*. São Paulo: Atlas, 2007.

PEREIRA, Caio Mário da Silva. Responsabilidade civil do Estado. *Revista Brasileira de Direito Comparado*, Rio de Janeiro, v. 4, n. 8, p. 1-17, jan./jun. 1990.

PEREIRA, Caio Mário da Silva. *Responsabilidade civil*. 8. ed. Rio de Janeiro: Forense, 1998.

PEREIRA, Caio Mário da Silva. *Responsabilidade civil*. Atualizado por Gustavo Tepedino. 12. ed. Rio de Janeiro: Forense, 2018.

PERELMAN, Chaïm. *Ética e direito*. Tradução de Maria E. Galvão. São Paulo: Martins Fontes, 1996.

PETERS, Tom J.; WATERMAN JR., Robert H. *In search of excellence*: lessons from America's best-run companies. Nova Iorque: Harper & Row, 1982.

PIERRE, Jon; PETERS, B. Guy. *Governing complex societies*: trajectories and scenarios. Nova Iorque: Palgrave Macmillan, 2005.

PLANIOL, Marcel Ferdinand; RIPERT, Georges. *Traité pratique de droit civil français*. Paris: Librairie générale de droit et de jurisprudence, 1930, v. 2.

PONTES DE MIRANDA, Francisco Cavalcanti. *Tratado de direito privado*. Rio de Janeiro: Borsoi, 1967, v. XXIV.

PONTES DE MIRANDA, Francisco Cavalcanti. *Tratado de direito privado*. Rio de Janeiro: Borsoi, 1967, v. XXVI.

PONTES DE MIRANDA, Francisco Cavalcanti. *Tratado de direito privado*. Rio de Janeiro: Borsoi, 1967, v. XXIII.

PORTO, Mario Moacyr. Responsabilidade civil do Estado. *Revista Forense*, Rio de Janeiro, v. 91, n. 329, p. 131-134, jan./mar. 1995.

POWER, Michael. *The audit society*: rituals of verification. Oxford: Oxford University Press, 1997.

PROENÇA, José Carlos Brandão. *A conduta do lesado como pressuposto e critério de imputação do dano extracontratual*. Coimbra: Almedina, 1997.

QUIRK, Barry. Accountable to everyone: postmodern pressures on public managers. *Public Administration*, Nova Jersey, v. 75, n. 3, p. 569-586, out./dez. 1997.

RAMOS, André Luiz Arnt. Responsabilidade civil do Estado por omissão em matéria ambiental. *Interesse Público*, Belo Horizonte, v. 16, n. 87, p. 119-139, set./out. 2014.

REALE, Miguel. Responsabilidade civil do Estado. *Revista de Direito Público*, São Paulo, v. 21, n. 87, p. 24-34, jul./set. 1988.

REIDENBERG, Joel R. Lex Informatica: the formulation of information policy rules through technology. *Texas Law Review*, Austin, v. 76, n. 3, p. 553-584, 1998.

REINIG, Guilherme Henrique Lima. O problema da causalidade na responsabilidade civil do Estado por crime praticado por fugitivo. *Revista de Direito Privado*, São Paulo, v. 22, n. 108, p. 95-139, abr./jun. 2021.

REIS, Clayton. *Dano moral*. 4. ed. Rio de Janeiro: Forense, 1995.

RENDA, Andrea. Moral Machines: The Emerging EU Policy on "Trustworthy AI". In: BARFIELD, Woodrow (ed.). *The Cambridge Handbook of the Law of Algorithms*. Cambridge: Cambridge University Press, 2021.

REYNA, Justo; GABARDO, Emerson; SANTOS, Fábio de Sousa. Electronic government, digital invisibility and fundamental social rights. *Sequência*, Florianópolis, n. 85, p. 30-50, ago. 2020.

RHODES, Roderick A. W. The new governance: governing without government. *Political Studies*, University of Newcastle, Newcastle, n. XLIV, p. 652-667, 1996.

RIVABEM, Fernanda Schaefer. A divulgação de dados de vacinados contra a Covid-19: entre a LGPD (Lei nº 13.709/2018) e a LAI (Lei nº 12.527/2011), divulgar ou não, eis a questão! *Revista de Direito Médico e da Saúde*, Brasília, n. 24, p. 79-93, 2021.

RIVERO, Jean. *Direito administrativo*. Tradução de Rogério Ehrhardt Soares. Coimbra: Almedina, 1981.

RIZZARDO, Arnaldo. *Responsabilidade civil*. 2. ed. Rio de Janeiro: Forense, 2006.

ROCHA, Cármen Lúcia Antunes. *Princípios constitucionais dos servidores públicos*. São Paulo: Saraiva, 1999.

RODRIGUES, Sílvio. *Direito civil*: responsabilidade civil. 20. ed. São Paulo: Saraiva, 2003.

ROLLAND, Louis. *Précis de droit administratif*. 9. ed. Paris: Dalloz, 1947.

ROMZEK, Barbara S.; DUBNICK, Melvin J. Accountability in the public sector: lessons from the Challenger tragedy. *Public Administration Review*, Nova Jersey, v. 47, n. 3, p. 227-238, maio/jun. 1987.

ROSENVALD, Nelson. A polissemia da responsabilidade civil na LGPD. *Migalhas de Proteção de Dados*, 06 nov. 2020. Disponível em: https://s.migalhas.com.br/S/477BB2. Acesso em: 20 jul. 2023.

ROSENVALD, Nelson. *As funções da responsabilidade civil*: a reparação e a pena civil. São Paulo: Atlas, 2013.

ROUSSEAU, Jean-Jacques. *Do contrato social*. Tradução de Antônio de Pádua Danesi. 3. ed. São Paulo: Martins Fontes, 1996.

ROUSSET, Michel. *L'idée de puissance publique en droit administratif*. Paris: Dalloz, 1960.

ROUSSET, Michel; ROUSSET, Olivier. *Droit administratif I*: L'action administrative. 10. ed. Grenoble: Presses Universitaires de Grenoble, 2004.

ROWE, Mike. Joined up accountability: bringing the citizen back in. *Public Policy and Administration*, Nova Iorque, v. 14, n. 2, p. 91-102, 1999.

RUARO, Regina Linden. Responsabilidade civil do Estado por dano moral em caso de má utilização de dados pessoais. *Direitos Fundamentais e Justiça*, Belo Horizonte, v. 1, n. 1, p. 231-245, out./dez. 2007.

RUFFOLO, Ugo. Per i fondamenti di un diritto della robotica self-learning; dalla machinery produttiva all'auto driverless: verso una "responsabilità da algoritmo". In: RUFFOLO, Ugo (a cura di). *Intelligenza Artificiale e responsabilità*. Milão: Giuffrè, 2017.

RUSSELL, Stuart J.; NORVIG, Peter. *Artificial Intelligence*: a modern approach. 3. ed. Boston: Pearson, 2016.

SÁ, Hermano de. Responsabilidade civil do Estado. *Revista Forense*, Rio de Janeiro, v. 73, n. 260, p. 135-142, out./dez. 1977.

SAAD-DINIZ, Eduardo. *Ética negocial e compliance*: entre a educação executiva e a interpretação judicial. São Paulo: Revista dos Tribunais, 2019.

SALAZAR, Alcino de Paula. *Responsabilidade do Poder Público por atos judiciais*. Rio de Janeiro: Canton & Reile, 1941.

SALEILLES, Raymond. *Les accidents du travail et la responsabilité civile*. Paris: Arthur Rousseau Editeur, 1897.

SAMARAJIVA, Rohan. Interactivity as though privacy matters. *In:* AGRE, Philip E.; ROTENBERG, Marc (ed.). *Technology and privacy*: the new landscape. Cambridge: The MIT Press, 1997.

SAMUEL, Sigal. A new study finds a potential risk with self-driving cars: failure to detect dark-skinned pedestrians. *Vox*, 06 mar. 2019. Disponível em: https://www.vox.com/future-perfect/2019/3/5/18251924/self-driving-car-racial-bias-study-autonomous-vehicle-dark-skin. Acesso em: 20 jul. 2023.

SANSEVERINO, Paulo de Tarso Vieira. *Princípio da reparação integral*: indenização no Código Civil. São Paulo: Saraiva, 2011.

SANTANNA, Gustavo da Silva. *Administração pública eletrônica*: o caminho para a implantação de serviços públicos 4.0. Londrina: Thoth, 2022.

SANTOS, Antônio Jeová. *Dano moral indenizável*. 4. ed. São Paulo: Revista dos Tribunais, 2003.

SANTOS, Romualdo Baptista dos. Responsabilidade civil do Estado na sociedade de vigilância: análise à luz da Lei Geral de Proteção de Dados – LGPD. In: CRAVO, Daniela Copetti; JOBIM, Eduardo; FALEIROS JÚNIOR, José Luiz de Moura (coord.). *Direito público e tecnologia*. Indaiatuba: Foco, 2022.

SANTOS, Romualdo Baptista dos. *Responsabilidade civil por dano enorme*. Curitiba/Porto: Juruá, 2018.

SÃO PAULO. Tribunal de Justiça do Estado de São Paulo, *Apelação Cível nº 990.09.370201-0*, Primeira Câmara de Direito Público, Relator Des. Renato Nalini, j. 23/03/2010, DJ 10/04/2010.

SARLET, Ingo Wolfgang. A eficácia do direito fundamental à segurança jurídica: dignidade da pessoa humana, direitos fundamentais e proibição de retrocesso social no direito constitucional brasileiro. *In:* ROCHA, Cármen Lúcia Antunes (org.). *Constituição e segurança jurídica*. Belo Horizonte: Fórum, 2004.

SAUWEN FILHO, João Francisco. *Da responsabilidade civil do Estado*. Rio de Janeiro: Lumen Juris, 2001.

SAVATIER, René. *Traité de la responsabilité civile en droit français*. Paris: Librairie Générale de Droit et de Jurisprudence, 1951, t. I.

SCAFF, Fernando Facury. *Responsabilidade civil do Estado intervencionista*. Rio de Janeiro: Renovar, 2001.

SCHERER, Matthew U. Regulating Artificial Intelligence systems: Risks, Challenges, Competencies, and Strategies. *Harvard Journal of Law & Technology*, Cambridge, v. 29, n. 2, p. 353-400, mar./jun. 2016.

SCHIRATO, Vitor Rhein; PALMA, Juliana Bonacorsi de. Consenso e legalidade: vinculação da atividade administrativa consensual ao Direito. *Revista Eletrônica sobre a Reforma do Estado*, Salvador, v. 24, p. 1-26, jan./fev. 2011.

SCHIRMER, Jan-Erik. Artificial Intelligence and legal personality. "Teilrechtsfähigkeit": A partial legal status made in Germany. *In:* WISCHMEYER, Thomas; RADEMACHER, Timo (ed.). *Regulating Artificial Intelligence*. Cham: Springer, 2020.

SCHOEEL, Rudolfus. *Legis Duodecim Tabularum Reliquiae*. Leipzig: B. G. Teubneri, 1866.

SCHREIBER, Anderson. *Novos paradigmas da responsabilidade civil*: da erosão dos filtros da reparação à diluição dos danos. 6. ed. São Paulo: Atlas, 2015.

SCHUTA, Andréia. A responsabilidade civil do Estado por conduta omissiva. *A&C - Revista de Direito Administrativo & Constitucional*, Belo Horizonte, v. 9, n. 36, p. 75-122, abr./jun., 2009.

SCHWAB, Klaus. *A quarta revolução industrial*. Tradução de Daniel Moreira Miranda. São Paulo: Edipro, 2016.

SEABRA FAGUNDES, Miguel. *O controle dos atos administrativos pelo Poder Judiciário*. 3. ed. Rio de Janeiro: Forense, 1957.

SEABRA FAGUNDES, Miguel. O direito administrativo na futura Constituição. *Revista de Direito Administrativo*, Rio de Janeiro, v. 168, p. 1-10, abr./jun. 1987.

SELBST, Andrew. An institutional view of algorithmic impact assessments. *Harvard Journal of Law & Technology*, Cambridge, v. 35, 2021. Disponível em: https://ssrn.com/abstract=3867634 Acesso em: 20 jul. 2023.

SERPA LOPES, Miguel Maria de. *Curso de direito civil*. 8. ed. Rio de Janeiro: Freitas Bastos, 1996.

SEVERO, Sérgio. *Tratado da responsabilidade pública*. São Paulo: Saraiva, 2009.

SHAPIRO, Martin. Administrative law unbounded: reflections on government and governance. *Indiana Journal of Global Legal Studies*, Bloomington, v. 8, n. 2, p. 369-377, 2001.

SILVA, Almiro do Couto e. A responsabilidade extracontratual do Estado no direito brasileiro. *Revista de Direito Administrativo*, Rio de Janeiro, n. 202, p. 19-41, out/dez, 1995.

SILVA, Américo Luís Martins da. *O dano moral e a sua reparação civil*. São Paulo: Revista dos Tribunais, 1999.

SILVA, Gabriela Buarque Pereira. A responsabilidade civil do Estado ante a intervenção no domínio econômico. *Revista Fórum de Direito Civil*, Belo Horizonte, v. 7, n. 18, p. 151-184, maio/ago., 2018.

SILVA, Jorge Pereira da. *Deveres do Estado de protecção de direitos fundamentais*: fundamentação e estrutura das relações jusfundamentais triangulares. 3. ed. Lisboa: Universidade Católica Editora, 2015.

SILVA, José Afonso da. *Curso de direito constitucional positivo*. 15. ed. São Paulo: Malheiros, 1998.

SILVA, Nilton Correia da. Inteligência artificial. *In:* FRAZÃO, Ana; MULHOLLAND, Caitlin (coord.). *Inteligência artificial e direito*: ética, regulação e responsabilidade. São Paulo: Thomson Reuters Brasil, 2019.

SILVA, Wilson Melo da. *O dano e sua reparação*. 3. ed. Rio de Janeiro: Forense, 1983.

SINDE MONTEIRO, Jorge Ferreira; PEREIRA, André Gonçalo Dias. Princípios de Direito Europeu da Responsabilidade Civil (Portuguese Translation) *In:* KOCH, Bernhard; KOZIOL, Helmut; MAGNUS, Ulrich *et al*. *Principles of European tort law*: Text and commentary. European Group on Tort Law. Viena: Springer Wien, 2005.

SOARES, Guido Fernando Silva. *Common Law*: introdução ao direito dos EUA. 2. ed. São Paulo: Revista dos Tribunais, 2000.

SOLUM, Lawrence. Legal personhood for Artificial Intelligences. *North Carolina Law Review*, Chapel Hill, v. 70, n. 4, p. 1231-1287, 1992.

SOUSA, José Franklin de. *Responsabilidade civil:* causas de exclusão. Leme: J.H. Mizuno, 2006.

STOCO, Rui. *Tratado de responsabilidade civil:* doutrina e jurisprudência. 8. ed. São Paulo: Revista dos Tribunais, 2011.

STONE, Bruce. Administrative accountability in the 'Westminster' democracies: towards a new conceptual framework. *Governance: International Journal of Policy, Administration, and Institutions*, Nova Jersey, v. 8, n. 4, p. 505-526, out./dez. 1995.

SUNDFELD, Carlos Ari. *Direito administrativo ordenador*. São Paulo: Malheiros, 2003.

SUNSTEIN, Cass R. *Simpler*: the future of government. Nova Iorque: Simon & Schuster, 2014.

SUSSKIND, Richard. *Transforming the law*: essays on technology, justice and the legal marketplace. Oxford: Oxford University Press, 2000.

SUSSKIND, Richard; SUSSKIND, Daniel. *The future of professions*: how technology will transform the work of human experts. Oxford: Oxford University Press, 2015.

SWANSON, Greg. Non-autonomous Artificial Intelligence programs and products liability: How new AI products challenge existing liability models and pose new financial burdens. *Seattle University Law Review*, Seattle, v. 42, p. 1201-1222, 2019.

TABARELLI, Liane. Comentários ao inciso V. In: SARLET, Ingo Wolfgang; RAMOS, Rafael; CUNDA, Daniela Zago G. da; WUNDERLICH, Alexandre; DUQUE, Marcelo Schenk; JOBIM, Marco Félix (org.). *Direitos fundamentais*: comentários ao artigo 5º da Constituição Federal de 1988. Londrina: Thoth, 2022.

TEPEDINO, Gustavo. *Temas de direito civil*. 2. ed. Rio de Janeiro: Renovar, 2003.

THEODORO JÚNIOR, Humberto. *Dano moral*. 3. ed. São Paulo: Juarez de Oliveira, 2000.

THOMPSON, Dennis F. Responsibility for failures of government: the problem of many hands. *American Review of Public Administration*, Nova Iorque, v. 44, n. 3, p. 259-273, 2014.

TIROLE, Jean. *Competition in telecommunications*. Cambridge: The MIT Press, 1999.

TOMASEVICIUS FILHO, Eduardo. Inteligência artificial e direitos da personalidade: uma contradição em termos? *Revista da Faculdade de Direito da USP*, São Paulo, v. 113, p. 133-149, jan./dez. 2018.

TOMASEVICIUS FILHO, Eduardo; FERRARO, Angelo Viglianisi. Le nuove sfide dell'umanità e del diritto nell'era dell'Intelligenza Artificiale. *Revista Direitos Culturais*, Santo Ângelo, v. 15, n. 37, p. 401-413, 2020.

TORRES, Ricardo Lobo. A cidadania multidimensional na era dos direitos. *In*: TORRES, Ricardo Lobo (org.). *Teoria dos direitos fundamentais*. Rio de Janeiro: Renovar, 1999.

TRUJILLO, Élcio. *Responsabilidade do Estado por ato ilícito*. Leme: LED, 1996.

TURING, Alan M. On computable numbers, with an application to the *Entscheidungsproblem*. *Proceedings of the London Mathematical Society*, Londres, v. 42, n. 1, p. 230-265, nov. 1936.

TVERSKY, Amos; KAHNEMAN, Daniel. Belief in the law of small numbers. *In*: KAHNEMAN, Daniel; SLOVIC, Paul; TVERSKY, Amos (ed.). *Judgement under uncertainty*: heuristics and biases. 16. reimpr. Cambridge: Cambridge University Press, 2001.

VALLE, Vivian Cristina Lima López. Inteligência artificial e capacidades regulatórias do Estado no ambiente da administração pública digital. *A&C - Revista de Direito Administrativo & Constitucional*, Belo Horizonte, v. 20, n. 82, p. 67-86, out./dez. 2020.

VALLOR, Shannon. *Technology and the virtues*: a philosophical guide to a future worth wanting. Oxford: Oxford University Press, 2016.

VAN ALSENOY, Brendan. *Data protection law in the EU*: roles, responsibilities and liability. Cambridge: Intersentia, 2019.

VARELA, João de Matos Antunes. *Direito das obrigações*. Rio de Janeiro: Forense, 1977, v. I.

VARGAS, Jorge de Oliveira. *Responsabilidade civil do Estado pela demora na prestação da tutela jurisdicional*. Curitiba: Juruá, 2001.

VAZ, Caroline. *Funções da responsabilidade civil*: da reparação à punição e dissuasão. Os *punitive damages* no direito comparado e brasileiro. Porto Alegre: Livraria do Advogado, 2009.

VEDEL, Georges; DEVOLVÉ, Pierre. *Droit administratif*. Paris: PUF, 1992.

VELLOSO, Carlos Mário da Silva. Responsabilidade civil do Estado. In: VELLOSO, Carlos Mário da Silva (org.). *Temas de direito público*. Belo Horizonte: Del Rey, 1997.

VENOSA, Sílvio de Salvo. *Direito civil*: responsabilidade civil. São Paulo: Atlas, 2002.

VENTURI, Thaís G. Pascoaloto. *Responsabilidade civil preventiva*: a proteção contra a violação dos direitos e a tutela inibitória material. São Paulo: Malheiros, 2014.

VERÇOSA, Haroldo Malheiros Duclerc. Responsabilidade civil do Estado. *Revista de Direito Mercantil, Industrial, Econômico e Financeiro*, São Paulo, v. 32, n. 90, p. 75-96, abr./jun. 1993.

VERONESE, Alexandre; SILVEIRA, Alessandra; LEMOS, Amanda Nunes Lopes Espiñeira. Inteligência Artificial, mercado único digital e a postulação de um direito às inferências justas e razoáveis: uma questão jurídica entre a ética e a técnica. *In*: FRAZÃO, Ana; MULHOLLAND, Caitlin (coord.). *Inteligência artificial e direito*: ética, regulação e responsabilidade. São Paulo: Thomson Reuters Brasil, 2019.

VIANA, Ana Cristina Aguilar. Transformação digital na administração pública: do governo eletrônico ao governo digital. *Revista Eurolatinoamericana de Derecho Administrativo*, Santa Fe, v. 8, n. 1, p. 115-136, jan./jun. 2021.

VIANNA, Hélio. *História do Brasil*: período colonial, monarquia e república. 15. ed. São Paulo: Melhoramentos, 1994.

VILLAS-BÔAS FILHO, Orlando. A governança em suas múltiplas formas de expressão: o delineamento conceitual de um fenômeno complexo. *Revista de Estudos Institucionais*, Rio de Janeiro, v. 2, n. 2, p. 671-706, jul./dez. 2016.

VILLELA, João Baptista. Relação de consumo e responsabilidade civil do estado. *Revista IOB de Direito Civil e Processual Civil*, São Paulo, v. 9, n. 59, p. 59-71, maio/jun. 2009.

VINEY, Geneviève. *Traité de droit civil*: les obligations, responsabilité civile. Paris: LGDJ, 1965.

VINEY, Geneviève; JOURDAIN, Patrice. *Traité de droit civil sous la direction de Jacques Ghestin*. Les conditions de la responsabilité. 2. ed. Paris: LGDJ, 1998.

VINGE, Vernor. Techonological singularity, 1993. Disponível em: https://frc.ri.cmu.edu/~hpm/book98/com.ch1/vinge.singularity.html Acesso em: 20 jul. 2023.

VINGE, Vernor. The coming technological singularity: How to survive in the post-human era. In: Interdisciplinary Science and Engineering in the Era of Cyberspace. *NASA John H. Glenn Research Center at Lewis Field*, Cleveland, 1993. Disponível em: https://ntrs.nasa.gov/search.jsp?R=19940022856. Acesso em: 20 jul. 2023.

VINUESA, Ricardo; AZIZPOUR, Hossein; LEITE, Iolanda *et al*. The role of artificial intelligence in achieving the Sustainable Development Goals. *Nature Communications*, Nova Iorque, v. 11, 2020. Disponível em: https://www.nature.com/articles/s41467-019-14108-y. Acesso em: 20 jul. 2023.

VLADECK, David C. Machines without principals: Liability rules and Artificial Intelligence. *Washington Law Review*, Seattle, v. 89, n. 1, p. 117-150, 2014.

WALD, Arnoldo. Os fundamentos da responsabilidade civil do Estado. *Revista de Informação Legislativa*, Brasília, v. 30, n. 117, p. 5–22, jan./mar. 1993.

WALDEGRAVE, William. *The reality of reform and accountability in today's public service*. Londres: CIPFA, 1993.

WEIDENBAUM, Murray L. The government-oriented corporation. *In:* SMITH, Bruce L. R.; HAGUE, Douglas C. (ed.). *Dilemma of accountability in modern government*: independence versus control. Nova Iorque: Palgrave Macmillan, 1971.

WEILL, Alex; TERRÉ, François. *Droit civil:* les obligations. 3. ed. Paris: Dalloz, 1980.

WIMMER, Miriam. Proteção de dados pessoais no Poder Público. *Revista do Advogado*, São Paulo, v. 39, n. 144, p. 126–133, nov. 2019.

WISCHMEYER, Thomas. Artificial Intelligence and transparency: Opening the black box. *In:* WISCHMEYER, Thomas; RADEMACHER, Timo (Ed.). *Regulating Artificial Intelligence*. Cham: Springer, 2020.

WOLTERS, Pieter T. J. The obligation to update insecure software in the light of Consumentenbold/Samsung. *Computer Law & Security Review*, Londres, v. 35, n. 3, p. 295-305, maio 2019.

WU, Tim. *The master switch*: the rise and fall of information empires. Nova Iorque: Vintage, 2010.

YOO, Christopher S. Toward a Closer Integration of Law and Computer Science. *Communications of the ACM*, Nova Iorque, v. 57, n. 1, p. 33-35, jan. 2014.

ZAFFARONI, Eugenio Raúl; PIERANGELI, José Henrique. *Manual de direito penal brasileiro:* parte geral. 2. ed. São Paulo: Revista dos Tribunais, 1999.

ZAGREBELSKY, Gustavo. *Storia e costituzione*. Milão: Giuffrè, 1993.

ZANOBINI, Guido. *Corso di diritto amministrativo*. 6. ed. Milão: Giuffrè, 1950, v. I.

ZENUN, Augusto. *Dano moral e sua reparação*. 3. ed. Rio de Janeiro: Forense, 1995.

ANOTAÇÕES